U0519756

商务印书馆与中国现代文化的兴起

——商务印书馆创业 120 年国际学术研讨会
论文集（下）

本书编委会 编

图书在版编目（CIP）数据

商务印书馆与中国现代文化的兴起：商务印书馆创业120年国际学术研讨会论文集：上、下册 / 本书编委会编. —北京：商务印书馆，2024
ISBN 978 – 7 – 100 – 23885 – 4

Ⅰ.①商… Ⅱ.①本… Ⅲ.①商务印书馆—文集 Ⅳ.①G239.22-53

中国国家版本馆CIP数据核字（2024）第082821号

权利保留，侵权必究。

商务印书馆与中国现代文化的兴起
——商务印书馆创业120年国际学术研讨会论文集
（上、下册）
本书编委会 编

商 务 印 书 馆 出 版
（北京王府井大街36号　邮政编码100710）
商 务 印 书 馆 发 行
北 京 通 州 皇 家 印 刷 厂 印 刷
ISBN 978 – 7 – 100 – 23885 – 4

2024年5月第1版　　　开本 710×1000　1/16
2024年5月北京第1次印刷　印张 67 1/2
定价：398.00元

为中华儿女提供精神食粮

——商务印书馆与中国教科书的早期现代化[1]

石 鸥

鸦片战争后，在洋务运动"中体西用"的思想指导下，在教会学堂的客观启迪下，西学大量引进，新式教育破冰而行。而新式教育能否成功，很大程度取决于能否提供新式教科书，能否以新式教科书取代传统旧教材。一代先进学人迅速行动起来，新式教科书从零星出现到井喷式涌现，新知识、新思想、新伦理、新观念遂如开闸之水，轰然涌入古老的中国。中国传统的知识系统被西方以近代学科分类标准建构起来的新知识系统所撞击和改写，近代中国的伟大启蒙拉开了序幕。以商务印书馆为杰出代表的中国现代教科书事业也走上了一条可圈可点之路，《最新教科书》《共和国教科书》《新学制教科书》《复兴教科书》……商务印书馆用一系列教科书史上的经典巨作，为清末民初的政治动员、思想启蒙和文化教育的发展做出了不可磨灭的贡献。如果没有商务印书馆将成堆成捆的新式教科书输送到各级学堂，输送到千百万年轻人手中，人们就不会对现代国家有那么向往，辛亥革命就不会一呼百应，新文化运动就不会席卷全国。

一 商务印书馆与现代教科书的萌芽

中国古代，有丰富的为蒙童教育与科举考试服务的教材，但无论是《三字经》《百家姓》，还是"四书五经"，都不是现代意义的教科书，也没

---

[1] 基金项目：本文系国家社科基金课题"百年中小学语文课本与文学作品社会接受的关系研究"（项目编号：17BZW168）阶段性成果。

有"教科书"一说,它们仅仅是教材,教材包含教科书,教科书属于教材,但教材不都等于教科书。

(一)现代意义的教科书

所谓教科书,即狭义的或严格意义的现代教科书,是指符合以下三个条件的教材:第一,它要依学年、学期编撰,即分年级、分学期;第二,它要依学科编撰,即分科目;第三,它一般有配套的教师用的教学参考书,或者叫教授书、教授法。按这三个条件,我国早期的"三百千千"和"四书五经"都不是现代意义的教科书,因为它们是综合的,不分科,文史哲、政史地浑然一体;而且也没有教学建议,一个内容到底教学多少课时,教学目标是什么等,都不清楚;并且在程度上是模糊且不分级的,几年级开始教、开始学,教、学几年,至少学多少课时等,都没有基本要求,完全靠教师的个人经验加以判断和把握。[1]所以,它们都是广义的教材,不是狭义的现代教科书。

一般的研究认为,具有现代意义的"教科书"一词来自1877年5月成立的School and Textbook Series Committee,这个组织后来被翻译成"学校教科书委员会",由此认定"教科书之名自是始于我国矣"。[2]但是这种说法是后人错误地把自己的理解与翻译施加于早年文献的结果。迄今为止,从所见到的教科书实物来看,没有发现任何一本这一段时间以"教科书"命名的书。School and Textbook Series Committee当时也一直被译为"益智书会",没有译为"学校教科书委员会"。"教科书"一词的真正使用,极有可能出现在1890—1895年间。目前我们所能见到的最早以"教科书"命名的课本,不是学界过去一直所认为的1883年5月上海东亚译书会初版的《支那史教科书》二册(〔日〕富三房编辑,唐秋渠译),而是光绪二十二年(1896年)上海乐群书局出版的《最新动物教科书》(马良编撰)。《支那史

---

[1] 石鸥:《最不该忽视的研究——关于教科书研究的几点思考》,《湖南师范大学教育科学学报》2007年第5期。
[2]《教科书之发刊概况》,中华民国教育部编:《第一次中国教育年鉴·戊编:教育杂录》,开明书店1934年版,第115页。

教科书》的出版时间为"光绪念九年",被今人疏忽地看作光绪九年,从而将其出版时间整整提前了20年。

19世纪最后十年,有些课本虽然已经以"教科书"命名了,但仍然没有被广泛接受,仍然没有取代其他名称的文本,因为本质上它们仍然不属于严格意义的现代教科书,直到1904年商务印书馆《最新教科书》系列的出现。

我们把《最新教科书》称为第一套最为完整的严格意义上的现代教科书,而把在它之前出现的所有教科书都称为"前现代教科书",或现代教科书的萌芽或初级阶段,它们普遍没有按学年、学期编写,也没有教授书。

（二）商务印书馆与最早的自编教科书

19世纪后半叶,中国的教育体制呈现一种新旧杂陈的混合体制,既有传教士创办的教会学堂,亦有洋务派创办的洋务学堂,还有大量没有被纳入我们视野的旧式教育机构。此时的学堂使用新旧混杂、中西并存的教材,西方科技文化开始进入教材,进入学堂。到第二次鸦片战争之后,特别是维新运动后,先进知识分子基本上已经认识到中国落后于西方,是人才培养的落后、教育体系的落后。当时,大力创办新式学堂、培养新型人才,成为改变中国落后挨打局面的最重要举措。据不完全统计,到甲午战争时,中国人开设的新式学堂不过25处,而在甲午战后至1899年间,一下子产生了150间新学堂,全盛期间学堂学生估计有上万人。[1]

新式学堂的建立与快速发展,必然呼唤新式教科书。如果说19世纪下半叶教会学堂和洋务学堂的发展,为学校教科书的发展培育了必要的土壤的话,那么最终破土而出、开出璀璨之花的荣耀,却是由中国人自己完成的。主要原因是中国人自办的新式普通学堂既不满足于从西方引进的课本,又苦于一时找不到合适的替代品,于是开始编写适合自身需要的教科书。[2]这其中又以上海南洋公学自编的《蒙学课本》为典型代表,这是国人

---

[1] 桑兵:《晚清学堂学生与社会变迁》,学林出版社1995年版,第40页。
[2] 石鸥:《百年中国教科书忆》,知识产权出版社2015年版。

最早自编的教科书之一。[1]

历史的缘分也许就是，南洋公学的《蒙学课本》1899年的第二次印本由商务印书馆代印。由商务印书馆代印应该与张元济有关。1897年商务印书馆成立，1898年南洋公学附设译书院，张元济出任译书院的主事兼总校。南洋公学编写于1897年的《蒙学课本》，传说中的初版因为不见其书，到底由谁代印不得而知（有研究认为，初版本不可能在1897年出现，最早也要到1898年，[2]还有可能初版本压根就没有正式出版），而1899年第二次印刷的版本则标明由商务印书馆代印。不论出于何种原因，刚成立的商务印书馆代印了张元济负责的刚成立的南洋公学编写的教科书，张元济不参与其中几乎是不可能的事，这是其一；其二，商务印书馆也很快成立了编译所（1902年），大量编撰出版教科书，很有可能受南洋公学译书院编译教科书的行为影响，当时南洋公学的教科书封底或扉页多印有该校所出版的其他教科书的广告，而这也是商务印书馆早期出版教科书的典型做法；其三，张元济1901年投资商务印书馆，这应与他在南洋公学并与商务打交道的经历有关；其四，1903年张元济离开南洋公学，受聘为商务印书馆刚成立的编译所所长，开始了他一生最辉煌的事业，也是商务印书馆最辉煌的时期，是年，南洋公学译书院黯然停办。一定程度上，代印《蒙学课本》这一微不足道的小事，竟然有意无意成就了商务印书馆，也成就了张元济，具有启开现代文明洪流闸门的杠杆意义。[3]

早在1898年，商务印书馆就请谢洪赉翻译教会学校使用的、英国人为其印度殖民地小学生编辑的英语课本 Primar，用中英两种文字印刷，定名为《华英初阶》，紧接着又出版《华英进阶》。这是商务印书馆从印刷转行出版的第一本书，也是它出版的第一本教科书。但该书仍然没有使用"教

[1] 张文、石鸥：《基于南洋公学〈蒙学课本〉不同版本的新认识》，《湖南师范大学教育科学学报》2016年第5期。
[2] 夏晓虹：《〈蒙学课本〉中的旧学新知》，《清华大学学报（哲学社会科学版）》2009年第4期。
[3] 石鸥：《百年中国教科书忆》，知识产权出版社2015年版，第55页。

科书"一词命名，严格地说属于普及读物。1904年前，商务印书馆还出版了若干正式冠名"教科书"的课本，如《最新高等小学东洋历史教科书》（商务印书馆编译所编纂，1902年）、《西洋历史教科书》（出洋学生编辑所译述，1902年），《矿物学教科书》（商务印书馆编辑，1903年），《新撰植物学教科书》（杜亚泉译述，1903年），等等。其他出版社此时也出版了一些冠名"教科书"的课本，最典型的如上海文明书局的《蒙学教科书》系列。但它们仍然缺少教科书的某些要素，不是我们所指的现代意义的教科书。随着现代学制的出现和现代教育的发展，现代意义的教科书呼之欲出。这将是一种开创中国出版史发行量新纪元的书籍。而担此重任者非商务印书馆莫属。

二 打造了中国第一套现代意义的教科书

1904年，一套冠以"最新"字样的系列教科书开始面世并泉涌般进入学校，几乎占领了全国多数课堂。这套传奇般的教科书由商务印书馆编撰出版。

此时，上海文明书局的《蒙学教科书》系列已有相当影响，它们于1902年开始面世，前后发行约计23种，这是一个很可观的数字，有效地占领了教科书市场。[1]而且，文明书局的《蒙学教科书》系列颇具现代色彩，它是按照西方学术体系的分科思想编辑，自觉地使用了近代的科学分科概念，涉及天文、地理、东西洋历史、格致、化学、体操等，影响很大。但文明书局《蒙学教科书》的最大不足，是没有按学年、学期编撰，每种书几乎都是单一册，没有系统的教授书，不便于学校教学，所以它很快被商务印书馆的《最新教科书》系列所取代。当然，这不能责怪文明书局，因为这时中国第一个学制还没有颁布，文明书局超越了时代，这也注定它走不远。

---

[1] 石鸥：《百年中国教科书忆》，知识产权出版社2015年版，第37页。

商务印书馆根据我国第一个现代学制《奏定学堂章程》（1904年初）编撰出版的《最新教科书》系列，迅速夺得了市场。商务编辑庄俞曾说，"只有我馆的《最新教科书》是按照学部所颁布的学堂章程各科俱有的，所以独步一时"[1]。这种教科书是一种特殊文本，必须依照学制并最终依据课程标准编写，这一新颖的编辑出版理念，不独以前的编辑者未曾采纳过，即使是当时和商务形成竞争关系的文明书局等出版机构也没有及时嗅到教育制度中蕴含的巨大商机，也没有及时按照学制，分年级、分册编辑出版教科书。试想一下，历史写得好，化学写得好，但均只有一册，怎么可能适应新式教育的需要？所以，率先推出《蒙学教科书》系列的文明书局后来的败落也在情理之中。

《最新教科书》系列覆盖新学制要求开设的所有科目，且基本上都按照学制要求每学期一册的形式编撰，包括小学阶段的修身、国文、珠算、笔算、历史等，中学阶段包括代数学、动电学、静电学、生理学、植物学、动物学、地质学、地文学，等等。[2]

在短短的时间内，编辑出版如此众多且成系列的教科书，得益于几个因素。一是商务印书馆的业务主持者张元济的政治主张。张元济一贯主张维新改良和君主立宪，不赞成暴力革命，远离政治风暴的中心，这对于教科书出版是极为重要的，一般来讲，教科书代表国家意志，反映主流意识形态，要想让自己的教科书进入学校，必须得到支配阶层的认同，也必须得到绝大多数学校老师与学生及其家长的认同，过于激进的教科书是难以满足这些要求的。这就是教科书文本的独特性。张元济这种保守的做法，有助于商务教科书顺利通过审查，进入学校。二是张元济的教科书理念。在编辑教科书时，张元济的观点鲜明，思路清晰，严格按照学制编辑，他嘱咐《最新教科书》系列的主要作者蒋维乔说，"编初等小学历史教科

---

[1] 庄俞：《谈谈我馆编辑教科书的变迁》，商务印书馆编：《商务印书馆九十年》，商务印书馆1987年版，第62页。

[2] 石鸥：《开现代教科书之先河的〈最新教科书〉》，《湖南师范大学教育科学学报》2008年第3期。

书，按照奏定章程"的要求进行。[1]虽然当时已经出版了一些教科书，但大部分教科书存在着诸多不足，"近来新编训蒙各书，非无可取，然施诸实用，尚多窒碍"[2]，如文明书局的教科书就没有考虑到成系列，所以不受欢迎。三是组织了一批优秀的编撰人才。《最新教科书》主要编撰者有张元济、蔡元培、蒋维乔、高凤谦、庄俞、伍光建、杜亚泉、邝富灼等，他们大多学识渊博，视域开阔，或开办过新式教育，或任教于新式学堂，或大量编译过西学书籍，尤为突出的是许多人都有留学背景。本着国家兴盛于教育的宗旨，为了倡导他们所热爱的新式教育，这些志同道合者走在一起，"筚路蓝缕，煞费苦心，得成一种辅助教育的新事业"[3]，为中国现代教科书的发展做出了重要贡献。四是找到了比较好的教科书编撰方式。最开始，蔡元培建议以承包制的形式，把课文承包出去，后来发现效果不好，遂进行改革，实行"圆桌会议"之集体加个人的形式。编撰者们在圆桌会议上，集体讨论编写体例，然后个人分头着手编写。拿出初稿后，继续开圆桌会议进行讨论，最后形成若干课文，作为后来其他课文的标准范本。这种形式，被商务同人称为"圆桌会议"，以后的各册教科书也基本是按照这种模式，由一二人编写，大家集体讨论，最终定稿。[4]

这套教科书的成功，也与日本专家的参与分不开。当时日本金港堂已经入股商务印书馆，使得商务印书馆可以直接引进日本先进的印刷技术，极大地提高了印刷与工艺水平，尤为重要的是聘请了日本教科书编撰方面的专家，提高了教科书质量。"商务启动编辑《最新教科书》，毫无成例可援，白手起步，日本经验由此变得举足轻重"，当时两个日本专家直接参与教科书编撰，"小谷重、长尾槙太郎对编小学课本都很有经验，他们提出了很好的建议。从1903年冬天至1904年冬天，至少开过15次圆桌会议，

---

[1]张树年主编：《张元济年谱》，商务印书馆1991年版，第43页。
[2]《编辑初等高等小学国文教科书缘起》，蒋维乔、庄俞编纂：《最新初等小学国文教科书》第一册，商务印书馆1905年第十版。
[3]庄俞：《谈谈我馆编辑教科书的变迁》，商务印书馆编：《商务印书馆九十年》，商务印书馆1987年版，第64页。
[4]张人凤：《商务〈最新教科书〉的编纂经过和特点》，《编辑学刊》1997年第3期。

小谷重、长尾槇太郎都参加了,其中一度交流频繁,13天内就有6次会晤,从蒋维乔留下的日记可以知道,长尾等的教科书编辑经验给予他们很多宝贵的启发和借鉴"。[1]如《最新教科书》的插图公认比较精美,这就是接受小谷重的建议,聘请优秀画家来绘制的。事实上,商务也没有忽视日本专家的贡献,《最新教科书》的一些初版书都署名了日本学者。只是后来形势变化,日本专家的名字才从教科书中去掉。

这些因素,成就了《最新教科书》,也极大地成就了商务印书馆。

《最新教科书》具有鲜明的新思想、新观念,开始传播初步的民主科学知识,开始引入自由、平等、博爱的观点,甚至专门安排了《公平》《博爱》等课文。忠君内容明显减少,不讲"二十四孝"、节妇一类的陈腐内容。与现代科技相关的有《电报》《电话》《望远镜》等,与现代经济相关的有《专利》《邮政》《日报》《公司》等,与现代文明生活相关的有《体操之益》《竞走》《拔河》《缠足之害》《学堂卫生》《烟草之害》《传染病》等,与外国文明相关的有《科仑布》《美利坚》《德意志》《俄罗斯》《华盛顿》等,在教科书中都有呈现。

《最新教科书》另一个特点是注重适应儿童发展心理需要,由浅入深,如《国文教科书》第一册每课生字笔画都很少,"五课以前,限定六画;十课以前,限定九画;以后渐渐增加到十五画为止"。第一册每课生字在五课以前不超过10个字,全册中每课生字必须在以后的各课中出现两次以上。全书各册字数,第一册每课从8字至40字;第二册每课从40字至60字。教科书之间特别注意横向配合,如修身教科书的文字内容一定是国文教科书中已经学过的文字。[2]

该套教科书课文均用浅近的文言文,有简单标点符号,课文多插图。有些教科书每课一图,左图右文。小学修身课本第一册、第二册全部是图,没有文字,简直就是精美的连环画。书中首次出现彩色插图,绘画精

---

[1] 傅国涌:《从龚自珍到司徒雷登》,江苏文艺出版社2010年版,第152页。
[2] 商务印书馆编译所编:《最新初等小学修身教科书》第二册,商务印书馆1905年第十三版,"编辑大意"。

美，用铜版纸印刷，色泽鲜艳，一般单独占一页或两页。

1904年4月，《最新国文教科书》率先出版。一面世便势不可当，销售状况之好，大出意料，几日内便被抢购一空，不得不紧急加印再版。"未及数月，行销10余万册。"[1]可谓横空出世，独步神州，既取代了其他教科书，又成为后世教科书模仿的对象。该套教科书是一套独一无二、成就卓越的教科书，它完全符合现代教科书的三个条件：它是第一套依遵国家课程方案编辑的教科书，是第一套按课程门类分学科，按学年、学期分级、分册编写的教科书，是第一套同时配套出版有分科、分级的教师用书的教科书。[2]《最新教科书》是中国教科书现代化最有力的印记，传统教科书向现代教科书的转型，是在《最新教科书》面世后完成的。《最新教科书》对各科教科书、各学段教科书都有极大的影响力，一定程度上，它是中国教材史上的一个分水岭，无可置疑地成为教科书发展史上的经典巨作，更是整个教科书发展系谱上一座难以超越的里程碑。

诚如蒋维乔在《编辑小学教科书之回忆（1897—1905年）》一文中所说，"教科书之形式、内容渐臻完备者，当推商务印书馆之《最新教科书》。此非作者身与其役，竟敢以此自夸，乃有客观之事实可以证明：一、此书既出，其他书局之儿童读本，即渐渐不复流行；二、在白话教科书未提倡之前，凡各书局所编之教科书及学部国定之教科书，大率皆模仿此书之体裁"[3]。

三 创造了民国初期教科书神话的《共和国教科书》

商务印书馆不但创造了清末教科书的神话（当时全国各地的新式学堂几乎都离不开商务印书馆的教科书，到1906年，清政府公布的第一次审定

---

[1] 王建军：《中国近代教科书发展研究》，广东教育出版社1996年版，第111页。
[2] 石鸥、吴小鸥：《简明中国教科书史》，知识产权出版社2015年版，第28页。
[3] 蒋维乔：《编辑小学教科书之回忆（1897—1905年）》，商务印书馆编：《商务印书馆九十年》，商务印书馆1987年版，第56页。

小学堂教科用书暂用书目共计102种，其中商务印书馆就有54种，占到了全部的52%。完全可以说占了全国教科书的半壁江山），也创造了民国初期教科书的神话。

1912年，民国建立。对于晚清时期的教科书，新政权已经不能容忍其存在了。以蔡元培为首的临时政府教育部于1912年1月19日颁发《普通教育暂行办法通令》，明令禁用清学部颁行的所有教科书[1]，符合新教育宗旨、适应新学制要求的新教科书成为学校的现实需要。

当教育部宣布所有清朝的教科书禁止使用时，离开学的日子屈指可数了（当时是春季始业）。学校需要教材，燃眉之急必须解决。而商务印书馆的教科书几乎全部属于被禁止行列。此时，中华书局横空出世，并以《中华教科书》抢了市场，商务印书馆不知所措，输了头筹。然而，商务印书馆决不会轻易放弃自己的命脉——教科书市场，在张元济的领导下，商务迅疾行动起来：首先，"将旧有各书遵照教育部通令大加改订。凡与满清有关系者，悉数删除；并在封面上特加订正为中华民国字样，先行出版，以应今年各学校开学之用"[2]。同时，集中力量编辑与民国教育方针相适应的新教科书。这套新教科书，就是商务印书馆重点推出的《共和国教科书》。为更好地完成这套书的编撰，除了自己的铁杆编写人员外，商务还特邀了一批特殊人员——江苏省立第一师范附属小学的15名教员。此举开了成建制地与一线教学人员合作编写教科书的先例。

民国建立后商务印书馆的第一套教科书——《共和国教科书》于1912年4月开始陆续出版发行，它比《中华教科书》只晚三个月，但学校已经开学，晚了的这三个月具有非常实质的意义。为了扭转晚三个月面世这一不利形势，从而挽回民国初期教科书市场的不利局面，商务印书馆试图从根本上理解共和政体下的教育实质，争取教科书从形式和内容两方面有真

---

[1] 朱有瓛主编：《中国近代学制史料》第三辑上册，华东师范大学出版社1990年版，第2页。

[2] 陈学恂主编：《中国近代教育史教学参考资料》中册，人民教育出版社1987年版，第423页。

正的突破，以质量取胜，更好地适应新时代的教育需求。为此，商务印书馆的知识精英们刊发《编辑共和国小学教科书缘起》一文，向全社会阐述了该套教科书的14条编辑原则，实际上也是宣传了自己产品的优势：

> 一、注重自由平等之精神，守法合群之德义，以养成共和国民之人格；一、注重表章中华固有之国粹特色，以启发国民之爱国心；一、注重国体、政体及一切法政常识，以普及参政之能力；一、注重汉、满、蒙、回、藏五族平等主义，以巩固统一民国之基础；一、注重博爱主义，推及待外人爱生物等事，以扩充国民之德量；一、注重体育及军事上之智识，以发挥尚武之精神；一、注重国民生活上之智识技能，以养成独立自营之能力；……[1]

这些编撰原则，置于今日之教科书编写，仍然具有极重要的参考价值。正是基于这样的追求，商务印书馆按民国新课程标准及学制要求陆续出版了全套《共和国教科书》。到1915年4月，共出版适用于高等小学的教科书及教授书25种、118册；适用于中学的教科书23种，中学教员用书9种；[2] 到1916年4月前，出版适用于初等小学（国民学校）的教科书及教授书有20种、140册。[3]

《共和国教科书》内容涵盖广泛，传统经典和现代政治、科技常识都囊括其中，旨在为儿童提供一种全面、积极、上进，能体现社会发展要求的现代人的精神标准。特别值得肯定的是，该教科书突出了现代政治文明的内容，平等、自由、权利、义务的思想不断见之于课文，为后来的新文化运动打造了一定的舆论基础和思想基础。如《新国文》中的《共和

---

[1] 张元济、杜亚泉等：《编辑共和国小学教科书缘起》，《教育杂志》1912年第4卷第1期。

[2] 沈颐、戴克敦编纂：《共和国教科书新修身》初小第八册，商务印书馆1915年第153版，封三。

[3] 庄俞、沈颐编纂：《共和国教科书新国文》初小第七册，商务印书馆1912年第122版，封三。

国》一课：

> 共和国者，以人民为国家主体。一切政务，人民自行处理之。故亦谓之民主国。
> 虽然，一国之人数至多，欲人人与闻政事，为事势所不能。于是有选举之法。选举者，由多数人选举少数人，使之代理政务也。
> 共和国以总统组织政府，以议员组织国会。总统、议员，由人民公举，其职权、任期皆有限制，故无专擅之弊。[1]

现代社会的进步，就是人和人之间从不平等走向平等、从不自由走向自由的过程，是平等和自由逐渐实现的过程。现实生活中，每个人能力不同，所处的环境不同，但就人的价值而言，人与人之间应是平等自由的。个人自由，他人不得侵犯，国家也不得侵犯。如《新国文》中的《自由》一课：

> 吾有身体，无故而被拘束。吾有财产，无故而被侵夺。吾有言论、著作，无故而被干涉。推之居处、营业、交际、信仰，事事皆受限制，而不得行其意，则生人之幸福，其所存几希。甚矣，不自由之难堪也。共和国之法律，凡属个人之自由，不特他人不得侵犯，即国家亦不得侵犯，其尊重自由也如是。[2]

《共和国教科书》系列在历史上第一次出现独立命名的公民教科书——《共和国教科书公民须知》（1917年）。在全国仍然设置修身课程，使用修身教科书的大背景下，该公民教科书的出现是格外引人注目的，体现了对时代潮流的敏感和把握（从学制和教育部的统一要求来看，"公民"取代"修身"是1922年学制之后的事情）。从此，"公民"逐渐成为课程

---

[1] 庄俞、沈颐编纂：《共和国教科书新国文》初小第七册，商务印书馆1913年第122版，第三课。
[2] 同上书，第五课。

和教科书系统的重要组成部分，公民教育也渐渐成为系统的科目。从"修身"到"公民"的演变，是从臣民到公民的变化，这意味着我国教育的一大进步。[1]

正因为具有上述种种优势，所以，此套教材甫一出版，迅速扭转了商务印书馆的被动局面，并创造了一个又一个的纪录。据统计，该书出版后十年间，销量达七八千万册之多。[2]这套教科书是笔者目前所见中国历史上印刷出版次数最多的教科书，我们在版权页上看到的不完整信息就已经非常惊人了，比如《共和国教科书新国文》第二册1912年6月初版，1913年2月46版，1922年2月1931版，1926年7月达2358版……而且，当时还出现过大量形形色色的手抄本、翻刻本、盗版书。更值得玩味的是，2012年，时隔百年，《读库》再次影印了《共和国教科书》之小学《国文》和《修身》。这一数字和事实足以证明此书神话般的成功。

四　蔚为壮观的《新学制教科书》

商务印书馆对教育部和民间教育改革一向非常敏感，多在第一时间推出适应新变革的教科书。

1922年11月，中国教育史上具有里程碑意义的新学制颁布。学制一改，课程就改，教科书必然要改。是年底，商务印书馆的《新学制教科书》即陆续推出。几乎没有时差。

《新学制教科书》是商务印书馆依据新学制要求迅速编写出版的一套蔚为壮观、影响深远的教科书。高水平的编撰团队、品种齐全的教科书体系、以儿童为中心的设计理念、国际化的内容取材、综合化的编写体例，是该教科书的最大特点。

在百年中国教育史上，这是迄今唯一一套汇聚如此众多社会精英与

---

[1] 石鸥：《何谓名正，如何言顺》，《河北师范大学学报（教育科学版）》2014年第6期。
[2]《上海出版志》编纂委员会编：《上海出版志》，上海社会科学出版社2000年版，第488页。

学界名流共同编写的规模宏大的教科书，是一套让一批青年才俊大显身手的教科书，是一套新思想、新观点层出不穷的教科书。其编撰队伍中有胡适、冯友兰、任鸿隽、陈哲衡、竺可桢、陶孟和、周鲠生、周越然、顾颉刚、叶绍钧、周予同、吕思勉、郑贞文、萧友梅、刘海粟、周玲荪、朱经农、吴研因、杜亚泉、王云五、张其昀、庄适、段育华、程瀚章、万国鼎、陆志韦、张慰慈、瞿世英、郭任远、吴遹生、江恒源、胡宪生、王钟麒、何鲁、王华隆、张资平等，是一支近百人的高水平的学者和专家队伍，而且绝大多数有留学背景，每个人几乎都是一部历史。

《新学制教科书》从1922年底开始陆续问世，大部分初版于1923—1925年间。其中，小学《国语》由吴研因编撰，《社会》由常道直编撰，《英语》周越然编撰，《公民》李泽彰编撰。初级中学《国语》由吴研因、周予同、顾颉刚、叶绍钧等编撰，《公民》周鲠生编撰，《算学》段育华编撰，《地理》王钟麒编撰，《人生地理》张其昀编撰，《乐理》肖友梅编撰，《美术》刘海粟编撰，《实用自然科学》郑贞文、周昌寿等编撰。高级中学《国文》由江恒源编撰，《本国史》由吕思勉编撰，《西洋史》陈衡哲编撰，《本国地理》张其昀编撰，《代数学》何鲁编撰，《词选》胡适编撰，《政治概论》张慰慈编撰，《社会学概论》瞿世英编撰，《社会科学概论》郭任远编撰，《社会问题》陶孟和编撰，《心理学》陆志韦编撰，《人生哲学》冯友兰编撰，《地质矿物学》张资平编撰。这些人，这些书，成就了民国教科书的难以逾越的高地。

《新学制教科书》开始突破传统分科编排内容，积极践行综合编排。如初小常识教科书包括了卫生、公民、地理、历史、自然、园艺等内容；高小社会教科书包括了公民、卫生、历史、人生地理等内容。地理"采用混合编制，打破中外地理的界域，使学生注意人类全体的生活，容易得到统整的地理观念"[1]，由著名地理学家张其昀编著的《人生地理教科书》打破自然地理、人文地理、中国地理、外国地理的界限，"研究地理与人生

---

[1] 商务印书馆编：《新学制初级中学教科书用书地理科样本》，商务印书馆1925年印行。

之关系；使吾人对于世界各地之风土人情，皆能解释其因果，说明其系统，且能根据已知推考未知"。这种用人地关系解释地理事象的教材，比较旧方志式地罗列地理事物和现象更有积极意义，并能引起学生的学习兴趣。

《新学制教科书》的取材相当前沿和国际化，目之所及，无不体现出开阔的国际视野和较高的学术水准。如冯友兰著《新学制高级中学教科书人生哲学》，第三章是"理想派——柏拉图"，第四章是"虚无派——叔本华"，第七章是"进步派——笛卡儿、培根、飞喜推"，第九章是"亚力士多德"，第十一章是"海格尔"等；这本书的最后第十二、十三章是"一个新人生论"，第十二章的内容有"实用主义的观点与新实在论的观点、宇宙及人在其中之地位、人生之真相及人生之目的、欲与好、天道与人道、中和及通、人性道德制度及风俗习惯"，第十三章的内容有"文学美术、宗教及宗教经验、意志自由问题、幸偶、人生术、死及不死"。[1]其前沿性和学术性显而易见。

由著名社会学家陶孟和编写的《新学制高级中学教科书社会问题》十四章分别列有"何为社会、社会问题的性质、社会问题发生的要素、生物的状况的变化、人口的质的问题——优生政策、心理的状况、经济的状况、新经济状况的影响、历史的要素、贫穷的意义；贫穷的原因、贫穷的经济的原因、其他社会的原因、对于贫穷发现后的救济、社会改良的计画"[2]。开篇不久就出现了法国卢梭的《民约论》，而且大篇幅分析了贫穷等社会问题。

值得思考的是，教育学界普遍认为，教科书一般反映的应是比较公认的内容，有争议的内容要慎重进入教科书，这也是教科书编撰的一条准则，但在商务印书馆《新学制教科书》中，我们明显地感受到学者自己思想观点的大胆融入，从而使得其编撰的教科书有着鲜明的个性色彩。如冯友兰的高级中学《人生哲学》就是个性十足的学术著作。又如号称我国第

---

[1] 冯友兰著：《新学制高级中学教科书人生哲学》，商务印书馆1926年版。
[2] 陶孟和编：《新学制高级中学教科书社会问题》，商务印书馆1926年版。

一位女教授的陈哲衡所编《新学制高级中学教科书西洋史》，采用文化史的、综合的宏观视野来考察历史活动，可以清晰地感受到其深受当时西方新史学理论的熏陶，并以此作为"标鹄"指导该教科书的编撰活动。同时，该教科书叙述的女政治家、女英雄、女学者、女诗人等女性人物之多、涉及的阶层之广，大约是同时代历史教科书中绝无仅有的。胡适在评价《西洋史》时说，"陈衡哲女士的西洋史是一部带有创作的野心的著作。在史料的方面，她不能不倚赖西洋史家的供给。但在叙述与解释的方面，她确然做了一番精心结构的工夫。这部书可以说是中国治西史的学者给中国读者精心著述的第一部西洋史。在这一方面说，此书也是一部开山的作品"；胡适还指出，"陈女士本是喜欢文艺的，所以她作历史叙述的文字也很有文学的意味。叙述夹议论的文字，在白话文里还不多见。陈女士在这一方面的努力很可以给我们开一个新方向"，"历史要这样做，方才有趣味，方才有精彩"，"此书是一部很用气力的著述。他的长处在于用公平的眼光，用自己的语言，重新叙述西洋的史实。作者的努力至少可以使我们知道西洋史的研究里尽可以容我们充分运用历史的想象力与文学的天才来做创作的贡献"。[1]胡适对该教科书的评价，确实提出了一个方向性的问题，即如何著作史学，如何编撰史学教科书，教科书可不可以成为学术著作，教科书应不应该表达学术观点，至今仍然具有启人深思的价值。在胡适看来，陈衡哲的高中教科书就是一部史学著作，是一部充分表述了作者学术观点的教科书。更不要说顾颉刚如何利用本国历史教科书，来表达自己那惊世骇俗的学术观点了。这一在教科书中大胆融入尚无定论的内容的做法，为此后教科书的建设与研究提供了重要课题。

五　为抗战鼓与呼的《复兴教科书》

1932年初的上海商务印书馆一派欣欣向荣，但灾难突然降临。1月29

---

[1] 胡适：《介绍几部新出的史学书》（续），《现代评论》1926年第92期。

日,日军飞机轰炸商务印书馆,位于宝山路的总管理处、编译所、四个印刷厂、仓库等皆中弹起火,全部焚毁。2月1日,日本浪人又潜入未被殃及的商务印书馆所属的东方图书馆纵火,图书馆藏书全部化为灰烬。是时,浓烟遮蔽上海半空,纸灰飘飞十里之外,五层大楼成了空壳,其状惨不忍睹。最令人痛惜的是东方图书馆的全部善本古籍悉数被烧毁,价值连城的善本孤本从此绝迹人寰,这不能不说是中国文化史上的一大劫难。甚至有学者认为:火烧圆明园和商务印书馆被炸,是中国近代史上最令人痛心的文明悲剧。

在战火中成为废墟的商务印书馆并没有被吓倒。这一年恰逢新课程标准颁布,商务印书馆在激愤中喊出"为国难而牺牲,为文化而奋斗"的口号,重整旗鼓,全力编印适应新课程标准要求的《复兴教科书》。《复兴教科书》由商务印书馆总经理王云五亲自担任主编,到1933年8月,全套的小学、初中《复兴教科书》及其教学法基本出齐,高中部分也很快完成出版。笔者初步统计,《复兴教科书》有183种738册,是商务印书馆有史以来最大规模的一套教科书,它是我国教科书史上最伟大的成就之一,被誉为"民国教科书发展史上一座里程碑式的山峰"[1]。

在"复兴"的呐喊声中,商务为出版《复兴教科书》集中了一大批出色的学者和编撰人员,吕思勉编写《本国史》,何炳松编写《外国史》,傅东华和陈望道编写《国文》,黄自编撰《音乐》,周建人编撰《动物学》,陈伯吹编写《国语》,韦悫参与编写《公民》,还有黎锦熙、孙俍工、秉志、周昌寿、郑贞文等。

此套教科书有多种封面设计,小学阶段的封面以一群学生玩搭积木构建宏伟大厦的游戏为主要图案,寓意复兴祖国,重新构建国家和民族的美好未来。

《复兴教科书》主张从中华文化传统中寻找民族自信力,以形成民族精神的支点,提高整个民族的抗战凝聚力和文化认同感,"使全国同胞都

---

[1] 毕苑:《建造常识:教科书与近代中国文化转型》,福建教育出版社2010年版,第123页。

有拯救国家、复兴民族的能力"[1]。它是抗战时期规模最大、影响极为广泛的有光有热的文化启蒙读本。对商务印书馆来说，《复兴教科书》为它带来了又一次巨大的成功。从诞生之日起，到20世纪50年代初，《复兴教科书》被不断再版使用。尤其在抗战时期，《复兴教科书》积极宣传抗战，为动员抗战做出了重要贡献，受到了普遍欢迎。根据搜集到的教科书出版信息可以看出《复兴教科书》的畅销和经久不衰，如《复兴国语教科书》，初小第四册初版于1933年7月，到8月已是120版，第五册到1935年6月已经是365版；《复兴初级中学公民教科书》1933年7月初版，同年10月出了第60版；《复兴高级中学本国史》1934年初版，1946年72版；《复兴高级中学生物学教科书》1933年11月初版，1951年7月181版；《复兴高级中学代数学教科书》则一直出版到1952年。

救亡图存是近代中国教育演变的原始动力，亦是近代教材内容发生巨变的催生剂。在这一亘古未有的涵盖民族生存危机、社会政治危机和传统文化危机的全面危机的冲击下，近代进步知识精英逐渐认识到必须进行全民政治动员、思想动员和文化动员，加快知识普及和推广运动，广泛唤醒民众，来一场从下到上的大启蒙，才能应对危急之中的国家现实，实现救亡图存的迫切任务。而进行全民启蒙的最有效的手段是兴学校，最重要的利器是新式教科书，于是，新学校起来了，新教科书大规模产生，新知识、新思想、新观念潮涌般出现。此时，已经没有人能够阻挡它的涌入了，既然厚重的闸门已开。

为打开这扇闸门出力最甚者，舍上海商务印书馆还有谁呢？！

（作者单位：首都师范大学）

---

[1] 曹亮：《民族复兴与中国教育建设》，《楚雁》1935年第2期。

商务印书馆教科书与中国现代教育的生长

毕　苑

一般理解传统社会的蒙学读物，即《三字经》《百家姓》《千字文》《千家诗》《幼学琼林》《龙纹鞭影》等读本。这些读物就文本而言有一个特点，就是内容基本不变，或随时代有些许增删。拿最具代表性的《三字经》来说，它相传为宋代理学家王伯厚所作，"其叙历代废兴，本讫于宋，自辽金以下则明清人所续也。其书先举方名事类，次及经史诸子，所以启导蒙稚者略备"[1]。可以看出它体裁单一，形式简单，内容笼统，不具备现代学科意识。有少数精英，如舒新城，他"最初入塾家里要求先读《四书》，但其他学生都是先从《百家姓》《千字文》读起"[2]。可以说，"三百千"是传统社会平民幼童开蒙的代表读物，学习"三百千"和"四书五经"等旧学差不多是传统时代儿童开蒙的普遍方式。美国教育家孟禄在1921年访华的一次公开演讲中谈到，旧教育的特点有二：第一，旧教育注意少数领袖人才，不顾平民的智识开通与否、普及与否；第二，旧教育是要使社会不进化、不动、不改变，新教育则完全与旧教育相对立[3]。这种改变萌芽在19、20世纪之交。

晚年贺麟曾回忆他新旧教育转折时期的童年时光："当我在小学时期，开始摆脱背诵《三字经》和《百家姓》之后，首先便接触到上海商务印书馆出版的以较好纸张精印并附图片的教科书。对于这些教科书我们仍然

---

[1] 章太炎编：《重订三字经》，汉文正楷印书局1933年初版，"题辞"。

[2] 舒新城：《我和教育：三十五年教育生活史（一八九三——九二八）》，中华书局1945年初版，第15页。

[3] 孟禄演讲，陶行知口译，瞿雪野记录：《旧教育与新教育的差异》，《新教育》1922年第4期。

象背颂《三字经》那样熟读成诵。记得在本国地理教科书中附有镇江的照片,这个位于长江下游的风景优美的镇江,给童年时代的我印象特深,并引起我们想将来离开家乡出外游览的乐趣。后来我果然三次经南京游览了镇江。由于忆起童年时代对镇江图片特感兴味,因而不仅加强了我对金山寺、焦山等地的美感和情感,而且加深了我对伟大的长江的优美雄壮的风景的爱好和颂扬。"[1]贺麟的经历表明商务印书馆的新式教科书对少年心灵的冲击有多么强烈。贺麟的经历不是个例,由此可窥见商务印书馆教科书在现代教育史上的影响。

一　开创"教科书时代":《最新教科书》

商务印书馆始建于1897年,初建时侧重印刷业务。1901年编译所设立,与商务来往较多的张元济介绍蔡元培任所长,自此营业方针发生改变,开始编辑教科书。1903年"苏报案"后,蔡元培离沪,张元济接任所长,他和高凤谦、蒋维乔、庄俞、徐隽、姚祖晋等人勉力筹划,编辑方法上改变原来的包办制,"采合议制,先定编辑之根本计划,依此计划,审查已编成之蒙学课本,乃完全不适用。于是由原编辑人重行着手起稿,是为《最新教科书》产生之始"[2]。这套教科书在1904年陆续出版。

(一)《最新教科书》概貌

在此之前,文明书局的《蒙学教科书》已产生相当影响,但正如编辑庄俞所说:"只有我馆的《最新教科书》是依照学部所颁布的学堂章程各科俱有的,所以独步一时。"[3]一点不错,商务教科书独占天时,严格按照学期制度成书。编辑蒋维乔曾在日记中记录张元济对他的嘱咐:"编初等

---

[1] 贺麟:《漫谈我和商务印书馆的关系》,商务印书馆编:《商务印书馆九十年》,商务印书馆1987年版,第331页。
[2] 蒋维乔:《编辑小学教科书之回忆(1897—1905年)》,商务印书馆编:《商务印书馆九十年》,商务印书馆1987年版,第57页。
[3] 庄俞:《谈谈我馆编辑教科书的变迁》,商务印书馆编:《商务印书馆九十年》,商务印书馆1987年版,第62页。

小学历史教科书，按照奏定章程第三年起至第五年止，令编八十课。"[1]庄俞认为这种按学期制度编辑的方法，"实开中国学校用书之新纪录"[2]。所谓"近代教科书"的要素：学堂章程、年级分划和学科体系自《最新教科书》始，这是它对现代教育开创性的贡献。

《最新教科书》包括供初等小学堂、高等小学堂和中学堂用三类，与"癸卯学制"的学级划分相称；此前文明书局的《蒙学教科书》只在小学教育界"盛行一时"，规模自是不及。不过，1935年蒋维乔曾慨叹，"方今回忆此最新之教科书，已是最旧，且欲觅一全部而不可得"[3]，如今更难见其全貌。据北京商务印书馆汪家熔先生的研究，这套教科书"仅初、高小就有11门32种156册，是当时我国小学教科书课目最完备的一套课本，从1904年一直发行到1911年底，发行量占全国课本分额的80%"，"是我国第一套完整的中小学教科书"。[4]这套书学科齐备，内容优良，容量合理，选材周详，超过了同时代的学堂教科书，成为一时之选。

若从出版史、书籍史的角度看，《最新教科书》的最大特色在于编辑周详。在此之前，没有任何一套书籍像文明书局的《蒙学教科书》和商务的《最新教科书》这样突出"编辑大意"，对书籍的适用对象、学习进度、语言难易、内容选材、版式设置诸方面均有详细说明，这种形式开启了近代中国教科书编辑的新形式。

以《最新初等小学国文教科书》第一册为例，商务印书馆"萃海内外人士，以数人之力，费月余之时，仅成此区区一小册"[5]，足见编辑之谨慎

---

[1] 张树年主编：《张元济年谱》，商务印书馆1991年版，第77页。
[2] 庄俞：《清季兴学与最新教科书》，陈学恂主编：《中国近代教育史教学参考资料》上册，人民教育出版社1986年版，第656页。
[3] 蒋维乔：《编辑小学教科书之回忆（1897—1905年）》，商务印书馆编：《商务印书馆九十年》，商务印书馆1987年版，第61页。
[4] 宋原放主编，汪家熔辑注：《中国出版史料（近代部分）》第二卷，湖北教育出版社、山东教育出版社2011年版，第533页。
[5] 庄俞、蒋维乔等编纂，高凤谦、张元济校订：《最新初等小学国文教科书》第一册，商务印书馆1908年版，"编辑大意"。

辛苦。其"编辑大意"有如下说明：

关于授课进度，"每星期教授三课"，"每课分两节，半课为一节，除星期放假外，每日教授半课"。

关于生字，"第一课至第六课，限定六画；第七课至第十五课，限定十画；全册限定十二画"，"每课字数，自八字递加至四十字"，"每课文字，必取其类似而相连贯者"。

关于语言，"虽纯用文言，而语意必极浅明，且皆儿童之所习知者"。

关于内容选材，"不采古事及外国事"，"所述花草景物，预算就学时期，顺序排列，使儿童易于随时实验"，"德育之事，注重家庭伦理，使儿童易于实行"，"智育之事，只言眼前事务，不涉机巧变诈，以启儿童之天性"，"颇重体育之事，以振尚武精神"，"多及学堂事，使儿童知读书之要"，"多及游戏事，使儿童易有兴会"。

版式编排和印刷设计上，重视插图："插图至九十七幅，并附彩色图三幅。使教授时易于讲解，且多趣味"；且注重版式安排："每半课中，其文字图画，必在一开之内。俾省翻阅之劳，以便儿童诵读"；"以空格断句。每句必在一行之内。诵习时，可免错误句读"；"初号大字印刷，俾儿童不费目力"；甚至连纸张也十分讲究："洁白有光之纸，易伤儿童目力。本编用纸只求结实耐用，不事外观之美"。

更具开创性的是，《最新教科书》编排了各科配套用书，包括教授法和各类挂图，与教科书同时发行。教授法讲求教学方法，重视知识背景之完备。与前面《最新国文教科书》相对应的教授法就是"按照课数编次，凡诵读讲解、习问默写、联字造句等法，无不详备。其稍深之名物训诂，皆细加诠释，与本编相辅而行"。与《最新修身教科书》相配套的除了教授法，还有"按照书中图画，另行放大之挂图，俾教师在课室中应用"[1]。历史教科书配有《东洋史要地图》，从"夏殷周三代图"到"近世亚细亚洲图""中日战后之图"等，载有22幅历史地图。该图册已非手绘，而是

---

[1] 蒋维乔：《编辑小学教科书之回忆（1897—1905年）》，商务印书馆编：《商务印书馆九十年》，商务印书馆1987年版，第59页。

用现代地图制作方法，标有比例尺和经纬度，符号标志基本符合现代规范，比同时期的地图更精准、清晰。

一个有趣之处是有关《最新教科书》的版式。绝大多数晚清书籍都是竖版，但《最新中学教科书三角术》和《最新中学教科书代数学》却是横排版，体现了形式适应内容的变化，新知识需要新形式，新形式才符合近代知识的学习方法。

（二）谢洪赉的贡献

谢洪赉，字鬯侯，号寄尘，生于浙江慈溪一个基督教神职人员家庭，自幼信奉基督，熟读"四书五经"。少时在苏州博习书院（东吴大学前身）读书，深得书院院长潘慎文（A. P. Parker）博士的赏识，帮助其从事翻译工作。他曾帮助潘慎文译过几种数理化课本，包括影响较大的《八线备旨》《微积学》等，可谓早期参与引进西学的知识分子代表之一。由于商务印书馆的几位创办人也是浙江籍基督徒，与谢洪赉是旧相识，于是邀请他参加商务印书馆的译著工作。

就英文读本而言，供时人选择的英文课本有数种，但全是英文，不便初学。谢洪赉看到英国人为印度人编写的英文读本使用广泛，在内容选材和课文编排上颇有优点，认为"是书之组织有极臻完善者"，于是大力译介[1]。到1898年，谢洪赉编译了《华英初阶》和《华英进阶》（一至五集）。这套书的销售极为成功，是商务印书馆最早的立足基础和品牌之作。他在《论英文读本》一文中概要介绍了每种读本的编写情况、内容特点、形式风格、适用对象，详细到生字、课文的安排等。在众多读本之中，谢洪赉发现"印度广学会另印读本一种，计五帙。不称Reader而曰Book，大致与前者相仿。惟所选之料不同耳。海上市肆今罕售者"[2]。从"Reader"到"Book"的变化，证明了英美学校教学正在经历从读本到教科书的转变，

---

[1] 谢洪赉：《〈华英初阶〉序》，宋原放主编，汪家熔辑注：《中国出版史料（近代部分）》第二卷，湖北教育出版社、山东教育出版社2011年版，第656页。

[2] 谢洪赉：《论英文读本》，宋原放主编，汪家熔辑注：《中国出版史料（近代部分）》第二卷，湖北教育出版社、山东教育出版社2011年版，第660页。

作为"Textbook"的"教科书"就是在这个过程中进入中国的。这个发现是谢洪赉对近代教科书定名所做的重要贡献。

《最新教科书》谢洪赉参与最多，他编纂、编译及校订了地理、地质、理科、代数、几何、三角、化学、物理、生理等科目。

他在所编著的《最新中学教科书瀛寰全志》中认为，晚清是"震旦暗晦"的时代，"群龙尽见，睡狮独酣"，中国人睁眼环顾，"始悟四洲"，发现欧美世界早已"厅建独立，钟撞自由"，所以，他要发愤把亚细亚洲、欧罗巴洲、亚非利加洲、南北亚美利加洲和大洋洲的地理国情一一述来，使中国学生尽早知道世界大势。[1]《瀛寰全志》内容丰富，重点分明，凡涉及位置、疆域、地势、天气、物产、人民、宗教、商务、交通，无不叙述有章、要言不烦；尤其着重考察"国政"，对于一地之国家、政体性质均有论述。它还有意识地区别"社会"和"国家"，认为"社会者，人类相互之团体也"，它是"与生俱来"的，"社会发达之度"决定了"世界国民进化"之迟缓；"国家者，大社会之独立而有主权者也"，有人民，有主权，"若是者谓之国家"。他称英国是"首创军民共主之立宪政体"的国家；介绍"北美合众国"把国政分为三大权：行政权、立法权和司法权。该书初版于1903年，其对于社会的识见与国家和社会关系的认识颇有特点，不但超出同时代的教科书，即便置于晚清思想文化的历史大背景中也别有锋芒，值得珍视。

《瀛寰全志》突出体现了谢洪赉的历史观念和社会思想，而他最大的贡献在于对自然科学常识的普及。

笔者认为，谢洪赉编著的教科书中，最为精彩的一种是《最新高等小学理科教科书》。

"理科"是《奏定学堂章程》规定的初等、高等小学堂必修科目："使知动物、植物、矿物等类之大略形象、质性，并各物与人之关系"，对于幼龄儿童，"当先以乡土格致"，"先就教室中器具、学校用品，及庭园中

---

[1] 谢洪赉编辑，商务印书馆编译所校勘：《最新中学教科书瀛寰全志》，商务印书馆1903年初版，"瀛寰全志序"。

动物、植物、矿物（金、石、煤炭等物为矿物），渐次及于附近山林、川泽之动物、植物、矿物"，[1]包括了几乎所有自然科学门类。《最新高等小学理科教科书》正是按照该章程所编："本书编辑大旨，乃取自然科学（此为天文、地文、物理、化学、生理、卫生、动物、植物、矿物诸科之总名）全体之要理，撮取大纲，诱掖儿童，与以人生必须之知识，去其习俗相传之谬说。"[2]这样一部教科书对于编者的要求自然极高。如此丰富的科目门类，由它们连缀成的教科书今天阅读起来行云流水一般，过渡自然，难易合理，知识贯通。课文开篇以早春的"梅"把学生带入植物世界，穿插介绍"菜""蝴蝶"和"豌豆"，然后小结"花与虫及风之关系"，[3]将自然常识熔为一炉。介绍了一些粗浅的动植物知识后，以"动植物之异同"一课联络这两大门类，说明世界万物生态循环的紧密关系。[4]介绍光学原理时，以眼球构造相比喻，兼说明照相机、显微镜和望远镜的功用。[5]如此种种，引人入胜。

相比这部简明轻快的高小用书，谢洪赉编译的中学用书更能体现他对于引介西方科学的重视。不过，他并非简单地把那些晚清时人看来带有浓重"西方色彩"的知识体系"移植"过来。他的引介，包含了对于人类历史发展和中国传统文化、思维方式及家国命运的深刻关切和思考。

引介科学知识，他提纲挈领，在最基础的数学一科中首先讲明科学方法："授科学之法，有二大别：曰演绎法，先定名目，立界说，而后剖解其理由；曰归纳法，先以浅近之理，罕譬曲引，使学者有所领会，而后定

---

[1]《奏定初等小学堂章程》，璩鑫圭、唐良炎编：《中国近代教育史资料汇编：学制演变》，上海教育出版社2007年版，第305页。
[2] 谢洪赉编辑：《最新高等小学理科教科书》第一册，商务印书馆1904年版，"编辑大意"。
[3] 同上书，第6页。
[4] 谢洪赉编辑：《最新高等小学理科教科书》第二册，商务印书馆1904年版，第32页。
[5] 谢洪赉编辑：《最新高等小学理科教科书》第四册，商务印书馆1904年版，第18页。

名立说。"[1]厚厚几册代数学和几何学课本,插图准确严谨,各种定理、公理及证明,与今天几无二致。对于学习方法,他强调"说理记诵,不容偏废",并提醒学生图籍的重要性:"西籍说必附图,而以科学书为尤备,学者于此尤宜致意"。[2]

关于地质学,谢洪赉认为地质学不是西洋独有,禹贡开创的中国地质学渊源久远,但历史的流变使它"杂以荒唐之说,虽缙绅乐道之",宝贵的中国地质学思想渐渐湮灭,使今天中国人不明"天地间成毁之枢机","瞠乎无所闻见"。所以,他编译美国人赖康忒(Joseph Le Conte)的地质学著作为中学课本,希望"予人以科学知识而唤醒其考察之习惯"。[3]

关于化学,他批评"昔时学者墨守古义,鄙弃不屑道"的态度,"一二先见之士探奇索隐、缀辑异闻、独居研习,虽得窥其崖略,而其效卒不著",以致"数千年来,局于故步",终"不能与彼族竞",[4]现在学堂章程已出,应该编译适合的教本,让中国学生掌握基础化学知识。

谢洪赉编写的每一部教科书都可做分析晚清思想文化转型的典型文本。例如他编译的生理学教科书,体现出中国传统养生向现代"卫生"观念的转化。"卫生"从"保养身体之理法",融入现代细菌病理学的概念。[5]

谢洪赉编译的多种自然科学教科书是分析晚清科学名词转译的好样本。比如晚清"严(复)译新名词"一直是学界关注的重点,台北"中研院"黄克武等学者对此有深入研究。[6]不过,严译名词的使用情况究竟如何,面貌并不清晰,我们在《最新教科书》中则能管窥见豹。谢洪赉和另

---

[1]〔美〕宓尔原著,谢洪赉译述:《最新中学教科书代数学》上册,商务印书馆1904年版,"译例"。
[2]〔美〕赖康忒原著,谢洪赉译述:《最新中学教科书地质学》,商务印书馆1906年版,"教授要言"。
[3]同上书,"序言"。
[4]中西译社编译,谢洪赉订定:《最新中学教科书化学》,商务印书馆1903年版,"序"。
[5]谢洪赉译:《最新中学教科书生理学》,商务印书馆1904年版,"生理学序"。
[6]黄克武先生的《新名词之战:清末严复译语与和制汉语的竞赛》一文在这方面很有代表性,载《中央研究院近代史研究所集刊》2008年第62期。

外一位重要作者新会伍光建编译的理科、声学、力学、光学、气学、热学等教科书中，随处可见"幺匿"（Unit）一词的使用。这说明严译新名词虽然最终被"日制名词"所打败，但在晚清确曾有过较大影响。

正如晚清相当一部分知识界人士所认同的："西人所最讲、所最有进步之科，如理化，如算学。"[1]尽管"道器观"还具有相当强大的力量，但是西方科学知识的传输已日见普遍。正是通过谢洪赉这些学者的努力，20世纪初，中国儿童的常识体系开始改变。

《最新教科书》的出版在当时就获得很大影响。1906年，学部第一次审定初等小学教科书暂用书目共102册，其中民营出版机构发行的就有85册，为商务印书馆、文明书局和时中书局三家所包揽，其中有商务印书馆出版的最新初等小学国文教科书等54册，独占大半江山。[2]可以说，商务《最新教科书》标志着中国近代"教科书时代"的开始。

商务印书馆的教科书不仅成为中国学生的精神食粮，而且在当时就引起了西方人的注意。

在华新教传教士于1877年成立的"学校教科书委员会"，为开拓更广泛的事业，1890年改组为"中华教育会"。它的机关报《中国报道》1904年以一个专栏报道商务印书馆的教科书。它注意到商务正编辑出版"拳头产品"，即一套初小教科书（Primary School Text Books），正是《最新教科书》。它关注教科书的价格、版式、彩图和编辑方法等，认为这些教科书"将非常有助于新教育改革，而这新教育变革对中国的学校又将起到革命性作用"。[3]在1907年的一篇报道中，它认为商务印书馆教科书的出版是"过去几年里最重要的事件之一"，"标志着中国的儿童从传统经典的束缚下解放了出来，进入到充满趣味与知识的新的文学作品中"。文章尤其注

---

[1] 严复：《论教育与国家之关系》，《东方杂志》1906年第3期。

[2] 李泽彰：《三十五年来中国之出版业（1897—1931）》，张静庐辑注：《中国近代出版史料》丁编，中华书局1959年版，第384页。

[3] *Books from the Commercial Press*, Rev. Silsby Editor, Educational Department, *The Chinese Recorder*, Dec. 1904, p622.

意到教科书中反映出的爱国主义和民族精神，认为中国在经受了许多外国人或腐败的异族政府带来的苦难之后，产生了一种"日本式的爱国主义"；指出"爱国主义与革命的边界已经非常模糊"，敏锐地觉察到了中国已经存在着革命的萌芽。[1]《最新教科书》成为西方世界观察中国的重要窗口。

商务印书馆及其出版的《最新教科书》，以超群的影响力开启了中国学生的"教科书时代"，成为塑造现代中国人的重要起点。

二　建立国家认同：《共和国教科书》

1912年中华民国建立，商务印书馆当即组织编辑同人按照新学制出版共和国新教科书[2]。《共和国教科书》的编辑包括包公毅、杜亚泉、杜就田、沈颐、沈庆鸿、秦瑞玠、秦同培、孙毓修、庄俞、张元济、陶保霖、傅运森、寿孝天、戴克敦、骆绍先等人。[3]当年《共和国教科书》编成，分初等小学用和高等小学用。初等小学用教科书包括修身、国文、算术、珠算、图画、唱歌、体操、手工以及字帖、毛笔图画、缝纫11种。高等小学用教科书包括修身、国文、算术、珠算、历史、地理、理科、唱歌、体操、农业、商业、手工、毛笔图画、铅笔图画和缝纫15种。

商务版教科书和新成立的中华书局出版的《中华教科书》展开竞争，这两大机构出版的教科书占据了民初教科书市场的绝大份额，深入记录并参与了清末民初政治文化转型。民初教科书的本质特点在于，它深刻展现了近代"国家认同"（National Identity）和"国家意识"（National Consciousness）建立的过程，这个过程集中体现在国家象征符号的变化、史实叙述的更迭以及国家知识的传输等三个方面。

---

[1] *Text-Books*, Educational Department, *The Chinese Recorder*, Oct. 1907, p546.
[2]《教科书之发刊概况》，中华民国教育部编：《第一次中国教育年鉴》戊编，第115页。
[3] 戴克敦、沈颐编纂，高凤谦校订：《共和国教科书新修身》，商务印书馆1912年版，正文前页。

首先，晚清时期，学部教本突出强调忠君观念，民间教本较为重视呈现文化意义上的国家，不过总的来说，建立在"臣民"底色上的"国民"认知是晚清"国家"观念的主流。民国建立后，"中华"国名和五色旗等新的国家象征符号同步出现在教科书中。不过，政权教育并不突出，突出的是"中华"历史和文化的传承性。例如"我国数千年来，国家大事，皆由皇帝治理之。今日民国成立，人民公举贤能，为全国行政之长，是谓大总统"[1]，这一最明显的政治现象，在革命功成、现实刚刚成为历史的民初教科书中就出现了。政治变革后的国家，新象征符号同步出现在教科书中：

中华，我国之国名也。溯自远祖以来，居于是，衣于是，食于是。世世相传，以及于我。我为中华之人，岂可不爱我国哉？[2]

学生，汝观杆上之五色旗，随风飘荡，非吾国之国旗欤？此旗之色，红居首，黄次之，蓝又次之，白与黑更次之。凡我同胞，皆当敬此国旗也。[3]

《共和国教科书》初等小学用国文教本直到第四册方才有课文讲新建立的国家，第四十四课方有一课教学童国旗知识，课文中的"国"并非"中华民国"，而是"中华国"，近似文化情感熏陶，而非政权教育。

其次，史实叙述发生了变化。晚清学部教科书以"古来圣主贤君"为主角，强调清廷统治的合法性，而民间教科书开始注重论述历史上的政治制度及其变革；民国成立后，"历代伟人言行"和文化渊源、国家建设成为主要叙述线索。

---

[1] 庄俞、沈颐编纂，高凤谦、张元济校订：《共和国教科书新国文》第四册，商务印书馆1912年初版，第二课。
[2] 同上书，第一课。
[3] 同上书，第四十四课。

1912年教育部制定《小学校教则及课程表》，规定小学校"本国历史"课"宜略授黄帝开国之功绩，历代伟人之言行，亚东文化之渊源，民国之建设，与近百年来中外之关系"[1]。在此宗旨引导下，《共和国教科书新历史》编者宣布，"本书尤注重于国土之统一，种族之调和，而于五大族之豪杰，择其最有关系者，一律编入本书"[2]。

《共和国教科书》尤为重视传布"共和"观念，强调"中华民国"的本质在于"五族共和"。"前此为一姓专制时代，各私其种，人故多不平等之制度。今民国建立，凡我民族不问何种何教，权利义务皆属平等，无所轩轾，利害与共，痛痒相关，同心协力，以肩国家之重任。"[3]《共和国教科书》还阐发了民族团结并非政体变革之结果，而是政体变革的促动因素这样一个道理："我国数千年文化，非一民族之功。即今日改专制为共和，亦我五大民族共同之力。"[4]这样充满温情的叙述，反映了教科书编写者深刻的历史认知。这也正反映了学者所探讨的国家整合（National Integration）的意义，乃是在于把文化与社会背景互不相属的集团集合于同一疆土，并建立国家认同感的过程[5]。"五族共和"教育是确立国家认同的一个重要因素，"国家"始终为政治文化而非族群意义上的"国家"，这一点尤为难得。

再有，近代国家知识进入教科书。从晚清时期对国体、政体知识的零星引介到民初《共和国教科书法制大意》全面系统介绍国民权利和国家机构的形式及其运作，开新文化运动"人权"观念之先河，培养学生制度建设的参与意识。

---

[1]《教育部订定小学校教则及课程表》，璩鑫圭、唐良炎编：《中国近代教育史资料汇编：学制演变》，上海教育出版社2007年版，第703页。

[2] 傅运森编纂，高凤谦、张元济校订：《共和国教科书新历史》第一册，商务印书馆1913年初版，"编辑大意"。

[3] 傅运森编纂，高凤谦、张元济校订：《共和国教科书新历史》第六册，商务印书馆1913年初版，第15页。

[4] 同上书，第18页。

[5] 葛永光：《文化多元主义与国家整合》，台北正中书局1991年版，第37页。

民国建立后废除学部教科书，1912年教育部订定小学校教则，规定小学修身"宜授以民国法制大意，俾具有国家观念"[1]。在高等小学校课程第二年和第三年的修身科目中，除了教授"道德之要旨"外，还要求教授"民国法制大意"[2]。晚清学部时期作为立宪附属品的国家知识教育，现在成为国民教育的主要内容。"法制大意"课程承担了传布"国家观念"的责任。

1914年，商务印书馆编就《共和国教科书法制大意》，成为体现这一教育导向的范本。编者说明此书目的是使学生"藉得法政常识，以养成共和国民之资格"[3]。那么，"共和国民"需要具备哪些知识呢？该教科书的目录让人一目了然：

上册16课

国家；国体；政体；国民；国籍；宪法；国民之权利；国民之义务；统治权；国会；选举；议员；大总统；行政官厅；总统制与内阁制；集权制与分权制。

下册16课

审判厅；检察厅；诉讼；行政诉讼；行政诉愿；法律；命令；警察；财政；租税；国有财产及国家营业；国债；预算；决算；审计；自治。

可以看出，《法制大意》是初步政治常识、国家构成和运行知识，以及基本法律知识的综合融汇。

---

[1]《教育部订定小学校教则及课程表》，璩鑫圭、唐良炎编：《中国近代教育史资料汇编：学制演变》，上海教育出版社2007年版，第702页。

[2] 同上书，第707页。

[3] 姚成瀚编纂：《共和国教科书法制大意》上册，商务印书馆1914年初版，"编辑大意"。

这部教科书的一个重要特点是，它第一次全面宣示了"共和国民"与专制时代"臣民"的不同，表现在新政体下国民所拥有的全部权利。"在君主国国民与君主相对，故称臣民；在民主国，则通称曰人民。"[1]"人民"拥有的权利被记载于宪法，包括身体自由、居住、财产、营业、言论著作出版集会结社、书信、迁徙、信教、请愿陈诉、诉讼受审、选举被选举权利等十多种，[2]这是晚清中国人所编教科书中前所未有的全面、系统论述。清晰的"主权在民"观念进入普通教育，是具有重要历史意义的飞跃。

三 "新文化"与公民意识的传播：《新学制教科书》

对日本教育体制的模仿已经不适应国内文化发展的需要，加之新文化之风的吹沐，到1920年代，国内改革学制的呼声越来越强烈。教育部在1922年召集学制会议，商讨制定新学制。中国教育界经过一场热烈的学制大讨论，"壬戌学制"诞生，这就是著名的"六三三学制"。它效仿欧美教育体制，学级设置较为合理，符合儿童生理心理特点，一直沿用到1949年，在中国教育史上具有无可比拟的重要意义。文化风潮的转向和新学制的制定，推动了新教材的编写和出版，形成了又一个教科书发展的兴旺时期。

商务印书馆教科书仍然是这一时期的主角。作为对新学制的回应，商务印书馆出版了一套大型的《新学制教科书》。这套教材集中了商务印书馆一批优秀的编辑人员，高梦旦亲自参与编纂，还有当时的教育家、文史学家及哲学社会学家吴研因、周予同、顾颉刚、叶绍钧、胡适、任鸿隽、王云五、冯友兰、陶孟和、陈衡哲等一批精英学者。所成教科书科目十分齐全，体系庞大，初小、高小、初中、高中都包括。这套教科书获得了很好的声誉。

---

[1] 姚成瀚编纂：《共和国教科书法制大意》上册，商务印书馆1914年初版，第2页。
[2] 同上书，第5页。

与以往学制体系下的教科书相比，《新学制教科书》最大的不同在于取消了修身科，代之以公民科。

1923年6月《新学制小学课程纲要》公布，该纲要专文说明公民科与修身科的不同："公民科的范围比修身科广得多。修身专注重个人修养，公民则重在研究社会环境的状况，把个人修养纳做是人生适应社会的条件。"[1]对于"公民学"的认识，以梁启超的定义为代表，简而言之，就是"教人做现代社会生活的学问"[2]。这在中国国民道德教育史上是一个质的飞跃。

商务印书馆聘请曾任编译所法制经济部主任，1932年中国政治学会的发起人和常务理事，后来成为著名国际法学家、教育家的周鲠生编纂初级中学用《新学制公民教科书》。

周鲠生（1889—1971）早年留学日本、英国、法国等国，获法学博士学位。1921年底回国任职于商务印书馆编译所。1922年应蔡元培之邀，担任北京大学政治系教授。[3]

周鲠生认为，公民学作为一门新设立的学科，虽然取法于美国的Civics，但Civics教本的内容在美国并不一致，有注重公民善用政治权利的，也有注重伦理修身教训的。通过公民学课程，中国学生应该具备三方面知识：社会生活和政治组织概念；中华民国的组织和法律概况；经济社会问题和国际关系。[4]这正是他此著的三部分内容。

这部教本的特色在于开创性地把公民教育分为理论知识和中国历史现实状况两部分，把民国政制置于世界政制变迁架构中，使学生了解自己国家的政治结构和现代政治特点，树立政治自觉。学生通过首先学习"政治组织"编，掌握有关国家、政制、政府、直接立法、人民的权利自由、个

---

[1]《新学制小学课程简表》，司琦编著：《小学教科书发展史》中册，台北华泰文化事业股份有限公司发行2005年版，第1289页。
[2] 周之淦等：《公民学课程大纲》，商务印书馆1923年版，"序言一"。
[3] 徐正榜、张琦：《国际法学家、教育家周鲠生》，《武汉文史资料》1990年第2辑。
[4] 周鲠生编辑：《新学制公民教科书》上册，商务印书馆1923年版，"序言"。

人权利自由及对国家的义务,以及主要民主政治国家组织等的知识;再学习中华民国政治变迁、国会、大总统、国务员、法院、地方政府,以及民国宪法等知识,就会自然产生联系、实现贯通。既有现代政治学的理论高度,又注重贯通,是这部教本的优点。

在讲授政制知识的同时,周鲠生以法学家视角分析民国法制建设的实际状况。他十分注意用中国实例说明理论问题。比如谈到"直接立法"时,他举1921年湖南省宪法和浙江省宪法草案均采用公民表决、公民提案等规定,说明中国也有直接立法表现。[1]他严肃批评"民国法律不但茫无统系,并且缺陷极多","国家根本重要的立法事业从未诚实的一贯的实行"[2],使学生可以认识到民国政制建设的历史背景和现状进程,看到努力的方向。

这部教本或许是周鲠生最早的著述之一,对研究周鲠生乃至中国近代法制思想史都有重要价值。在有关周鲠生的文献资料中,该著似未引起研究者重视。

商务印书馆还出版有另一种影响较大的公民教本,那就是顾树森等编著的《新著公民须知》。

顾树森(1886—1967),江苏嘉定人。早年曾在南洋公学担任教员,1912年后任职中华书局,编纂有《算术教科书》《女子算术教科书》《习字教授法》《单级教授法》《小学理科设备》等多种教科书,曾任《中华教育界》主编。他一生以从事教育著述为职志,是著作等身的教育家。中华书局发行过不少他所编的著作,如《苏俄新教育》《德国职业补习学校概况》等。[3]他的《新著公民须知》由商务印书馆出版。

书名"公民须知",说明顾树森认同应把"公民"教育建设成为一般常识。其中,《道德篇》的突出特点在于他对"道德"的定义完全脱离

---

[1] 周鲠生编辑:《新学制公民教科书》上册,商务印书馆1923年版,第50页。
[2] 周鲠生编辑:《新学制公民教科书》中册,商务印书馆1923年版,第74页。
[3] 舒新城编,陆费逵校:《新中学教科书初级公民课本》,中华书局1924年版,版权页前的广告页。

"修身"，包括个人道德、职业道德、社会道德、国家道德和国际道德诸方面。他强调公民应具有现代人格，[1]"国民树立的根本主义，在发展个性"，"个人自立的第一义，也是国家生存的第一义"[2]，"欧美所以有现在的文明，实在是个人主义发达的缘故"[3]。谈到服从，作者首先强调："真服从，是服从公理服从正谊。"[4]对于中国公民应具有的国际道德，他认为应该摒弃以往的"敌视主义"和"贱外主义"，树立"世界主义"和"国家主义"，"建设新时代的国民外交"。[5]在《法制篇》中，作者专设一章讲述"共和国的精神"，认为法兰西革命所举起的"自由、平等、博爱"旗帜，是共和国家最重要的三元素；[6]孟德斯鸠主张的"三权鼎立制""现在世界各国都已采用"，中华民国国民应该对建设"善良的政体"肩负起更多的责任。[7]顾树森肯定个人自由对于建设现代国家的意义，呼唤对西方现代国家精神和制度的继承，这些都是很有个性的深刻见解，展现了新文化影响下中国的公民教育新貌。

当时的教育家程千帆指出，五四以后的平民教育浪潮推进了对公民教育的需求，学制改革以公民科代替修身科促进了公民教科书的编纂。[8]众多公民教本体现了1920年代公民读本的特点：第一，作者身份来源广泛，有著名的国家法学家、宪法学家、外交家、教育家、出版家，有极富中小学教育和高等教育经验的学者、教师，还有宗教机构以及民间教育团体；第二，教材内容结构各不相同、各具特点；第三，从读本所反映的1920年代公民教育精神来看，与民国建立以来的道德教育宗旨一脉相承，是对民主原则的肯定，对自由、平等、博爱的追求，强调个人自由是国家生存的首

---

[1] 顾树森、潘文安编纂：《新著公民须知·道德篇》，商务印书馆1923年版，第4页。
[2] 同上书，第8页。
[3] 同上书，第55页。
[4] 同上书，第12页。
[5] 同上书，第60页。
[6] 顾树森、潘文安编纂：《新著公民须知·法制篇》，商务印书馆1923年版，第9页。
[7] 同上书，第34页。
[8] 冯顺伯等编：《初中公民学教本》，江苏省立第一中学校发行1924年版，"序二"。

要条件；第四，这些公民教科书都取得了良好的销售量，再版次数较多。而商务印书馆的公民教科书在1920年代众多公民教本中是质量上乘、影响较大的。

新学制在促进思想解放、文化繁荣方面功不可没。《新学制教科书》最能展现1920年代新文化特质的是国家政体与文化的自觉关联。

这里以著名作家陈衡哲编写的《新学制高级中学教科书西洋史》为例。陈衡哲是大家熟知的新文化学者、文学家。她出生于1890年，祖籍湖南，1911年入蔡元培办的上海爱国女校学习。1914年考取清华大学留美学额后赴美学习西洋史和西洋文学，先后获学士、硕士学位。1920年被聘为北京大学教授，讲授西洋史，同年和任鸿隽结婚，后任职于商务印书馆、国立东南大学、四川大学。陈衡哲著《西洋史》既是经典的教科书，又是个人写作的楷模，其优点在于以飞扬的文采对历史进程进行准确而精练的描述。只以一例而论，她在论述斯巴达和雅典政治的最大区别时指出，一个是贵族专制和尚武的国，一个是以工商立国，有富裕的中等社会，文化发达。陈衡哲这样说："但有一件事，却不可不注意的，就是雅典既是民治的代表，斯巴达又是贵族政治的代表，这两种城邦权力的消长，也就隐隐的含着那两种政体胜负的意味了。"[1]表现出把文化与政治和国家发展自觉联系的意识。就像她分析的那样，国家的进步是文明的进步，武力不足恃。这部教科书体现出《新学制教科书》的代表性特点，就是重视历史文化的整体宏观演变，把中国历史文化的价值放到世界历史长河中考察，表现出整体史观的自觉，提升了国人的人类文明意识。

回头来看，整个近代社会转型在文化上表现为走出蒙昧、建立科学和常识的过程。商务印书馆的《新学制教科书》对于推动近代常识的建立贡献卓著。

在"六三三学制"中，小学设"常识"课，"习过简单之本国史地、公民、卫生、自然"者方可升入初中；而初中所设之"公民"课，最低限

---

[1] 陈衡哲：《新学制高级中学教科书西洋史》上册，商务印书馆1924年版，第92页。

度毕业标准则包括"具有卫生、法制、经济及社会之常识而能应用者"。[1]商务印书馆据此规定编写了《新学制常识教科书》（Textbooks on Common Knowledge）八册，作为小学用书。以初小用书第一册为例，第一课上书"先生"两个字，下面的图画中一群孩童围着先生，先生手指教室。第二课"学生"，图画中两个同学相互行鞠躬礼。然后依次是上课、下课、放学、回家睡觉，晨起洗漱、洒扫、吃饭诸事，联系起种菜、拔草、捉虫，"菜花开，蜜蜂来，蝴蝶也来"，之后逐渐有长句子"邻家的老伯伯来看我们的菜园"，"邻家的老伯伯养一头牛"，转到"牛能耕田，马也能耕田"，转而介绍"这里不是豆田，是棉田"，"棉花可以纺成纱，棉纱可以织成布"，"一个成衣匠给我的爹爹做衣服"……小朋友穿新衣服出门，看到大街上"水果店里有水果"，妹妹多吃水果生病了，"爹爹请了医生来给妹妹医病"，"哥哥到药店里去给妹妹买药"。姑母、舅母都来看生病的妹妹，"姑母坐了火车回家，舅母坐了船回家"。妹妹病好了，爹爹写了两封信，分别寄到姑母和舅母家……[2]课文内容全部是儿童眼见、亲历之事，配以大幅图画和少量浅显文字，儿童很容易走进这样的常识教育。首先认识自己，由己及远，逐渐过渡到较为深入的道理，很符合教育之道。

何谓常识？早在1910年，梁启超撰写了《论常识》一文，文中有这样一段话："然则常识竟无标准乎？曰：有之。凡近日欧美、日本诸国中流以上之社会所尽人同具之智识，此即现今世界公共之常识也。"他认为，以"世界公共常识"为基础，加上各国的特别常识和各种职业人的职业常识，才算得一个"常识具备之人"。[3]梁启超为"常识"确定的这一标准，表明他坦承中国尚不属"中流以上之社会"，表达了他对中国文化走向近代化的祈望。正是商务印书馆和那个时代的精英共同起步，致力于通过教

---

[1] 璩鑫圭、唐良炎编：《中国近代教育史资料汇编：学制演变》，上海教育出版社2007年版，第1029页。

[2] 范祥善编纂，任鸿隽、王云五校订：《新学制常识教科书》第一册，商务印书馆1929年版。

[3] 梁启超：《常识文范》，中华书局1916年版。

育塑造具有"近代常识"的公民。

四 集大成的《复兴教科书》

《复兴教科书》之名是有缘起的。1932年"一·二八"事变爆发，日军敌机进犯淞沪，商务印书馆总管理处、总厂及编译所、东方图书馆等处被炸毁，损失巨大，被迫停业。这一年恰逢教育部颁行新的课程标准，商务乘复业之时，于1933—1934年间"本服务文化之奋斗精神，特编《复兴教科书》一套，以为本馆复兴之纪念"[1]。这套教科书的封面以被焚毁的商务印书馆作为背景。

从量上讲，《复兴教科书》可以说是中国自有教科书以来体系最庞大、科目最齐全的一套教科书。它不仅包括各个级别的科目，还尽可能详尽地涉及一些新科目，比如实验课本（包括物理学试验、化学试验和生物学实验等），是中国教科书发展历程中的新事物。语文相关的课本包括国文、国语教科书及教授书，还有说话课本（说话教本、说话教科书和教学法等）。对于一些有实践操作意义的学科，如社会科、自然科、卫生科，不仅有教科书、教授书，还有指导法，公民科则有《复兴公民训练教本》。因此，《复兴教科书》可以说是一套集大成式的教科书，标志着民国时期中国教科书发展史上里程碑式的高峰。

这套教科书在艰苦的条件下做到了编辑严谨、编印精良，出版之后还很注意信息反馈，尽力弥补编纂中的漏洞。1940年，张元济写信给商务印书馆经理李宣龚："昨闻人言，本馆《复兴教科书》白话多系土话，不合国音（多改用中华、世界之书，云云），或系阿私所好者之言，但终宜自省，乞派妥人覆看，与该两家比较，如确有不合，应飞告岫翁。闻近正改版，修改尚来得及。"[2]这样的例子随处可见。这种有则改之、无则加勉的

---

[1] 商务印书馆编：《商务印书馆图书目录（1897—1949）》，商务印书馆1981年内部印行，"附录"。

[2] 张树年、张人凤编：《张元济书札》，商务印书馆1997年版，第548页。

谦虚态度和迅捷的反应机制，是数十年间商务教科书能够广受欢迎、独占教科书市场鳌头的原因。

相对于《新学制教科书》时期的公民教育，《复兴教科书》向党化教育及三民主义教育有很大转向。

"党化教育"之说由来较早，[1]但真正有条件落实是在1920年代末国民政府形式上统一全国之后。1927年7月1日，国民政府教育行政委员会委员韦悫发表《国民政府教育方针草案》，明确提出"党化教育"并确定其意义，经教育行政委员会大致通过。韦悫提出，"党化教育"的核心内涵是革命化、民众化、科学化和社会化的教育。[2]自此，"党化教育"声浪遍及南北。不过，很快在1928年2月，吴稚晖在南京《民生报》上发表谈话认为，"党化教育"四字过于宽泛，易生歧义，应改为"三民主义教育"为好。大学委员会及政治教育委员会提出《维持教育救济青年案》，指出"党化教育"四字"内容既不确定，出处亦不明了，总理著作、大会决议，均无此名"，因此宜称"三民主义教育"。[3]故"党化教育"此后为"三民主义教育"取代。

在这一宗旨指导下，《复兴国语教科书》初小用书的"编辑大意"列出三条主旨：

> 1.指导儿童学习平易的语体文，并欣赏儿童文学，以培养其阅读的能力和兴趣。
> 2.注重体格、德性、经济、政治的训练，以养成健全公民。

---

[1] 舒新城提出，1923年以前的国民党并不倡言一党专政，而是议会政治下的政党。由于俄国革命的成功，俄国共产党的经验及其一党专政的理论受到孙中山的重视。于是，1923年1月，中国国民党改组，采用苏俄"以党治国"的方法，首建"党政府"即国民政府，政治上的一切设施均以党纲为前提，"党化教育"四字即由此推衍而出。参见舒新城：《近代中国教育思想史》，中华书局1929年版，第368页。

[2] 同上书，第376页。

[3] 《江苏大学日刊》第15号，转引自舒新城：《近代中国教育思想史》，中华书局1929年版，第385页。

605

3. 灌输党义，提倡科学。

贯彻到课文中，一方面有以"党旗"为基础的"国旗"介绍，更明显的是有关孙中山的课文出现并增多。

第六册第九课《国旗的来历》介绍了国旗的由来，"当孙中山先生开始革命的时候，很想做一个标识，代表革命军。经陆皓东先生静心苦思地计划，于是他就从此出世了。不过当时的旗，是一片青色，中间只有一个白圈。大家就称他为'青天白日'旗"。"后来，中山先生看见各国革命党的旗帜，都是青白红三色，所以又加上一种红色，把他装点得更加美丽了。这便是现在的'青天白日满地红'旗。"要求孩子们"爱护我国的国旗，因为他是中华民国的代表；并且他的产生，很不容易；他的历史，又非常光荣"[1]。

第七册第一课《国旗歌》：

> 青天葱葱，笼盖高空；
> 白日融融，临照亚东；
> 热血汹汹，染得满地鲜红。
> 神圣的国旗呀！我见你烈烈轰轰，
> 立下了许多革命的战功。
> 神圣的国旗呀！我爱你穆穆雍雍，
> 表现出光明正大的国风。
> 神圣的国旗呀！我愿你领导群众，
> 做一个改造世界的先锋。[2]

---

[1] 沈百英、沈秉廉编著，王云五、何炳松校订：《复兴国语教科书》用书第六册，上海商务印书馆1935年第615版。

[2] 沈百英、沈秉廉编著，王云五、何炳松校订：《复兴国语教科书》初小第七册，商务印书馆1935年第300版，第1页。

对比民初五色旗在课文中出现的"中华国""五族共和"等，可以明显感受到对党治、政权和革命教育的强调。

有关孙中山的形象在民初课文中并未出现，而此时期的课文加以强调，开始形成一种符号崇拜。例如初小课文有孙中山帮助爸爸妈妈做工，读书时敢问老先生问题等故事。[1]还有《中山先生不怕海盗》一课讲道，海盗来到村上，村民吓得纷纷躲避，"中山先生却不怕，独自走去看海盗，暗暗叹气说：'不得了！不得了！国家养兵什么用，人民财产不能保，这个国，不改造，那会好！'"[2]这个故事在以后很多教科书中反复出现。《孙中山的遗嘱》以通俗的语言介绍孙中山遗嘱的大致内容和意义，说明中山先生的"可敬可爱"。[3]《革命的初步宣传》一课讲的是孙中山幼时向村里的民众讲解推翻不平等、不自由的专制政府和官员应该为人民公仆的道理。[4]《怎样叫做三民主义》一课用比较浅显的比喻为初小学生简单介绍"民族主义""民权主义"和"民生主义"。[5]高级中学的国文课本，则直接学习孙中山的《知行总论》。此后，"革命"和"孙中山"结合成为国民政府党化教育的关键词，引导了20世纪30年代后中国教育的主要方向。

再看此时期党化教育下公民教育的走向。

国民政府规定，公民教育要以孙中山"三民主义"为主要内容，公民教育自然很快就向国民党的党义教育、三民主义教育倾斜。不过总的来看，国民政府的公民教育不仅是政治教育，它容纳了社会、家庭、职业和个人修养等内容。当时的教材研究认为，公民教材包括如下几方面：1. 公

---

[1] 沈百英、沈秉廉编著，王云五、何炳松校订：《复兴国语教科书》初小第二册，商务印书馆 1935年第615版，第43、44页。

[2] 沈百英、沈秉廉编著，王云五、何炳松校订：《复兴国语教科书》初小第四册，商务印书馆1934年1第335版，第24页。

[3] 沈百英、沈秉廉编著，王云五、何炳松校订：《复兴国语教科书》初小第六册，商务印书馆1933年第30版，第14、15页。

[4] 沈百英、沈秉廉编著，王云五、何炳松校订：《复兴国语教科书》初小第七册，商务印书馆1935年第300版，第2—5页。

[5] 同上书，第5—7页。

民知能，如党旗、国旗教育和民权初步、公民权利与义务等；2.社会关系和活动，如家庭、邻里、学校生活及公共场所，还有地方自治、市政教育等；3.道德故事，如忠、孝、仁、爱、信、义、和、平的道德故事；4."三民主义"大要等。[1]如1934年的《复兴公民教科书》如是安排四册教材的内容："第一、第二两册研究总理遗嘱、道德故事、民权初步与三民主义，使儿童澈底了解三民主义的精神，期养成三民主义共和国的良好公民。第三、第四两册分述家庭、社会、风俗、经济、权利、义务、职业、政治、法律、地方自治、时事研究等重要问题，使儿童深切明了公民对于社会的种种任务。"[2]对比1930年前后有些教科书中这样的课文："拥护我们的政府！信任我们的政府！政府努力替我们做事！政府努力实行三民主义！我们的政府万岁！"[3]其公民教育完全成为灌输党义知识、培养效忠政府观念的工具，《复兴教科书》在兼顾知识和道德教育方面值得赞赏，也因此其版本多达数百版，销量独步一时。

《复兴教科书》之后，因日本侵华战事的影响，教科书发展走向低落态势，主要表现在出版频率减少与种类和数量的萧条上。其后有组织、成体系的教科书出版仅有两次。第一次是国民政府迁都重庆后汪伪"维新政府"出版的教科书。这套书在编辑、审查和出版发行等方面实行一体化，重视日语教学，恢复修身教科书，进行服从教育，鼓吹"东方文化"尤其是"东亚文化"的协同复兴，强调"中日满亲善"，因此受到相当程度的抵制，推广有限。第二套较有影响的教科书是国立编译馆主编，邀请专家、学者参与编纂、校阅，由国定中小学教科书七家联合供应处出版。这七家联合供应处是国民政府鉴于战争造成的物资紧缺、供应困难等原因特别设立的出版机构，印销国定本教科书，包括商务印书馆、中华书局、世

---

[1] 朱翊新编著：《小学教材研究》，世界书局1931年版，第168页。

[2] 赵景源、魏志澄编著，王云五、傅纬平校订：《复兴公民教科书》高小第一册，商务印书馆1934年版，"编辑大意"。

[3] 吴伯匡、徐迥千、杨干青编辑：《三民主义课本教授书》第二册，新国民图书社1929年第6版。

界书局等七家较大的出版机构。不过，无论是课文编选等内容方面，还是纸张、印刷等质量方面，水平都有所下降。

有学者对商务印书馆民国时期图书出版情况做过统计调查：商务印书馆出版中小学教材952种，同期全国中小学教材出版种数有4055种，占比达23.48%，接近1/4。[1]如此高的比例，其影响可想而知。史学家本杰明·艾尔曼认为，学校象征了一个社会的集体梦想。其实，教科书更像是一个社会的理想寄托。每一个重要阶段、重要转折点，商务教科书都起到了开风气、领潮流和中流砥柱的作用，在中国教育现代化转向和发展的进程中功莫大焉。

（作者单位：中国社会科学院）

---

[1] 邱崇丙：《民国时期图书出版调查》，叶再生主编：《出版史研究》第二辑，中国书籍出版社1994年版。

商务印书馆版教科书和张元济的教育理念

张人凤

商务印书馆于1904年出版了《最新教科书》，这是我国进入近代以来第一套完善的、成功的教科书。这套教科书按照政府规定的学制，按学年、学期，分学科编纂，还配有相应的教学参考书，即《教授法》。它的出版，在我国教育史上有着里程碑意义。它直接推动了我国废除科举制度前后新式学校教育的蓬勃发展；在我国出版史上又是一项具有十分重要价值的出版成果，不仅为商务印书馆此后30年的迅猛发展奠定了经济和社会基础，也为后来几十年间我国教科书编纂出版提供了范例。

世界进入近代以来，各国政府对教育都比较重视，并加强了管理。学校教育制度一般由政府（或社会）制定，规定各级各类学校的组织系统和课程设置、学习年限等，并设定教育目标。在此前提下，进一步规定各门学科的教学大纲、教育计划，同时编写教科书。这是一个完整的系统工程，各个环节环环相扣、缺一不可，既密切关连，又相互制约。教科书是其中最基础的一环，它既是学生学习的主要材料，又是教师教学的重要依据。它虽然不是科学研究的专著，但是内容必须科学、真实、正确，对现有的知识成果进行综合归纳和系统阐述。它还必须服从各门学科的教学大纲，其内容既具有基础性，又具有时代性；其形式还要保证美观。可以说，教科书是学生从童蒙开始，在教师的引领和帮助下，登上知识殿堂的阶梯，如果编写得当，则教与学两方面都可以取得较高成效；反之，教师和学生会感到疲劳、厌烦而收效式微。由于教科书关系每一个学生，对学生知识结构和品格培养及其世界观、人生观、价值观的形成极具意义，其影响广泛而又深刻。它塑造学生的未来，奠基整个国家和民族的未来，从根本上影响国民素质和国家前途。

正是鉴于教科书的重要性，对其编纂者及出版工作的主持人有着极高的要求。编纂者和主持人除了须要对各学科的基本知识有科学、正确的认识、熟谙和掌握，也应该具备对教育科学、教育规律、学生心理的深刻理解和认知，还必须了解同时期世界教育科学的发展进程及其前沿性成果。更为重要的是，主持人必须对国家的发展和强盛具有责任和担当，对教育在国家和民族的前途中的决定性作用有充分的理解和深刻的认识，对通过他的团队编纂的教科书所培养的成千上万学子今后会生成怎样的社会中坚群体具有设想和预见。

有幸的是，这样一批有识之士出现和聚集在商务印书馆。商务印书馆创办人之一的夏瑞芳在业务中结识了时任南洋公学译书院总校兼代办院事的张元济，夏表明了在印刷基础上发展出版的意向，并请张为之主持。"夏君招余入馆任编译，余与约：'吾辈当以扶助教育为己任'，夏君诺之。"[1]张元济早在1901年就表明了他对教育的看法："国民教育之旨即是尽人皆学，所学亦无取高深，但求能知处今世界所不可不知之事，便可立于地球之上，否则未有不为人奴，不就消灭者也。"[2]二人志同道合。于是，应夏瑞芳之邀，张元济于光绪二十八年（1902年）年末辞去南洋公学职务，光绪二十九年（1903年）正月正式加入商务印书馆，任编译所长，"余既受商务印书馆编译之职，同时高梦旦、蔡子民、蒋竹庄诸子咸来相助"[3]。高梦旦在日本考察教育，认为"日本所以兴盛之由，端在教育，而教育根本在小学"[4]。蔡元培除了翰林院编修的身份外，还有丰富的创办新式学校的实践经验，在哲学、伦理学方面著译颇丰，且此时已在中国走向

---

[1] 张元济：《东方图书馆概况·缘起》，《张元济全集》第4卷，商务印书馆2008年版，第392页。

[2] 张元济：1901年10月5日致盛宣怀，《张元济全集》第3卷，商务印书馆2007年版，第203页。

[3] 张元济：《〈涵芬楼烬余书录〉序》，《张元济全集》第8卷，商务印书馆2009年版，第145页。

[4] 蒋维乔：《高公梦旦传》，商务印书馆编：《商务印书馆九十五年》，商务印书馆1992年版，第51页。

共和的革命道路上迈开步伐。蒋维乔也是一位热衷于新式教育且有实际教学经验的教育工作者。此外，庄俞、杜亚泉，以及任馆外编辑的伍光建、夏曾佑等，都成了编译所的骨干力量。经过他们的共同努力，《最新教科书》问世之后，获得了极好的声誉和骄人的市场占有率。此后的几十年间，商务有多部成功的教科书在不同的历史时期相继问世，更为年轻的编纂人也不断涌现。而由张元济开创的、始终贯穿在商务版教科书中的教育理念也被传承下来，这些理念经得起历史的检验，为今天出版史、教育史专家所肯定。

以下就笔者的见解，列出六项商务版教科书反映出来的张元济和他的编纂团队所秉承的教育理念。

一　自主

中国近代教科书大规模出现的前夜，其编纂是没有现成的样板的。虽然当时已经有了南洋公学陈懋治等人自编的《蒙学课本》和文明书局的《蒙学读本全书》，但与后来商务印书馆的《最新教科书》相较，它们只能退而居其次。随着新学堂章程和新学制的颁布，中国近代教科书从直接翻译或编译外国教科书逐渐向自主编纂转型。而早在加入商务印书馆编译所之前，张元济对教育、教学和教材就发表过明确的意见，包括"勿标讲求西学之名""勿以洋文为常课""勿以外人主持学事""勿沿用洋人课本""勿滥派游学"等[1]。其中"勿沿用洋人课本"称："童子于入学之始，脑质空灵，先入一误，始终难拔。无论洋文读本宜自编纂，即华文教科书各教会学堂所刊者，大都以阐扬彼教为宗，否亦取径迥别，与中学绝无关合，愚意均不可用。最上速自译编，其次则集通儒，取旧有各本详

---

[1] 张元济：《答友人问学堂事书》，《张元济全集》第5卷，商务印书馆2008年版，第23—25页。

加校订，虽未必佳，而流弊要较少矣。"[1]这倒好像预感自己日后将投身教科书编纂事业而先立下了规矩。商务印书馆编译所成立之后，张元济即把注意力集中于教科书，开始时先有编纂蒙学读本之计划。关于蒙学读本最早的文献资料记载是蒋维乔1903年6月22日日记，[2]然而到这一年年底，蒙学课本并没有定稿。1904年1月5日编译所第六次会议上，与商务合资的日本金港堂主人原亮三郎说："小学读本及续编蒙学读本由数人具稿，并可选用日本成书材料及支那古人文章之适合者，其搜辑编次之事由张君总其任，与长尾会商。"[3]也就是说，原亮三郎给出了小学教科书的模式，照日本成例，适当加入中国古代故事，并指定此事由张元济操办。后来事情的进展没有依顺原亮三郎的思路。两个星期后的1月18日，张元济经过深入的分析研究，决定不采用日本现成教科书模式，原来已编的蒙学课本也要推翻重来。是日上午，他对蒋维乔说："蒙学读本，东西方各国考定者，皆以笔划繁简定浅深，已编之稿须将第一编重编。"[4]接着，张元济、蒋维乔、高梦旦及两位日本合作者开始圆桌会议，讨论编纂原则，有关内容多篇论文都有引述，本文不再赘言。总之，《最新教科书》的出版，非常好地反映了张元济及其团队甫一起步就秉持的自主编订教科书的理念。

二 普及和公平

张元济在《答友人问学堂事书》一文中说过："今设学堂，当以使人明白为第一义。……无良无贱、无智无愚、无长无少、无城无乡，无不在

---

[1] 张元济:《答友人问学堂事书》,《张元济全集》第5卷,商务印书馆2008年版,第24页。
[2] 参见蒋维乔:《鹪居日记》稿本,上海图书馆藏。
[3]《商务印书馆编译所会议记事册》稿本,商务印书馆藏。
[4] 蒋维乔:《鹪居日记》稿本,上海图书馆藏。

教育之列。"[1]体现的就是教育公平的理念。因为他不是政府主管教育行政的官员，手中没有掌握去推行这种理念的权力，所以只能在所从事的教科书出版工作中去努力实践。

举一个例子。封建时代，女子被剥夺了受教育的权利，癸卯学制都未能将女子教育列入正式的教育体系。直到1907年，清政府才颁布了《女子小学堂章程》和《女子师范学堂章程》。这一年，商务印书馆即出版了《初等小学堂用女子教科书》。虽然受限于男女分校，但这套教科书在当时大大助力了女子小学堂的发展。书中有很多课文为女性传达了较新的价值取向。如第十九课《缠足之害》，说道：

> 卫生之道，运动为上，缠足则艰于行路矣。持家之道，勤劳为上，缠足则惮于操作矣。由是身体日弱，家事日废，其危害非难知也。
>
> 光绪二十七年，特颁明诏，禁止缠足，至今其风稍戢也。[2]

既痛斥缠足之弊害，又看到清末禁缠足之社会进步，正是适合女子教科书的好选题。

另一个例子是商务印书馆十分重视南洋华侨子弟的教育。张元济1906年到北京拜会学部侍郎严修时，就请他关注南洋华侨子弟的教育。20世纪初，随着国内停罢科举，兴办新式学校，南洋华侨子弟教育也几乎同步从传统私塾、学堂转向新式学校，大多采用与国内相同的商务版教科书。1930年代初，当地政府加强了对华校教科书的审查；同时，为了更好地为华侨子弟服务，商务开始编写南洋版教科书。现存于新加坡国家图书馆内最早的南洋版教科书是《南洋国语教科书》（初级小学第二册），版权页署

---

[1] 张元济：《答友人问学堂事书》，《张元济全集》第5卷，商务印书馆2008年版，第23页。

[2] 戴克敦等编纂，高凤谦等校订：《初等小学堂用女子国文教科书》第七册，商务印书馆宣统元年（1909年）五月第三版，第十九课。

"民国21年6月国难后第一版"，它直接证明了1932年1月上海商务印书馆总厂被日本侵略军炸毁之前，就有了南洋版教科书，只是"国难前"的版本目前尚未能找到。随后，商务又出版了南洋版《复兴教科书》，诸如南洋群岛为什么没有四季变化（《自然》），南洋诸岛的面积（《地理》），南洋各国的历史（《历史》），南洋各国货币换算（《算术》）等具有南洋特色的内容十分丰富。这些教科书都在香港厂印刷后直接销往南洋。

此外，1907年，商务印书馆为适应边远、贫困地区办学需求还出版了简明、简易两种教科书。由此可以看出，张元济和商务编译所诸君，面向的读者不是局限于少数精英，而是包括女学生、南洋华侨子弟、边远贫困地区学生等群体，为教育的普及和公平尽了最大的努力。

三 以人为本，注重人格培养

教育的基本功能是对受教育者的人格培养和知识传授，二者不可或缺。中华传统文化对人格的培养尤为看重。《编辑初等高等小学堂国文教科书缘起》中开宗明义地指出："凡关于立身（如私德、公德及饮食、衣服、言语、动作、卫生、体操等）、居家（如孝亲、敬长、慈幼及洒扫、应对等）、处世（如交友、待人、接物及爱国等），以至事务浅近之理由（如天文、地理、地文、动物、植物、矿物、生理、化学及历史、政法、武备等），皆萃于此书。其有为吾国之特色（如开化最早，人口最多及古圣贤之嘉言懿行等），则极力表章之；吾国之弊俗（如拘忌、迷信及缠足、鸦片等），则极力矫正之，以期社会之进步改良。"[1]足见编纂者编纂国文教科书，从教学之始就注重培养学生正确的世界观、人生观和价值观，不仅要使学生学会语文知识，还要让他们学会起码的为人处世之道，学会长大成人必须具备的品德和行为规范。这都是"怎样做人"的教育，很好地反映出了张元济和编纂者们不是把受教育者看作只会吸收知识的留声机或

---

[1] 蒋维乔等编纂，张元济等校订：《最新初等小学国文教科书》第一册，商务印书馆光绪三十一年四月十五日（1905年5月18日）第十版。

摄录设备，而是首先把他们看作有独立人格的人，明确要从小培养他们成为能在社会上立足的人。这就十分明确地反映出张元济团队以人为本的教育理念。

商务版教科书中，对学生爱国思想的培养尤为重视。1912年6月至8月出版的《高等小学用共和国教科书新国文》一套六册，庄俞、沈颐编纂，高凤谦、张元济校订，其编辑大意就有"表章中华固有之国粹，以启发国民之爱国心"[1]一项。直到1932年"国难"后，国家民族的危亡意识十分突出，商务版《复兴教科书》对爱国教育更为着重。《小学复兴国语教科书》"编辑大意"中有"指导儿童从阅读有关国家民族的文艺中，激发其救国求生存的意识和情绪"[2]一项。《共和国教科书新国文》第四册（即小学二年级下），在学生识字不多的情况下，就有课文：

> 中华，我国之国名也。自我远祖以来，居于是，衣于是，食于是。世世相传，以及于我。我为中华之人，岂可不爱我国耶。[3]

其他如通过国旗、疆土、文字、语言、武备知识、历史上的英雄人物故事等来培养学生爱国意识的课文很多。

国文课本中对学生品格养成直接相关的课文不少，有些采用古人嘉言懿行，有的则是简明说理，在学生学习语言文字的过程中潜移默化。《共和国教科书新国文》中的两篇课文分别讲述了尊师和节俭：

> **路遇先生** 余儿行路中，遇先生，鞠躬行礼，正立路旁。先生有命，儿敬听之，先生有问，又敬答之。俟先生去，然后行。人皆

---

[1] 庄俞等编纂，高凤谦等校订：《高等小学校用共和国教科书新国文》第一册，商务印书馆民国元年（1912年）十月第五版，第1页。
[2] 沈百英等编纂，王云五等校订：《初级小学校用复兴国语教科书》第二册，商务印书馆民国二十六年初版，"编辑大意"。
[3] 庄俞等编纂，高凤谦等校订：《共和国教科书新国文》第四册，商务印书馆民国十一年（1922年）十月第一八四二版，第一课。

称为知礼。

贾易 贾易七岁丧父,其母彭氏纺织以自养,令易入学读书,有时与以钱,为果饵之费。易不忍用,积得百钱,仍以还母。[1]

商务版教科书融汇德育教育,按修身、齐家、治国、平天下的路径,从个人日常生活、家庭伦理细节入手,进而推及坚韧、信义、守法等,步步深入。其《修身教科书》,则完全是讲人格、品德的养成。这是中华传统文化之精髓融入近现代教科书的典范。

四 兼容中西

近代以来,社会逐渐意识到开眼看世界的必要性,维新人士在这方面起着引领作用。商务版教科书在介绍西方文化领域无疑是领先的,步子也不可谓不大,他们的起步,实际上比后来轰轰烈烈的新文化运动早了十几年。

清政府颁布的壬寅和癸卯两个学制在中国教育史上可以说是革命性的,几乎完全采用了西方的教育体制,而商务紧随其后推出《最新教科书》,正是张元济等人迅速领会和接受新教育体制的反映,也是他们大胆地将新学制付诸实践的成果。《最新教科书》和《共和国教科书》中,介绍西方优秀文化的课文有很多,试举两例:

时辰钟 ……吾闻英人最重时刻,凡一举一动,莫不严守规定之时刻,故成功既多,而精力不疲。我国则不然,饮食卧起,率无定时,操业就职,作辍无常……时辰钟一小器耳,观于用器之人,

---

[1] 庄俞等编纂,高凤谦等校订:《共和国教科书新国文》第七册,商务印书馆民国十一年(1922年)六月第八七六版。

可以觇文化之高下矣。[1]

  汽机 英人瓦特少时见壶中水沸，壶盖自开，怪而求其故，始知沸水化汽，其力甚大。遂因其理创制汽机。其制有锅炉，有汽筒，有机轮，锅中煮水，通汽于筒，激动其机，则轮自旋转。汽力愈大，轮转愈速。今日工厂、舟车均利用之。[2]

此外，如《伊索寓言》故事也已经在1904年商务版教科书中出现。后来，张元济、高凤谦、蒋维乔编纂的《最新高等小学国文教科书》中，还有介绍英国人司替芬孙研制蒸汽火车、世界博览会、鲁滨孙漂流记及外国风景名胜等的多篇课文。

张元济兼容中西的教育理念，把受教育者置于世界之中，拓宽其视野，使其从小就了解中国之外的世界。然而，他又是以中华文化为植基的："必学为中国人，不学为外国人"，"吾之意在欲取泰西种种学术，以与吾国之民质、俗尚、教宗、政体相为调剂，扫腐儒之陈说，而振新吾国民之精神"。[3]张元济有坚守中华文化的定力，他所倡导的对西方文化的吸收，是为了丰富中华文化，发展中华文化，而不是取代中华文化的。这一理念在他主持编纂的商务版教科书中得到很好的体现和反映。

五 科学性

张元济教育观中的科学性，应该包含两个方面：一是教育工作必须符合教育科学的规律；二是教育内容必须是科学的，他特别提倡在当时的中

---

[1] 蒋维乔等编纂，张元济等校订：《最新初等小学国文教科书》第七册，商务印书馆光绪三十一年（1905年）十月初版。
[2] 庄俞等编纂，高凤谦等校订：《初等小学校用共和国教科书新国文》第六册，商务印书馆民国五年（1916年）四月第六〇版，第十二课。
[3] 张元济：《答友人问学堂事书》，《张元济全集》第5卷，商务印书馆2008年版，第23页。

国十分落后的自然科学。这两方面在商务版教科书中都得到了反映。

《编辑初等高等小学堂国文教科书缘起》中指出："我国仿西法设学堂，迄今几四十年而无明效大验者，弊在不知普及教学原理，无小学以立之基，无国文以植其本，贸贸然遽授以高尚学术、外国文字，虽以适救时之用，而凌乱无章，事倍功半，所以行之数十年而不得大收其效也。"张元济与编译所诸君经反复研究，都认为"我国文字无字母，无假名，笔画较繁，最难限定"，这在国文课最难把握。他们坚持由浅入深的教育原理，经过摸索，《最新初等小学国文教科书》第一册的生字做到了"第一课至第六课，限定六画；第七课至第十五课，限定十画；全册限定十二画。间有十余字过十二画者，皆甚习用之字，且列于三十课以后"。[1]笔者做过统计，第一册出现的汉字平均笔画数为8.0笔，这在繁体字时代是比较少的。《国文教科书》第一册编写过程中，编纂者在以下方面均给予了注意：每课课文的字数从第一至四课每半课四字开始，以后渐次增多；深奥、冷僻之字及儿童很少听到过的字，一概不予采入；德育和智育方面的取材，都选用儿童家庭、学校常见的事物，甚至讲到花草景物，都要与学期、教学进度的时间相配合；书中配有大量插图，足以引起学生的兴趣。这一切都符合学生认知心理。如果编纂人没有科学性理念，就不会尊重教育科学，不会去了解、认识、领悟学生学习心理的规律，更不会在编纂过程中时时处处采取必要和有效的措施，以臻出版物之完善。

《最新初等小学笔算教科书》的"编辑大意"说，中国古代有六年授教之说，但没有定期，后来对数学就略而不讲，这就造成了人们虽已成年，却不懂加减乘除为何物的状况，小则日常生活中计算困难，大则测量、天文无从措手。"我国民智识卑陋，此亦其一原因也"[2]，对我国旧式教育中重文轻理的知识结构提出批评。《最新教科书》中数学、自然科学等

---

[1] 蒋维乔等编纂，张元济等校订：《最新初等小学国文教科书》第一册，商务印书馆光绪三十一年四月十五日第十版。

[2] 徐隽编纂，杜亚泉等校订：《最新初等小学笔算教科书》第一册，商务印书馆光绪三十年（1904年）仲秋月初版，"编辑大意"。

各学科教科书齐全。《最新中学教科书》中的《植物学》和《生理学》(亚泉学馆编撰)、《代数学》(谢洪赉编)、《热学》和《磁学》(伍光建编纂),在1903年至1905年间陆续出版,是我国近代理科教科书出版史上的一批重要成果。即使在初小国文教科书中,也有不少介绍当时世界最先进科技成果如电话、电报、蒸汽火车等的课文。

六　与时俱进

随着时代的演变和社会的进步,教科书的编纂出版必须做到与时俱进。商务印书馆的灵魂人物张元济深谙此理,反映在商务版教科书的编纂出版史上,是很明显的,这一理念后来也得到很好的传承。

商务编译所成立之始及其后的数十年,中国社会处于大的转型期。《最新教科书》获得空前的成功之后,到1911年便走到了尽头。1912年年初,商务按民国临时政府教育部的指令对《最新教科书》做了一些订正之后,便集中力量在1912年年中推出整套《共和国教科书》。这是商务史上第二部大型的、课目覆盖完全的教科书。它不仅宗旨适合于共和,文字也趋浅近,如《共和国新国文》第一册第一课至第三课把原来《最新教科书》版的"天、地、日、月"变成了"人、手、足、刀、尺"。[1]这套课本一直沿用到1920年代。

1915年兴起的新文化运动,对商务版教科书的发展影响很大。商务也适应形势的发展,1919年8月出版了由庄适编纂、黎锦熙等校订的《新体国语教科书》,并逐步推及各学科。这里关键在于把"国文"改为"国语",成为我国最早的白话文教科书。从文言到白话是一个巨大的转折,不能一蹴而就。早在1916年7月22日,张元济就"与梦旦谈编辑《国文》事,前四册可用语体"[2]。1917年2月4日,张元济在与高梦旦、庄俞、庄

---

[1] 庄俞等编,高凤谦等校订:《初等小学校共和国教科书新国文》第一册,商务印书馆民国十一年第一九〇一版。
[2] 张元济:《张元济全集》第6卷,商务印书馆2008年版,第84页。

620

适等的谈话中说道:"《国文》主张先编言文一致者若干……(《历史》)不叙时代,仿外国演剧体。"[1]同年3月12日,"托陈筱庄访能编白话书人材"[2]。可见商务采取了稳步渐进的工作方式,起步早,但又不急于求成,几年的积累成就了白话文教科书出版史上的"最早"。1920年出版的《新法教科书》取得了进步,其《国语》编纂者有钱基博、黎锦熙、朱经农、周予同等名家,课文更为通俗易懂,贴近儿童生活。1923年2月商务版《新学制教科书》是为适应政府改用仿照美国"六三三"学制确立的新学制而编纂的,亦是商务版教科书中颇有影响的一部。权威学者吴研因、王云五、高梦旦、朱经农等46人参与编纂。今举其《国文》第四册第五十课《什么时候好》课文为例:

什么时候好,春天早晨好。看不厌,听不了,园里鲜花树上鸟。什么时候好,夏天早晨好。月光淡,星光小,绿柳枝头风袅袅。什么时候好,秋天早晨好。叶半红,花半老,点点露珠霑百草。什么时候好,冬天早晨好。雪在山,冰在沼,满瓦霜花白皓皓。[3]

此时张元济、高梦旦已退居二线,王云五主持编译所,编纂团队也有了很大程度的更新。课文中生动活泼的白话朗朗上口,风格与《最新教科书》《共和国教科书》大不相同,而与时俱进的教育理念却得到了很好的传承。

张元济和商务印书馆编译所诸君的教育理念,是从他们关心国家前途命运出发,基于对教育在其中的根本作用的认知,经过多年对教育的观察、思考、研究甚或实践而得出的,是他们对教育价值取向、教育宗旨、教育目的等的一种倾向性的观念。他们的职务是编译,因此也只能局限在

---

[1] 张元济:《张元济全集》第6卷,商务印书馆2008年版,第149页。
[2] 同上书,第169页。
[3] 吴研因等编纂,高梦旦等校订:《小学校初级用新学制国语教科书》第四册,商务印书馆民国十二年(1933年)七月初版,第五十课。

教科书编纂，而不可能在办学、教育理论研究等方面得到反映。然而，正是由于他们具有高屋建瓴式的理念作为工作的指导，才最终取得了半个世纪商务教科书编纂出版的时代辉煌。

（作者单位：上海市文史研究馆）

夏曾佑《中国历史教科书》编写出版考实
——以张元济致夏曾佑信札为中心[1]

栾伟平

夏曾佑的《中国历史教科书》尽管不是中国最早出版的历史教科书，但影响久远。该书共三册，分别出版于1904年、1905年和1906年。[2]30年后的1935年，陈寅恪在清华大学讲"晋至隋唐史"第一课，将夏书列为必读书第一种，称"今日坊间教科书，以夏曾佑《中学历史教科书》为最好"。而钱玄同、顾颉刚、钱穆等著名学者在青少年时期都受到夏书的影响与启迪。[3]直到今天，《中国历史教科书》仍不断重版。

夏曾佑《中国历史教科书》的出版，与张元济和商务印书馆是分不开的。笔者将以张元济致夏曾佑信札为中心，旁及商务印书馆编译所、印刷所致夏曾佑信件，考辨该书出版发行的前后史实。

一 夏曾佑的生计问题：《中国历史教科书》出版之前

一九〇二年三月底，[4]夏曾佑因开缺，不再担任安徽祁门县知县。十

---

[1] 本文所引张元济致夏曾佑信札，均为北京大学图书馆藏手稿本。
[2] 笔者所见的三册出版时间分别是：第一册，光绪三十年九月首版，光绪三十一年二月订正再版；第二册，光绪三十一年五月首版，光绪三十二年岁次丙午二月五版；第三册，光绪三十年丙午孟夏初版。
[3] 参见姚继斌：《启蒙之史——〈中国古代史〉与清末民初学子》，《暨南学报（哲学社会科学版）》2008年第4期。
[4] 本文统一用汉字数字表示农历日期，用阿拉伯数字表示公历日期。

月，以直隶州知州仍留原省补用。[1]一九〇三年四月初，补缺有望，旋丁母忧，失去收入来源，更兼同年八月嫁女，一时生活比较窘迫，甚至需要向张元济借款维持。[2]一九〇三年至一九〇六年三月，随五大臣赴日考察之前，夏曾佑大部分时间居住在上海，和张元济交往颇密。

作为《外交报》的创办者之一和实际主持者，张元济邀请夏曾佑为《外交报》写论说，并给出了每月三篇、共30元的报酬："敝报论说倘蒙代撰，准即定局，月需三首，谨奉润资英蚨卅翼。戋戋束帛，知不足以辱高贤，荷公不弃，故敢相渎耳。"并答应"此外如有相宜之事，必为代谋，愿公勿以所遇为忧也"。为《外交报》写论说的具体要求是："中外古今可以纵笔所至，惟以外交为限。说理而不骂人，篇幅约以两三页为度，两叶者约千四百字左右，三叶者约两千字左右。"[3]夏曾佑的论说精辟透彻，张元济非常赞赏，"论一首拜读一过，正如意中之所欲言，而又为笔下之所不能言者，信手拈来，都有精理。乃益叹公于此艺之精也"[4]。因此，一些有重要意义期数的论说也请夏撰写："《外交报》百期论说求即赐撰，预留地位稍宽，能篇幅略长尤妙。"[5]张元济岳母去世，而妻子即将生产，心绪烦乱、无心执笔时，也坦言困境，请夏曾佑赐稿："近日又专候大稿，不知何时可以惠下，企盼之至。"[6]

---

[1] 1902年12月3日《申报》载十月二十日（1902年11月19日）谕旨："安徽祁门县知县夏曾佑著开缺，以直隶州知州仍留原省补用。"

[2] 1903年8月15日张元济致夏曾佑信云："敝处一款刻不须用，无容亟亟归还也。"（日期署"廿三日"）1903年致夏曾佑信云："敝处一款毋庸亟亟归还，尊况并不宽裕，且闻八月嫁女，留此款，未始无小补。"（信件仅存前半部分，未见落款日期，据信中事实考订为1903年。）有时甚至直接否认曾经借出过钱，委婉地赠送给夏曾佑："此款济已不复记忆，公正家居读礼，境非余裕，且闻太夫人将于今冬卜葬，则所需正多，仍藉使奉上，务求勿却为幸。"（此信未署日期，但"家居读礼"，大致为1903—1905年。）

[3] 1903年6月12日张元济致夏曾佑信，日期署"五月十七日"。

[4] 1903年7月7日张元济致夏曾佑信，日期署"闰月十三日"。

[5] 此信日期署"十八日"，《外交报》第100期于光绪三十年七月廿五日出版，此信日期署"十八日"，即该年七月十八日，公历1904年8月28日。

[6] 1903年8月24日张元济致夏曾佑信，日期署"七月十二日"。

张元济为夏曾佑筹划的第二条谋生途径是为广学会校阅译作。1903年初，该会主持者李提摩太拜托张元济代请总校一人，声明必须进士翰林，所校之书，必须列名。关于报酬，张元济提议每月100元，李提摩太似嫌稍多。张元济担心，"渠辈于此道本是隔膜，恐其伪充内行，转致搅扰。又有蔡尔康等参与其间，臭味难受"；"所校之书，将来必须列名，未知于公三年服阕复入官场有无窒碍"。张元济为此事数次与夏曾佑通信，并与李提摩太交流。最后商定：到馆不必定期，且可以带稿回家校阅；馆事与李提摩太及一西人华姓者交涉。李提摩太方面有意，而夏曾佑一直比较犹豫，张元济建议，"惟广学会已经屡约，似须稍为斡旋，或姑援试办之约，限满即托故去，或别以他辞谢之。统祈酌定"[1]。现有资料未见夏曾佑为广学会担任总校的确切记录。据夏曾佑日记，一九〇三年九月二十一日"与菊生访李提摩太"，九月二十二日"李提摩太携来译稿一册"，十月初三日、初六日，均"访李提摩太"。之后的日记中未见与李提摩太会面的记录，可能"稍为斡旋"了一下。[2]但夏曾佑确实担任了广学会附设的山西大学堂译书院译员。目前所见，他为山西大学堂译书院的《迈尔通史》《最新天文图志》《最新地文图志》《俄国近史》四部书润辞，并署名。这四部书的出版信息分别是：

《迈尔通史》 美国迈尔原著，同安黄佐廷口译，上海张在新笔述，钱塘夏曾佑校阅 光绪三十一年（1905年）出版，山西大学堂译书院发行，上海美华书局代印

《最新天文图志》 英国希特氏原著，上海叶青译，高密朱葆琛述，钱塘夏曾佑校阅 光绪三十二年（1906年）出版，山西大学堂译书院编辑兼发行，华美印书局印刷

---

[1] 关于张元济为夏曾佑联系广学会事，参见1903年6月12日、7月7日、7月30日、8月24日张元济致夏曾佑信，日期分别署"五月十七日""闰月十三日""初七日""七月初二日"。
[2] 夏曾佑著，杨琥编：《夏曾佑集》，上海古籍出版社2011年版，第762页。

《最新地文图志》 英国世爵崎冀原著，上海叶青译，高密朱葆琛述，钱塘夏曾佑、上虞许家惺校阅 光绪三十二年（1906年）出版，山西大学堂译书院编辑兼发行，商务印书馆印刷

《俄国近史》 法国兰波原著，上海苏本铫译述，钱塘夏曾佑、上虞许家惺校阅 光绪三十四年（1908年）出版，山西大学堂译书院编辑兼发行[1]

对夏曾佑来说，在山西大学堂译书院担任校阅工作，维持生活固然是一个方面；因为面对的都是西方学术著作，在校阅中保持一种世界性的眼光，并由此熟悉了西方学术著作的写作规范，对他在此时期《中国历史教科书》的编写工作多少有所裨益。

1903年，张元济已进入商务印书馆，他试图推荐夏曾佑主持商务印书馆编译所，并提议：如果夏曾佑不想到馆办事，可以为商务印书馆写稿或编纂课本："适商务印书馆主人欲延聘通才，主持编译，属济举荐。其职为编纂课本，校润译稿。伊处虽有数人办事（大都皆济所荐），然无人能总其成。事亦不少，每日办事时刻约在五钟左右，月奉薪水百元，房膳由伊处供给，但不能精适（一切详情，容再布达。如公无意，则亦不赘言矣）。济举公名，渠极欲敦请，不敢冒昧，属济先为致意。未知能否俯就，尚望示覆。生意中人视钱甚重，济亦尝为之料理此事，相待之处有时殊欠从容。故济亦不敢过于劝驾。如不欲到馆办事，或为之编纂课本，或撰小说（该馆现欲出通俗小说报），则量事为酬，渠亦甚愿。二者皆为转移风化要事，难得彼辈肯为出钱，藉而用之，未始非计。一切统祈酌覆为幸。"[2] "商务印书馆见《新小说》已停，愿踵出一小说旬报，弟劝其专用浅文白话，慢慢开通下流社会。该馆颇能听言，不稔公更能发此大愿，以拯众生否？章回、弹词、演义、传奇（二簧、小曲均附入），笑谈、杂记，

---

[1] 参见行龙：《译书院及译书考》，《山大往事》，山西人民出版社2002年版。笔者从行龙著作中得到线索，对其著录有部分修正。
[2] 1903年5月10日张元济致夏曾佑信，日期署"四月十四日"。

任公所择。如蒙俯允，欲用何题目，大意若何，祈略示悉，以免重复。"[1] 夏曾佑没有到商务印书馆编译所任职，但接受了张元济的建议，给商务印书馆的《绣像小说》《东方杂志》写稿：在《绣像小说》上发表了有名的《小说原理》，在《东方杂志》上发表政论多篇。另外，他还协助张元济判断小说作品优劣，为商务印书馆的《最新国文教科书》提供古诗词及歌谣的选目建议，等等。[2]

夏曾佑的《中国历史教科书》正是此时期应张元济和商务的邀请而写。据《商务印书馆编译所会议记事册》第一册记载[3]：

1903年12月1日，商务印书馆编译所第一次会议，出席者有夏瑞芳、鲍咸恩、张元济、小谷重等人，商议"已译各种中学教科书改称《最新某某学科教科书》。另编中学教科书一套。伍君任格致一类，先行商询可否任办，薪水月三百金，试办六月。夏君可任历史、修身、国文一类（又诸子亦可），先议商聘，月薪百五十金，不办他事，惟撰《外交报》论说三篇。……二人皆不入馆办事"。

12月8日，编译所第二次会议，张元济提议："伍光建编书，兼办，月薪二百五十元；夏曾佑编书，决议或月五十金，或百五十金，由张酌定。"

12月22日，编译所第四次会议（第三次会议停开），张元济声明："伍、夏二君业经订定，均系兼办。伍月薪二百五十元，约两礼拜后自南京回；夏月薪五十两，约一月弱自安庆回，届时方能动手。"

也就是说，自1903年12月份始，商务印书馆决定聘请夏曾佑撰写《中国历史教科书》，报酬是月薪50两。

当然，此时期，夏曾佑并非仅依靠张元济。因为与汪康年、汪诒年的

---

[1] 1903年4月18日张元济致夏曾佑信，日期署"四月朔"。
[2] 参见栾伟平：《夏曾佑、张元济与商务印书馆的小说因缘拾遗——〈绣像小说〉创办前后张元济致夏曾佑信札八封》，《中国现代文学研究丛刊》2014年第1期。
[3] 转引自张人凤：《张元济初入出版界前后若干史实的补充与再考》，《中国出版史研究》2016年第1期。

表亲关系，他担任《中外日报》主笔，这份工作的收入在其收入中占很大比重。他还给《清议报》《选报》《广益丛报》等写稿；给《新民丛报》撰写的稿件，即有名的《中国社会之原》，其思想和文字，部分与《中国历史教科书》有重合处，某种程度上，可以视为《中国历史教科书》的练笔之作。

1903—1906年春，夏曾佑丁忧居上海，为多家刊物和出版机构写稿、校稿的经历，是《中国历史教科书》产生的一个重要背景，也对该书的写作有所影响：《中国历史教科书》一开始就是应商务印书馆的要求撰写，定位即为教材，这使得夏曾佑的写作不能完全天马行空，须在一定程度上适应中学教学的需要；而《中外日报》《外交报》、山西大学堂译书院关注的是中外政治问题以及西方学术著作，这使他一直保持一种世界性的眼光，表现在《中国历史教科书》中，即把中国历史的发展放在世界历史的长河中讲述，例如：《中国历史教科书》第一章，第一节是《世界之初》，第二节《地之各洲 人之各种》，第三节《中国种族之原》。在谈《中国种族之原》时，引述了古巴比伦之事，注明乃"译英文图书集成"；而1903年6月29日，《外交报》第48期《外交释义》，也标明"摘译英国图书集成"。

二 《中国历史教科书》的编写、校对、排印：工作底本及其他

现存张元济致夏曾佑信件中，记载了张元济及商务印书馆为夏曾佑买书、借书等事，这直接影响了《中国历史教科书》的材料构成。

要写《中国历史教科书》，首先需要的是二十四史。张元济和商务印书馆代夏曾佑购买的是中西书局仿竹简斋本。这是《中国历史教科书》的工作底本。

在1903年7月7日致夏曾佑的信中，张元济谈及，"新出二十四史，有中西书局仿竹简斋本，尚可看得。今书二百余册，股票售价三十六元。现

已托人访问，未知尚能购否。将来领书后如何寄奉，抑候台从来沪自取，候示遵行"[1]。1903年7月10日张元济致夏曾佑信："廿四史已托人去买，云三十四元可以购到。"[2]而上海本地还买不到，需要到南京去买："廿四史已托南京同业代办矣（忧本地配不齐）。"[3]到7月21日时，书已买到，但价格变为38元："仿竹简斋本廿四史业已购到，需价三十八元，前云三十四元者，系照股票计算也。今已出书，停止股票，故增价。抽出《晋书》至《隋书》一段，先寄呈，拟托葆良带上。闻渠出月即行，想可待也。"[4]1903年7月底，张元济托刘葆良将书带到安庆，书价34元，将来从夏曾佑《外交报》稿酬中扣除："廿四史价洋三十六元（又减去二元），已遵谕将来由报馆薪水划付。书已全交葆良带呈，卷数已托友人查过，惟页数未查，如有短缺，乞即开示，以便饬补，但须从速，迟恐不认耳。"[5]中西书局仿竹简斋本廿四史确有缺页，张元济在信中说过几次，后来终于全部补齐。

夏曾佑在《中国历史教科书》第一册的《凡例》中说"是编以二十四史为底本"，即中西书局仿竹简斋本。那么，这个本子怎么样呢？

据汪康年的观点，此本错误不少，因竹简斋本的底本是同文书局本，同文书局本的底本是殿本二十四史，因并非初印，错误很多。竹简斋本即由同文书局本石印，而两行并为一行，导致串行，错误更多。"然较之他石印本及铅字本，似尚胜一筹云。"[6]而中西书局本又以竹简斋的本子印刷，当然也继承了它的错误之处。

1930年代，钱穆受命审阅夏曾佑《中国历史教科书》，找出一百多条错误。"抗战时，重庆国立编译馆拟重印夏氏书为部颁教科书，嘱余审正，

[1] 1903年7月7日张元济致夏曾佑信，日期署"闰月十三日"。
[2] 1903年7月10日张元济致夏曾佑信，日期署"十六日"。
[3] 1903年7月12日编译所致夏曾佑信，日期署"十八日"。
[4] 1903年7月21日张元济致夏曾佑信，日期署"廿七日"。
[5] 1903年7月30日张元济致夏曾佑信，日期署"初七日"。
[6] [清] 汪康年著，匡淑红编选、校点:《穰卿随笔》，中共中央党校出版社1998年版，第262—263页。

时余在成都齐鲁大学国学研究所,又细读夏氏书。列举其书中谬误,皆小节,如年岁地名等,显系夏氏钞录时疏失,凡一百七十余条。"[1]这么多错,很可能与底本相关。

除代买书籍外,张元济及商务印书馆还借书给夏曾佑,包括《历朝纪事本末》《周礼·春官》《左传》《通典》,《汉魏丛书》本《说苑》《新序》,《清史揽要》《东华录》《舆地丛钞》《舆地丛钞补编》等书。借出的书大多是商务印书馆编译所的藏书,也有从书商手里借的书,如《通典》:"顷假得《通典》一部呈上,乞誊入,能明日掷还最妙,因书肆借书有限期也。"[2]所借的书籍内化成了《中国历史教科书》的内容。《中国历史教科书》第二册开始大量注地名,很可能来自向商务借阅的《舆地丛钞》及其《补编》。

《中国历史教科书》第一篇第一册后有个《引用书目》,其中,第一篇第一章引用了下列书籍:《英文图书集成》《春秋繁露》《周礼·春官外史》《淮南子·原道训》《史记·秦本纪》《风俗通义》《文选》《玉函山房辑佚书》《白虎通义》《礼记·月令篇》《太平御览》《易系辞》,孔颖达疏引《世本》,《汉书·律历志》《左传》《楚辞·天问》。第一篇第二章引用了下列书籍:《尚书》《逸周书》《越绝书》《管子》《山海经》《路史》《玉篇》《国语》《说文》《通典》《吕览》《灵枢素问》《汉书》《旧约·创世记》,日本鸟居龙藏引西书,《诗》《孟子》。

从这个引用书目能够看出《中国历史教科书》的史料来源:《周礼》《左传》《通典》这三种从商务印书馆借的书,夏曾佑都用在《中国历史教科书》中了。另外,可以看出,夏曾佑大量引用了子部书籍,尤其是《太平御览》《山海经》。这主要因为第一篇是上古史,但也与夏曾佑的个人兴趣相关。1934年,钱穆批评是书"上古神话为一事,历史真相又为一事。绝不能以上古传说多神话,遂并其真相不问。若上古史之真相不显白,则

---

[1] 钱穆:《八十忆双亲 师友杂忆》之四《私立鸿模学校与无锡县立第四高等小学》,《钱宾四先生全集》第51册,台湾联经出版事业公司1998年版,第83页。
[2] 该信未署日期。

以下必有无从说起之苦"[1]。

有了廿四史及其他参考资料后,夏曾佑的《中国古代史》陆续完成。该书的第一册大约在1904年上半年完成;第二册在1905年1月底完成,据夏曾佑《日记》"一九〇四年十二月二十三日(1905年1月28日)"条:"日来作历史第二册,几于昕夕不遑,至是日毕"[2];1906年3月底写完第三册:3月17日张元济致夏曾佑信,提到"《中国历史》第三册补稿即请交高梦旦"[3];3月31日,夏曾佑致汪康年与张元济合书,言"《历史》第三册结论已撰就。于前月杪交与梦旦,只作两篇,一曰《晋南北朝隋之行政机关》,一曰《晋南北朝隋之族姓》,而于全册又修改数百字"[4]。

除了帮忙买书、借书外,商务印书馆还给夏曾佑准备稿纸,因为写在专用稿纸上计算字数比较方便。张元济致夏曾佑的一封日期署为"初四日"的信云:"送上稿纸一叠,乞留用。"

写完后,并不能马上出版,还需校对。张元济1904年5月9日信:"请校《历史》样张。原稿及初校一卷一并附去,并乞覆校……又待改原稿、已校存稿各一卷并呈。"[5]也就是说,在这之前,《中国历史教科书》已经写完了。张元济1904年9月15日信:"《历史》稿舛误太多,原稿字亦有难辩认者,济处书又不全,无从查对。虽校勘一过,未敢遽信。今仍奉上,候清恙大痊,再请覆校。"[6]张元济1904年9月30日信,"午后送上《历史》校稿一卷"[7],1905年1月9日信,"《史课》承校改,极感"[8]。

---

[1] 公沙:《评夏曾佑〈中国古代史〉》,《图书季刊》第1卷第2期。公沙即钱穆。
[2] 夏曾佑著,杨琥编:《夏曾佑集》,上海古籍出版社2011年版,第773页。
[3] 1906年3月17日张元济致夏曾佑信,日期署"二月廿三日"。
[4] 夏曾佑著,杨琥编:《夏曾佑集》,上海古籍出版社2011年版,第484、485页。正式出版时,这两节分别为第三十七、三十八节,但是,《晋南北朝隋之姓族》改名为《晋南北朝隋之风俗》,且附录了第三十九节《两晋疆域沿革》,第四十节《南北朝疆域沿革》,后两节译自日本重野安绎《支那疆域沿革图》。
[5] 1904年5月9日张元济致夏曾佑信,日期署"三月廿四日"。
[6] 1904年9月15日张元济致夏曾佑信,日期署"八月初六日"。
[7] 1904年9月30日张元济致夏曾佑信,日期署"八月廿一夕"。
[8] 1905年1月9日张元济致夏曾佑信,日期署"十二月初四日"。

甚至还一边校对，一边排印。据商务印书馆印刷所致夏曾佑信："上午送校《历史》，因原稿尚未排了，现须接排。顷特饬人走领，请将原稿掷下是祷。"编译所致夏曾佑信："顷据排字匠云：《中国历史》第廿五、廿六页（十七节）原稿尚在尊处。请即检下，以便接刻。"

这三册书的初版时间分别是光绪三十年九月、光绪三十一年五月、光绪三十二年孟夏。可以说，从夏曾佑完成写作到书籍出版，大约三四个月的时间，商务印书馆的效率还是相当高的。其中，只有第一册从完稿到出版的时间比较长，接近半年，可能因为除了校对外，还需调整体例。

张元济致夏曾佑信中，就《中国历史教科书》的体例问题，数次提出疑问或意见。如1904年7月15日信："《历史教科书》附印《春秋大事表》，是否仅采《列国爵姓及存灭》一篇"[1]，1904年9月15日信，"又前闻公言，除引用《史记》外，概不注出处，又注出处者，原书均列篇末。今末后数节，引《史记》者均注明（此似不得不然）。又《通典》《汉书》亦附注正文之下，不嫌歧出否，祈詧核为幸"[2]，等等。

《中国历史教科书》共附录了三个表格：清代顾栋高《春秋大事表》五《列国爵姓及存灭》，《史记·十二诸侯年表》《史记·六国表》，其中，顾栋高的《春秋大事表》确实只采用了《列国爵姓及存灭》表格。

而张元济的第二个意见，夏曾佑确实接受了，第二册书中就作了调整和改变。

第一册的《凡例》写道："讲堂演述中学，较西学为难。西学有涂辙，中学无涂辙也。是编有鉴于此，故于所引之书，皆于其下作一记号，如第三节一，检附卷中第三节（一）即可知其出处。其不作记号者，皆二十四史之文。因是编以二十四史为底本，故不复注其出处也。其正史与他书交错于一处者，仍注出处，其一节中，征引过繁者，均注出处于本文之下，不复编号，以省错误。"在第一册的最后，附录《第一篇第一章引用书目》《第一篇第二章引用书目》。比如，第一篇第一章"第三节译英文图书集成

---

[1] 1904年7月15日张元济致夏曾佑信，日期署"六月三日"。
[2] 1904年9月15日张元济致夏曾佑信，日期署"八月初六日"。

古巴比伦事"。

据邹振环文章,夏曾佑《中国历史教科书》受到上海东文学社出版的那珂通世《支那通史》和桑原骘藏《东洋史要》的影响,采用了章节体史书体例。[1]夏书分为篇、章、节三部分。第一册末尾所附的引用书目很可能也来自西书或东洋书体例,确有价值,但哪些标为引用书目,哪些不标,取舍标准不一。

可能是因为张元济的意见,也因这样确实容易造成混淆,到了第二册不再附录引用书目,"第一册中,凡小注皆用三号字上下加括号,本册不复用括号,概用六号字,以期醒目"[2]。到了1930年代的"大学丛书"中,三册都是如此,即小注不再用括号,而是用六号小字双行排列的形式。

综上,张元济及商务印书馆为夏曾佑借书、买书,影响了《中国历史教科书》的材料来源以及内容;一次次的校对,以及张元济对体例的意见,也影响了该书的面貌。

另外,影响《中国历史教科书》的还有一个重要因素,即严复及其译作《社会通诠》。

在《中国历史教科书》的写作过程中,夏曾佑和严复屡次通信。严复赞赏夏曾佑的《中国社会之原》,"曩读《丛报》中大著,极相倾倒"[3],并向他透露自己正在翻译的《社会通诠》的主要观点:"复近译得《社会通诠》一书,乃将天下国种□进,从实象而通其所以然。大抵社会有三际,一图腾社会……二宗法社会,三军政社会,中国未离宗法者也。"[4]请夏曾佑"求以己意,广为征引,作后案其异同",即为《社会通诠》做一个

---

[1] 参见邹振环:《晚清史书编纂体例从传统到近代的转变——以汉译西史〈万国通鉴〉和东史〈支那通史〉〈东洋史要〉为中心》,《河北学刊》2010年第2期。
[2] 夏曾佑编:《中国历史教科书》第二册,商务印书馆光绪三十一年十二月三版,"凡例"。
[3] 1903年10月21日严复致夏曾佑信,日期署"九月初二日"。本文所引严复致夏曾佑信札,均为北京大学图书馆藏手稿本。
[4] 1903年9月22日严复致夏曾佑信,日期署"八月初二"。"乃将天下国种□进",标"□"处难以辨认。

"添入吾国印证"的注本,使得"海内学者能见中国社会之因果"[1],如不能,希望夏曾佑先写序言,待该书重版时补上后案。[2]夏曾佑没有为《社会通诠》作后案,但他写了序言,用中国历史之事证明书中观点,可以说,部分达成了严复的嘱托。夏、严通信时,《中国历史教科书》正在写作中,而《社会通诠》尚未出版,二人的讨论对于彼此的未刊之作皆有进益。后来《中国历史教科书》出版后,严复赞其为"旷世之作"[3]。有学者认为,《中国历史教科书》受严译《社会通诠》之影响,夏曾佑编著《中国历史教科书》有回应严复《社会通诠》之旨趣。[4]信然。

有意思的是,严译《社会通诠》能由商务印书馆出版,也是由夏曾佑直接或间接促成。张元济致夏曾佑书信云"《社会通诠》先未闻有是书,疑即《群学肄言》别名"。后来得知是严复新译,且"译方过半",惊叹"公何闻之早也"[5],所以,张元济是在与夏曾佑通信中得到了消息,从而起意出版此书。

三　晚清民国书局与作者之间的关系：生意与人情

夏曾佑《中国历史教科书》的写作以及出版过程,让笔者思考晚清民国时出版社与作者,尤其是与名作者的关系。

从夏曾佑的例子看,晚清民国时期,编辑与作者的关系是商业关系与朋友关系的交织,某种程度上还带有部分服务性质。

夏曾佑丁忧居上海,友人张元济从多方帮他解决生计问题,其中的一个途径,便是约请夏曾佑撰写《中国历史教科书》。

---

[1] 1903年10月21日严复致夏曾佑信,日期署"九月初二日"。
[2] 1903年12月15日严复致夏曾佑信,日期署"十月廿七"。
[3] 该信未署日期。
[4] 参见王天根:《清末政教论与宗法社会的史学语境》,关西大学文化交涉学教育研究中心、出版博物馆编:《印刷出版与知识环流:十六世纪以后的东亚》,上海人民出版社2011年版。
[5] 1903年10月16日张元济致夏曾佑信,日期署"八月廿六"。

张元济和商务印书馆编译所帮夏曾佑买书，借书，影响了夏曾佑《中国历史教科书》的内容。

夏曾佑或其夫人生病了，张元济帮忙联系自己熟悉的医生。张元济1905年6月30日致夏曾佑信："顷用电话约柯医十一钟至十二钟造府诊视，渠已允诺。拟先至又老处问路，亦告以拟约又老传译矣。乞即与又老接洽为幸。"[1]据夏曾佑当日日记："山荆有喉疾，邀柯医生来治之，又陵为传译。"也就是说，夏曾佑妻子生病，张元济约洋医生帮忙看病，严复做翻译。第二天、第三天（即1905年6月31日、7月1日），张元济和柯医生又来夏寓，夏曾佑妻子病愈。同年的七月二十二日、二十三日（1905年8月22日、8月23日），因夏曾佑齿痛，柯医生和张元济又来夏寓。[2]

代夏曾佑发电报。张元济1906年3月17日信："代发东京电收条一纸附呈。"[3]

帮夏曾佑买赴日船票。夏曾佑一九〇五年十二月二十六日日记，"偕菊公至三菱公司定舱，不成，以嘱瑞芳而归"。十二月二十八日日记，"午后至商务印书馆，嘱周君写仓票"。[4]夏瑞芳还亲自帮夏曾佑购买船票，致夏曾佑信："前托代购赴日船票，兹已照购三张"；"昨奉东游船票，该价一百廿元，是系英洋"。[5]

夏家有丧事时，张元济送奠仪。夏曾佑母亲去世，张元济送祭幛："外附祭幛一道，聊表下忱，伏祈代荐伯母大人灵前为望。"[6]

夏曾佑并不是被动接受。1906年3月18日，张元济离沪入京。初在学部，后由外务部奏调开办储才馆，派充提调。临行，夏曾佑夫人赠送茶叶

---

[1] 1905年6月30日张元济致夏曾佑信，日期署"廿八日"。
[2] 夏曾佑著，杨琥编：《夏曾佑集》，上海古籍出版社2011年版，第778、780页。
[3] 1906年3月17日张元济致夏曾佑信，日期署"二月廿三日"。
[4] 夏曾佑著，杨琥编：《夏曾佑集》，上海古籍出版社2011年版，第785页。
[5] 夏瑞芳致夏曾佑信札，系北京大学图书馆藏手稿本。
[6] 1903年6月6日张元济致夏曾佑信，日期署"四月十四日"。

火腿，张元济写信感谢。[1]

也就是说，张元济（以及他代表的商务印书馆）与夏曾佑交往颇深，在某种程度上，这是《中国历史教科书》在商务出版的重要条件；夏曾佑告知张元济严复《社会通诠》已译过半的消息，对于该书在商务出版颇有帮助。出版社与作者的人情往来，对于两方面都有互利性。但是，毕竟出版是一项生意，很多事情不是由人情关系决定的。这在《中国历史教科书》的续出问题上表现明显。

1917年底、1918年初，张元济和商务印书馆曾经考虑过请夏曾佑续成《中国历史教科书》，但因销量问题未果。1917年11月26日，张元济致信夏曾佑，问能否续成《中国历史》。12月19日，夏曾佑表示同意。1918年1月17日，张元济"托伯恒询穗卿，续编《中国历史》如何酬报，约几时可完。7/1/26得回信，言先编唐史，清旧欠。以后尚有三册，或按月薪，或计字数，均可。但京师图书馆事已脱，仍拟来沪，盼从优云云"。1918年2月1日日记："函告伯恒，请告夏穗卿勿辞京事。《中国历史》续编与否，究难确定。因近来销路大减。季臣查穗编《历史》：

"第一册，十二万二千余，印过二万四千五百。

"第二册，九万五千余，二万三千。

"第三册，七万九千，一万四千。"

也就是说，第三册比起第一册来销量减少了一万册。后来到了1918年7月10日，"晨起夏穗卿来，谈续编《中国历史》事"，从此没有了下文。[2]

1934年1月，《中国历史教科书》改名为《中国古代史》，列入商务印书馆"大学丛书"，到1935年，已印了三版。出版广告是这样写的：

此书起自太古，讫于南北朝，凡三十余万言。著者学问渊博，

---

[1] 张元济"二月廿三日"（1906年3月17日）致夏曾佑信："濒行蒙嫂夫人颁赐茶叶南腿。"

[2] 张元济著，张人凤整理：《张元济日记》，河北教育出版社2001年版，第411—412、433、452、468、559页。

识解过人,此书虽著于清季,而其引证评断之处,有至今为人所不能及者。二十年来,国内名家如梁任公诸氏俱极推重,而采取此书以资讨论者,更络绎不绝。惟因绝版已久,访购不易,本馆应当代学者之需要,重排出版,精校精印,列入大学丛书。[1]

为什么"绝版已久"呢?因为销量下滑,出版此书可能会亏损。那1934年为什么再次出版,而且列入"大学丛书"呢?除了因为书本身的价值,以及梁启超等大学者的奖掖外,有论者指出,民国时期大学教材缺乏,北京大学将夏曾佑《中国历史教科书》作为教材,还计划出版此书。[2]另外,笔者发现,1924年,北京大学请夏曾佑本人到校讲课,"夏曾佑先生定于本星期五起,到校讲授中国史。凡本系一、二、三、四年级各生,均可听讲。所定钟点教室如下:星期五八时半至十时半,第一院第十九教室"[3]。也就是说,时势使然,《中国历史教科书》又被推向了历史舞台。

1904—1934的30年,人情、生意、时势、出版社、作者、编者,一本书的产生与沉浮。直到今天,《中国历史教科书》仍在重印,故事还在继续。

参考文献:

[1] 罗耀九.严复年谱新编[M].厦门:鹭江出版社,2004.

[2] 孙应祥,皮后锋.严复集补编[M].福州:福建人民出版社,2004.

[3] 夏曾佑.中国历史教科书[M].上海:商务印书馆,1904、1905、1905.

[4] 夏曾佑,杨琥.夏曾佑集[M].上海:上海古籍出版社,2014.

[5] 姚继斌.国史教育与教材——清末以来的变迁[M].香港:香港教

---

[1]《申报》1934年1月15日广告。

[2] 姚继斌:《一本中学历史教科书与北京大学:兼论清末民初国史教材的困境》,《国史教育与教材——清末以来的变迁》,香港教育图书公司2014年版。

[3]《史学教授布告》,《北京大学日刊》1924年1月22日。

育图书公司，2014.

[6] 张树年. 张元济年谱 [M]. 北京：商务印书馆，1991.

[7] 张元济. 外交报汇编 [M]. 北京：北京图书馆出版社，2009.

[8] 张元济，张人凤. 张元济日记 [M]. 石家庄：河北教育出版社，2001.

（作者单位：北京大学图书馆）

新闻进入教科书

——《共和国教科书》的承启意义与《铁达尼号邮船遇险记》的叙事旅行

杨 早

吴宗济是《庚子西狩丛谈》作者吴永的儿子,赵元任的学生。2007年,吴宗济接受《中国图书商报》采访,谈自己与商务印书馆的两代交情。报道说:"吴老至今还清楚地记得商务印书馆《共和国教科书》第一册第一页写的什么文字,记得第二册中从瓶子里掏果子吃的小故事,以及第八册中讲的铁达尼号沉船等等。"[1]

《共和国教科书》初版于1912年,为春季始业用书,1913年为了配合民国教育部规定之三学期新学制,又出版了秋季始业用书。两个版本课文有所参差,以初等小学校第二册为例,春季始业用书共50课,秋季始业用书共58课,课文顺序亦有不同。[2]吴宗济生于1909年,他上学时用的应该是秋季始业用书。

但查对了两个版本的第二册,均不见吴宗济说的"从瓶子里掏果子吃的小故事"。从内容来看,这篇课文应该是《共和国教科书新国文》初等

---

[1] 田丽丽、李保莉:《吴宗济:我和商务80年的交情》,《中国图书商报》2007年12月28日。转引自王涛等编:《商务印书馆一百一十年》,商务印书馆2009年版,第197页。
[2]《共和国教科书新国文》(国民学校春季始业)第二册,商务印书馆1912年4月7日版;《共和国教科书新国文》(国民学校秋季始业)第二册,商务印书馆1913年6月20日版。

小学校春季始业用书的第三册第二十四课《勿贪多》。[1]

同样，在春季始业用书中，"铁达尼"号沉船也不是在第八册，而是高等小学校用书的第一册第十五、十六课，标题为《铁达尼号邮船遇险记》。究竟是98岁的吴宗济记忆有误，还是当年他上学使用的版本的确如此？难于索证。

不过，吴宗济对《铁达尼号邮船遇险记》印象深刻是有道理的。这篇文章出现在《共和国教科书新国文》里，确实可以称得上民初教科书的一个创举。虽然过往对《共和国教科书》的研究很少提及这篇课文，然而我们从社会史/新闻史/教育史的不同角度来考察这篇课文的叙事旅行，考察这场沉船事故是如何从一个异常复杂的大灾难，演变成一堂富含教育意义的国文课目，可以从中窥看民初新式知识分子的教育理念与启蒙心态。

"教科书之争"催生《共和国教科书》

民国元年（1912年）商务、中华"教科书之争"，蒋维乔讲述较早，也最为详细，兹录如下，以便考辨：

> 是时革命声势，日增月盛，商务同人有远见者，均劝菊生，应预备一套适用于革命后之教科书。菊生向来精明强干，一切措施，罔不中肯。然圣人千虑，必有一失，彼本有保皇党臭味，提及革命，总是摇首。遂肯定的下断语，以为革命必不能成功，教科书不必改。而伯鸿却暗中预备全套适用之教科书，秘密组织书局。于民国元年，中华书局突然宣告成立，中华民国之各种教科书，同时出版。商务措手不及，其教科书仅适用于帝制时代者，遂被一律打倒。伯鸿亦脱离商务，一跃而为中华书局总经理。商务则亡羊补牢，汲汲将各

---

[1] 课文内容："瓶中有果，儿伸手入瓶，取之满握。拳不能出。手痛心急，大哭。母曰：'汝勿贪多，则拳可出矣。'"《共和国教科书新国文》（国民学校春季始业）第三册，商务印书馆1912年版。

书修改，时逾半载，方能勉强出版，而上风已为中华所占。[1]

胡愈之也在回忆录里批评"商务经营人"的错误决策：

> 辛亥革命发生，商务经营人对当代革命的看法，表现了保守的思想，这是和"事业已搞大了"这个物质条件有关的。同时在股东之间也发生了一些矛盾，有一部分人就出去另搞了一个中华书局（当时中华总经理陆费伯鸿原来就是商务的人），为了和商务竞争，为了反映革命的新潮流，编出了《共和教科书》（指《中华教科书》，《大清教科书》是商务出的），这时商务显得很保守，好象成了"保皇党"。还由于革命形势发展很快，中华民国成立，商务马上又编出了《国民教科书》（指民国新教科书）。[2]

这样，似乎坐实了"商务经营人"（主要是张元济）的决策失误。1941年陆费逵去世后，陆费执所撰《陆费伯鸿先生传略》只字不提商务，但云"辛亥武昌起义后，先生预料革命必成功，教科书应有大改革，决另创书局专营出版事业，乃集资二万五千元，与戴克敦、沈知方、陈协恭等在家秘密编辑共和教科书，工作常至午夜"。[3]

辛亥年（1911年）任职商务的陆费逵是否是向馆方建议另印教科书的"商务同人"之一，似乎没有明确的说法。而陆费逵等人"秘密编辑共和教科书"，究竟是为了躲避清政府巡捕的政治需要，还是瞒着商务印书馆的经济手段？以武昌首义之后南方各省纷纷独立的态势来看（上海光复距武昌起义仅25天），后者的可能性较大。

---

[1] 蒋维乔：《创办初期之商务印书馆与中华书局》，张静庐辑注：《中国现代出版史料·丁编》下卷，中华书局1959年版，第398—399页。

[2] 胡愈之：《回忆商务印书馆》，商务印书馆编：《商务印书馆九十五年》，商务印书馆1992年版，第116页。

[3] 陆费执：《陆费伯鸿先生传略》，俞筱尧、刘彦捷编：《陆费逵与中华书局》，中华书局2002年版，第344页。注云"沈知方系沈颐（朵山）之误"。

以张元济为代表的商务印书馆馆方，之所以没有抓住机会从而继续保持商务印书馆在中小学教科书方面的垄断地位，原因相当复杂。

商务诸领袖确实热心赞同立宪运动。1906年，由股东郑孝胥邀请，张元济、夏瑞芳、高凤谦、陆尔奎、孟森、印有模、李拔可等资方重要领导与高级编辑参加上海预备立宪公会，商务印书馆重头刊物《东方杂志》更是极力赞同清末立宪运动。[1]

然而，说张元济或商务馆方"有保皇党臭味"，并因此不肯重新编印教科书，未必站得住脚。武昌起义之后，各地立宪党人激于清廷立宪进程迟缓，普遍与革命军采取合作态度。上海立宪派与商会亦不例外，攻打制造局之役得力于商会之力甚巨。而张元济的个人态度，从他光复次日便请了一位剃头师傅来家剪辫子可见，他对清廷谈不上多么眷恋。商务印书馆更是于1911年12月8日在《申报》刊登"售书助饷广告"，将三日售书的全部所得捐给军政府，又于12月15日登报征求革命史料。[2]商务印书馆应该是平静地接受了革命的事实。

另一个反映商务印书馆态度的例子是孙毓修主编的《少年杂志》，在1911年10月22日出版的1卷9册已经刊登《辛亥八月中国革命小记》，将武昌与长沙对敌的双方称为"起义者"与"北京政府"，同时版权页也不再使用宣统纪年，而改用"辛亥年九月初一日"。其时上海尚未光复，《少年杂志》至少是在馆方默许之下采取了中立的态度。

笔者认为，商务印书馆没有动手抢编"共和教科书"最主要的原因有几个：

一是重新编印教科书成本太高。商务印书馆已经行销数年的《最新教科书》销售甚广，"第一册出版后未及五六日，就销去四千册，以后一再

---

[1] 史春风：《商务印书馆与近代立宪思潮》，王涛等编：《商务印书馆一百一十年》，商务印书馆2009年版，第467—468页。

[2] 张人凤、柳和城编著：《张元济年谱长编》，上海交通大学出版社2011年版，第345—347页。

重印，四个月内销售了十多万册"[1]，"固盛行十余年，行销至数百万册"[2]，如此大销量的教科书，商务印书馆备货必多，否则就会出现中华书局《中华教科书》初次发行时"各省函电纷驰，门前顾客坐索，供不应求，左支右绌"[3]的窘况。此后商务印书馆编印《共和国教科书》，与中华书局大打销量战，"计每年须损十五万"[4]，也说明了改教科书的成本相当巨大。更何况商务印书馆尚未从创始人夏瑞芳投资橡皮股票失败造成的经济危机中恢复过来[5]，不轻易投资编印新的教科书，亦属情有可原。

　　二是有侥幸心理。《最新教科书》耗费了商务印书馆与张元济大量金钱、时间和心力，也在国内获得了巨大的影响力。[6]如想全盘改弦更张，未免有心血浪掷之憾。而且一时间也没有凑手的人才。[7]1912年1月19日，南京临时政府教育部颁布《普通教育暂行办法》，要求"凡民间通行之教

[1] 王益：《中日出版印刷文化的交流和商务印书馆》，商务印书馆编：《商务印书馆一百年》，商务印书馆1998年版，第386页。

[2] 蒋维乔：《编辑小学教科书之回忆（1897—1905年）》，商务印书馆编：《商务印书馆九十年》，商务印书馆1987年版，第61页。

[3] 陆费逵：《中华书局二十年之回顾》，俞筱尧、刘彦捷编：《陆费逵与中华书局》，中华书局2002年版，第469页。

[4] 劳祖德整理：《郑孝胥日记》第三册，中华书局1993年版，第1442页。

[5] 商务印书馆为夏瑞芳事向日本三井洋行借资十万两，三个月借期恰到1911年底，张元济12月30日致原亮三郎、山本条太郎信云"现在本馆存金有限，只能凑集三万，今日由夏、印两君再行筹集，不知如何"。张人凤、柳和城编著：《张元济年谱长编》，上海交通大学出版社2011年版，第348—349页。

[6] "当时之参加编辑者张元济、高凤谦、蒋维乔、庄俞等，略似圆桌会议，由任何人提出一原则，共认有讨论之价值者，彼此详悉辩论，恒有为一原则讨论至半日或终日方决定者。"蒋维乔：《编辑小学教科书之回忆（1897—1905年）》，商务印书馆编：《商务印书馆九十年》，商务印书馆1987年版，第57页。"往往为一课书，共同讨论，反复修改，费时恒至一二日。瑞芳恒怀疑，嫌其迟缓，及出书畅销，始为心服……商务教科书营业之盛，冠于全国。"蒋维乔：创办初期之商务印书馆与中华书局，张静庐辑注：《中国现代出版史料·丁编》下卷，中华书局1959年版，第397页。

[7] 1912年初，张元济曾约包天笑入编译所，并称"我们出版的小学国文教科书，年年改版，现在革命以后，又要重编了，要请阁下担任其事"。包天笑：《我在商务印书馆编译所》，商务印书馆编：《商务印书馆九十五年》，商务印书馆1992年版，第89页。

科书，其中如有尊崇满洲朝廷及旧时官制、军制等科，并避讳、抬头字样，应由各书局自行修改，呈送样本于本部及本省民政司、教育总会存查"。商务印书馆即于当月出版《订正初等小学用最新国文教科书》（十册）、《订正高等小学用最新国文教科书》（八册）等，并在版权页删去日人姓名。报纸广告称这些教科书为"共和适用之教科书"，表示"民国成立，政体共和，教育方针随以变动。本馆前编各种教科书叠承海内教育家采用，许为最适用之本。今以时势移易，爰根据共和国教育之宗旨，先将小学用各种教科书分别修订。凡共和国民应具之知识与夫此次革命之原委皆详细叙入，以养成完全共和国民"。[1]

然而仅三天后，中华书局名为《教科书革命》的广告便占据了各大报纸版面：

> 立国根本在乎教育，教育根本实在教科书，教育不革命，国基终无由巩固，教科书不革命，教育目的终不能达也。往者异族当国，政体专制，束缚抑压，不遗余力，教科图书，钤制弥甚，自由真理，共和大义，莫由灌输，即国家界说，亦不得明。……幸逢武汉起义，各省回应，知人心思汉，吾道不孤，民国成立，即在目前，非有适宜之教科书，则革命最后之胜利仍不可得。……兹将本局宗旨四大纲列左：（一）养成中华共和国国民；（二）并采人道主义、政治主义、军国民主义；（三）注重实际教育；（四）融和国粹欧化。[2]

中华书局的广告，将"革命""立国""共和""教科书"捆绑在一起，再加上没有表达在广告里的、对商务印书馆"日资股份"的指责，也让商

---

[1]《共和适用之教科书》，《申报》1912年2月23日。
[2]《教科书革命》，《申报》1912年2月26日。

务印书馆的教材发行备感压力，[1]中华书局的《新中华教科书》也便大行其道。[2]

应该说，如果没有前职员陆费逵创办中华书局咄咄相逼，商务印书馆可能还会继续推行订正版的《最新教科书》。但在举国尚新的局面下，商务印书馆必须拿出应对措施，推出一套全新的中小学教科书，这才有了《共和国教科书》。

《新国文》对《最新国文》的继承与改造

蒋维乔称"教科书之形式、内容渐臻完善者，当推商务印书馆之《最新教科书》。……凡各书局所编之教科书及学部国定之教科书，大率皆模仿此书之体裁，故在彼一时期，能完成教科书之使命者，舍《最新》外，固罔有能当之无愧者也"[3]。在近代教科书出版史上，这套教材得到的评价也很高："仅初、高小就有11门32种156册，是当时我国小学教科书课目最完备的一套课，从1904年一直发行到1911年底，发行量占全国课本份额的80%……是我国第一套完整的中小学教科书。"[4]研究者评论商务印书馆"在1903至1911年间提供了最大部分的学校教科书，并成为一个真正

---

[1] 商务董事会在给股东的关于清退日股的报告书中说："近来竞争愈烈。如江西则登载广告，明肆攻击；湖南则有多数学界介绍'华商自办'某公司之图书；湖北审查会则以本馆有日本股，故扣其书不付审查。"汪家熔：《大变动时代的建设者：张元济传》，四川人民出版社1985年版，第155—156页。

[2] "民国元年，中华书局崛起，发行一套《新中华教科书》……因为政治的关系，很被小学教育界所采用"，吴研因：《清末以来我国小学教科书概观》，商务印书馆编：《商务印书馆九十五年》，商务印书馆1992年版，第208页。

[3] 蒋维乔：《编辑小学教科书之回忆（1897—1905年）》，商务印书馆编：《商务印书馆九十年》，商务印书馆1987年版，第56页。

[4] 商务印书馆：《编辑初等高等小学堂国文教科书缘起和编辑大意》，宋原放主编，汪家熔辑注：《中国出版史料（近代部分）》第二卷，湖北教育出版社2004年版，第533页。

的'学校课本托拉斯'"[1]。

中华书局创办人陆费逵后来曾对《最新教科书》有所评价，说此套书"以日本明治三十七八年教科书体裁为蓝本，标名'最新'，其长处有三：一，各科完备。二，具教科书体裁。三，内容精审。其短处亦有三：一，程度太深。二，分量太多。三，各科欠联络，前后欠衔接"[2]。陆费逵对《最新教科书》的不满应该由来有自，1911年夏秋之际，他随张元济去北京开中央教育会，在考察北方教育时，就对商务出版的《最新教科书》颇有微词。[3]

辛亥革命爆发，民国肇立，给了教科书界一个重新洗牌的机会。民国创立不久，便有"苏省农业学堂毕业生杨鸿年、徐均燨等具呈都督府，请通饬高等小学均加授农商二课，采用商务印书馆教科书"。这条呈奏背后有没有商务印书馆的支持不大好说，但江苏都督府回称"碍难照准"，并陈述理由为"自政体变更，各项教科书均待改订，查小学校令第十九条，小学校课业所用图书，由图书审查会采定，现诸事草创，尚未有此等完全机关，未便指定某书，不待审查，遽尔通行各校。前清辄以教育行政官之命令，强制各学校购用某项书籍，有妨教育之发达，久为通人所诟病"[4]。江苏都督府的反应清晰地反映出商务教科书垄断地位的动摇。

然而，作为竞争者的《中华教科书》，是否针对《最新教科书》的短处有明显的改良呢？也很难得出这样的结论。吴研因说《中华教科书》

---

[1]〔法〕戴仁：《上海商务印书馆：1897—1949》，李桐实译，商务印书馆2000年版，第14页。

[2] 陆费逵：《六十年来中国之出版业与印刷业》，俞筱尧、刘彦捷编：《陆费逵与中华书局》，中华书局2002年版，第476页。

[3] "惟五年级授外国地理，用商务馆《瀛寰全志》。此书已旧，教员不知改订，一失也。教员端坐，持书顺讲，注重文字，而略于大势，二失也。学生有地图，而教员无之，且不知利用黑板，三失也。"陆费逵：《京津两月记》，吕达主编：《陆费逵教育论著选》，人民教育出版社2000年版，第86页。

[4]《苏都督关于教育之指令》，《申报》1912年2月29日。

"不旋踵而就自然消灭"[1]，后世研究者对《中华高等小学国文教科书》的评价亦不甚高。[2]这种情况估计与中华书局必须抢先发布教科书有极大关系。

而且，商务印书馆的滞后也获得了另一个契机：南京政府教育部改革学制，将初小五年、高小四年、中学四年改为初小四年、高小三年、中学三年。因此，商务印书馆的确可以乘机适应新学制，将《最新教科书》的程度调低、分量减少。

在所有的科目之中，国文是最难，也是最费编辑心力的。编者在《编辑初等高等小学堂国文教科书缘起》里也说明："本馆延请海内外通人名士研究教育问题，知国文科为最亟，乃合群力，集众智，商榷体例，搜罗材料，累月经年，始得要领"，而且，因为国文教科书没有办法模仿欧美与日本的教科书，"无成法可依附也"，因此编写难度也最高。

国文科的重要性与难度还在于：《最新国文教科书》确立的规范，是将国文教科书视为一种综合的教材，迥非单科教材可以比拟：

> 凡关于立身（如私德、公德及饮食、衣服、言语、动作、卫生、体操等）、居家（如孝亲、敬长、慈幼及洒扫、应对等）、处世（如交友、待人接物及爱国等），以至事物浅近之理由（如天文、地理、地文、动物、植物、矿物、生理、化学及历史、政法、武备等），与治生之所不可缺者（如农业、工业、商业及书信、帐簿、契约、钱币等），皆萃于此书。其有为吾国之特色（如开化最早，人口最多及古圣贤之嘉言懿行等），则极力表章之；吾国之弊俗（如拘忌、迷信

---

[1] 吴研因：《清末以来我国小学教科书概观》，商务印书馆编：《商务印书馆九十五年》，商务印书馆1992年版，第208页。

[2] "选文均为文言文，为文选型教科书，是单纯的范文汇编。教材内容无注疏和评点，无练习设计，只是个别篇目列有作者简要介绍。前后课文的内容一般不相关，文体也没有多大联系。虽然偶尔也会把内容相关的课文安排在一起，但仍不能借此断定编者是有目的地把内容或文体相关的课文安排在一起，从而形成单元的编排体例。"闫苹、张雯主编：《民国时期小学语文教科书评介》，语文出版社2009年版。

及缠足、鸦片等），则极力矫正之，以期社会之进步改良。[1]

《最新国文教科书》的内容涉及国文、历史、修身、自然、地理、政治等科目，无怪在很长一段时间内，国文用书被视为一套教科书的门面。[2]

《共和国教科书》基于《最新教科书》编成，短短数月想要脱胎换骨绝无可能。尽管编辑团队吸收了不少新鲜血液（如包天笑），但大部分课文仍然因袭《最新教科书》。那么，《共和国教科书》在何种意义上能做到商务编者自称的"注意于实际上之革新，非徒变更面目，以求合于政体而已"[3]呢？我们不妨以全套《共和国教科书》中最先出版的《高等小学用共和国教科书新国文（甲种、春季始业）》（后简称《新国文》）来与《高等小学用最新国文教科书》（后简称《最新国文》）相比较，来看看前者对于后者的传承与改造（见"附录1"）。

《新国文》从《最新国文》中继承的课文不止表中所列，如《新国文》高等小学部分第一册里的第五课《美国二缝工》，即选自《最新国文》初等小学部分第九册的第二十八课；第八课《杏园中枣树》则选自《最新国文》初等小学部分第七册的第十四课。而《最新国文》初等小学部分第六册的第五十五课《宽待童仆》的下半部分，则转化成《共和国教科书新修身》初等小学部分第六册的第十课《宽容》。

这些变动，一方面是商务印书馆面对新学制的调整，另一方面也是《新国文》编写者对"程度太深""分量太多""各科欠联络"等批评的回应。就课文内容来说，《新国文》较之《最新国文》，初小部分"儿童生活起居常识类""儿童游戏类""动植物等自然常识类"基本只有删减而无添

---

[1]《编辑初等高等小学堂国文教科书缘起》，庄俞、蒋维乔等编纂：《最新国文教科书》初小第一册，商务印书馆光绪三十四年（1908）三月第45版。
[2] "我国的小学教科书，只有国语科用书进步得最多，其余各科用书进步很少……我国的社会习惯，只重视国文国语，所以各书坊也往往只把国文国语改进，做自己的门面，其余各科用书，就不急急地改进了。"吴研因：《清末以来我国小学教科书概观》，商务印书馆编：《商务印书馆九十五年》，商务印书馆1992年版，第208页。
[3]《商务印书馆广告》，《申报》1912年4月11日。

加,变动的只是"地理、历史类"的少数词句,如"我朝"之类的用词;而高小部分的"博物知识"变动甚少,"中外文学知识"因为编者的变动,有部分更易,变化最大的是"政治经济制度"。[1]

最明显的改变,当然是基于国体与政体更替的政治制度部分。《最新国文》高小部分第一册用了五课的篇幅,分别讲述"预备立宪""君主立宪""庆祝立宪歌",而《新国文》的前两课,即是《国体与政体》《民国成立始末》。

然而,真正能反映《新国文》求新求变意识的,是第一册的第十五、十六课《铁达尼邮船遇险记》(一)(二)。在此之前的新式小学教材,从来没有引入如此时新的新闻报道的前例,也是同期的《新中华教科书》及其他书局教科书所未有之创举。

"铁台里克"号的叙事旅行

1912年4月14日23时40分左右,英国体积最庞大、设施最豪华的邮轮之一"泰坦尼克"号,在驶往纽约的首航途中,与一座冰山相撞,造成右舷船艏至船舯部破裂,五座水密舱进水。次日凌晨2时20分左右,"泰坦尼克"船体断裂成两截后沉入大西洋底。2224名船员及乘客中,逾1500人丧生,生还者仅710人。

借助与西方通讯社的合作,万里之外的中国《申报》几乎与西方媒体同步报道了这次海难,虽然仅仅47字:

> 有汽船两艘,俱接白星汽船铁唐里克号之无线电音,谓该船与冰山互撞,现将沉没,船中女子已入救生艇。(柏林)[2]

---

[1] 关于《共和国教科书新国文》初小、高小部分的分类,参见陈红宇:《商务版〈共和国教科书新国文〉编写研究》,贵州师范大学2016年硕士论文。

[2] 《译电》,《申报》1912年4月17日。

这条电讯的内容，只是白星航运公司发布的诸多版本之一。而这个版本最值得注意的是"船中女子已入救生艇"这一句话，正是这句并不太符合事实的报道，让"铁唐里克"号的沉没一进入中文世界，就呈现出了巨大灾难与道德高标的双重特性。

4月18日，《申报》又综合英国路透社电等外媒报道，编译成《英国大商船遭灾详记》一文。有意思的是，时隔一日，Titanic又被译成"铁台里克"。该文详列"铁台里克"号的建造费用、保险金额、所载物品，以及头等舱旅客个人行李损失情况。在述及人员伤亡时，该文重复了昨日报道的重点："十五日晚九时，该公司宣布谓，该船伤人甚众，据卡配西亚汽船报告，彼船驶抵遇灾之处，仅见小艇及该船碎木漂流水面，逆料船中搭客二千二百人，获救者不过六百七十五人，以妇孺居多。"其实在这篇报道中，事实已经出现了某些歧义，如"晚间九时纽约白星公司事务所前，群人围立如堵，及闻办事人声称，除头二等搭客外，余人安危均未得悉"。两相对照，"妇孺居多"似乎仅限于"头二等搭客"。

正如鲁珀特·马修斯指出的那样："头等舱和三等舱乘客幸存率上的差异在1912年时几乎没有被注意到，但这种非常不公平和不合时宜的现象很快就被人们注意到了。有人指出这些差异反映了那个糟糕的旧时代。甚至有人想努力证明在轮船沉没的时候，头等舱乘客受到了优待，而一些三等舱乘客却被锁在了下面，最终被淹死。"1912年，媒体报道与评论都将视线聚集于"英勇的自我牺牲和忠于职守"这种"更好时代的象征"。[1]

《申报》也不例外，4月19日转译外电评论"铁台里克船上之办事人，异常可敬，盖当事危之际，照料妇孺登救生艇，然后船长及多数之办事员，均与船同尽"，基本上为沉船的报道定下了基调。

4月21、22日《申报》刊载的《再纪英国大商船遇难详情》是1912年该报关于"铁台里克"号最详细的报道，因为摘译《字林报》等英文报纸转录的生还者回忆，远比路透社电的简明直截要生动活泼得多。下面这两

---

[1]〔英〕马修斯：《沉没的真相——梦幻巨轮泰坦尼克》，贺微微、李海林译，南海出版公司2013年版，第260页。

段文字可谓感人至深：

> 数分钟内，见艇覆皆已揭去，船员静立其旁，预备卸下，于是始知必遇重大之危机。楼下之搭客亦纷拥而上，船长乃发命曰：男客悉由艇旁退后，女客悉退至下层甲板。男客闻令寂静退立，或身倚铁栏，或彳于甲板之上。旋见卸下之艇皆落至下层甲板，妇女皆安然入艇。惟有数妇人因不忍离其良人，坚不肯行，亦有被人在其良人之侧拖拥入艇者。然并未见紊乱秩序及争先入艇之举动，亦未闻欷歔啜泣之声。夫诸人虽知顷刻之间咸将投身海内，仅借救生圈以存万一之希望，而仍能镇定如恒，不稍惊乱，亦可奇已。运载妇孺之艇既隐没于苍茫黑空之中，乃又下命令男子入艇，诸人亦安然而入。[1]

> 妇女一拥而上，男子乃退至一旁，严守先女后男之例。船员皆握手枪以防扰乱。及最后之艇离船后，大餐室内乐声大作，群奏《上帝将近尔身》之曲。[2]

这些画面都是后来"泰坦尼克叙事"中的经典场景，构成了表彰"自我牺牲与忠于职守"的主流公众态度。接下来的报道中类似的事例越来越多，如"总邮政司萨米尔君接华盛顿官报，谓铁台里克号有英国邮政书记两员、美国邮政书记三员，当该船遇险之际，不顾逃生，合力搬运挂号邮件二百包至上层甲板，冀可保全此物，卒致溺死"[3]。

然而，《申报》作为新闻体，还是保留了外电报道中较为复杂的叙事成分：

---

[1]《再纪英国大商船遇难详情》，《申报》1912年4月21日。
[2]《再纪英国大商船遇难详情》（续昨），《申报》1912年4月22日。
[3]《译电》，《申报》1912年4月23日。

> 铁台里克号遇难时之情状，传说纷纭，莫衷一是。或谓颇为镇静，或谓秩序极乱。内有数客因争欲入艇，几将发狂。戈登夫人最后入艇，据称船上之客有欲奔跃入艇内者，为船长以手枪驱回，轰倒数人，秩序始复。艇将离船，尚有一人意图跃入，即遭击毙，堕尸艇中。
>
> ……
>
> 有华人六名，潜伏于救生艇底，直至诸艇升至卡配西亚号后，始经人寻出。内有二人因搭客叠坐其上，压烂而毙。[1]
>
> 铁台里克邮船失事一案，英国商部今日复行审问……先召该船水手研讯，据供船中杂役火夫于卸艇未经训练，故颇慌乱，又一人谓艇中并无灯火、罗盘、粮食，外国搭客皆争先下艇，彼尝以舵柄击之，又有开手枪阻之者。[2]

后世研究者细读这些文字，可以解读出"颇为镇静"似乎限于头等舱与二等舱，而"秩序极乱"则指向三等舱与外国搭客，尤其描写两名华人"压烂而毙"，原文不过是"crushed"，从中似乎能看出《申报》"跟随英国人视角"的自我贬抑倾向。[3]

然而，1912年的《申报》及其读者应该还没有质疑西方媒体与公众"种族主义想象力"的自觉。相反，在共和之声响彻全国的当口，报纸、刊物乃至教科书的重要任务是"发现共和国民"，也即商务印书馆《共和国教科书》广告中所说的"注重自由平等之精神，守法合群之德义，以养成共和国民之人格"[4]。

---

[1]《再纪英国大商船遇难详情》(续昨)，《申报》1912年4月22日。
[2]《译电》，《申报》1912年5月5日。
[3] 参见程巍：《泰坦尼克号上的"中国佬"：种族主义想象力》，漓江出版社2013年版。该书引述材料证明"戈登夫人回忆"纯属子虚乌有，而她乘坐的那艘救生艇尚有大量空位，却被艇上的富人强行要求驶离，而不是救援更多的遇难者。
[4]《商务印书馆广告》，《申报》1912年4月11日。

商务印书馆教科书的编者对于中外的态度很能代表当时知识者的启蒙心态。这一点从《最新国文》延至《新国文》，并无改变。《最新国文》初小部分第一册"编辑大意"曾针对"外国之事物，不合于本国习俗"的弊病，强调"本编不采古事及外国事"[1]，而《新国文》初小部分则未有此条。《最新国文》初小部分第十册第四十一课《待外国人之道》，同样也收入《新国文》初小部分第八册：

> 积国而成世界，全世界之人，独非吾类乎？吾奈何不独爱之乎？未开化之民往往以他国之人，言语服饰之不同，风俗礼貌之各异，而等之于禽兽，则以刻酷轻薄之行遇之。及交通既盛，文明大启，始知同为人类，则无论肤色若何，程度若何，皆当待之以道。……是以本国人与外国人，虽不无亲疏之别，然同为人类，则应对不可以不谨，交易不可以不信。见其迷惑而指导之，值其困穷而周救之，固无分本国外国也。

将"文明大启"视为人类历史的普遍进程，以"文明开化与否"而非种族来区分人类社会，这种理想化的人类大同意识，正是启蒙者希望通过教科书传达给中国学童乃至整个社会的。《最新国文》初小部分最后一课《无自馁》（收入《新国文》高小部分第二册，改名为《毋自馁》）反驳"黄种智力不如白种"的说法：

> 夫文明利器，我中国创之，欧人师吾成法，乃能胜吾。若以吾人之善于创造，更取欧洲成法而讲求焉，安知其必不如人乎？白种人也，黄种人也，有为者亦若是，吾何必自馁哉？

所谓"共和国民之人格"，正包含这种不卑不亢对普适的"文明"的追求。

---

[1] 庄俞、蒋维乔等编纂：《最新国文教科书》初小第一册，商务印书馆光绪三十四年（1908年）三月第45版，"编辑大意"。

以这种观念来看待"铁台里克"号沉没事件，自然会与借助这一灾难来弘扬"自我牺牲与忠于职守"的英美主流评论达成某种意义上的"共谋"，而借此对中国国民性的批判与否定，1912年才刚刚启其端（如批判国民性的主将之一鲁迅，此时正好在南京政府教育部任职）。

因此，当《新国文》的编者将发生才及两月的"铁台里克"号事件收入教科书时，象征着晚清以降的国民启蒙又出现了新的结合形式。按照《最新国文》初小部分第十册第四十二课《日报》（后经改写收入《新国文》初小部分第七册第三十七课）的定义，新闻媒体的中介作用在于各地访事报告的见闻"有编辑者，择要而类比之。又为之论说若批评，以明其事之关系。故无论何地之人，其成败利害之所关，可以各从其类求之"。而教科书的功用，又在于选择并改写新闻，归类举要，阐述意义，从而让"新闻—教科书"的叙事旅行构成启蒙传播的前后环节。

《铁达尼号邮船遇险记》的典范意义

不可否认，"铁达尼"号本身"永不沉没"的体量与"海上宫殿"的美誉，沉船报道中被反复提及的"自我牺牲与忠于职守"，是它能够入选《新国文》的两个重要原因。

《铁达尼号邮船遇险记》分为两课（见"附录2"），第一课（《新国文》高小部分第一册第十五课）写的是"铁达尼"号从沙桑布敦（Southampton，今译南安普顿）出发到撞船前为止。《教授法》[1]提示本课目的是"述铁达尼之规模宏敞"，"教授事项"则列明：

（甲）时间分配　本课分二时。
第一时　"铁达尼者"至"以极游观之乐"。
第二时　"身行后"至"必无意外事也"。

[1] 秦同培编：《共和国教科书新国文教授法》高小部分，《读库·老课本丛书》，新星出版社2011年版。

(乙）内容提示

一、观铁达尼规模之大，设备之周，足见英国工业发达。

二、一船之费，至百十七万磅，约合银圆千余万元，其制船业魄力之大，可以想见。

（丙）文字应用

课文为记事体，分四段。第一段八句，记铁达尼船体之大，及布置之种种周备。第二段首二句，记制船之费；次四句，记船开行之日，及航海之路线；次四句，记欲乘是船者之多。第三段首四句，记舟行时风景之佳；次四句，言竟为冰山所触沉。末段首五句，记船长得无线电得警备；次二句，虚写遇险之情形；末五句，记旅客深信是船之坚固。

"铁达尼"号确实是工业奇观，是西方进入工业社会后技术、资本力量均达到巅峰的象征。它的首航沉没，对于西方民众自信心也是巨大的打击。无论从人道意义上，还是从象征意义上，"铁达尼"号的沉没都是一出巨大的惨剧。

《铁达尼号邮船遇险记》（一）极写旅客"非常愉快"与"竟为冰山所触，全船沉没"之间的反差，内中是不是含有对旅客"深信制造之坚固、设备之周至，必无意外事也"的某种反讽？我们了解两年后即爆发的第一次世界大战，很容易作如是想，然而1912年的《新国文》编写者不会有这样的先见之明，他们的用意，大抵还在于让学生能作居安思危之想。

《铁达尼号邮船遇险记》（二）目的在于"本课述遇险后之情形，使学生知临难时之处置"，其内容基本上与《申报》的报道重点相合，如秩序井然，船长调度，乐工奏曲，邮局职员守护邮件等，内容提示为：

一、男子退后，妇孺登艇，死生存亡在呼吸间，而能穆然退让，不违船长之命令，欧人守法，可见一斑。

二、当患难之际，最忌拥挤喧哗，错杂无次。斯时举动稍一慌乱，争先避祸，则救生船虽多，亦必因争夺而致倾覆，全船之人将尽陷于惊涛骇浪中矣。

三、船长之调度有方，旅客之镇静不乱，皆由胸有定见，不肯苟且偷生也。

四、乐工奏曲，不改常度，船员之镇定可知。其沉静之态度，与我国舟车中之喧哗扰乱，毫无秩序者较，奚啻霄壤。

五、邮局职员，以死守护邮件，其舍身尽职，令人钦佩。

整篇文章凸显的就是"欧人守法"，无论是船长、职员还是乘客，其镇定、沉静，"无有出怨语者"，与之对比的是"与我国舟车中之喧哗扰乱，毫无秩序者较，奚啻霄壤"。

将"铁达尼"号海难荣耀化、道德化是轮船公司与英美新闻界联手打造的"坏事变好事"的止损策略，正如英国作家萧伯纳在1912年5月讽刺的那样：这些有关"英雄主义"的想象性描写是为了"确保这场海难不是任何人的过错，相反，它倒是英国航运的一次胜利""一个荣耀"。[1]

《新国文》对"铁达尼"号海难叙事的"提纯"，一方面当然是受到《申报》转载的西方媒体报道的影响，另一方面，编写者也是刻意将"铁达尼"号海难作为一面他方之镜，来照亮中国社会自身不合乎"文明开化"的阴暗面。就在"铁达尼"号海难的同一天，中国厦门也发生了一起沉船惨剧：

四月十四日下午三点钟时，双春轮由南洋直进厦口，轮未泊锚，各小艇均以竹竿钩搭上轮，争载行李，洋客中有未经阅历者，见轮入港，急欲登岸，亦即随之下艇，又且艇在轮边，不速离开，以致轮叶触击小艇，艇身被伤，所载之客约计三十余人大半沉溺，死者尚未查明，救起而命悬一息者三人，呜呼惨矣。……死亡者共

---

[1] 转引自程巍：《泰坦尼克号上的"中国佬"：种族主义想象力》，漓江出版社2013年版，第24页。

十九人。[1]

因此，无论"铁达尼"号海难真相若何，《新国文》书写的落足点还是中国自身的弊病，其用意无非是鲁迅所谓"从别国里窃得火来，本意却在煮自己的肉的，以为倘能味道较好，庶几在咬嚼者那一面也得到较多的好处"[2]。

《新国文》选取"铁达尼"号海难作为课文的另一用意，还在于事件附带的地理、科技知识。如《铁达尼号邮船遇险记》（一）的"准备"，是"铁达尼遇险，在西经五十度十四分，北纬四十一度四十六分。授此课时，宜将沙桑布敦至纽约克之航路，绘一虚线，指是船沉没之地，以示学生"，"铁达尼"号沉船的原因是撞上"冰山"，这也是一个自然方面的知识点。课文中提到的电气浴室、练艺所、泅泳池、无线电报，更是中国社会远未能享受的物质文明，对于中国普通师生而言，这也是一堂开眼界长见闻的知识课。

《铁达尼号邮船遇险记》（二）的"准备"更为科学化，课本中附了一张"冰海沉船图"，《教授法》提示：

> 书中之图，为铁达尼船唇与冰山抵触之图，船已伤重而不可救护。教授时宜告以是船之沉，由船唇先下陷而船身渐立，终至耸如塔尖，故图中之船，虽未沉没，已现尾高头陷之象。旁横画一黑线，即水平线也。

由于《申报》的报道均无照片或图画相配，因此《新国文》的插图当是"铁达尼"号海难在中文语境里的首次图像化呈现。《新国文》在将"铁达尼"号海难叙事"提纯"的同时，也尽力提炼出海难叙事中的知识点，完

---

[1]《华侨回厦之惨剧》,《申报》1912年4月21日。
[2] 鲁迅：《"硬译"与"文学的阶级性"》,《鲁迅全集》第四卷，人民文学出版社2005年版，第214页。

成了对这一事件的知识化。加上符合"国文教科书"特点的"文字用法",《新国文》将"铁达尼"号海难的新闻叙事整合进了自己的教学需要之中。

《新国文》之后,"铁达尼"号海难又多次出现在中国的教科书里,如中华书局1926年出版的《小学高级文体公民教科书》、世界书局1934年出版的《模范公民》等(见"附录3")。这些教材里的"铁达尼"号海难叙事,无一例外都是承继了《新国文》的模板。但是,《新国文》附加其上的知识化色彩被后来者放弃了,连课文也转移到道德化程度更高的公民教科书中,进一步完成了"铁达尼"号海难叙事在中国教科书里的道德化。

关于商务印书馆与新文化运动的关系,讨论者众多,实则二者本身有天生的亲近性:新文化运动是以"运动"的方式推动新文化的发展,而商务印书馆作为中国最早的现代出版机构,本身就是现代传播方式的产儿。两者在中国文化转型期,都必须通过引进西方资源来获取"新文化"的合法性,而舶来的资源又不可能直接移植,必须针对本土社会的情景,对之进行变异与改写,以增大启蒙的效果,获得持续发展的动力,而教科书在传播新知识、宣传新理念方面的功效已经成为社会共识。无论是民国采用新的度量衡,还是鼓励民众支持国货,媒体与公众都在不断地向教科书提出要求。[1]《新国文》引进新闻叙事的理念与实践,处在中国从君主制向共和制转变的节点,因此具有了非同一般的开创意义。

而商务印书馆并未因这一先例,便放任或迎合时事进入教科书的公众需求。1918年,北洋政府教育总长傅增湘曾建议商务印书馆将尚在进行中的第一次世界大战加入教科书,张元济在回信中表示:"敝处修订教科书,尊意欲将欧战事加入。敝意斯时颇难措词,拟俟战局既终,再行记述。"[2]有研究者赞扬商务印书馆"在白话文改革中,商务也多次不肯因为新文化

---

[1]"由教育部将比较表及密发制图说编入中小学教科书",《民国新度量衡之概要》,《申报》1912年11月6日;"由本会呈请教育部,请于宣布编辑小学教科书宗旨时加入此意",《灌输爱国国货之理由》,《申报》1912年11月30日。

[2]张树年、张人凤编:《张元济书札》,商务印书馆1997年版,第1065页。

的'风行'而随意贸然改编白话教科书。关注变革但不轻随俗流,保证了商务教科书的扎实质量"[1],《共和国教科书》是一个很好的范例。

附录1 《最新国文教科书》与《共和国教科书新国文》的重复篇目[2]

一、初小部分

《最新国文》初小部分共599篇,《新国文》初小部分共399篇,重复的篇目142篇,在后者中拆分为146篇,另选《最新国文》高小部分20篇。重复篇目的对应情况如下表:

表1 《新国文》初小部分与《最新国文》重复篇目的对应情况

序号	篇名	《最新国文》	《新国文》
1	《读书》	二11	三1
2	《蟋蟀》	二30	三6
3	《击球》	三14	三7
4	《文彦博》	二37	三9
5	《豆》	五35	三17
6	《司马光》	五4	三20
7	《兵队之戏》	二39	三21
8	《勿贪多》	二23	三26

---

[1] 毕苑:《建造常识:教科书与近代中国文化转型》,福建教育出版社2010年版,第151页。

[2] 此二种教材每年改版补充,本附录仅可视为约数,篇目参考《读库·老课本丛书》之《共和国教科书新国文》(初小部分含教授法、高小部分含教授法)(新星出版社2011年版),李保田主编《最新国文教科书》(初等小学堂课本10册)、《共和国教科书新国文》(初等小学校卷8册和高等小学校卷6册)(广西师范大学出版社2013年版),闫苹、张雯主编《民国时期小学语文教科书评介》(语文出版社2009年版),张人凤、柳和城编著《张元济年谱长编》(上海交通大学出版社2011年版)综合而成。

续表

序号	篇名	《最新国文》	《新国文》
9	《不倒翁》	二58	三29
10	《水》	十44	三31
11	《火》	二43	三32
12	《鹦鹉》	八21	三36
13	《诚实童子》	四46	三37
14	《贸易》	四45	三40
15	《扑满》	五27	三41
16	《职业》	二47	四3
17	《雪人》	八50	四4
18	《人影》	三6	四9
19	《爱弟》	四12	四10
20	《湖》	五7	四12
21	《兽》	四42	四14
22	《狮》	二45	四15
23	《器具》	二28	四17
24	《镜》	四52	四18
25	《车》	三8	四19、20
26	《驴（遇虎）》	四30	四23
27	《游戏》	二15	四24
28	《象》	三50	四33
29	《狼》	三32	四34
30	《不识字》	四19	四35
31	《匡衡》	三37	四36
32	《枭》	二38	四47
33	《蝙蝠》	四2	四48
34	《米》	二32	四51
35	《洁净》	二29	四57

续表

序号	篇名	《最新国文》	《新国文》
36	《蚊》	五54	四58
37	《漆》	六52	五5
38	《蜜蜂》	九32	五6
39	《鸟》	五23	五7
40	《油》	六40	五10
41	《酱》	六41	五11
42	《烹饪》	二55	五12
43	《群鼠》	四41	五15
44	《地球》	三34	五17
45	《禹［治水］》	四24	五20
46	《汤武》	高二9	五21
47	《华盛顿》	四32	五22
48	《雨》	五16	五26
49	《墨》	五25	五27
50	《纸》	三56	五28
51	《丛树》	五8	五29
52	《钱》	二35	五30
53	《地图》	九17	五32
54	《造屋》	四26	五36
55	《跳绳》	六26	五38
56	《孔子》	四51	五39
57	《孟母》	五50	五41
58	《告假》	四38	五42
59	《人之一生》	五31	六1
60	《冰》	六58	六2
61	《废物》	六39	六4
62	《文字》	高四13	六5

续表

序号	篇名	《最新国文》	《新国文》
63	《秦始皇》	高四18	六6
64	《万里长城》	八4	六7
65	《鸟》	五23	六12
66	《纸鸢》	五18	六13
67	《铁》	三39	六14
68	《汽机》	六20	六15
69	《汽船》	高六5	六16
70	《汽车》	高六5	六17
71	《捉迷藏》	六38	六19
72	《汉武帝》	高四20	六21
73	《马援》	高一37	六22
74	《竹》	高五59	六24
75	《奇异植物》	六14	六25
76	《秤》	四44	六27
77	《鸡雀》	六27	六29
78	《螺与小鱼》	六7	六30
79	《押忽大珠》	六15	六31
80	《班超》	高四34	六32
81	《诸葛亮》	高七20	六33
82	《长江》	三36	六36
83	《黄河》	九45	六37
84	《群蚁》	六34	六38
85	《绵羊》	七41	六39
86	《农》	八57	六40
87	《商》	五40	六42
88	《上海》	五39	六43
89	《蚕》	三22	六45

续表

序号	篇名	《最新国文》	《新国文》
90	《枭鸣》	六33	六50
91	《鸦食贝》	五24	六51
92	《唐太宗》	高六53	六53
93	《南京》	五38	六56
94	《地球大势》	六1	七1
95	《海》	九46	七2
96	《投报》	七60	七8
97	《沙漠》	八35	七9
98	《岳飞》	十12、13	七11
99	《明太祖》	高三4	七12
100	《音乐》	五32	七14
101	《空气》	七1	七15
102	《传染病》	七54	七16
103	《种痘》	八14	七17
104	《物类》	五33	七18
105	《鱼》	八39	七19
106	《鲸（鱼）》	高四16	七20
107	《乐羊子之妻》	十21	七21
108	《食物》	十33	七22
109	《运动与休息》	九38	七23
110	《泰山》	八18	七24
111	《西湖》	十15	七25
112	《热》	高五34	七26
113	《星》	九11	七29
114	《指南针》	六23	七31
115	《时辰钟》	七5	七33
116	《日报》	十42	七34

续表

序号	篇名	《最新国文》	《新国文》
117	《日记》	十43	七35
118	《我国疆域》	高六2	七38
119	《天津》	六45	七39
120	《(清季)外交(之)失败》	十9	七40、41、42
121	《国史大概》	九41、42、43、44	八1、2、3
122	《舟车》	六22	八5、6
123	《邮政》	七48	八7
124	《电报》	七49	八8
125	《电话》	七50	八9
126	《草》	五55	八10
127	《种茶》	九30	八11
128	《陶器》	九33	八13
129	《水汽循环之理》	八8	八16
130	《爱国》	高二1、2	八17
131	《亲属》	九56	八18
132	《运河》	十46	八20
133	《租税》	八58	八22、23
134	《赵奢》	七40	八24
135	《分业之利益》	十8	八25
136	《戒轻率》	九22、23	八26、27
137	《旅馆》	七27	八28
138	《盐》	九47	八29
139	《艺菊》	八20	八30
140	《金属》	八44	八31
141	《积贮》	九52	八33
142	《钱业》	十22	八34

续表

序号	篇名	《最新国文》	《新国文》
143	《通商》	高四22	八35
144	《赌博（之害）》	十53	八36
145	《兵器》	三40	八39
146	《慈善事业》	十47	八43
147	《人体》	十4	八45
148	《侍疾》	十5	八46
149	《虫》	六28	八49
150	《牛马》	七12	八50
151	《雷电》	七56	八51
152	《行政》	高六17	八52
153	《法律》	十3	八53
154	《司法》	高三7	八54
155	《待外国人之道》	十41	八56
156	《游历之乐》	八34	八57

注："二 11"指第二册第十一课，以此类推；篇名项（）中的文字为后者添加，[ ]中的文字为后者删去。下同。

二、高小部分

《最新国文》高小部分共480篇，《新国文》高小部分共216篇，重复的篇目108篇，在后者中被拆为109篇。重复篇目的对应情况如下表：

表2 《新国文》与《最新国文》高小部分重复篇目的对应情况

序号	篇名	《最新国文》	《新国文》
1	《华盛顿》	八4	一3、4
2	《狮》	四56	一9
3	《蚊》	五54	一13
4	《麦》	三40	一19
5	《稻》	三41	一20
6	《演说》	一46	一26
7	《国语》	八56	一27
8	《因小失大》	五58	一33
9	《元之强盛》	三1、2、3	一33
10	《进步》	二40	一34
11	《男女》	一24	一35
12	《自立》	二36	二4
13	《惜时》	一48	二7
14	《人之职分》	五1	二8
15	《开矿》	五26	二9
16	《我国矿业》	五27	二10
17	《珊瑚岛》	四53	二12
18	《区寄》	五7	二18
19	《公园》	一49	二23
20	《农业》	三23	二24
21	《深耕》	一18	二25
22	《漆贾》	二17	二26
23	《空气》	三37	二27
24	《热》	五34	二28
25	《以德报怨》	四44	二29
26	《游历》	五10	二32

续表

序号	篇名	《最新国文》	《新国文》
27	《苏彝士运河》	七10	二33
28	《上古创造之圣人》	二29	二37
29	《小儿乘轻气球》	八13	三2、3
30	《衡山》	一51	三4
31	《济南三胜》	一50	三5
32	《海市蜃楼》	四29	三6
33	《猎象》	七58	三11
34	《商鞅》	二34	三13
35	《泗水术》	五44	三14
36	《有恒》	七6	三15
37	《南丁格兰》	七39	三18
38	《红十字会》	七40	三19
39	《合群之利》	一45	三20
40	《师说》	三25	三22
41	《博爱》	一32	三24
42	《盲哑学堂（校）》	一15	三25
43	《市》	五17	三29
44	《营业之道德》	七12	三30
45	《利用万物》	三22	三31
46	《陆军》	八24	三36
47	《军舰》	七23	三37
48	《周游世界》	六1	四1、2
49	《公债》	八8	四3
50	《地方自治》	六18	四4
51	《晏安之害》	一41	四5
52	《艰难》	七5	四6
53	《鲁滨孙》	五15	四7、8

续表

序号	篇名	《最新国文》	《新国文》
54	《分业》	五 2	四 9
55	《生财之本》	六 10	四 10
56	《节用》	五 57	四 11
57	《戒（酗）酒》	五 55	四 13
58	《郑和》	四 21	四 16
59	《（观）巴黎［观］油画记》	六 48	四 18
60	《物体之轻重》	六 51	四 19
61	《习惯》	六 24	四 21
62	《田单》	六 42	四 22
63	《火药》	五 20	四 24
64	《枪炮》	五 21	四 25
65	《科学之应用》	六 52	四 27
66	《工业之巧拙》	二 31	四 28
67	《秦良玉》	三 45	四 29
68	《灯塔》	二 22	四 30
69	《孔子》	四 1	五 3
70	《道教》	五 14	五 4
71	《外交》	四 5	五 7
72	《战争与和平》	四 7	五 8
73	《俾斯麦》	六 22	五 10
74	《汽机》	八 44	五 13
75	《巴律西》	一 43	五 15
76	《忍耐》	二 37	五 15
77	《善动善游》	四 41	五 22
78	《普人之朴素》	六 23	五 23
79	《实业》	四 40	五 24
80	《司法》	三 7	五 27

续表

序号	篇名	《最新国文》	《新国文》
81	《周亚夫》	三8	五28
82	《活版》	四14	五29
83	《报纸》	七13	五30
84	《广告》	七14	五31
85	《辨志》	四4	五32
86	《费宫人》	八53	五36
87	《租税》	二13、14	六3
88	《早婚（之害）》	六25	六4
89	《核舟》	六49	六8
90	《[论]葬（论）》	四60	六9
91	《通商》	四22	六13
92	《博览会及商品陈列所》	八43	六14
93	《日之远近》	八1	六17
94	《择业》	三32	六18
95	《专利》	二32	六19
96	《制铁大王》	二55	六20
97	《托辣斯》	八41	六21
98	《军备》	五19	六25
99	《鱼雷水雷》	七24	六26
101	《格白的》	四50	六29
102	《道路》	八11	六30
103	《恻隐之心》	七41	六31
104	《学生之爱国》	七38	六32
105	《大国民》	八60	六34

附录2 《铁达尼邮船遇险记》课文及教授法

第十五课　铁达尼邮船遇险记（一）

课文

铁达尼者，世界最巨之邮船也。修八百余尺，广九十余尺。船中有花园、球场、练艺所、泅泳池、电气浴室。凡百咸具，富丽绝伦。世称为海上之宫殿。

是船新制自英国，所费一百十七万镑。中华民国元年四月十日，自英国之沙桑布敦启程，渡大西洋，前往美国之纽约。世界人士，欲由英渡美者，多守候是船，以极游观之乐。

舟行后，天气晴明，水波不兴，旅客非常愉快。未数日，竟为冰山所触，全船沉没。时十四日夜半也。

是日铁达尼迭得无线电报，知有大冰山，在航路之北方。船长下令警备，沿航路之南而进。夜将半时，忽觉全船震荡。旅客不以为意，嬉游如故。盖深信制造之坚固、设备之周至，必无意外事也。

目的

本课述铁达尼之规模宏敞。

准备

铁达尼遇险，在西经五十度十四分，北纬四十一度四十六分。授此课时，宜将沙桑布敦至纽约克之航路，绘一虚线，指是船沉没之地，以示学生。

教授事项

（甲）时间分配　本课分二时。

第一时　"铁达尼者"至"以极游观之乐"。

第二时　"舟行后"至"必无意外事也"。

（乙）内容提示

一、观铁达尼规模之大，设备之周，足见英国工业发达。

二、一船之费，至百十七万镑，约合银圆千余万元，其制船业魄力之大，可以想见。

（丙）文字应用

课文为记事体，分四段。第一段八句，记铁达尼船体之大，及布置之种种周备。第二段首二句，记制船之费；次四句，记船开行之日，及航海之路线；次四句，记欲乘是船者之多。第三段首四句，记舟行时风景之佳；次四句，言竟为冰山所触沉。末段首五句，记船长得无线电得警备；次二句，虚写遇险之情形；末五句，记旅客深信是船之坚固。

参考

【铁达尼】为英大洋气船公司之船。

【邮船】凡船之运送邮件者，谓之邮船。

【练艺所】练习各种游艺之所。

【泅泳池】泅，浮行水上也。泳，潜行水中也。言其池之大，可供人泅泳以为乐也。

【电气浴室】借电气之力，使室中空气之热度增高，于是人在此热空气中，得发大汗，以代水浴。

【沙桑布敦】即苏当波敦，为英格兰南境之海口，有威地岛当其南。

【纽约】为美洲第一大都会，在北美东海岸哈得孙河口。

【愉】悦也，颜色乐也。

【冰山】即大冰块。北冰洋之冰块，为海流所冲动而出者也。船没之地，在北寒带内，天气寒冷，冰不易融化，故四月见冰。

【无线电报】发明者为意人马可尼。利用电浪之力，由发信机达于受信机。机上各立一铜杆，高一二百尺，发信者按机动之，则杆端发生电浪而四射，他处之杆受之，则传于受信机而通报矣。是日所得之电，乃前行各船所发也。

第十六课　铁达尼邮船遇险记（二）

课文

　　船既遇险，船长督率船员，百计救护。既知无可为，乃发令下小艇。小艇既备，又令男子退后，妇孺登艇。男子闻令即退，穆然无有喧哗者。妇孺既毕登，男子以次登艇。时船已就沉，其不及艇者，或植立船上，或跃入海中，无有出怨语者。

　　时船中电灯照耀，俨如白昼。乐工奏曲，不改常度。久之，乃易其欢愉之调，而为庄重之歌。歌曰："上帝乎，吾将近汝。"泊船沉，歌声乃随之俱沉于海底。船中有邮局职员五人，因救护邮件，遂以身殉之。

　　是役也，船员无不以死守职，秩序井然。旅客之舍身救人者，不可胜数。妇女亦镇定，罕闻啜泣声。间有依恋其夫，誓不愿行者。船员亦听之，不相强也。

　　当遇险时，频发无线电报，以求援救。加伯德邮船得电飞至，天已黎明。乃悉援小艇诸人。十八日抵纽约，被难之亲故，迎迓者千余。医师看护妇记麇集。街衢间默无人语，气象愁惨。计船中二千二百人，得拯者仅七百余人云。

目的

本课述遇险后之情形，使学生知临难时之处置。

准备

书中之图，为铁达尼船唇与冰山抵触之图，船已伤重而不可救护。教授时宜告以是船之沉，由船唇先下陷而船身渐立，终至耸如塔尖，故图中之船，虽未沉没，已现尾高头陷之象。船旁横画一黑线，即水平线也。

教授事项

（甲）时间分配　本课分三时。

第一时　"船既遇险"至"遂以身殉之"。

第二时　"是役也"至"得拯者仅七百余人云"。

第三时　复习两课。

（乙）内容提示

一、男子退后，妇孺登艇，死生存亡在呼吸间，而能穆然退让，不违船长之命，欧人守法，可见一斑。

二、当患难之际，最忌拥挤喧哗，错杂无次。斯时举动稍一慌乱，争先避祸，则救生船虽多，亦必因争夺而致倾覆，全船之人将尽陷于惊涛骇浪中矣。

三、船长之调度有方，旅客之镇静不乱，皆由胸有定见，不肯苟且偷生也。

四、乐工奏曲，不改常度，船员之镇定可知。其沉静之态度，与我国舟车中之喧哗扰乱，毫无秩序者较，奚啻霄壤。

五、邮局职员，以死守护邮件，其舍身尽职，令人钦佩。

（丙）文字应用

课文为记事体，分四段。第一段首四句，记船长措置遇险后之方法；次九句，记旅客之以次而行。第二段首四句，记船中景象，无异于常时；次八句，记船中庄重之歌声，与船俱沉没海底；次三句，记邮局职员之死护邮件。第三段十一句，记船员之尽职，旅客之镇定。末段首三句，记遇险时之求救；次五句，记加伯得邮船之援被难者；次五句，记被难者抵纽约后之凄惨；末二句，记船中人数及得拯者之数。

参考

【小艇】即邮船上之救生艇也。

【穆】音目。穆然，静思貌。

【洎】音记，及也。

【邮局职员】时有英国邮政书记两员，美国邮政书记三员，当该船遇险之际，不顾逃生，合力搬运挂号邮件至上层甲板，冀可保全，卒致溺毙。

【麕集】麕，与"麇"通，獐也。似鹿，性善聚散。麕集，言其似麕而忽聚集于此也。

附录3　1912年之后教科书中出现的"铁达尼"号海难叙事

课文一

　　地但尼，英国之大邮船也。长八十余丈，阔九丈余。船中部署极完美：如花圃、浴室、球场、泅泳池等，凡可以增长游客娱乐与康健之装备，无一不具。故交称之为"海上宫殿"。一九一二年四月十日，船自英国南安波敦出发，驶往美国纽约。船中载客，男女老幼共二千余人。那时气候晴和，大西洋中海不扬波，游客均甚安乐。孰知至十四日，船长忽接无线电，谓航路之北方有大冰山；乃易原路之偏向而南进。夜半，全船遂有激烈震动，游客以其制造之坚，笃信无他，仍怡然歌舞，不觉得意。

　　然船竟破坏。船长督率海员，极力救护，亦无效。乃急解小艇下海，使男人退后，妇女与小孩先登。游客闻命，男人即行退后，无抢先者。及妇女与小孩皆已登艇，然后男人亦依次而下。惟船转瞬将沉，其不及登小艇者，皆整立船上，镇定如常，无出牢骚者。时船中电灯辉耀，乐工奏曲，歌声悠扬；最后，但闻"天主乎！吾快要尔矣"之歌声，缓缓随船身而同沉海底。

——中华书局1926年版《小学高级文体公民教科书》

课文二

　　一九一二年四月十四日夜间，英国大邮船铁但尼号，航行大西洋中，为冰山撞裂。船长虽督率船员竭力救护，已经不了等。于是急急解下救生艇，放入海中，使男子退后，妇女和小孩先下救生艇。男客听了船长的命令，即刻退后，等到妇女和小孩都下艇了，然后才依次下去。可是转眼之间，船就要沉没了，来不及下艇的人都站立在船上，仍然很镇静，没有一人口出怨言，船中电灯光亮异常，乐工依然奏乐，最后只听得悲壮的歌声，慢慢的随着船身，同沉海底。

——世界书局1934年版《模范公民》

（作者单位：中国社会科学院）

新史观的塑造:《现代初中教科书本国史》新探

张兢兢

20世纪上半叶,知识界引进西方近代科学观念与学术思想建立新史学的大潮中,传统史学以帝王将相和王朝盛衰为对象的历史记载,以治乱之道和伦理道德为中心的叙述模式,已经得到很大改观。此期的中学历史教科书,也越来越多地受到新史学观念的影响,1920年代顾颉刚与王钟麒合编的《现代初中教科书本国史》就是这一新思潮的产物。对于该书的研究,论者关注的焦点固然在其新的历史意识与编纂体例,[1]然而对书中蕴含的独特历史观念之阐释,仍有未尽之意。

一 教科书的编纂背景

1921年7月,李石岑、胡适先后来信邀顾颉刚担任商务印书馆中学史地教科书编辑。鉴于旧的教科书存在的问题,顾颉刚"颇想做一番改革的试验"[2],于是欣然应允。他很快拟出本国地理和历史教科书的大纲,初步

---

[1] 朱煜《历史意识:20世纪20年代历史教科书的叙述分析——以顾颉刚、陈衡哲编纂的新学制历史教科书为例》(《历史教学问题》2007年第5期)一文从塑造历史意识角度考察了顾颉刚编纂《现代初中教科书本国史》的活动。何成刚《民国时期中小学历史教育发展研究》(岳麓书社2008年版)一书关注到《现代初中教科书本国史》的体例变化,指出该书的最大特色在于其突出的进化论思想和唯物史观的火花。王红霞《〈现代初中教科书本国史〉与顾颉刚的史学思想》(《史学月刊》2014年第8期)对这部教材的成书背景、被禁风波、与顾颉刚史学研究的关系作了全面论述,但教科书本身所折射出的历史观念,则未尝措意。

[2] 顾颉刚:《致李石岑》(1921年7月14日),《顾颉刚全集》第40册《书信集》卷二,中华书局2010年版,第87页。

新史观的塑造：《现代初中教科书本国史》新探

阐述了本国史教科书的编辑大旨。文中指出，"历史的记述偏重于社会状况、政治制度、学术派别等等，不专记朝廷事实"；"把伪史及伪书上的史推翻"；"说明中国民族性质与其生活的来源，又叙述他的逐渐演化之迹，使学生知道现在社会环境之所由成，对于中国史地上事实有关联的兴味与归纳的观察"。[1]可以看出，顾颉刚在进化史观的指导下，试图从多元的视野来编写历史教科书，摒弃传统政治史书写范式，同时特别注意历史与地理的关系，并表现出辨伪求真的学术态度，努力将史学研究融入教科书之中。对于顾颉刚自身的学术研究而言，也是想把"零碎知识"加以整合，"穿到一根索子上"[2]，他把教科书编写视为自己学术事业的重要推动力。

1922年3月，顾颉刚应约为商务印书馆编纂《现代初中教科书本国史》。他对编书一事极为重视，作《中学校本国史教科书编纂法的商榷》一文，寄李石岑。文中谈及，"历史书的好坏，就以说明事实明确与否，说明事实的因果确切与否为断"[3]，故而应严密地审定史料，指示进化的路径，排斥复古观念。顾颉刚还就教科书编写的具体问题与胡适做了商讨，他指出教科书要避免材料的堆砌，"宁可材料不完备，不可一处没有精神"[4]，就课文中大事和轶事的取舍进行了思考，力求趣味弥补过去叙述呆板的缺憾。对历史教材如何编纂进行了深入的思考。同年，因祖母去世和失眠之疾复发，顾颉刚编教科书事两度中断，交予王钟麒打理。王钟麒由于期限迫促，难以搜集社会史的材料，"用的课目是他在集美师范中定的纲领，内容仍偏于政治方面"[5]。12月，顾颉刚再次到沪，担任商务印书

---

[1] 顾颉刚：《致李石岑》(1921年7月8日)，《顾颉刚全集》第40册《书信集》卷二，中华书局2010年版，第85—86页。

[2] 顾颉刚：《致李石岑》(1921年7月14日)，《顾颉刚全集》第40册《书信集》卷二，中华书局2010年版，第87页。

[3] 顾颉刚：《中学校本国史教科书编纂法的商榷》(1922年4月20日)，《顾颉刚全集》第35册《宝树园文存》卷三，中华书局2010年版，第19页。

[4] 顾颉刚：《致胡适》(1922年5月22日)，《顾颉刚全集》第39册《书信集》卷一，中华书局2010年版，第383页。

[5] 顾颉刚：《致胡适》(1922年11月30日)，《顾颉刚全集》第39册《书信集》卷一，中华书局2010年版，第386页。

馆编译所史地部专任编辑,与王钟麒合编本国史教科书,主要负责材料的搜集整理。《现代初中教科书本国史》编成之后,胡适校订,由商务印书馆于1923年9月至次年6月分三册出版。

顾颉刚站在学者的角度,带着研究的目的,从事这项教科书编纂工作。他认为即使受雇编中学历史教科书,亦"不能为他人作事",而要使之成为"一家著述"和"一部活的历史",使读者能通过教科书来"认识全部历史的整个的活动,得到真实的历史观念和研究兴味"。[1]因此,顾颉刚将此前数年间研究古史的一些见解贯彻进这部教科书,是很自然的了。

《现代初中教科书本国史》编写过程中,顾颉刚广泛地搜集整理古史文献材料,提出了"层累地造成的中国古史"的命题,通过写给钱玄同的信加以梳理,形成了一个学说系统,推动了学术界的古史研究。同时他将自己的研究观点融入教科书之中,使教科书渗透着浓厚的疑古思想。该书旨在向中学生传递科学的历史知识,塑造新的历史观。新的历史观主要包含四个方面:以疑古思想代替复古思想,以多元史观代替政治史观,以进化史观代替复古史观,以多民族国家观代替民族出于一元观。

二 疑古学说对教科书的渗透

与同时代的中学本国史教科书相比较,阐发疑古精神无疑是《现代初中教科书本国史》最大的特色。在商务印书馆编辑部史地部主任朱经农的默许下,顾颉刚把教科书变成了"一家著述"。当时北洋政府的主要目光不在学术和教育,对于教科书的审查比较松散,因此顾颉刚可以在教科书中表述个人的学术思想。

《现代初中教科书本国史》第一编《总说》开宗明义地说,历史是"一切事物进化的过程","一切活动演化的迹象都是历史"。要明了进化的过程,"只能注意在社会活动的事迹上面,而把荒远难凭的传说存而不

---

[1] 顾颉刚:《古史辨第一册自序》(1926年6月),《顾颉刚全集》第1册《古史论文集》卷一,中华书局2010年版,第44—45页。

新史观的塑造：《现代初中教科书本国史》新探

论"。[1]在进化史观的指引下，顾颉刚对神话传说不予评论，实际否定了上古是黄金时代。教科书对三皇五帝只简略叙述，加上"所谓"或"传说"二字，表示这些人物和事迹并不真实。盘古开天地的说法，书中将之与亚当创世记视为"同类的神话"，具有"神秘的意义"，认为"那里可以置信"。对于人类的起源，书中采用达尔文的观点，说明人类是"从原始生物逐渐进化由猿类进为人类"。[2]

顾颉刚对上古史的处理虽然有所隐晦，但其中疑古思想仍然清晰可见。教科书的《总说》对秦以前的上古时代特征做了总体概述：

> 太古时代的景象，只凭相传的口碑，附会的记载所谓鸿荒之世，一切太古的传说，只好看作神话，决不能取为可靠的史乘。所以竟可说那时是无史时代。经几千年的演进，地域由莽广而渐可指证，器物由偏窳而渐得赅备，文字的应用也渐露萌芽。其后又经了好多回纷杂的变化终脱不了部落式的多头政制。但由涣散的部落渐进为明定的封建，由明定的封建渐渐地兼并做单一的国家，到秦朝的统一，恰恰成就一个政治演进的时代……上古期又可认做"域内文明的成人时代"。[3]

顾颉刚曾说："我们编纂历史教科书，自夏代以前，竟可不问。"[4]由于商代之前的"太古时代"没有文字记载，后世的神话传说绝不可靠，是"无史时代"。这段叙述彻底否定了商代前的历史，在当时可谓石破天惊之举。同时，依据已有的认识，他将商周上古时代描述为部落制社会，用进化论的观点，处于蒙昧向文明过渡的状态，因而整个秦以前的上古史是"域内

---

[1] 顾颉刚、王钟麒编，胡适校订：《现代初中教科书本国史》上册，商务印书馆1923年版，第1页。

[2] 同上书，第9—10页。

[3] 同上书，第18—19页。

[4] 顾颉刚：《中学校本国史教科书编纂法的商榷》（1922年4月20日），《顾颉刚全集》第35册《宝树园文存》卷三，中华书局2010年版，第31页。

679

文明的成人时代"。顾颉刚从社会进化发展的角度阐述上古史，使教科书中的疑古观点具有近代科学的理论依据。

教科书上古史部分的内容基本上是以疑古和进化的思路安排的，认为"古代传说的帝王，都只可说是文化史上几个重要变迁的象征"：

> 伏羲氏代表游牧时代，神农氏代表耕稼时代，黄帝代表政治组织的时代。每一个时代也许有千年之长久……有巢氏是房屋的发明的象征，燧人氏是火的发明的象征……这些理想人物，也许并无其人，只是当时社会背景里的一种精神。但民间由聚族而居的时候慢慢扩大自族的领域，这国家观念自然会跟着起来。那黄帝的传说便是代表这造成国家雏形的时期。[1]

书中不仅将三皇五帝作为文化变迁的象征，代表政治组织的萌芽和社会生活的完备，而且指明"宫室""冠服""舟车""弧矢"等都是"许多人心力之下的产物"，"决不是圣明御世便会同时产生许多贤辅出来，突然涌现那么多的成绩的"，"不能完全相信这班半神体的圣人"。[2]顾颉刚认识到所谓英雄祖先背后是人民群众的力量，具有唯物史观的影子，疑古史学在破坏三皇五帝的道统地位这层意义上，也的确为后来唯物史观的传播制造了有利条件。

关于尧舜禅让的故事，教科书直接写明，"一部分属于神话，一部分出于周末学者'托古改制'的捏造"[3]，并引用韩非子的话，表明两千年前已有人质疑。这种托古产生了很多历史的扭曲，例如孔子的形象在历史上便是沿革变化的，书中对此有所论述：

---

[1] 顾颉刚、王钟麒编，胡适校订：《现代初中教科书本国史》上册，商务印书馆1923年版，第24—25页。
[2] 同上书，第25页。
[3] 同上书，第30页。

新史观的塑造：《现代初中教科书本国史》新探

> （孔子的思想）要用家族主义推广到政治应用，而致此的手段在施行教育。然而影响到后世，却被那辈自托于儒者的播弄，竟把名分看得太重，等威辨得太明，只有片面的伦理，以上陵下了。桀黠的君相，更假以自便，硬抬孔子。于是孔子的尊严愈益隆重，而实际上不任礼法束缚的人们，还是止不住他们的反动，——任情放浪。直到现在，孔子反背着许多冤枉的骂名！[1]

同时附文中指出，由于孔子博学多闻，后人造出许多事迹附会在他身上，即使考定《六经》这样的大事，也还是异说纷纭，只有通过《论语》才可考察孔子的思想，"《论语》上的孔子，要比其他书中所说的孔子可信的多"[2]。在新文化运动之后，社会激烈批判孔子的时代，顾颉刚在教科书中对孔子作出客观的论断，对中学生正确历史观的培养具有积极意义。

《现代初中教科书本国史》是在疑古思潮的背景下出现的，是顾颉刚的疑古学说影响中学历史教育的重要体现，透过这本教科书，可以清楚地看到1920年代的新史学思潮对历史教育领域的辐射。

三 多元视野下的教材编写

20世纪初，历史研究的范围不断扩大，高于个人和政治集团之上的社会史日益受到重视，中国史学家的视野越来越开阔。顾颉刚认为史学记载和历史教科书叙述的内容必须包括社会生活的方方面面，反映种族进化、社会生活变迁和学术思想流变，打破纯粹以上层精英为主角演绎的政治史和军事史。他从少时经历感悟到"从前的历史教科书，虽自己说包含

---

[1] 顾颉刚、王钟麒编，胡适校订：《现代初中教科书本国史》上册，商务印书馆1923年版，第53—54页。
[2] 同上书，第57页。

681

有文化史的部分，实在只可说为完全的政治史"[1]，所反映的远非历史的全貌。在他看来，"历史的演进乃是向多方面展开的"[2]，主要表现为："民族是如何发展的；文化是如何迁流的；各时代中，政治和家庭的组织是如何的，经济力的分配是如何的，道德观念的方式是如何的；文明的主要器械是何时制作的……房屋的结构，食品的采取，桌椅，碗盏，服装的起源和变迁，以及烟草，梅毒……的因来。"[3]大到国家和民族的演进，小到衣食住行的变迁，都是社会历史的内容。"历史是人类全体的生活"[4]，顾颉刚着眼于用学生容易接触到的与生活密切相关的社会发展变化，引起学生对于身边事物的历史的兴趣，使他们切身感受到社会的进步。

顾颉刚认为，教科书应"从向来沉埋于史书下层的记载与器物中寻出各种社会的事实与心理，使叙述的方面不偏重于政治社会和智识阶级"[5]，尽管不能面面俱到，但"至少要顾及民族的、社会的、政治的、学术的四方面"[6]。具体而言，"民族的方面"应注意民族的来源、接触、冲突、分合以及对文化的影响；"社会的方面"涵盖了家族、礼制、宗教、风俗、阶级观念的因革；"政治的方面"包括了疆域、制度的沿革变迁和施政的得失、影响；"学术的方面"注意学术的时代背景和流传、影响。当然不是就四个方面展开研究，而是要"有一番提要钩玄的认识，寻出一个最简单

---

[1] 顾颉刚：《中学校本国史教科书编纂法的商榷》（1922年4月20日），《顾颉刚全集》第35册《宝树园文存》卷三，中华书局2010年版，第20页。

[2] 顾颉刚、王钟麒编，胡适校订：《现代初中教科书本国史》上册，商务印书馆1923年版，第5页。

[3] 顾颉刚：《中学校本国史教科书编纂法的商榷》（1922年4月20日），《顾颉刚全集》第35册《宝树园文存》卷三，中华书局2010年版，第26页。

[4] 顾颉刚、王钟麒编，胡适校订：《现代初中教科书本国史》上册，商务印书馆1923年版，第8页。

[5] 顾颉刚：《编纂国史讲话的计划》（1925年5月17日），《顾颉刚全集》第35册《宝树园文存》卷三，中华书局2010年版，第49页。

[6] 顾颉刚、王钟麒编，胡适校订：《现代初中教科书本国史》上册，商务印书馆1923年版，第6页。

新史观的塑造：《现代初中教科书本国史》新探

的系统来"，"观其大较，明白他因果相乘的关系"。[1]这些方面不是各各独立的，而是密切联系的，要"用'打统账'的眼光去作叙述，使提出任何部分时都可见出它的关联之点，都可见出它在全体中的位置"[2]，只有将它们之间的相互影响和共同演变发展的情形，作为一个整体呈现于教科书中，方能以多元的视野为学生展示一幅完整而丰富的历史画卷。

《现代初中教科书本国史》的内容大致贯穿了这样的编写理念。以春秋战国史为例，这部分共有两课时，从标题"诸侯兼并和当时的社会"和"思想的激起和贵族的倾覆"看，至少包括政治军事、社会变化、思想变革和阶级变动诸方面的信息。课文通过讲述诸侯兼并战争和周代封建制度瓦解的史实，揭示了这是"一种部落式的自然发展"的结果。政治的变动影响了社会制度的变革，"（春秋）二百四十年中，所谓弑君案件，竟多至二十五起，这便是阶级制度的反动。又如文姜、哀姜、孔悝之母、庆封之妻的纵恣失度，很劳费了那时所谓君子的批评，其实也只婚姻制度的反动而已"，战国时期"国无定交，士无操守"，兴起"好客任侠之风"。政治和社会的大变动，又促成了思想的活跃，封建等级秩序的崩溃，"贵族阶级也渐夷为布衣卿相之局"，私人讲学之风大盛，兼并战争需要延揽人才，才智之士著书立说，遂开百家争鸣之局面。而思想学术的下移催生了新兴的士人阶级，倾覆了贵族政治。[3]教科书只用了两课内容对春秋战国五百余年纷繁复杂的历史过程作了清晰的叙述，内容高度精练，从政治、军事、社会、思想多方面展现了周秦之际的社会变革，体现了教科书从多元视野探求历史规律的特点。

重视地理环境的作用，也是该书多元理念的一个表现。在《总说》里，顾颉刚首先阐明了历史与地理的关系，社会的形成，"必有附着的地

---

[1] 顾颉刚、王钟麒编，胡适校订：《现代初中教科书本国史》上册，商务印书馆1923年版，第6—8页。
[2] 顾颉刚：《编纂国史讲话的计划》（1925年5月17日），《顾颉刚全集》第35册《宝树园文存》卷三，中华书局2010年版，第49页。
[3] 顾颉刚、王钟麒编，胡适校订：《现代初中教科书本国史》上册，商务印书馆1923年版，第44—57页。

盘，才得有所托迹。又必有环境的驱迫，才得交流迁变，逐渐构成更新的境界"，可见地理环境对于历史发展的重要性。两者关系成"连锁之势"，"地可以证史，史可以证地"。他举例说："凡是河川沿岸，多产谷物的所在，必是产生文明的根据地"，"而冰雪沍封，荒寒不毛的地方，往往很难建树较有成绩的事业"。所以，"一地域的历史有一地的特点"，本国史以本国地域发生的活动为主题。但他指出历史不是孤立的，与本国有关系的事实也在本国史范围之内，同时还要注意本国内部各地域的特点。在较为全面地分析了历史与地理的关系之后，顾颉刚针对本国史提出了这样几个问题："1.中华民族是怎样组合的？2.中国的文化受到外缘的影响怎样？3.中国势力影响到域外，起怎样的变化？4.中国现有的领域，由怎样的蜕变而成？"[1]该书正是围绕这些思路展开叙述的。顾颉刚将地理学的相关知识和方法引入历史学科，丰富了历史教科书的内容，扩大了历史认知的视野，促进了中学跨学科的交流。这方面显然受到西方实证主义史学主张运用多学科知识解释历史及地理环境决定论的影响，同时也反映了民族危机下史学家关注边疆史地的爱国情怀。

此外，顾颉刚还主张中学历史教师不仅要广泛搜罗社会各方面的史料用以教学，而且对史料应进行严密的考订，必须真实全面地反映出不同时代的风貌，使学生从中感悟历史的变迁。[2]在他的努力之下，求真的史学观念向历史教育领域推进，中学历史逐渐成为一门具有科学和理性色彩的现代学科。

四 历史进化论的有效实践

19世纪末，西方进化论思想经严复、康有为等人宣传进入中国，为清

---

[1] 顾颉刚、王钟麒编，胡适校订：《现代初中教科书本国史》上册，商务印书馆1923年版，第1—4页。
[2] 顾颉刚：《编纂国史讲话的计划》（1925年5月17日），《顾颉刚全集》第35册《宝树园文存》卷三，中华书局2010年版，第49页。

末民初的历史教科书不同程度地接受。但直到1920年代"古史辨运动"兴起之前，厚古薄今的思想仍然根深蒂固地存在于社会各阶层的观念之中。顾颉刚倡导的最为彻底的疑古思想，使进化史观进一步为中学历史教育所吸纳。

1922年顾颉刚受邀编纂初中本国史教科书。按原先计划，"中学校教本国史两年，每年以四十星期计，故拟编成八十课"[1]。观其所拟80个题目，进化史观的痕迹大略可见。如"对于太古时代的揣测""商代的神权政治""周初的疆域的开拓""战国变古运动""专制政治的完成""选举""民族的混合""科举""西洋交通的发展""物质文明的输入"[2]，等等。从选列标题可以看出，顾颉刚试图从政治和种族两方面向中学生讲述中国史的演进。商代以前只有神话传说，史事无从考证，"自商代以后，始有可以征信的史料"[3]。政治上商周时期是神权政治和贵族政治，部落制逐渐演变为封建制；春秋战国时期政权集中，封建邦国逐渐兼并为统一的帝国；汉代最终从思想形态上确立专制政治体制，贵族政治为官僚政治替代；隋唐时期创立科举选官制度，完善了官僚政治。从种族发展来看，周代以前中国局限于黄河中下游的中原地区；周代疆域向四方拓展，形成华夏族和四夷，华夏受外族影响极少；秦汉时期华夏族逐渐形成稳定的族群——汉族；魏晋南北朝时期北方"五胡乱华"，中原政权南迁，汉族与南北各民族长期融合，形成隋唐统一的多民族国家，宋元时代民族融合进一步扩大；明清以来西学东渐，中西方文明碰撞与交流。但是顾颉刚"总觉得这般做法竟不能分时代"，原因有二："（1）若是专就政治上着眼的，或是种族上着眼的，分期本容易，但各方面都顾到了，就没有一个分期的标准。（2）依了时代叙事，文字和时间一同起讫，自可分期，但现在作纪事

---

[1] 顾颉刚：《编纂国史讲话的计划》（1925年5月17日），《顾颉刚全集》第35册《宝树园文存》卷三，中华书局2010年版，第50页。
[2] 同上书，第50—52页。
[3] 顾颉刚：《中学校本国史教科书编纂法的商榷》（1922年4月20日），《顾颉刚全集》第35册《宝树园文存》卷三，中华书局2010年版，第31页。

本末式的记载,起讫极不整齐,更不能尽然分期。"[1]其实,历史分期有多种角度,本无固定标准,而社会进化表现在政治、种族、文化、经济等方方面面。正如顾颉刚后来所说,"先从种族及政治上着手,取其容易立起一个骨干"[2],这种分期法既包含了政治的演进,又看到了种族的发展,有一定的学术价值。历史又是连续不断的过程,难以严格划清阶段,顾颉刚欲作纪事本末式的记载,恰能避免前后历史的割裂。

尽管顾颉刚并未完全用原拟80个题目编纂《现代初中教科书本国史》,但教科书整体上仍是按其上述理念进行设计的,且反映的历史进化论思想更加成熟。教科书区分史期的同时,没有忽视历史的因果联系。书中写道:"战国厮并,一方是秦朝集权的原因,一方便是前代封建的结果。再往上说,封建固是后来厮并扰乱的原因,但也是古代部落发展的自然结果。又往下说,秦的集权固是部落纷争的结果,但他的背面却又成了后世君主专制的大原因了。"书中不仅注重前后相承的关系,还看到了"近旁事物所构成的时势"。比方讲:"长城是防胡的,若问胡为什么要防,便不能不根究胡的来源和当时的状况了。辽、金、元是华人以外的异族,若问为什么一步一步地侵入中国,竟掀动绝大的政潮,发生绝大的影响,又不能不一究当时彼此间的相互关系了。"因此,"前后因果最切,事实联络最密的若干年括作一期",以此为原则进行历史分期。秦以前的"上古期",为"域内文明的成人时代";秦至五代的"中古期",为"中国民族文化的蜕变时代";宋至明的"近古期",为"中国民族的争存时代";清代的"近世期",为"东西文明的接近时代";中华民国的"现代",为"中国文明的世界化时代"。[3]其分期法将种族和政治两大因素共同纳入文明史的视野,根据中国文明发展演进的特点来划分历史时段,具有鲜明的意义。

---

[1] 顾颉刚:《致胡适》(1922年5月22日),《顾颉刚全集》第39册《书信集》卷一,中华书局2010年版,第383—384页。

[2] 顾颉刚:《编纂国史讲话的计划》(1925年5月17日),《顾颉刚全集》第35册《宝树园文存》卷三,中华书局2010年版,第54页。

[3] 顾颉刚、王钟麒编,胡适校订:《现代初中教科书本国史》上册,商务印书馆1923年版,第16—22页。

使用"上古""中古""近古""近世""现代"这样几个阶段来划分中国历史,是清末民初历史教科书的一般做法。大体上,这些教科书对秦统一至明末这一长时段有两种分期方式,或以五代为界,分为"中古"和"近古",或整个视为"中古"。认为此期中国处于封闭和停滞的状态,皆是两者立论的主要依据,明显受到循环史观和"西方中心论"的影响。而顾颉刚一反常态,认为"中古"和"近古"是中华民族吸收熔融与壮大的时代,中国文明经过这一千多年的不断发展,奠定了近世以来中华民族的基本格局。顾颉刚推出的历史分期观点,不仅是对历史退化观的一次冲击,更是对传统中国"停滞论"的有力驳斥。

顾颉刚编著的本国史教科书,以一种更为客观的进化论观点解释中国历史的发展。这种不同于"停滞论"的进化史观,在中学历史教学中的运用和传播,有利于青年学生确立追求进步与变革的思想,进而促使社会观念向现代的转型。同时,这也是顾颉刚借助历史教科书,建构中国历史的一次尝试,其中的民族意识亦未尝有任何衰减。

五 建构理性的民族认同

重新书写民族历史,是新史学的重要任务。1902年,梁启超发表《新史学》时就宣称:"今日欲提倡民族主义,使我四万万同胞强立于此优胜劣败之世界乎?则本国史学一科,实为无老无幼无男无女无智无愚无贤无不肖所皆当从事,视之如渴饮饥食,一刻不容缓者也。"[1]而来自西方的科学和理性,很有可能会瓦解民族历史的根柢。顾颉刚的疑古史学倡导"打破民族出于一元的观念","打破地域向来一统的观念","打破古史人化的观念","打破古代为黄金世界的观念",[2]用层层考辨的方法,重新认识和

---

[1] 梁启超:《新史学》(1902年),《饮冰室合集》文集之九,中华书局1989年版,第7页。
[2] 顾颉刚:《答刘胡两先生书》(1923年7月1日),《顾颉刚全集》第1册《古史论文集》卷一,中华书局2010年版,第202—203页。

解释中国上古史。这种标榜科学考证精神的实证主义史学对中学历史教育的渗透，则不免使青年学生对民族历史的认同产生怀疑。故而，关于民族主义与历史教育的思考，始终萦绕在顾颉刚内心。

1920年代，顾颉刚曾计划编纂一部中国通史，他在《古史辨第一册自序》中写道："我的心中一向有一个历史问题，渴想借此得一解决，即把这个问题作为编纂通史的骨干。这个问题是：中国民族是否确为衰老，抑尚在少壮？"对此，顾颉刚的看法是："托了专制时代'礼不下庶人'的福，教育没有普及，这衰老的文化并没有和民众发生多大的关系。所以我们若单就汉族中的知识阶级看，他们的思想与生活确免不了衰老的批评，但合了全中国的民族而观，还只可说幼稚。现在国势如此贫弱，实在仅是病的状态而不是老的状态。只要教育家的手腕高超，正可利用了病的状态来唤起国民的健康的要求。"[1]顾颉刚希望对各族民众普及教育，以促使他们形成民族自觉意识，这也是他于1930年代深入边疆民族地区开展民众教育的重要原因。而顾颉刚意在编著以民族发展为主线的中国史，借以激发民族自信心，表明他早已认识到历史学和历史教育所肩负的挽救民族危亡的使命。

《现代初中教科书本国史》在贯彻实证主义理念的同时，带有深深的民族主义诉求。民族的分合，是该书叙述的主要线索。秦以前，"境内各部自由活动"，是华夏民族的"成人时代"。[2]"诸夏的文化、语言和血统扩张到非诸夏的区域里去"[3]，诸夏和夷狄各部融合基础上，形成的华夏民族非常壮健。"中国民族的文化，到了汉、魏，已有暮气了"，"五胡乱华"和

---

[1] 顾颉刚：《古史辨第一册自序》(1926年6月)，《顾颉刚全集》第1册《古史论文集》卷一，中华书局2010年版，第77—78页。

[2] 顾颉刚、王钟麒编，胡适校订：《现代初中教科书本国史》上册，商务印书馆1923年版，第19页。

[3] 顾颉刚：《我为什么要写"中华民族是一个"》(1939年5月10日)，《顾颉刚全集》第36册《宝树园文存》卷四，中华书局2010年版，第110页。

南方民族的加入，使中国民族"渐渐返老还童"。[1]此后，突厥、回纥、吐谷浑、吐蕃、契丹、女真、蒙古、满洲等"浅化而强壮的异族血液"，源源不断注入汉民族颓废之躯，使之"回复到少壮"。因而，中华民族"永远在同化过程之中，也永远在扩大范围之中，也就永远在长生不老之中"[2]。

在顾颉刚看来，"打破民族出于一元"的实证史学观点，恰恰就是论证中国民族"长生不老"的前提。照此逻辑编写的本国史教科书，背后带有强烈建构色彩的民族主义表达，它正是要"暗示青年们，说中国正在少壮"，"增进对于自己民族前途的自信力"[3]，以此来看其遭遇查禁的命运确是不公的。[4]1930年代，顾颉刚更加明确地提出，中学历史教育应以民族精神作为本国史的中心思想。[5]民族凝聚力的大小，很大程度上取决于民众对民族历史的认知水平。他用历史上真实的民族英雄事迹激励广大群众，取代虚无缥缈的三皇五帝祖先崇拜，"信实在的民族光荣史"[6]，表明其民族主义历史教育思想的成熟。

顾颉刚对中学历史教育的探索，其意义绝不仅仅在于树立科学和实证的信念，更彰显了一种新的带有实证取向的民族主义关怀。他希望的是以一种正确的方式把民族自信建立在理性的基础之上，这种有别于创造民族共同传统和信仰的民族主义历史叙述模式，关注的是长期历史发展中的民族融合，实际上是对中华民族多元一体格局的承认，以实现各民族间的真

---

[1] 顾颉刚、王钟麒编，胡适校订：《现代初中教科书本国史》上册，商务印书馆1923年版，第20页。

[2] 顾颉刚：《我为什么要写"中华民族是一个"》(1939年5月10日)，《顾颉刚全集》第36册《宝树园文存》卷四，中华书局2010年版，第109—110页。

[3] 同上书，第109页。

[4] 刘超《学术与政治：〈现代本国史〉教科书案》(《史学月刊》2006年第7期)从顾颉刚实证主义史观与国民政府民族主义历史教育观的对立层面解释教科书被禁风波是有失偏颇的，作者显然没有注意到《现代初中教科书本国史》的民族主义诉求。

[5] 顾颉刚：《中学历史教学法的商榷》(1935年10月1日)，《顾颉刚全集》第35册《宝树园文存》卷三，中华书局2010年版，第101页。

[6] 顾颉刚：《兰课杂记》(1937年)，《顾颉刚全集》第19册《读书笔记》卷四，中华书局2010年版，第41页。

正团结。霍布斯鲍姆指出:"民族不是一个天生一成不变的社会实体。民族不但是特定时空下的产物,而且是相当晚近的人类发明。"[1]顾颉刚试图证明各民族在历史上形成了密不可分的关系,从长远来看可能比民族是否出于一元更具实际意义。尽管《现代初中教科书本国史》最终于1929年被禁止发行,然以其160万册的销量看,其影响仍不容小觑。顾颉刚独具特色的民族主义思想通过教科书的途径,转化为一般的历史常识和民众认知,对于民族自觉意识的形成及建构起一个包括各民族在内的"民族共同体"理论提供了某种可能。

小结

新旧转型的近代中国,社会变革剧烈,而思想的转变则相对缓慢。辛亥革命推翻了帝制,是政治制度的重大进步,但复古的观念依然流行,对于三皇五帝和上古黄金时代的歌颂和向往仍旧弥漫于社会各界。而学术界普遍认为中国长期处于一个停滞的状态,这种观点在晚清民国历史教科书中颇为流行。顾颉刚力图打破历史退化观并超越"停滞论",借助疑古学说的威力,真正在中学历史学科中树立多元演进的历史进化论思想,这一新的历史观对青年学生的思想是一次大的冲击,对社会观念的现代转型起到了重要作用。同时,顾颉刚发起的"古史辨运动",倡导"打破民族出于一元的观念"和"打破地域向来一统的观念",为了避免其对民族自信造成不利影响,他在中学历史教科书中重新建构民族历史的努力,某种意义上成为了后来中华民族"多元一体"理论的滥觞。

(作者单位:南京大学)

---

[1]〔英〕霍布斯鲍姆:《民族与民族主义》,李金梅译,上海人民出版社2000年版,第10页。

"学术中国化"思潮中的生意

——商务版《大学丛书》出版史实述略

黄佑志

20世纪30—50年代，商务印书馆出版了一套大型丛书——《大学丛书》。在近年来出版的学术专著和论文中，学者们对此丛书的策划、组稿、编辑及其利用间或有所涉及。这些对我们了解这套书在出版史、学术史、教育史上的重要意义有所裨益。但已有的研究对《大学丛书》出版的历史背景和过程缺乏深入的研究，很多细节未充分展开。如《大学丛书》的历史背景，《大学丛书》委员会的人数和职责，《大学丛书》是如何发行的，出版后产生了什么影响，均有待于我们进一步地探讨。本文试图梳理《大学丛书》的出版过程，对其中的一些细节做初步探讨，以就教于方家。

一 《大学丛书》出版的历史背景

19世纪末20世纪初，"西学"在中西方"学战"中逐渐占据上风。这导致的直接后果就是，中国的学术体系乃至教育制度急剧地朝西转。晚清民初，西式大学纷纷建立，大批学子到海外留学，回国后宣讲西方学术，按照西式的学科术分类建构知识体系。

20世纪20年代末30年代初，学术界西化程度相当高。1931年，应宋子文之邀来华考察教育的一个教育专家考察团曾经指出，当时的大学课程，"受外国影响甚巨，对于重要学科之研究，大半皆藉一种外国语言为媒介，所用材料及例证，亦多采自外国"[1]。曾留学美国、时任清华大学教授的蒋廷黻也指出，中国大学里社会科学的课程完全是对西洋的模仿，回国任教的留学生所讲授的也是在国外学的那一套。"结果，讲市政的，不离巴黎、纽约，学政治思想的，研究的不外是柏拉图至拉斯基，可是，对于中国的历史、现实，则往往是茫然不知。"[2]另外一位署名"燕客"的作者更尖锐地道出，"这几十年来中国一切属于社会科学的教科书和著作，都是直接的或间接的贩卖洋货"[3]。陈寅恪甚至还认为："至于本国史学文学思想艺术史等，疑若可以几于独立者，察其实际，亦复不然。"[4]言下之意，即使是当时创获最丰的"国学"研究，均未能"独立"。

就在此考察团报告书发表之前后，国内学术界呼吁"学术独立"的声音日盛一日。需要指出的是，此时所谓的"学术独立"不同于今人所谓的"学术自由"，它有特定的含义。吴有训先生在1935年总结道："所谓学术独立，简言之，可说是对于某一学科，不但能造就一般需要的专门学生，且能对该科领域之一部或数部，成就有意义的研究，结果为国际同行所公认，那末该一学科，可以称为独立。"也就是说，它指的是中国学术之于西方学术的独立。就当时的情势而言，学术的"发展方向也一概定位于'中国化'的目标"。[5]1925—1929年，梁启超、沈祖荣、刘国钧等先后号召建立"中国的图书馆学"[6]。张伯苓也提出中国教育"土货化"的主张，并在南开实施其"解决中国问题为教育目标"的理念。[7]"学术独立"被放

---

[1] 国际联盟教育考察团：《中国教育之改进》，国立编译馆译，国立编译馆1932年版，第29页。
[2] 蒋廷黻：《中国社会科学的前途》，《独立评论》第29号，1932年12月4日。
[3] 燕客：《如何改造中国的社会科学》，《独立评论》第31号，1932年12月18日。
[4] 陈寅恪：《吾国学术之现状及清华之职责》，《陈寅恪集·金明馆丛稿二编》，读书·生活·新知三联书店2001年版，第362页。
[5] 吴有训：《学术独立工作与留学生考试》，《独立评论》第151号，1935月5月19日。
[6] 关于图书馆学界的学术中国化思潮，参见王子舟：《杜定友和中国图书馆学》，北京图书馆出版社2002年版，第42—44页。
[7] 关于张伯苓的教育思想，参见高伟强、余启咏、何卓恩编著：《民国著名大学校长：1912—1949》，湖北人民出版社2007年版，第250—255页。

"学术中国化"思潮中的生意

在"民族独立"的同一维度上来衡量。1928年9月,初掌清华的罗家伦在其就职典礼上发表演说,"国民革命之目的,在求中国之独立、自由、平等,如学术界不能站立在平等地位,则民之独立亦不能永久"。他宣誓要"谋造成国立清华大学学术独立发展之一主要基础"。[1]

"学术独立"思潮中,学者们纷纷提倡用中国文字书写科学知识。罗家伦指出:"语言文字本是整个民族生活的一部分,也是形成民族性的一部分。因为他融洽在民族的下意识里面,不可分离",因此,"若是要把近代科学在中国生根,则只有将科学思想用中国文字符号表现出来,流入和潜伏在民族的下意识里面"。[2]严济慈指出,中国人"对于各种科学,当有我们特殊的贡献。但这种独立而重要的贡献,决不能在众人用中国话说科学、用中国文写科学、用中国人思想的方式思想科学以前发生"[3]。任鸿隽也表达了类似的观点,他认为"理科课程的中国化,非先有理科的中国教本不为功"。

然而,当时中国的学术非常落后,中文学术著作非常稀少。作为学术基础的大学教科书,也都是用西文写作的。时人指出:"年来中文科学著作殊不多见,即重要教科书之译本,亦付阙如。如算学一项,初高中教科书业已编印尚有数种,而大学教科书则编译者殊为寥寥。"[4]1933年,任鸿隽完成了中华教育文化基金社资助课题《一个关于理科教科书的调查》,发现当时大学一年级的理科教材90%以上使用外国教材,大学一年级之物理、化学、生物、算学等几乎完全采用外国教本。国内之高级中学除生物学一科外,科学教科书采用英文课本者皆在60%以上[5]。理科教育如此,

---

[1] 苏云峰指出,清华的"学术独立"思潮在周诒春和曹云祥时代就已奠定,罗家伦只是加速了其发展而已。参见苏云峰:《从清华学堂到清华大学:1911—1929》《从清华学堂到清华大学:1928—1937》,读书·生活·新知三联书店2001年版,相关章节。
[2] 罗家伦:《中国若要有科学,科学应当先说中国话》,《图书评论》第1卷第3期,1932年11月。
[3] 严济慈:《科学是国际的吗?》,《大公报》1933年3月24日。
[4] 顾琇琇:《郑桐荪译〈微积分方程初步〉》,《图书评论》第1卷第6期,1933年2月。
[5] 任鸿隽:《一个关于理科教科书的调查》,《独立评论》第61号,1933年7月30日。

693

社会科学亦然。以政治学为例，当时清华大学、武汉大学、金陵大学、金陵女子文理学院等多取法美国，用美国政治学家的著作。[1]

正因为如此，1931年4月，在学界享有盛名的蔡元培主张各学校"除开外国文学之一项，其余各种各科，都应该采用中国文做的教本"，这就是提倡国化的教科书。蔡元培谓："尚望国内教育家和出版界，一致向着这个目标进行，则中国青年幸甚，中国文化幸甚！"[2]教育行政部门也注意到大学教科书的问题，国民政府教育部1933年年初通令各大学学院各科课程应注重本国教材[3]。

正是在这一背景下，20世纪20年代后期到30年代初，已经有若干出版机构瞄准大学教科书市场。亚东图书馆曾在《申报》上给自己的"大学、中学、高级小学适用的教本及参考书"做广告。[4]上海法学编译社出版了一批法学教科书，内有《比较宪法》《刑法学总论》《刑法学各论》《民法债编总论》《民法物权论》《中国公司法论》《中国票据法论》等，其广告云"各大学法学院采为教本者甚多"[5]。1930年左右创办的黎明书局，"在初创时，可以说是一个大学书店，所出版的书，均是篇幅浩繁的大学课本及社会科学名著"[6]。商务印书馆事实上也已经在谋画大学课本。

二 《大学丛书》的出版缘起

早在1917年10月29日，时任商务印书馆编辑的蒋梦麟就建议张元济

---

[1] 参见《国内各大学现用课本调查》，《图书评论》第1卷第1、4期，1932年9、12月。
[2] 蔡元培:《国化教科书问题》，高平叔编:《蔡元培全集》第6卷，中华书局1988年版，第42—43页。
[3] 参见《教育部公报》第5卷第3、4期合刊，南京国民政府教育部1933年版，第35页。
[4] 《申报》1930年2月22日第7版。
[5] 《申报》1930年8月19日第4版。
[6] 李衡之:《各书局印象记》(续)，《申报》1935年5月11日第17版。

"学术中国化"思潮中的生意

编印高等书,其列出的理由是"一面提高营业,一面联络学界"[1]。从这一理由看,说明馆方也在乎的是营业水平。由于馆方对于这一建议采纳不够,以致到四年之后仍有商务人重提此议案。1921年7—8月,胡适考察商务印书馆,在商务工作的杨端六向胡适出示所拟的《商务印书馆编译所改组办法大要》,其中明确提出:"商务印书馆编译所应于中小学教科书以外注意于高等学术之提倡。"[2]

同年,王云五入主商务印书馆编译所之后,在其改组编译所的计划书中就特意提出,"宜就基础科学、应用科学等专门书籍,为积极计划编印"[3]。在此前后,商务印书馆与若干学术团体进行合作出版相关的图书。王云五后来回忆说:"我进商务后,认为可为各大学出些参考书,即与有关大学以各该大学之名定为某某大学丛书。"[4]王云五指的是"北京大学丛书""东南大学丛书""大同大学丛书"等。事实上,商务印书馆早在王云五入商务之前就已经与大学订立协议,如1918年开始推出"北京大学丛书"。但是,这类书普遍比较庞杂,深浅程度不一,不一定适合当做教本或者参考书。

1927年,王云五在《本馆与近三十年中国文化之关系》一文中讲道:"我馆所编教科书,向虽以小学及寻常中学为限,然近年已渐扩范围,举凡高级职业、高级中学、专门大学之教科书,均陆续编印。"[5]商务印书馆真正有计划地开始出版大学教科书是在30年代以后。1931年,商务印书馆成立35周年之际出版《最近三十五年之中国教育》,王云五在导言中说:

---

[1] 张树年主编:《张元济年谱》,商务印书馆1991年版,第144页。

[2] 转引自陈达文:《胡适与商务印书馆——胡适日记和书信中的商务资料》,《商务印书馆九十年》,商务印书馆1987年版,第581、583页。

[3] 王云五:《改进编译所意见书》,王寿南编:《王云五先生年谱初稿》第一册,台湾商务印书馆1987年版,第112页。

[4] 王云五:《商务印书馆与新教育年谱》下册,《王云五文集》第五卷,江西教育出版社2008年版,第1196页。

[5] 王云五:《本馆与近三十年中国文化之关系》,商务印书馆编:《商务印书馆九十五年》,商务印书馆1987年版,第285页。

"国内各大学之不能不采用外国文图书者,自以本国文无相当图书可用;而其弊凡任高等教育者皆能言之。本馆见近年来日本学术之能独立,由于广译欧美专门著作与鼓励本国专门著作;窃不自量,愿为前驱,与国内各学术机关各学者合作,从事于高深著作之译撰,期次第贡献于国人。凡此皆本馆最近六年之努力,所以促进革新运动,以发展新文化者。"[1]至此,王云五将大学课本的出版提上日程。不过,这一计划因"一·二八"事变爆发、商务遭受劫难而搁浅[2]。1932年8月,商务印书馆复业。10月24日,决定编印《大学丛书》。

商务印书馆从酝酿出版高等专门书籍到明确提出"大学丛书",历经十余年。真正促使其改变的动因,我认为有两个方面。一方面是教育的发展。范军教授已经在文章中揭示过这十多年大学生的规模扩大了不少。[3]高等专门书籍不仅与高等教育的发展直接相关,与中等教育的发展也密切相关。王云五在1921年就说:"全国人士欲得国文高等专门书籍而读之者,在民国五年底至少有四万六千人,依逐年新陈代谢之率,迄今已达到六万人。"[4]用数字分析了高等专门书籍将有一个巨大的市场。另一方面,正是"学术中国化"思潮的影响。商务印书馆敏锐地感觉到了时代潮流,并立刻采取行动。这两个方面在1932年10月商务印书馆给各位学者发出的聘请函中表达得比较清晰:

> 敝馆以为吾国专门学术之不能长足进步,原因虽多,而缺乏本国文之相当图书,实为主因之一,加以近年来因金贵关系,学生负担过重,更无力多购西文参考用书,因此凡在大学读书者,或因经

---

[1] 王云五:《最近三十五年之中国教育·导言》,《民国丛书》第二编(45),上海书店出版社1990年版,第6页。
[2]《致各委员函》,《大学丛书目录》,商务印书馆1935年2月版,第151页。
[3] 参见范军:《20世纪30年代商务版〈大学丛书〉的策划与运作》,《济南大学学报》2010年第4期。
[4] 王云五:《改进编译所意见书》,王寿南编:《王云五先生年谱初稿》第一册,台湾商务印书馆1987年版,第112页。

696

济关系而无书可读，或因文字关系而事倍于功。此中困难，凡服务高等教育机关者类能道之，此"大学丛书之急宜印行者一"。[1]

也就是说，商务印书馆在策划《大学丛书》时，既有理想的情怀，也考虑到了当时的具体情形，充分挖掘了市场需要，对潜在的读者有所估计。

三 《大学丛书》委员会的组成

要出版这套丛书，需要有周密的计划。第一步，就是组成《大学丛书》委员会。商务印书馆向学者们发出聘请函，请其担任《大学丛书》委员会委员。关于《大学丛书》委员会的人数，目前有一些争议。多数学者赞同有55人。[2]亦有学者敏锐地发现《商务印书馆百年大事记》的名单中漏掉了李圣五，故仅列有54人。[3]另有学者则发现一共有56位。[4]而王云五在《商务印书馆与新教育年谱》一书中对《大学丛书》委员会人数的记载也是前后矛盾的，在"民国二十一年""民国二十二年""一九七二年"有关条目中分别谓为"五十五人""五十一人""约六七十人"[5]。那么，《大学丛书》委员会到底由哪些人所组成，一共有多少人呢？

商务印书馆拟聘请的人有哪些，由于有关资料的缺失，目前不得而知。但聘请到的人则有资料可证。在各书的封里以及在报刊上做广告时，商务印书馆也常将"大学丛书"委员会的名单列出。如果沿着时间顺序，会发现：《大学丛书》委员会的名单虽然基本不变，但时有调整。

---

[1]《致各委员函》，《大学丛书目录》，商务印书馆1935年2月版，第151—152页。
[2] 参见王寿南编：《王云五先生年谱初稿》第一册，台湾商务印书馆1987年版，第291—292页。
[3] 参见王余光、吴永贵主编：《中国出版通史·民国卷》，中国书籍出版社2008年版，第403页。
[4] 参见李华兴：《民国教育史》，上海教育出版社2000年版，第419页。
[5] 王云五：《商务印书馆与新教育年谱》上册，《王云五文集》第五卷，江西教育出版社2008年版，第392、414、1196页。

1933年4月《大学丛书》委员会的委员有51人，具体如下[1]：

丁燮林　王世杰　王云五　任鸿隽　朱经农　朱家骅　李四光
李建勋　李书华　李权时　余青松　何炳松　辛树帜　吴泽霖
吴经熊　周　仁　秉　志　竺可桢　胡　适　胡庶华　姜立夫
翁之龙　翁文灏　马君武　马寅初　孙贵定　徐诵明　唐　钺
陶孟和　许　璇　陈裕光　程天放　程演生　冯友兰　傅斯年
傅运森　曹惠群　杨　铨　邹　鲁　郑贞文　郑振铎　刘秉麟
刘湛恩　黎照寰　蔡元培　蒋梦麟　欧元怀　颜任光　颜福庆
罗家伦　顾颉刚

1933年5月初版的《中国民法总论》等书所附《大学丛书》委员会的名单与此相同。到了1933年6月出版的《近世妇人科学》所附名单仍然为51人，但成员略有变化，他们是：

丁燮林　王世杰　王云五　任鸿隽　朱经农　朱家骅　李四光
李建勋　李书华　李权时　余青松　何炳松　辛树帜　吴泽霖
吴经熊　周　仁　秉　志　竺可桢　胡　适　胡庶华　姜立夫
翁之龙　翁文灏　马君武　马寅初　孙贵定　徐诵明　唐　钺
郭任远　陶孟和　许　璇　陈裕光　程天放　程演生　冯友兰
傅斯年　傅运森　曹惠群　邹　鲁　郑贞文　郑振铎　刘秉麟
刘湛恩　黎照寰　蔡元培　蒋梦麟　欧元怀　颜任光　颜福庆
罗家伦　顾颉刚

对比两份名单，可知第一份名单中的杨铨已不见，加入了郭任远。1933年11月出版的《中国古代史》、1934年1月出版的《文化人类学》、

---

[1]《申报》1933年4月11日第3版以及商务印书馆1933年4月出版的《普通物理学》等书所附名单。

"学术中国化"思潮中的生意

1934年7月出版的《群论》下册,与上述第二份名单相同。但1934年9月出版的《清代学术概论》上所附的《大学丛书》委员会名单变为55人,多了李书田、张伯苓、梅贻琦和周昌寿等4人。1934年12月的《财务行政论》,内封上为54人,少了许璇。1936年1月《中欧各国农业状况》的名单为55人,李圣五在列。1937年6月出版的《图解法》,则为56人,增加了陈可忠。1938年4月的《自动车工程》以及1939年3月《立体图学》出版时,只剩下55人,少了刘湛恩。1940年5月的《微分方程初步》上只有53人,没有李圣五和蔡元培。而翻开1943年7月渝四版、1944年3月赣县第一版的《新理学》,1946年8月第六版《中国近代史》,1949年9月第四版《失算论》等书,内封上没有名单。[1]由此可见,《大学丛书》委员会的人员是变动不居的。至少有58人曾为《大学丛书》委员会的委员。

为什么会变动?为什么要加入李书田、梅贻琦、郭任远、张伯苓、周昌寿诸人?他们和其他人有什么相似的作用吗?这个问题留在后面再回答。

先从委员会的人员构成进行分析。按照其所在单位和职务划分,大致可以分为两类[2]:

一类是商务印书馆的工作人员。王云五是商务印书馆总经理,何炳松是编译所所长,周昌寿、傅运森是编辑。

另一类是学术机构和政府机构的领导人。如蔡元培曾任北京大学校长、教育部部长,时任中央研究院院长,李四光、杨铨、余青松、丁燮林、周仁、傅斯年、唐钺、姜立夫、竺可桢,曾任中央研究院各所所长,郑贞文、朱经农为福建、湖南教育厅厅长,张伯苓、梅贻琦、蒋梦麟、徐诵明、罗家伦、翁之龙、李书田、邹鲁、马君武、陈裕光、程演生、刘湛

---

[1] 以上描述只是勾勒一个变化的轨迹,并不精确,具体变化的时间节点,尚不可考。《大学丛书》委员会在抗战后期到1954年这段时间是否存在,目前也不清楚。
[2] 本文中关于《大学丛书》委员会成员的生平职务,参见〔日〕桥川时雄编:《中国文化界人物总鉴》,中华法令编印馆1940年版;李盛平主编:《中国近现代人名大辞典》,中国国际广播出版社1989年版;尚海等主编:《民国史大辞典》,中国广播电视出版社1992年版;《商务印书馆九十年》,商务印书馆1987年版;等等。

699

恩、胡庶华、曹惠群、欧元怀为南北各大学校长或者副校长，马寅初为中国经济学会会长，任鸿隽、秉志等为中国科学社核心成员，颜福庆为中华医学会会长，翁文灏为实业部地质调查所所长，王世杰先后任武汉大学校长、教育部部长，郭任远、竺可桢先后为浙江大学校长，辛树帜、陈可忠先后任国立编译馆馆长，李建勋为北平师范大学教育学院院长，李权时为上海复旦大学商学院院长，颜任光为光华大学理学院院长，胡适为北京大学文学院院长，许璇为浙江大学农学院院长，冯友兰为清华大学文学院院长，吴经熊为东吴大学法学院院长等。当然，他们中有一部分身兼数职，且工作岗位有所变动，但一直是学界领袖、文化名人。

需要指出的是，上述分类不是绝对的。商务印书馆的工作人员与学界有密切的联系，何炳松是中国科学社成员，周昌寿是中华学艺社成员，王云五更是活动能力超强，社会兼职极多；同时，委员会中不少学术机构和政府机构人员曾在商务印书馆工作过（如郑振铎、竺可桢、任鸿隽、刘秉麟等），或者曾是商务印书馆的作者。

下面我们通过梳理《大学丛书》的出版过程，分析《大学丛书》委员会的职责。

四 《大学丛书》的组稿和审查

以往的研究对《大学丛书》委员所承担的职责分析较少。有人误以为《大学丛书》委员会的委员审定了《大学丛书》中所有的品种，《商务印书馆〈大学丛书〉委员会条例》第二条比较明确："本委员会之任务如左：1.拟定《大学丛书》全目；2.介绍或征集《大学丛书》稿本；3.审查本丛书书稿。"[1]然而，实际情形如何呢？

---

[1]《商务印书馆〈大学丛书〉委员会条例》，《大学丛书目录》，商务印书馆1935年2月版，第149页。

"学术中国化"思潮中的生意

（一）拟定《大学丛书》全目

商务印书馆拟定大学科目和组稿的工作几乎是交叉进行的。当时，不同大学设置的课程很不一样。商务印书馆征得国内外各大学一览若干册，根据各大学院系的设置，制定《大学科目草案》，详细列出大学各院系应有之科目，科目之下则是商务印书馆已出版的著作，综计科目656种，列有著作224种。商务印书馆将这些制成册，于1933年1月寄给大学丛书委员会的委员。谓："贵同人如有相当成稿，恳请即分别填入各项科目下，以便商定。敝馆原有各书，亦暂予填上，当分托委员二人审查，再定去取。"

对于商务印书馆制定的《大学科目草案》，《大学丛书》委员会委员李湘宸（即李建勋）、许叔玑（即许璇）、蔡子民（即蔡元培）、刘湛恩、竺可桢、姜立夫等有一些意见，纷纷回函，回函中多有"关于编辑方针之拟定、院系之更动、新系之添设、科目之增删，以及原列各书之去取、新稿之介绍"。

商务印书馆对于《大学丛书》委员会的这些意见是何态度，有待考察。不过，我们从商务发出的第四函可以看到，有的给予吸收，有的持保留态度："敝馆间有一二未能遵办之处，业经在各项意见之后分别签注愚见以资说明，是否有当，仍候裁夺。"与此同时，将《大学科目草案》订正为《大学丛书目录》，并同第四函送各委员"詧核"，并谓："如认为尚有不妥之处，敬请于五月五日以前赐示，以便汇集再行订正。"

接到信件后，委员们又提出了意见，商务印书馆将这些意见汇印成册，并将原定目录加以修订，再次寄送各委员审阅。[1]

大学科目的拟定不是一蹴而就的，《大学丛书》正式出版之后仍在调整。1933年4月，分为文学、理学、法学、教育、农学、工学、商学、医学八院。文学院科目134科，理学院153科，法学院82科，教育学院42

---

[1] 以上几段参见《致各委员函》（二、三、四、五），《大学丛书目录》，商务印书馆1935年2月版，第154—158页；王云五：《商务印书馆与新教育年谱》上册，《王云五文集》第五卷，江西教育出版社2008年版，第413—414页。

科，农学院58科，工学院196科，商学院38科，医学院29科，综计732科。1934年8月，调整为735科。1935年2月，再调整为737科。1937年7月，增加到762科。之所以不断修订，原因甚多。其中之一可能与商务印书馆组织到的稿件有关，即征集到的部分稿件无法对应原来的科目。如1935年2月新增科目有最小二乘式和天文物理学，因为征集到了唐艺青的《实用最小二乘式》，且余青松又正在编著《现代天文学》。[1]

（二）介绍或征集《大学丛书》稿本

《商务印书馆印行〈大学丛书〉条例》前两条是："一、《大学丛书》依《大学丛书》委员会所定目录，经各委员代为征集稿本，由本馆酌量次第印行，或经各委员介绍专家，由本馆订约编辑之。二、本馆已出版之专门著作，经委员会审查后，得加入《大学丛书》。"[2]这里指出《大学丛书》分为两类：一是从已出版的著作中遴选，二是出版新书。下面就从这两方面进行论述。

一方面是从已出版的著作中遴选。《商务印书馆印行《大学丛书》条例》第三条规定："《大学丛书》第一集暂以三百册为限。"第四条又规定："《大学丛书》第一集拟分五年出版，除本馆已出版可以归入者外，自民国二十二年起每年出版四十册。"每年出版50册，五年就是200册，这就暗示了剩余的也就是"本馆已出版可以归入者"将达到100册。换言之，《大学丛书》第一集可能有三分之一是将过去出版的图书进行重新包装。实际上也正是如此。胡适著《中国哲学史大纲》（上册）、陶孟和著《社会与教育》原为"北京大学丛书"，均被列入《大学丛书》的文学院和教育学院用书。《大学丛书》还收录了学术团体丛书中的某些书，如梁启超著《清代书概论》原是"共学社丛书"之一。另外，丛书还收录了一些单行本，如郑振铎编《文学大纲》原版于1926年，1933年8月被列入《大学丛书》。不过，随着时间的推移，这种局面在悄悄地变化着，更多的著作是新组稿

[1] 综合参见商务印书馆1934年8月、1935年2月、1937年7月修订的《大学丛书目录》。
[2]《商务印书馆〈大学丛书〉委员会条例》，《大学丛书目录》，商务印书馆1935年2月版，第147页。

而成。

另一方面是新著。新著就其来源说，包括商务印书馆征集的新稿，以及各委员介绍专家代为征集的稿件。前面已经述及，商务印书馆在致《大学丛书》委员会委员的函件中多次强调，"贵同人如有相当成稿"，请填入相应科目之下。也就是说，在拟定科目时已经开始征集稿件。何炳松作为商务编译所所长，是《大学丛书》委员会委员之一，在组稿方面付出颇多。据有关资料记载，1934年6月28日，何炳松往南京中央大学访问罗家伦，嗣后往金陵大学访问陈裕光，与罗、陈二人商定，联名以《大学丛书》委员会的名义宴请中央、金陵两大学的教授。[1]交游广泛的顾颉刚也担任《大学丛书》委员会委员，对《大学丛书》颇有留意。他在1935年致郑德坤的一封信中称："你的《经济史讲义》，如果愿意印在《大学丛书》里，我可以介绍。"[2]而钱穆《先秦诸子系年》的出版，则是胡适（也可能还有顾颉刚）的推荐。[3]

（三）审查《大学丛书》书稿

商务印书馆相关资料显示，王云五、商务印书馆曾分别寄送《土地问题与土地法》的样书给吴经熊审定，寄送《造园学概论》的样书给陈裕光审定，寄送《教育原理》的样书给孙贵定审定，寄送《电热炼钢学》的样书给胡庶华等审定。

《大学丛书》委员会担负着审查《大学丛书》书稿的责任，相关史料证明其中的一些委员实际参与了审查。如蔡元培当时在委员会中年纪偏高，但也参与了书稿审查的具体工作，包括逐字审读兰弗得等著《心理

---

[1] 参见陈应年：《何炳松与商务印书馆》，商务印书馆编：《商务印书馆九十五年》，商务印书馆1992年版，第621—622页。
[2] 1935年2月27日函，《顾颉刚致郑德坤信函辑录》，《档案与史学》2002年第4期。
[3] 参见肖民：《钱穆、〈先秦〉与"商务"——〈先秦诸子系年〉出版的前前后后》，《出版广角》2003年第8期。

学》一书[1]；再如尹伯平、尹仲容合译的《工程数学》由颜任光审校[2]。需要指出的是，《大学丛书》委员会所承担的职责中，审定稿件并不是主要的。《商务印书馆印行〈大学丛书〉条例》规定："《大学丛书》经各委员征集或由本馆约编之稿本，须经委员一人以上之审定。"也就是说须至少一人审定。相关资料显示，《大学丛书》中的大部分可能都只有一人审定，如1933年4月出版的5种《大学丛书》："（一）《普通物理学》上册，系丁燮林委员审定；（二）《罗马法》，系吴经熊委员审定；（三）《欧美日本的政党》，系王云五委员审定；（四）《条约论》，系王雪艇（即王世杰——引者注）委员审定；（五）《英国史》，系何炳松委员审定。"[3]

实际情况还要复杂。《大学丛书》委员会名单公布后，有人撰文批评其人选不当："他们能够能者多劳，未必肯为一本著作竟不惜宝贵光阴从头到尾细看一遍。"[4]王云五回应说："审查书稿，固可由委员各就专长，分别担任，然亦得另行委托他人，实际上不乏其例。"[5]言下之意，很多委员并不亲自审查稿件，甚至还可以另行委托他人担任。

《大学丛书》委员会的委员虽然一定程度上履行了自己的职责，但是大多将这个"委员"当作名誉职务。[6]王云五也毫不讳言地讲道："《大学丛书》委员会人选，所以侧重于大学校长或学术团体之主持者，实以便于

---

[1] 参见汪家熔：《蔡元培和商务印书馆》，《商务印书馆九十年》，商务印书馆1987年版，第492—493页。

[2] Ralph E. Root：《工程数学》，尹伯平、尹仲容译，商务印书馆1949年版，"译序"。

[3] 王云五：《商务印书馆与新教育》上册，《王云五文集》第五卷，江西教育出版社2008年版，第414页。

[4] 梁鋆立：《对于商务印书馆〈大学丛书目录〉中法律及政治部分之商榷》，《图书评论》第2卷第2期，1933年11月。

[5] 王云五：《王云五先生来函》，《图书评论》第2卷第3期，1933年11月。

[6] 不仅胡适、王世杰等事务繁忙，日记中鲜有《大学丛书》有关内容，甚至与商务印书馆渊源颇深的郑振铎也很少记载与《大学丛书》相关的事情；《顾颉刚日记》中归纳"我的忙"，分为"学术生涯""社会服务""名誉职"三类，《大学丛书》会委员属于名誉职，参见顾颉刚：《顾颉刚日记》第三卷，联经出版公司2007年版，第204页。

介绍或征集稿本之故。(参看委员会条例)。"[1]正是这些文化名流为商务提供了稿源。委员会中商务印书馆有四人,也值得分析。总经理王云五、编译所长何炳松事务也极其繁忙,可能更多的是从事组稿工作。编辑周昌寿同时是中华学艺社的核心成员,社会活动能力很强。至于李圣五,一度是商务印书馆《东方杂志》的负责人,后来成为委员之一,很可能是因为"其交游甚广,征求佳作亦甚便利"[2]。

《大学丛书》委员会名单之所以发生变动,与委员们的生平相关。杨铨1933年6月被暗杀,许璇卒于1934年11月,刘湛恩1938年4月被日伪杀害,蔡元培病逝于1940年3月,他们的名字不可能出现在之后的委员会名单上。李圣五被从委员会名单中删去可能与他在1939年下半年投靠汪精卫集团有关。名单之变动还有另外一个因素,即《大学丛书》的营销。

五 《大学丛书》的出版历程

《大学丛书》经过委员会审定后,并非全部立即进入排版印刷环节。其中的新著及所收录的商务印书馆已经绝版或者售罄的旧著则被包装成统一开本、统一版式、统一材料的丛书。其中收录的旧著倘若还在市场上发行的,就没有立即印行《大学丛书》本。这一部分在商务印书馆的广告中以"普通本"的面目呈现。随着时间的推移,一部分"普通本"后来被《大学丛书》本所取代,但是有的未见有《大学丛书》本出版,如马宗霍著《文学概论》、徐谦著《诗词学》、顾实著《中国文字学》等。个中原因很复杂,有的是因为征集到了更好的书稿,有的可能与馆方对这些书销量的预期有关系。

1937年前,《大学丛书》的正式本分为平装本和精装本两种。有的书两种装帧都有,以满足不同读者的需求。进入1940年代后,考虑到购买力等因素,只出普通的平装本。

[1] 王云五:《王云五先生来函》,《图书评论》第2卷第3期,1933年11月。
[2] 王云五:《旧学新探——王云五论学文选》,学林出版社1997年版,第80—81页。

1933年4月，商务印书馆《大学丛书》出版了《普通物理学》等5种，6月至7月出版了《通史新义》《生物学实验指导》《国际公法论》《人寿保险学》《中国民法总论》5种。除此之外，还有55种图书通过了"《大学丛书》委员会的审定"。

至1934年8月，已审定的《大学丛书》达112种，其中，文学院33种，理学院15种，法学院28种，商学院2种，教育学院20种，农学院1种，工学院7种，医学院6种。1935年2月达133种。1937年已达200余种，其中理学院和工学院的图书有了大幅度增长，据王云五该年5月的统计，"已出版而可供工学院、理学院之用者，多至五十余种，其征得稿本，尚在排印或审查者又不下三十余种"[1]。

1937年上海沦陷，商务长沙分馆、重庆分馆、成都分馆等坚持推进这一项目。从1937年到1941年，《大学丛书》续出50余种。1942年到抗战结束，每年推出10余种。据商务印书馆的书目统计，到1949年，《大学丛书》共出版317种[2]。

事实上，1950年到1954年，商务印书馆继续出版《大学丛书》。光上海市图书馆就存有《大学丛书》中的367种图书[3]。但这还不是全部。笔者检索CALIS联合书目数据库，剔除不属于《大学丛书》的图书，发现：至少还有孙时中著《小麦制粉学》、王德荣译《结构学原理》、郑作新编著《脊椎动物胚胎学实验教程》、邵克忠译《金属矿物鉴定》、梁守槃著《飞

---

[1] 王云五：《商务印书馆与新教育年谱》上册，《王云五文集》第五卷，江西教育出版社2008年版，第683页。

[2] 李家驹：《商务印书馆与近代知识文化的传播》，商务印书馆，2005年版，第241页。这一数据根据《商务印书馆图书目录（1897—1949）》（商务印书馆1981年版）统计。该目录有不少遗漏，仅供参考。

[3] 本段和下段均据《中国近代现代丛书目录》，上海图书馆1979年编印，第47—55页。原书下列369种书，有蔡翘的《人类生理学》与《生理学》，前者是在后者的基础上修订而成。褚凤仪《理财数学》原名为《投资数学》。另，钱穆的《国史大纲》也被列入此目录。今查《国史大纲》诸版本，唯1943年1月蓉1版的版权页印有《大学丛书》字样，封面及扉页均无《大学丛书》的标记。此现象令人费解。今姑存疑，以俟考定。

机发动机设计》、陈宏编译《机械工程试验用仪器》、胡为柏译《冶金计算》、王栋著《动物营养学》、王洪星等译《汽轮机及喷气机之原理与设计》、张禾瑞著《近世代数基础》、陆学善、王守璨译《物理实验室应用技术》、余孟杰著《盐酸制造法》、汤佩松等编《植物生理学实验》、钟兴正编著《土壤学》、黄缘芳译《现代几何学概观》、沈庆垓著《应用电子学》、卢鋈编著《中国气候总论》等书。所遗漏的大多是1949年之后出版的著作。也就是说，《大学丛书》至少出版了384个品种。这还不包括所谓的普通本。

在开发新品种的同时，一些品种的重印工作也在进行中。《大学丛书》很多品种的再版率很惊人。如萨本栋著《普通物理学》的精装本，上册1933年4月初版，1935年5月已印行第4版，1936年第6版时增订，至1948年已是第15版；下册1934年1月初版，到1948年已经印行至11版。再如王世杰、钱端升合著本《比较宪法》根据王世杰独著本修订，1933年7月列入《大学丛书》新印国难后第1版，1937年6月印国难后第6版，1942年10月印渝1版，至1947年2月已印至渝5版。此外，1946年12月出版增订5版，1948年出版增订10版。16年中至少出版了17个版次。

发行量比较大的至少还有以下几种：刘仙洲著《机械原理》，1935年5月初版，1949年8月出至第14版；张含英著《水力学》，1936年2月到1950年9月，约印刷了10次；达夫著、郭元义译《达夫物理学》1939年6月至1951年印刷了13版；褚凤仪著《投资数学》至1948年出至第10版，1950年又改名再版；吴世瑞著《经济学原理》，1948年1月已印至12版；王抚洲著《工业组织与管理》，1934年3月初版，同年9月再版，1948年已至13版；金国宝所著《统计学大纲》至少有11个版次。其他印刷了五六次的有很多，此不一一。

1954年后，《大学丛书》中的一些品种仍在印行，如《近世代数基础》《现代几何学概观》《黎曼几何与张量算法》等，但不再冠以《大学丛书》的名称。

《大学丛书》之所以能出版这么多品种，且历时这么久，与图书质量密切相关，也与图书的营销有关系。

六 《大学丛书》的营销

《大学丛书》的营销，有很多值得注意的地方。这一节我们将分析商务印书馆在推销《大学丛书》时运用的手段与策略。

（一）利用名人效应进行营销

《商务印书馆〈大学丛书〉委员会条例》第四条规定："《大学丛书》出版时，各书均列委员会全体委员姓名，以昭慎重。"1933年8月，有人提议"一书既经收入丛书里面，应使那位审查的委员单独负责，并揭示其姓名于书的封面"[1]。对于这一提议，王云五并未采纳。商务印书馆一份档案中对这一问题有一种解释："曾函请赐示高见，已奉各委员先后函复，计主张载明者廿二人，不主张载明者卅三人。不主张之理由，大都以编著者皆系大学教授，如载明审查者姓名，或恐误会审查者与编著者有阶级之分。故拟仍照向例，不另刊载。"[2]这一解释，似嫌牵强。如果说载明审查者姓名怕造成误会，那书上列有委员会全体委员的名字就不怕误会？个人认为这是一种高明的营销手段。这样做给读者一种印象：书是所有名人审查过的，从而利用名人效应来推广《大学丛书》。

此外，《大学丛书条例》第六条规定："《大学丛书》每种初次发行时，由本馆赠送全体委员各一册，以备随时审核。"这一点一方面是让委员们随时审核，另一方面更是一种巧妙的发行。因为这些委员大多数都是行政机关的负责人或者高校的校长。让他们"审核"《大学丛书》，对于书籍的推广是十分有利的。

首先，有的委员审阅后会留下的评语。这些评语有时候直接被当做广告，如丁燮林评价萨本栋《普通物理学》"此书文字流畅，论理清楚，

---

[1] 梁鋆立：《对商务印书馆大学丛书目录中法律及政治部分之商榷》，《图书评论》第2卷第2期，1933年10月。
[2] 王云五致李书华信函，未刊。

取材与布置,都甚适当。实为不可多得之中文科学教本",就直接登载在《申报》上[1]。

其次,有的委员还会撰写书评。如李权时就为胡善恒《赋税论》写下了评论。他评论该书"对于赋税理论方面,讨论详密,洵可称为杰作""可谓与时代精神相吻合"。原刊载于《经济学季刊》第6卷第1期,这是中国经济学社所办的一份刊物,在经济学界有很大影响。李权时的推荐必然有助于《赋税论》的销售。

最后,委员们看到这些书后会在某些特定时机向其他人介绍。如1935年中国文化建设协会举办的全国读书运动大会上选出了11种图书作为大学组的阅读参考书,其中《比较宪法》等五种《大学丛书》图书即被挑出,而该会书籍审定委员会的15人中,即有蔡元培、程天放、竺可桢、郭任远等五人名列《大学丛书》委员会,这五人推荐的可能性很大。[2]

(二)利用报刊广告等进行营销

商务历来注重使用广告对图书进行宣传。《大学丛书》出版之后,商务在本馆的《东方杂志》《教育杂志》《学生杂志》《图书汇报》等报刊陆续登载广告,也在当时最有影响的市民报《申报》等发布。

此外,商务利用各种时机向外界宣传《大学丛书》。如1933年8月商务复业一周年之际,王云五在演讲中提及:"还有从前筹备未成的《大学丛书》现已实现了。截至今日,出版的虽不过十种,但是到秋季开学的时候,至少有四五十种,可供大学采用。"[3]明显是为秋季开学营销造势。

《大学丛书》的广告很值得研究。

首先看广告的文本。《大学丛书》常用的广告语是:"贡献整个的大学用书 促进我国的学术独立。"[4]这里强调"促进我国的学术独立",意在与潮流相呼应。

---

[1]《申报》1933年4月8日第3版。
[2] 参见《读书运动会消息》,《出版周刊》新120号,1935年3月。
[3] 王寿南编:《王云五先生年谱初稿》第一册,台湾商务印书馆1987年版,第300页。
[4]《申报》1934年2月5日第1版。

文本之外，还应注意其营销对象。

首先是普通大学师生和图书馆。从丛书名来看，《大学丛书》就是为大学教学所用。《申报》1934年2月5日头版用一半的篇幅为《大学丛书》陆续出版的图书做了一个大型广告，词曰："本丛书由敝馆邀集国内各大学校及学术团体代表，组织《大学丛书》委员会，在整个计划之下，分请各科专家担任编辑，并征求相当成稿，期收全国学者通力合作之效。预计第一期出书四百余册，五年以内，可告完成。"从措辞看，主要瞄准大学师生和大学图书馆。

其次是中等学校教师。《大学丛书》出版之后，商务曾在本馆的《教育杂志》上多次登载广告，而《教育杂志》的读者多为中学教师。曾在商务印书馆任职的茅盾提到《教育杂志》时说："它及时介绍欧美新的教育学说，教育改革情况。……读者以中学或师范学校的老师为多。"[1]更直接的证据是，商务登载"中学教员暑期讲习会用书"的广告，其中列有《大学丛书》的《高等国文法》《高等算学分析》等多种图书。[2]由此可见，商务将中等学校的老师作为《大学丛书》的预设读者。

最后是中学生。商务印书馆的《学生杂志》上也登载了《大学丛书》的广告。茅盾回忆："《学生杂志》是个五花八门、以供给中学生课外知识为主的刊物。"[3]可见，中等学校的学生实际上也是《大学丛书》的目标读者群。

（三）给学校赠书以引起师生关注

《大学丛书》出版之后，商务印书馆给国内多所学校赠送了图书。如1933年将该丛书中的39种共计52册图书一次性赠送给中法大学。同年，也给暨南大学赠送《大学丛书》47册，给安徽大学赠送《文学大纲》《比较宪法》《哲学概论》等5种。1934年，给广东大学赠送了《大学丛书》中

---

[1] 茅盾：《我走过的道路》上册，人民文学出版社1981年版，第125页。
[2] 参见《申报》1937年7月1日第8版。
[3] 茅盾：《我走过的道路》上册，人民文学出版社1981年版，第122页。

的《行为主义》《比较语音学概要》《文化人类学》《英国史》等36种。[1]通过给学校赠书这样点对点的营销,直接扩大了《大学丛书》的影响范围。

七 《大学丛书》出版的反响

1949年之前,"各个老师教的大不一样,各个学校也不同,有很大的自由度"[2]。作为国内顶尖级的大学,清华大学、南京大学、交通大学、武汉大学等大学的理工科院系等教学所用的书籍绝大部分是原版西文著作。[3]但是《大学丛书》依然走进了大学。

《大学丛书》中的一些品种本来就是根据顶尖级大学老师的讲义改编而成,出版之后理所当然为该教师所采用。如清华大学算学系熊庆来开设的"算学分析"课程用的就是他自己著作的《高等算学分析》。[4]交通大学的沈奏廷授课时,用的教本就是《大学丛书》中的《铁路货运业务》和《铁路运价之理论与实际》。[5]《大学丛书》中还有少数被作者以外的教师采用作为教材。燕京大学王钟翰讲授中国通史"主要使用的教材是邓之诚先生便携的名著《中华二千年史》,辅助材料是钱穆的《国史大纲》"[6]。

---

[1] 参见《图书馆消息》,《中法大学月刊》1933年第2期;《上海商务印书馆惠赠大学丛书》,《暨南校刊》1933年第73期;《图书馆谢赠书》,《安徽大学周刊》1933年第137期;《图书馆消息》,《广大周刊》1934年第5期。

[2] 何兆武:《上学记》,读书·生活·新知三联书店2008年版,第107页。

[3] 清华大学校史研究室编:《清华大学史料选编》第三卷,清华大学出版社1994年版,第399—454页。唐统一回忆道:"清华的教学是学习MIT的路数,用与MIT相同的英文教材。"《我与清华——唐统一口述》,郑小惠等编著:《清华记忆——清华大学老校友口述历史》,清华大学出版社2011年版,第66页。茅于轼回忆自己就读的交通大学时说:"我们所有的教科书都是英文的。"茅于轼:《我的大学教育和我的事业》,《我的大学时代》,福建教育出版社2010年版。

[4] 参见清华大学校史稿编写组编著:《清华大学校史稿》,清华大学出版社1981年版,第188页。

[5] 参见《交通大学校史资料选编》撰写组编:《交通大学校史资料选编》第二卷,西安交通大学出版社1986年版,第155—156页。

[6] 丁磐石:《记恩师邓之诚师与燕京大学诸师》,《文史知识》2013年第10期。

无论是否开设相应的课程，学者们都阅读到了《大学丛书》中的部分著作。《大学丛书》委员会委员顾颉刚在日记中曾有"翻看胡、冯二家《中国哲学史》""看《日知录》、夏曾佑的《中国古代史》等""翻看马乘风《中国经济史》""看君朴所著……毕，及芝生《新理学》""看宾四《诸子系年》序"等记录。[1]清华大学、西南联大教授吴宓就曾读到同事冯友兰所著的《中国哲学史》，并将该书借给他人，又阅读到钱穆的《国史大纲》《先秦诸子系年》等书[2]。有的学者还进行了评价。如陈达的《人口问题》被潘光旦评为"中文人口问题书籍中最圆满的一本"[3]。杨幼炯称《政治科学与政府》"为读者最适宜的良好政治学概论的研究书籍"[4]。朱祖晦称金国宝著《统计学大纲》"文笔流畅，说理明白，举例亲切，编制得宜，实为中国不可得之统计学课本"[5]。

《大学丛书》中的一些著作也遭到了学者的批评。如夏曾佑所著《中国古代史》、章嵚《中华通史》两书列入《大学丛书》后即遭到学者尖锐的批评。缪凤林撰文指出，站在"三十年前中学教科书"的观点上，夏著是一本好书，但"真正的大学国史课本，决非翻印三十年前的中学教科书所能敷衍了事的"；而称章著为"二十年前的俗书"[6]。缪的评价并不公允，直到1945年，顾颉刚仍说："中国通史的写作，到今日为止，出版的书，虽已经不少，但很少能够达到理想的地步。"[7]事实上，不少学者高度评价这两本书。如陈登原对夏曾佑的著作褒奖甚多[8]；数十年后，对20世纪通史编纂史很有研究的王家范称将夏著"列入现代学术经典之林（'经典'

---

［1］顾颉刚：《顾颉刚日记》第3册，中华书局2011年版，第188、202、213、237、249页。
［2］吴宓：《吴宓日记》第6、7册，读书·生活·新知三联书店1998年版，第53、59、60、213页；第277、284、285页。
［3］潘光旦：《介绍陈通夫先生的〈人口问题〉》，《北平晨报·人口副刊》1936年9月15日。
［4］杨幼炯：《怎样研究政治学》，李公朴主编：《读书问答集》第一集，申报馆1934年5月版。
［5］《国立武汉大学社会科学季刊》第5卷第1期，1934年2月。
［6］缪凤林：《〈大学丛书〉本国史两种》，《图书评论》第2卷第8期（1934年4月）。
［7］顾颉刚：《当代中国史学》，辽宁教育出版社1998年版，第77页。
［8］参见陈登原：《夏曾佑著中国古代史》，《图书评论》第2卷第11期，1934年6月。

"学术中国化"思潮中的生意

从来就不完美），从史学史的角度而论，尚不算过分离谱"[1]；而作为读者的张瑞璠称"直到现在，我最喜爱的文言写的中国通史，仍是章著"[2]。此外，杜俊东对《大学丛书》中的《财政学原理》提出了批评，认为其水平太差；梁鋆立则对法律政治部分的几种译著提出了质疑，认为其程度太高。[3]

无论是表扬还是批评，都说明这些书籍在学界产生了强烈的反响。

即便没有被列为学校教本，《大学丛书》中的一些著作也被学生们参考使用。英文基础不太好的中央大学学生汤定元，在课后经常翻阅萨本栋的《普通物理学》。[4]中央大学的学生尚需要将《大学丛书》作为学习高深知识的基础，可以想见，一般大学的学生更需要这样普及性的中文学术著作。

《大学丛书》中的若干著作也为中小学教师所涉猎。1934年2月的一份社会调查显示，给出答卷的570位小学教师中，有30人正在阅读《大学丛书》中的《明日之学校》、6人正在阅读其中的《中国哲学史大纲》。此外，他们提到自己正在阅读的图书中，疑似属于《大学丛书》的尚有《社会学原理》《政治学概论》等。[5]

一部分中学生也会阅读《大学丛书》。汪闻韶回忆说，1937年暑假刚读完高二的他购买了萨本栋的《普通物理学》，准备自学。[6]进入中央大学之前，汤定元在江苏省金坛县立初级中学借到了《普通物理学》，他回忆说："暑假里，我开始看《普通物理学》（上册）。书中的内容开始是理学部分，讲的都是过去没有碰到过的东西，我渐渐地有了兴趣，特别是力

---

[1] 王家范：《中国通史编纂百年回顾》，《史林》2003年第6期。
[2] 国务院学位委员会办公室编：《中国社会科学家自述》，上海教育出版社1997年版。
[3] 参见梁鋆立：《对于商务印书馆〈大学丛书〉目录中法律及政治部分之商榷》，《图书评论》第2卷第2期，1933年10月。
[4] 参见汤定元：《艰难求学路》，《物理教学》2009年第1期。
[5] 参见张钟元：《小学教师生活调查》，《教育杂志》第25卷第7期，1936年7月。
[6] 参见汪闻韶：《人生散忆》，韩存志主编：《资深院士回忆录》第3卷，上海科技教育出版社2006年，第139页。

的合成和分解，我觉得很奇妙……从此我就喜欢看物理书了。"[1] 1938年，他又在北碚二中师范部图书馆借到了此书。1948年升入福州市英华中学的陈景润在校图书馆读到了《大学丛书》中的《微积分学》《达夫物理学》。[2]

《大学丛书》被广泛使用，以至于人提起大学教科书，会立刻想到《大学丛书》。1941年，叶圣陶在一次演讲中说："我如果当大学教师，还是不将我的行业叫做'教书'。依理说，大学生该比中学生更能够自己看书了；我或是自己编了讲义发给他们，或是采用商务印书馆的《大学丛书》或别的书给他们做课本，他们都可以逐章逐节地看下去，不待我教。"[3] 一次随机的演讲，不经意地讲到了《大学丛书》，而且作为首先想到的大学教科书，足见其在社会上的分量。

总的来说，《大学丛书》取得了良好的社会效益。周谷城回忆说："以丁文江为首，以顾颉刚居末的几十位专家任编委所编的大学丛书，形式内容都是现代化了的。"[4] 王铁崖说："商务出版了《大学丛书》，虽然每部书的情况不同，但是，总的来说，它对当时大学生的学习和青年在知识方面的提高都很有益处。"[5]

小结

商务印书馆出版《大学丛书》的过程，体现了出版方的文化情怀和学术理想的一面，同时也展现了商务结合学术思潮展开商业运作的另一面。第一，商务印书馆结合学术文化思潮，策划选题，物色作者，遴选著

---

[1] 汤定元：《艰难求学路》，《物理教学》2009年第1期。
[2] 陈景润：《学习和研究生活回忆》，收入《中国科学家回忆录》第一辑，北京：光明日报出版社，1988年，第28页。
[3] 叶圣陶：《如果我当教师》，《教育通讯》第4卷第32、33期合刊，1941年8月。
[4] 周谷城：《商务印书馆与中国的现代化》，《商务印书馆九十年》，商务印书馆1987年版，第415页。此处有误，或为周老误记，"丁文江"应为"丁燮林"。
[5] 王铁崖：《商务印书馆对中国文化教育的贡献》，《商务印书馆九十年》，商务印书馆1987年版，第420—421页。

作，进行宣传营销。因为其始终围绕着"促进学术独立"这一目的，能打动名人与之合作。同时，也能打动读者。第二，充分有效地利用名人效应。一方面，名人能帮助介绍稿件，另一方面也能帮助宣传著作。其做法既温情脉脉，又充满商业智慧。第三，在将"学术独立"落实到实践层面时，不仅估计到其主体对象，而且能充分预测到潜在的读者。1930年代到1940年代的社会实际是，大学仍然很少，没有读大学但有学问追求的读者不少。而且，由于学生程度不一，各学科发展也是不平衡的。在运作《大学丛书》时，商务印书馆充分考虑到了这些因素，因而最终取得了好的效益。与其他出版机构所出版的大学用书相比，商务印书馆《大学丛书》种类较多，能供文、理、法、工、商、农、医等学院师生教学之用，综合性较强，口碑也较好。[1]

如果将《大学丛书》放在世界学术文化史的大背景下思考，可见在与西方学者的竞争中，中国学者的学术仍处在相对下游的地位。除了少数学科，因为材料关系，尚可在世界学术中占有一席之地，其他学科仍与西方差距甚大。作为大学教科书或者参考书的《大学丛书》，虽然整体上也落后于西方，但由于其书写上采用中文，或者材料上中国化，让西方科学文化为更多的人群所接受，对于普及知识促进中国学术的进步功莫大焉。

本文初稿写成于2009年12月，现有所修改。在论文的写作和修改过程中，王东杰、刘世龙、彭剑、黄岭峻等先生提出了修改意见，吴毅强、曹新哲、艾智科诸先生以及张稷女士给予了相关帮助，特此致谢。

（作者单位：湖北人民出版社）

---

[1] 与之相比，1936年中华书局"大学用书"开始出版，两年之内只出版了25种。参见钱炳寰编：《中华书局大事纪要（1912—1954）》，中华书局2002年版，第151页。

民族脊梁：商务印书馆《复兴教科书》的启蒙坚守

吴小鸥、姚　艳

1931年，日本帝国主义大举侵华，"中国政府及人民，都有一种亡在目前的尖锐的感觉"[1]。面对严峻的民族危机，"不沦亡，即复兴耳"[2]！1932年"一·二八"事变中，商务印书馆惨遭日军的轰炸与焚烧，一年后的1933年5月，即开始推出中国教科书史上唯一以"复兴"命名的教科书，被誉为"民国教科书发展史上一座里程碑式的山峰"[3]。这套教科书以怎样的启蒙基调开启商务印书馆凤凰涅槃、浴火重生的新征程，如何引领中国人为文化而奋斗、为中华民族复兴而努力，本文试图初步探寻。

一　"为国难而牺牲，为文化而奋斗"

创办于1897年的商务印书馆在清末民初教科书编纂出版中位居第一，且强势引领中国现代教科书发展进入"黄金二十年"[4]。"一·二八"巨创之前，商务印书馆在海内外有36处分支店，每年出版新书500多种。附设东方图书馆、尚公小学、养真幼稚园、函授学校、商业补习学校、平民夜校、励志夜校，并有国光影片公司、华东机器厂、中国商务广告公司等，还有西书部销售原版外文书并接受读者委托向国外书店代购，工场制作教

---

[1] 沈熳若：《中国新文化协会宣言》，《中国新文化协会》1932年第1期。
[2] 沈亦云：《复兴？匹妇有责》，《复兴月刊》1933年第1期。
[3] 毕苑：《建造常识：教科书与近代中国文化转型》，福建教育出版社2010年版，第123页。
[4] 参见吴小鸥、褚兴敏：《中国现代教科书发展的"黄金二十年"》，《宁波大学学报（教育科学版）》2014年第4期。

学仪器和标本。[1]

（一）商务印书馆在"一·二八"事变中被轰炸与烧毁，是"中国近代史上最令人痛心的文明悲剧"

1932年1月28日，日军侵犯上海。次日上午，日军开始有目标地轰炸商务印书馆，使其总管理处、四个印刷厂、栈房等全被焚烧。2月1日，东方图书馆又遭日本人纵火，化为灰烬。日军海军陆战队司令盐泽幸一说："烧毁闸北几条街，一年半年就可以恢复。只有把商务印书馆、东方图书馆这个中国最重要的文化机关焚毁了，它则永远不能恢复。"[2]商务印书馆不仅资产损失80%以上，"最令人痛惜的是东方图书馆的全部藏书46万册，包括善本古籍3700多种，共35000多册；全国最为齐备的各地方志2600多种，共25000册，悉数烧毁"[3]。张元济目睹30余年苦心经营积累起来的事业付之东流后说："连日堪视总厂，可谓百不存一，东方图书馆竟片纸无存。"[4]有学者指出，"商务印书馆被炸和火烧圆明园，是中国近代史上最令人痛心的文明悲剧"[5]。从某种意义上说，商务印书馆珍藏的古籍善本被烧毁更令人痛心。

（二）商务印书馆在重创半年后复业，"以继续其三十六年来贡献我国文化教育之使命"

面对日寇如此猖獗，张元济在写给胡适的信中说："平地尚可为山，况所覆者犹不止于一篑。设竟从此澌灭，未免太为日本人所轻。"[6]总经理

---

[1] 陈江：《百年风雨 人间正道》，商务印书馆编：《商务印书馆一百年》，商务印书馆1998年版，第555—556页。

[2] 转引自张人凤：《为国难而牺牲 为文化而奋斗——抗日时期的商务印书馆》，商务印书馆编：《商务印书馆一百年》，商务印书馆1998年版，第509页。

[3] 宋丽荣：《国难时期的商务印书馆》，王涛等编：《商务印书馆一百一十年》，商务印书馆2009年版，第471页。

[4] 张元济、傅增湘：《张元济傅增湘论书尺牍》，商务印书馆1983年版，第283页。

[5] 转引自宋丽荣：《国难时期的商务印书馆》，王涛等编：《商务印书馆一百一十年》，商务印书馆2009年版，第471页。

[6] 张元济：《张元济书札》，商务印书馆1981年版，第162页。

王云五认为："敌人把我打倒，我不力图再起，这是一个怯弱者。"[1]经过半年艰辛筹备，商务印书馆选择秋季开学供应"国难版"教科书为复业第一阶段目标，"以'为国难而牺牲，为文化而奋斗'二语为复业之标语，用大字悬于发行所，同人与顾客见者无不动容"[2]。并刊登启事："敝馆自维三十六年来对于吾国文化之促进、教育之发展，不无相当之贡献。若因此顿挫，则不特无以副全国人士属望之殷，亦且贻我中华民族一蹶不振之诮。敝馆既感国人策励之诚，又觉自身负责之重，爰于创巨痛深之下，决定于本年八月一日先恢复上海发行所之业务，……借以继续其三十六年来贡献我国文化教育之使命。"[3]商务印书馆以勇于担当的风范，从1933年5月开始推出《复兴教科书》，坚毅地捍卫中华文化教育事业。

二　唯一一套以"复兴"命名的中小学教科书

1933年5月，商务印书馆汇聚吕思勉、何炳松、黎锦熙、周建人、周昌寿、沈百英、郑贞文、傅东华、黄自、陈桢、胡敦复、马精武、孙俍工等210人的庞大编撰校订队伍（含编译所人员、高校知名学者、中小学教师），"本服务文化之奋斗精神，特编《复兴教科书》一套，以为本馆复兴之纪念"[4]。《民国时期总书目（1911—1949）·中小学教材》收录《复兴教科书》115种438册，笔者又据《商务印书馆图书目录（1897—1949）》《复兴初级中学教科书样本》及民间收藏等，初步统计《复兴教科书》185种749册，具体如下：

（一）1933年开始出版的"新课程标准适用"《复兴教科书》131种

---

［1］王云五：《苦斗第一年》，《王云五文集·陆：岫庐八十自述（上册）》，江西教育出版社2011年版，第217页。
［2］同上书，第23页。
［3］《商务印书馆复业启事》，王云五：《商务印书馆与新教育年谱》，台湾商务印书馆1973年版，第353页。
［4］商务印书馆编：《商务印书馆图书目录（1897—1949）》，商务印书馆1981年版，"附录"。

540册

1932年10月，教育部公布《小学课程标准》（一般称"新课程标准"），规定小学课程为公民训练、卫生、体育、国语、社会、自然、算术、劳作、美术、音乐。同年11月，教育部公布《中学课程标准》，规定初级中学课程为公民、体育、卫生、国文、英语、算学、植物学、动物学、化学、物理、历史、地理、劳作、图画、音乐；高级中学课程为公民、体育、卫生、军训（女生为军事看护）、国文、英语、算学、生物学、化学、物理、本国历史、外国历史、本国地理、外国地理、论理、图画、音乐。

第一，1933年开始出版教科书109种408册。包含小学校初级用教科书及其教学法21种152册，小学校高级用教科书26种104册，初级中学用教科书39种105册，高级中学用教科书23种47册。

第二，1934年开始出版标注"春季始业"小学教科书22种132册。包含小学校初级用教科书及其指导法共计14种100册，小学校高级用教科书及其指导法共计8种32册。

（二）依照1936年教育部修正课程标准编辑教科书50种201册

1936年4月，教育部公布中小学修正课程标准，规定小学课程为公民训练、国语、常识（或社会、自然）、算术、工作（或劳作、美术）、唱游（或体育、音乐），初级中学课程为公民、体育及童子军、国文、英语、算学、生理卫生、植物、动物、物理、化学、历史、地理、劳作、图画、音乐，高级中学课程为公民、体育、军训、国文、论理、英语、算学、化学、物理、本国历史、外国历史、本国地理、外国地理、图画、音乐。这次修正课程标准中各科教学时数略有减少，课程内容亦有所调整。

第一，供国内使用的教科书44种153册。包含小学校初级用教科书及教学法7种49册，小学校高级用教科书14种56册，初级中学用教科书11种25册，高级中学用教科书12种23册。

第二，供华侨小学适用的教科书6种40册。包含供南洋华侨小学校用的教科书4种28册，供日本、朝鲜侨民学校用的教科书2种12册。

（三）依照1941年、1948年颁布的课程标准修订4种8册

1940年，教育部长陈立夫召集专家对1936年的中学修正课程标准进行修订。此后，中学生开始分甲、乙两组实施不同的课程计划。初中甲组在第二学年增两小时职业选修课，乙组三年中要选修英语。高中第二学年开始分组，甲组侧重理科，乙组侧重文科，各校自第三学年起酌设简易职业科目。1941年，教育部召集小学教育专家修订小学课程标准。1943年上学期开始实行新的课程标准。[1]抗战胜利后，教育部长朱家骅督导重新修订课程标准，1948年12月课程标准颁布。[2]目前已知部分《复兴教科书》也进行了相应的修订，所见有《初级中学用物理学（修订本）》上下册、《初级中学化学（修订本）》上下册、《初级中学代数（修订本）》2册、《初级中学几何（修订本）》2册。

《复兴教科书》种类与数目十分庞大，不仅有秋季始业用书，也有春季始业用书，并且教学参考书也区分了春秋季。一些实验性较强的科目还专门配套有实验用书，且在多次修订过程中，对一些科目进行了改编，如1948年7月修订本第一版的《复兴初级中学教科书几何》原编者是余介石，改编者是黄缘芳，原校者是余元庆，校订者是汤彦颐。[3]此外，有的《复兴教科书》使用至中华人民共和国成立后，如《复兴高级中学教科书生物学》1933年11月初版，1951年7月第181版。

---

[1]《课程标准公布》，《教育通讯》1942年第28期。
[2] 申报馆：《教部修订课程标准小学部分下月正式公布》，上海书店《申报》影印组编：《〈申报〉影印本》第398册，上海书店1983年版，第621页。申报馆：《教部修订公布中学二课程标准》，上海书店《申报》影印组编：《〈申报〉影印本》第399册，上海书店1983年版，第480页。
[3] 余介石原编，黄缘芳改编：《复兴初级中学教科书几何》下册，商务印书馆1948年修订本第1版，版权页。

720

三　艰苦卓绝的启蒙坚守

文化认同是民族认同、国家认同的基础,"能建设中国文化,才能谈到复兴民族"[1]。《复兴教科书》积极构建中国本土文化,吸纳西方科学文化,为民族复兴集聚精神与现实力量。

(一)《复兴教科书》积极守望中华传统文化,启蒙"民族自信力"和"民族精神",在文化自觉中进行文化创新

20世纪初,有学者呼吁"立乎地寰而名一国,则必有其立国之精神焉,……学亡则亡国,国亡则亡族"[2]。但在中西文化论战中,传统文化作为落后、保守的代名词出现在国人视野中。抗战爆发,各界认识文化危机是更本质、更深刻的民族危机,民族复兴需"恢复自信力"。[3]如钱穆所言,"我国家民族之前途,仍将于先民文化所贻自身内部获得生机"[4]。

第一,弘扬中华民族传统文化,鼓舞民族精神。民族精神"就是构成一国文化的那个一般原则。……现实的国家在它的一切特殊事务中……都被这个'民族精神'所鼓舞"[5]。孙中山指出,"我们要恢复民族的地位,便先要恢复民族的精神"[6]。1932年4月,蒋介石在《复兴中国之道》演讲中强调,"一个民族生存的条件,最重要的是要有自信力,所以要复兴我们的民族……就是要恢复我们民族固有的德性"[7]。高小历史课本选材强

---

[1] 陈立夫:《民族复兴的原动力》,《海外月刊》1932年第1期。
[2] 黄节:《国粹学报叙》,《国粹学报》1905年第1期。
[3] 沈碧涛:《国人的危机》,《大公报》1931年第11期。
[4] 钱穆:《国史大纲》,商务印书馆1994年版,第28页。
[5] 〔德〕黑格尔:《历史哲学》,王造时译,上海书店出版社2001年版,第50页。
[6] 中国社会科学院近代史研究所中华民国史研究室、中山大学历史系孙中山研究室、广东省社会科学院历史研究所合编:《孙中山全集》第九卷,中华书局1986年版,第233页。
[7] 蒋介石:《复兴中国之道》,秦孝仪主编:《先总统蒋公思想言论总集》第十卷,台北中国国民党"中央委员会党史委员会"1984年版,第518页。

调"足以表现我国固有的文明的"[1]。初中公民课本强调"阐发中国固有的道德，以明道德的进化及标准"[2]。社会课本中《我国固有的道德》一篇写道："我国固有的道德，如忠孝、仁爱、信义、和平，都是我国民族的特性。"[3]

第二，以本身、本地、本国为中心选择材料，构建本土文化。本土文化是个人和团体在成长历程中价值观、世界观等形成的重要文化环境。《复兴教科书》注重以本身、本地、本国为中心选材，如高小历史课本"以本国史为中心，择关系最深切而有代表价值的史料"[4]；高小公民课本取材"处处顾到'利用本地社会环境'和'从本地出发'的教学要点"[5]；初中化学课本的插图"多附国货工厂照片，兼可明悉我国化学工业实况"[6]。教科书中涌现出《我的学校》《我的先生》《本地出产的东西》《我国的首都》《我国的文字》《我国的三大工程》《我国的铁路》《我国的航空事业》《我国的兵制》等以"我""我国"为标题的课文。

第三，吸收西方先进文化，贯通时代思想。文化复兴需要开辟中国传统文化与现代性结合的新范式。《复兴教科书》吸取西方先进文化，以求融会贯通后创新。如初小常识课本取材"从家庭、学校、乡土、渐及于民族、国家和世界人类，对于现代性、一般性、生产性和实践性的四项原则

---

[1] 郁树敏、饶祝华编著：《（小学校高级用）复兴历史教学法》第一册，商务印书馆1933年初版，第3页。

[2] 孙伯謇编著：《复兴初级中学教科书公民》第一册，商务印书馆1933年60版，"编辑大意"。

[3] 马精武、王志成编著：《复兴社会教科书》初小第七册，商务印书馆 1933年40版，第3—4页。

[4] 徐映川编著：《复兴历史教科书》高小第一册，商务印书馆1933年初版，"编辑大意"。

[5] 吕金录、宗亮寰、赵景源编校：《复兴公民教科书》高小第一册，商务印书馆1937年第一版，"编辑大意"。

[6] 韦镜权、柳大纲编著：《复兴初级中学教科书化学》上册，商务印书馆1933年初版，"编辑大意"。

民族脊梁：商务印书馆《复兴教科书》的启蒙坚守

尤为注意"[1]。初中图画课本"表扬中华民族固有之文化，并采用欧西绘画之技术与原理，合乎世界潮流，贯通时代思想"[2]。音乐教科书编者黄自指出，"一国的文化，要不与外族的文化相接触就永远没有进展的可能"[3]。《复兴教科书》明确走上本土化与西化交融调适之路，诚如杜亚泉在文化论战中所言，"统整吾国固有之文明，其本有系统者则明了之，其间有错出者则修整之。一面尽力输入西洋学说，使其融合于吾固有文明之中"[4]。

（二）《复兴教科书》将中华民族生存危机作为现实关怀，启蒙"勿忘国耻"和"共赴国难"，明确抗战救亡的全民族性和正义性

抗战最大的使命就是形成民族凝聚力，使民族救亡成为现实性诉求。《复兴教科书》直面民族危机，鼓舞中华民族抗敌御侮、促进世界和平。

第一，强调"勿忘国耻"，明确抗战救亡的严峻性。耻辱观是中国文化的重要组成部分，但明确厘定国耻及其教育是民国初年。1921年，第七届全国教育会联合会议有建议："宜速将年来国耻事项，插入国民学校教材。"[5]1928年济南"五三"惨案后，蒋介石在日记中写道："国耻、军耻、民耻，今日加重二耻矣。何以雪之？可不勉哉。"[6]5月25日，他致电蔡元培，要求"教科书之精神，其一即为国耻，而尤须注重胶东与辽宁之耻辱"[7]，并强调"尤须注重小学教科书与小学教师，必使其有爱国雪耻

---

[1] 吕金录、宗亮寰、徐映川、韦悫编校：《复兴常识教科书》初小第五册，商务印书馆1937年进一步初审核定第26版，"编辑大意"。
[2] 王济远编绘：《复兴初中图画教科书》第三册，商务印书馆1933年初版，"编辑大意"。
[3] 黄自：《怎样才可以产生吾国民族音乐》，《晨报（上海）》1934年10月21日。
[4] 伧父：《迷乱之现代人心》，《东方杂志》1918年第4号。
[5] 《第七届全国教育会联合会纪略·第七届全国教育联合会议决案：（8）将年来国耻事项插入国民学校三四年级教材案》，《教育杂志》1922年第1期。
[6] 周美华注：《蒋中正总统档案·事略稿本》第3册（1928年4—7月），台北"国史馆"2003年版，第302页。
[7] 秦孝仪主编：《中华民国重要史料初编——对日抗战时期绪编》第一册，中国国民党"中央委员会党史委员会"1981年版，第144页。

723

之血心"[1]。1929年7月,"五九""五三""五卅"、沙基惨案发生日被列为国耻纪念日。[2]1932年8月,"九一八"被定为国家纪念日。《复兴教科书》用强烈悲情色彩的文字及插图呈现国耻由来、国耻纪念活动等,激发儿童使命感。如《国耻献词》(一)歌词有:"我们要用热的鲜……血,洗去历史的耻……辱!"[3]教科书编有《鸦片和国耻》《国耻》《国耻献词》《中日战争》《九一八》《五月九日》《五四和五卅》《五五纪念歌》等课文,如《九一八》一课"做"的要求有:"(1)搜集关于国难的书报和杂志。(2)统计我国被日本占领的失地。"[4]

第二,宣扬"共赴国难",明确抗战救亡的全民族性。为了救亡御侮,《复兴教科书》选取我国古今爱国人物和事件,阐述人人参与抗战救亡的重大意义。如有《苏武牧羊》《郭子仪单骑见回纥》《谅山之战》《文天祥》《顾炎武》《戚继光》以及《木兰从军》《击鼓助战》《战场上的天使》《救护队》《仁慈的救护队》《怎样报国》《助人的童子军》等课文。教科书还用演讲稿、舞台剧、歌曲、书信、歌谣等表现方式,号召国人自觉投入抗战救亡,如《热血歌》写道:"热血滔滔,像海里的浪,像江里的潮;常在我的心头翻搅。你看他,如狼如虎杀我同胞;你要是不拼命,到那时国无噍类,你岂能逃?"[5]音乐教科书选编《自强》《睡狮》《杀敌歌》《抗敌歌》《旗正飘飘》等歌曲唤起奋争精神,如《自强》旋律为"决心",最后写道:"但愿从此起,人人齐发奋,努力图自强,死里求生存。"[6]

---

[1] 转引自齐红深主编:《日本侵华教育史》,人民教育出版社2002年版,第410页。

[2]《革命纪念日简明表》,中国第二历史档案馆编:《中央党务月刊》第12册,南京出版社1994年版,第10页。

[3] 黄自、张玉珍、应尚能、韦瀚章编著:《复兴初级中学教科书音乐》第一册,商务印书馆1934年9版,第74页。

[4] 王志成、沈百英编校:《(春季始业)复兴社会课本》初小第六册,商务印书馆1935年初版,第6—7页。

[5] 沈百英、宗亮寰、丁毅音编校:《(春季始业)复兴国语课本》高小第四册,商务印书馆1935年初版,第74—75页。

[6] 费锡胤编著:《(小学校高级用)复兴音乐教学法》第三册,商务印书馆1934年初版,第25—26页。

第三，呈现"英勇国殇"，明确抗战救亡的正义性。"一个国家的战斗精神往往是靠必胜的信念来维系的。"[1]中国抗日战争因绝对正义性，必然会取得最后胜利。但抗战初期，随着日军大肆入侵，人们最容易丧失斗争信心。《复兴教科书》积极启蒙正义的力量，强调浴血奋战、杀敌报国、我死国存的义勇精神，如《爱国》一课教学要求说明："（一）文天祥杀身成仁、；（二）史可法为国殉难；、（三）郑成功死守台湾。"[2]教科书编有《吊淞沪阵亡将士》《忠勇的军人》《四烈士塚上的没字碑歌》《革命先烈》《七十二烈士的精神》《致远舰精神不死》等课文。如《吊淞沪阵亡将士》写道："惟我先烈，舍身杀敌，忠勇可感天地。……复仇未能彻底。淞濩沪幸存，国难未已，还待后死奋起。"[3]《献给前线抗日将士》一课号召："中华男儿，义勇本无双，为国流血国不亡！抵抗！抵抗！凯旋作国士，战死为国殇，精忠常耀史册上，万丈光芒！"[4]《一封儿子给母亲的信》及《一封母亲给儿子的信》体现与日寇血战到底的决心，如儿子写道："我现在所能想到的，只有为中国民族战死在疆场上这一念了……"[5]母亲写道："我希望你并和其他青年人，挽救祖国的危难，并且在强暴残忍的敌人手中，夺回世界人类之所谓公义。"[6]表达抗战必胜的信念及对人类公义的责任。

（三）《复兴教科书》注重儿童体格、德性、经济、政治综合能力训练，启蒙"科学素养"和"自动研究"的公民，为民族复兴积蓄现实性支撑力量

---

[1]〔美〕拉斯韦尔：《世界大战中的宣传技巧》，张洁、田青译，中国人民大学出版社2005年版，第92页。

[2]赵夐、胡锺瑞编著：《（小学校高级用）复兴公民教学法》第三册，商务印书馆1934年6版，"目录"。

[3]费锡胤编著：《（小学校高级用）复兴音乐教学法》第四册，商务印书馆1934年初版，第53页。

[4]沈百英、宗亮寰、丁毅音编校：《（春季始业）复兴国语课本》高小第四册，商务印书馆1935年初版，第44页。

[5]同上书，第57页。

[6]同上书，第60页。

蒋介石指出，"复兴民族，唯一的方法，就是要以教育代替武力，以教育的力量来复兴民族"[1]，并强调"能将受教者教成一'人'"[2]。《复兴教科书》提出"注重体格、德性、经济、政治的训练，以养成健全公民"[3]，以"科学的民族复兴"[4]。

第一，《复兴教科书》材料注重学科联络及实用，以增进儿童解决生活和国事的综合能力。如初小社会与劳作、自然、卫生、美术等联络，"各课均适合儿童生活环境及知识程度"[5]。初小卫生与自然、社会等联络并"增进效力社会的热忱"[6]。初小算术旨在增进儿童日常生活的计算能力，"每就一种事实，或一种故事，成一单元，务使内容具体而有兴趣"[7]。高小公民注重"培养儿童良好的道德习惯及参加社会活动必需的知识和经验"[8]。高小美术在"应用方面注意衣食住行装饰等的实际问题，以期适合生活的需要"[9]。教科书强调综合学习与研究能力，如高中外国史指出，"现代史学上比较最合科学的新标准就是'综合的研究'（synthetic study）。所谓综合的研究就是说：我们要研究人类文化的演进……所以我们课本中所

---

[1] 秦孝仪主编：《先总统蒋公思想言论总集》第十二卷，台北中国国民党"中央党史委员会"1984年版，第62页。

[2] 中国第二历史档案馆编：《中华民国史档案资料汇编·第五辑第一编：文化（一）》，江苏古籍出版社1994年版，第748页。

[3] 沈百英、沈秉廉编著：《复兴国语教科书》初小第六册，商务印书馆1935年340版，"编辑大意"。

[4] 竺可桢：《竺可桢全集》第2卷，上海科技教育出版社2004年版，第397页。

[5] 王志成、沈百英编校：《（春季始业）复兴社会课本》初小第一册，商务印书馆1935年初版，"编辑大意"。

[6] 宗亮寰、周建人编校：《（春季始业）复兴卫生课本》初小第一册，商务印书馆1935年初版，"编辑大意"。

[7] 许用宾、沈百英编著：《复兴算术教科书》初小第五册，商务印书馆1935年293版，"编辑大意"。

[8] 赵景源、魏志澄编著：《复兴公民教科书》高小第三册，商务印书馆1933年初版，"编辑大意"。

[9] 吴中望编绘：《复兴教科书美术》高小第三册，商务印书馆1934年初版，"编辑大意"。

取的材料和所包的范围就应该以综合研究四个字来做标准,目的在于说明人类全部文化的演进"[1]。

第二,《复兴教科书》编制设计注重问题引领,以期养成自动研究习惯与能力。如初小社会"编制注重观察、调查、讨论、实验……工作,以期养成儿童自动研究的习惯"[2];初小卫生"课文前后,均有想和做的问题,以便儿童自动研究学习"[3];初小常识"第五册至八册,在课文前后,均有问题和作业材料,使儿童可以自动思考和实验"[4];高小公民"注重中心问题的研究,以便教师作大单元的设计"[5];高小自然"注重儿童的自动研究和实习"[6];高小历史"注重中心问题的研究,并于每一中心问题之后,附有综合比较等表格式问题,以资整理"[7],"趋重于中心单元的教学,使儿童获得一个事实或一个问题的整个知识,可以融会贯通,比较概括"[8];初中化学"所采的教学方法,以实验和发现为主"[9];高中几何学"轨迹与作图,最足发展学生探究发明的能力";等等。[10]可见,各科教科书及教学法都非

[1] 何炳松编著:《复兴高级中学教科书外国史》上册,商务印书馆1934年3版,"序言"。
[2] 马精武、王志成编著:《复兴社会教科书》初小第一册,商务印书馆1933年40版,"编辑大意"。
[3] 宗亮寰、周建人编校:《(春季始业)复兴卫生课本》初小第一册,商务印书馆1935年初版,"编辑大意"。
[4] 吕金录、宗亮寰、徐映川、韦悫编校:《复兴常识教科书》初小第五册,商务印书馆1937年进一步初审核定第26版,"编辑大意"。
[5] 赵景源、魏志澄编著:《复兴公民教科书》高小第三册,商务印书馆1933年初版,"编辑大意"。
[6] 宗亮寰、周建人、沈百英编著:《复兴自然教科书》高小第四册,商务印书馆1933年初版,"编辑大意"。
[7] 徐映川编著:《复兴历史教科书》高小第一册,商务印书馆1933年初版,"编辑大意"。
[8] 郁树敏、饶祝华编著:《(小学校高级用)复兴历史教学法》第一册,商务印书馆1933年初版,"编辑大意"。
[9] 韦镜权、柳大纲编著:《复兴初级中学教科书化学》上册,商务印书馆1933年初版,"编辑大意"。
[10] 余介石、张通谟编著:《复兴高级中学教科书几何学》,商务印书馆1934年初版,"编辑大意"。

常注重以问题引领自动研究。

结语

"民族复兴"观念可追溯到清末孙中山等提出"振兴中华"口号,[1]作为一种概念被系统地提出要后推到"九一八"事变之后。[2]当时,"忧时之士,深虑神明华胄将陷于万劫不复,于是大声疾呼曰'复兴!''复兴!'"[3]《复兴教科书》主张从中华文化传统中寻找民族自信力,形成民族精神的支点,提高整个民族的抗战凝聚力和文化认同感,并以其开阔的启蒙思维及视野,明确中华民族复兴肩负拯救人类公义和平之重任,展现了对中华传统文化的敬意与推崇。教科书是按照一定的目的,以文化信息为基本载体,有意识地确立文化标准的文本。[4]《复兴教科书》在中华民族最危机时刻积极确立全新的文化标准,成为抗战时期规模最大、影响极为广泛、有光有热的文化启蒙文本,展现了中华民族不屈的脊梁。

(作者单位:吴小鸥　宁波大学;
姚　艳　宁波大学)

---

[1] 参见黄兴涛、王峰:《民国时期"中华民族复兴"观念之历史考察》,《中国人民大学学报》2006年第3期。

[2] 参见郑大华:《论中国近代民族主义的理论建构及其过程》,《华东师范大学学报(哲学社会科学版)》2010年第5期。

[3] 吴剑:《复兴之基点》,《复兴月刊》1933年第9期。

[4] 吴小鸥:《教科书:本质特性何在?——基于百年中国教科书的几点思考》,《课程·教材·教法》2012年第2期。

向外输出：民国时期的《四库全书》出版研究

朱 琳

在大规模再版古籍的民国时期，古籍的文化资本价值被大量置换成了政治资本。该资源于民族危机严峻的20世纪30年代被大量运用到了国家与民族主体的现代建构上，于国际上成为塑造国家与民族形象的重要角色。《四库全书》（选本）[1]的影印出版，正是民国古籍发挥政治资本功能的典型事件。

一 作为象征符码的《四库全书》

大型古籍负载的是国家层面的权势与意志。在策划出版、编辑撰写以及流通与藏用过程中，往往倾动的是一个时代的文化生产能力，调动举国上下的文化、物质资源以及科学技术与艺能参与其中。[2]

---

[1]《四库全书》卷帙浩繁，规模巨大。以此为念，民国时的出版参与者决定自全本中筛选出罕传的书籍选印之，而非全印。关于选择哪些来印，是当时继选择库本还是善本来印之外的另一争论焦点所在，本文围绕这些争辩进入对《四库全书》的出版研究。本文出现的商务印书馆版《四库全书》，均指选本版［即当时所称《四库全书（珍本）》］，下文不再赘述。

[2] 仅以《四库全书》的编纂为例。乾隆任命的编纂总裁、副总裁，多为军机大臣、大学士、尚书、侍郎等高官；为《四库全书》设立的四库全书馆，前后有3位皇子、9位大学士、7位尚书、17位侍郎等参与了修纂；除大批政府官员外，四库全书馆还吸收了大批学者参与实际的编纂工作，不少为当时一流的学者。从四库全书馆正式开馆到第一部《四库全书》抄写完工，共有多达360余人参与了编纂工作，其中正总裁16人、副总裁14人、总阅官15人、总纂官3人、总校官1人、翰林院提调官22人、武英殿提调官9人、总目协勘官7人、校勘《永乐大典》纂修兼分校官39人、校办各省送到遗书纂修官6人、黄签考证纂修官（负责所收书籍文字考订的汇总工作）2人、天文算学纂修兼分校

有意思的是,从历史角度慎度,这往往造成一种由时间主导的物象异化至意象的剥离后果,即以经济资本和文化资本的消耗或汇聚,造就的反而并非经济的增长或文化的膨胀与繁荣,从长程的时间距离反视,最终的产物更多的是通过此二者转换成的具备多重象征意味的符号资本,指谓着一个国家、一个地域、一个民族、一个时代,甚至仅仅是一个帝王的意象。这恰又同某种溯源的驱动本意相符合,原初的动机可能正在于此。在时代将古籍的物质意义于时间的侵蚀中流失掉的同时,本身附载的权势、意志等政治意涵,则被放大、构化成一个民族与国家的可资利用的象征性财富,在功能上具备政治文化的身份认同意义。

《四库全书》为乾隆三十七年(1772年)赐名始筹,于五十五年(1790年)编纂抄写竣工,除底本外又抄录了七部[1]。每部抄本含括书籍3500多种,共计7.9万卷,3.6万册,约8亿字,分藏于文渊、文溯、文津、文源、文汇、文宗、文澜七阁内,分布于北京紫禁城、沈阳、北京圆明园、承德、扬州、镇江、杭州七处。

大型古籍的政治文化聚敛功能在《四库全书》上体现得很明显。在编纂、抄写、校订过程中调用了近4000人,前期的图书征集更是直接动用了国家机器施以行政手段,后期的藏用则又于南北建立七阁以藏储。整个出版编纂和流通发行过程,皆示人以国家工程之形象。这不但是对政治文化

官3人、缮书处总校官4人、缮书处分校官179人、篆隶分校官2人、绘图分校官1人、督催官3人、翰林院收掌官20人、缮书处收掌官3人、武英殿收掌官14人、监造官3人等。抄写工程则动用3800多人。时距18年,编成包括3500多种书的7.9万卷,3.6万册,约8亿字的四部丛书。《四库全书》前期调动国家机器进行书籍的征集,后期的藏用又在全国范围分设七阁馆储,在文化生产的物质建制以及执行分工上又皆各司其职,是地道的国家主导的巨型文化工程。参见[清]永瑢等:《四库全书总目》,中华书局2003年版,"卷首""凡例";李常庆:《〈四库全书〉出版研究》,中州古籍出版社2008年版,第10页。

[1] 据史家陈垣统计,每部《四库全书》总页数约为2291100页,八部加在一起,即有约2000万页的数量。参见陈垣:《文津阁〈四库全书〉册数页数表》,《陈垣学术论文集》第二集,中华书局1982年版,第34页。

职能的直接攫取利用,也制造出了为日后觊觎与利用的更为硕巨的政治文化功能。乾隆希望通过编纂《四库全书》达到的"古今数千年,宇宙数万里,其间所有之书虽夥,都不出四库之目也"[1]的目标,形塑了其日后"俾古今图籍,荟萃无遗,永昭艺林盛轨"[2]的文化意义。这种文化意味,于民国时期在政治层面则起到了垄断性的国家形象建构功能,释放出强烈的政治文化效用。

二 西方凝视下的民族国家建构渴望

近代中国以变乱频仍著称,思想上的"变乱"更是以思潮——潮退即散的方式"你方唱罢我登场",形成了流动的盛宴局面,始终不曾一以贯之。罗志田认为,如果将清季民国时熙熙攘攘的新旧思潮串联起来透视之,会发现一条潜伏的主线。这条主线便是民族主义。

夷夏思想、种族观念、排外、社会达尔文主义等思潮,在中外矛盾交叠与冲撞的背景下,暗流涌动着的是"通过以群体认同和忠诚对象的再确认来体现人我之别"[3]的渴求。[4]这股渴求的欲念通过清季以来中西间的"学战""商战""兵战"后,因为始终无法实现"送穷"和"退虏"的社会愿景,而更显焦虑。中日关系紧张局势日甚一日的1930年代中后期,将

---

[1] 弘历:《文渊阁记》,李希泌、张淑华编:《中国古代藏书与近代图书馆史料》,中华书局1982年版,第15页。
[2] 弘历:《谕内阁传令各督抚予限半年迅速购访遗书》(乾隆三十八年三月二十八日),中国第一历史档案馆编:《纂修四库全书档案》,上海古籍出版社1997年版,第67页。
[3] 罗志田:《近代中国民族主义的特色与反思》,《权势转移:近代中国的思想与社会》,北京师范大学出版社2014年版,第223页。
[4] 这股渴求当然由求异求胜的民族自豪感与彰显民族自信心的企盼所致。然而,在强敌虎视的国际环境矩阵中,荣耀感往往因不易得而渐遭遮蔽,扭曲为空无所属的民族自卑感,作为荣耀寻取源头的传统遂遭遇被异化甚至丑化的命运。由这种心理驱动而来的对"传统"的大加鞭笞、嗤之以鼻,是肇始清季至民国变本加厉的社会心理常态。而这与其他对"传统"进行整理和重新认知的活动,又恰构成空间上的并时性序列。实践与口舌上的南辕北辙,构成了极具诡论性的现象。

这股焦虑送至峰顶。

如果说以上的自我认知之急切，肇始于不请自来的西方参照与侵入，指向国际空间的竞争，属于客观激发而涌动，终归是被动所系。那么，另外层面的自我认知求取的动因，则明显归属于主动。甲午海战以降，尤其庚子义和团事件后，当时的清室人心丧失殆尽，皇权于一盘散沙的疲软中已成不可恃之物。故往有之的君象皇权的象征意表渐趋弱化以至沦丧，驱动着很多人殚精竭虑地四处寻求新的认同象征，客观上助燃了清季以来民族国家建构的热潮。

这一时期出现并持续至民初的纪年之争，几乎是上述两方面共同激发的自我认知的焦灼之体现。围绕以孔子或黄帝纪年的争论，[1]衍生并激化了"中国的文艺复兴"（the Chinese Renaissance）之论，其影响的余绪甚至绵延至1920年代的"整理国故"运动。在中国的"故"中觅索挖掘"代表中国"的形象，以维系统合过往经皇权凝合的人心与认知，最终固化民族共同体，成为"传统"于现代肩负的重大使命，内化为现代化建设逃脱不掉的议题。

承系自我认知之任的文艺复兴[2]和国故整理运动，从学理上也其来有自。大抵从清季肇始，时人迷醉于探讨学术与国家的关系，"国家"与"国学""国粹""国魂"之谓不绝如缕，黏连成固定关系，并在日后强化为"国"与"学"密不可分的"一荣俱荣，一损俱损"的接榫意识。盖"国必有学而始立，学必有粹为有用。国不学则不国，学非粹则非学；非

---

[1] 实际上，不论是孔子，还是黄帝，皆只是借取其意象以整合人心，加固民族聚合力的手段而已。

[2] 对欧洲中世纪末的文艺复兴（the Renaissance），清季民初时翻译不一，"文学复兴""古典兴复""古学复兴""文艺复兴"等皆有此谓。按罗志田的解读，不同的译法以及采用，背后皆有各自的立意和倾向。盖在清季民初对西方不甚了解的普通民众，多数为不能看或未看西文原著者，正是从翻译的字面意思去理解外来词的含义，许多更是从希望的角度去理解。这便给予翻译以很大的启蒙教化意义。参见罗志田：《中国的文艺复兴之梦：从清季的"古学复兴"到民国的"新潮"》，《裂变中的传承：20世纪前期的中国文化与学术》，中华书局2009年版，第83页。

732

学不国，其将何以自存"[1]，于清季以来固化为常识认知。寻求国家与民族的象征意表，自然下意识地从"学"上去吸收灵感，客观上也为故往的传统之学输送了现代的活力，更为古籍的出版打开了"不得不"的绝对根究。

胡适的一段话能更好地述解出上述于故学古籍行为倾向上的妙处。在阐释"整理国故"运动时，胡适说道：中国的大学"在世界学术上，尚无何等位置。要想能够有一种学术能与世界上学术上比较一下，惟有国学"[2]。换句话说，既然中国于现代的新式之学上追赶不上外人，那么如果在自我的"故"学上再没有什么作为与地位，则中国在"世界"上实际等于无足轻重。这个危机意识，既是对如何处理传统文化在国家、民族发展中的地位与作用这一现代化问题的直接回应，也促发了于现代化建制中安置传统的有益尝试。它既是行为的逻辑起点，也是行为的落脚处，具备原因与结果的互构属性。这也是为何新文化运动时"温故知新"的主张依旧强势不退，1930年代外敌入侵时还念念不忘古籍的出版，以至于1940年代还在讨论"古学复兴"的极重要原因。

客观上由中外竞争与外敌入侵导入的国家危机，和主观上求胜求异的民族自立自信的荣耀动机，二者双向的疏导，既成为现代民族国家建构的机由，也造就了承载"传统"物化实体的古籍于民国的兴盛之运。民族国家的建构需要士人努力于山河颓势间寻找全民族共同认同的象征之物，也更加需要具备现代属性的新旧兼容的"道统"固合民族共同体。这构致了古籍很有意思的民国状态——看似它同西学并行，实际上却是被西学的终极命题——现代化包围主宰，它在民国的步履中注满了西式的命题，走上了被西化浸染的道途。在此前提下，古籍在民国的出版，更多行使的便不

[1] 邓实：《国粹学》，《政艺通报》1904年第13号，转引自罗志田：《包容儒学、诸子与黄帝的国学：清季士人寻求民族认同象征的努力》，《裂变中的传承：20世纪前期的中国文化与学术》，中华书局2009年版，第35页。
[2] 胡适：《再谈谈整理国故》，许啸天辑：《国故学讨论集》第一集，上海书店2016年版，第22页。

再是通过自身的文教属性以加固本尼迪克特·安德森所谓的"想象的共同体"之用。实际上从反向上推溯，因为被现代化攫取和需求的是其符号价值，古籍在民族建构等现代命题的压迫下，为了适应自己于中国政治、学术、思想上的象征效用，在借助印刷技术重复性的复制自己的象征属性之前，需要不断对其自身进行符合现代化自我认知的重组与重构。这种工具性的自我要求，导致并强化了古籍被不断改造以适应新生的回收命运。

西方带来的现代化，如同福柯在《规训与惩罚》中描述的边沁圆形监狱一样的全景敞视建筑，具有一种纪律性的定位威慑力，弥漫着置身其中便摆脱不掉的凝望与监视。在福柯的分析中，监察凝视以期盼监视者的责难这种具备否定和自我毁灭意味的逻辑构成[1]。具有诡论性的是，欲求自我责难却造成了积极的逻辑反向后果——自我的改进与新型自我的强化。"现代"的凝视，不动声色中迫使被凝视者主动进行自我训诫。同时，正因为凝视源头以及目标的明确性，它也显示了一个需要被看的焦虑，成全并加速了自我的实现。换句话说，"他者"既是模仿的参照，也是中介及鞭策者，构致成了推进自我实现的利器。古籍在西方现代性建构的凝视下，以面向未来为导向的自我审视与机械复印式的自我繁殖，正对此意。

如果现代性的到场必然带来焦虑和不安的话，借着古籍出版去实现一个中国主体性，可能使其间的运作过程更为复杂[2]。

---

[1]〔法〕米歇尔·福柯：《规训与惩罚》，刘北成、杨远婴译，生活·读书·新知三联书店2007年版，第226、236、245页。

[2] 彭丽君：《哈哈镜：中国视觉现代性》，张春田、黄芷敏译，上海书店出版社2013年版，第69页。

三 《四库全书》的影印与民族形象的塑造和输出

"从帝国[1]到国家的转变,从一开始就伴随着民族身份(identity)的争论。"[2]这其中指涉的意味关乎两个层面。其一,从处于新的政治文化环境里的个体生命来看,他们面临的是如何在既有的共同体认知崩解的境况下,去适应并接受一个新的共同认知的身份建构问题。其二,如果放大至民族和国家的全景层面,那么就面临着一个如何向世界中众多的"他者"展示人我之别的民族身份和民族面貌的问题。二者当然是在递进的勾连中,进行互构与塑造的关系。

在民族建构的时代洪流中,《四库全书》的出版在现代性命题的挤压下,需要整合两个层面的意识建制:其一,个体生命对其的认知确信;其二,民族整体对其的集体认同。二者呈表里之系,互为建构,其一推动着其二的形成与固化,其二反之强化其一的认知。不过,令时代略感意外的是,这两个层次的意识互构,对作为自故去迤逦传流下来的地道的政治文化意涵象征的《四库全书》来说,并不具有题中应存之义的挑战。盖《四库全书》自乾隆生产策划之时起,"文化渊薮"的自我赋值便被有意识地内置化,成为《四库全书》随时间愈加固化的身份标签。至民初开始计划再出版《四库全书》前后,这种沾染着朝堂色彩的整体性文化认同已然向下舒展至市井之中,同个体生命发生了日常的关联。

1922年3月下旬至4月上旬,上海《申报》《时事新报》和北京各报

---

[1] 根据罗志田的解读,清代以至溯往的中国各朝历代,皆以"无为而治"的小政府大社会的模式治理,对外则奉行"修文德以来之"的政策,不存在术语上"帝国"的指谓特征。杜赞奇等西方学者对中国的王朝认知大抵承继西方的"帝国"叙述,从大而化之的认知上存在这种先入为主的伪概念。不过,杜赞奇于此主要强调的是,从以君权为号令的国体政体,向现代化的国家形式转变过程中,必将因君权的解体带来认同的危机,需要寻求一个凝合力以密聚拢全体社会。参见罗志田:《国进民退:清季兴起的一个持续倾向》,《权势转移:近代中国的思想与社会》,北京师范大学出版社2014年版。
[2] 〔印度〕杜赞奇:《历史意识与国族身份》,《杜赞奇读本》,林盼盼、冯盈、曹艺馨译,南方日报出版社2010年版,第120页。

被一则新闻占据半月有余：清室为纾积困，和措办废帝宣统的订婚之资，拟将储存奉天的《四库全书》以120万元之价出售于各国有意购买之使署。这条处于计划之内的消息，未加证实，便引爆了国人对《四库全书》的再认知大讨论。这个基于认知的讨论当然并非啁啾于其文化身份的质疑，实际上的关注点在于其物化层面的所属权问题。舆论认为，包括《四库全书》在内的"禁城宫殿及所藏之图书古物，皆系历代相传国家公共之产"[1]，为"本国有之物，非清室之私物也"，"清室负保管之责"，其计划贩卖之行，"此于本国文化有绝大之关系，论其盗卖之罪实不减于卖路卖矿"[2]。清室的"罪责"已经被扩延至国家主权和经济卖国的视阈，并且，"毁弃宝卖书，贻民国之耻辱，抑且盗窃公产"，"务须向盗卖主明者，向法庭提起诉讼，科以应得之罪"[3]，还处胎腹之中的贩卖计划，已然被口诛笔伐要求法律介入算账。这之中的意味悠荡，实不输波澜之壮阔。

《四库全书》作为乾隆朝由朝堂主导的规模宏巨的文化工程，加诸成书后藏诸南北七阁的藏通行径，均指向束之高阁一途。这纵然给予民间以某种国家文化宏富的符号印象，终归是徒有其名而无其实——作为一种深锁七阁的意象，《四库全书》被禁锢的实体和实际所容纳的文字意涵始终疏离于普通民众之上，不为民众所查和所能查，同民众的日常勾连微乎其微。这种关系在民国依旧未得化解，甚至有不减历年之势。1933年，围绕《四库全书》影印而生发的用库本还是善本的"选本之争"，口水战蔓延大大小小的报纸杂志。当时为影印合作方之一的中央图书馆，其下属之筹备处处长蒋复璁，被攻击得颜面尽失。蒋为配合教育部联合商务印书馆的影印壮举，连续在好几个媒体上发文宣传《四库全书》，称"《四库全书》珍本，计有文津、文潇[渊]、文溯、文源、文汇、文宗、文澜七部。前四

---

[1] 沈兼士等：《为清室盗卖〈四库全书〉敬告国人速起交涉启》，《北京大学日刊》1922年4月20日第1005号。
[2] 老圃：《北京之大骨董店》，《申报》1922年4月7日。
[3] 沈兼士等：《为清室盗卖〈四库全书〉敬告国人速起交涉启》，《北京大学日刊》1922年4月20日第1005号。

部均朝廷宫苑所藏,谓之内廷本,其册页甚大,抄写精工,纸张亦佳;后三部为民本,系民间庶人所珍藏,册页较小,抄写纸张较逊内廷本"[1]。这句捎带常识性的介绍语,旋即被众人揪住批驳。除对"文澜"一阁予以绝对的指正外,对其"内廷本"和"民本"更是语带讥讽,称自《四库全书》出,只有"北阁本""南阁本"之称,从"没有'民本'这个名词,亦不知道'南三阁'原来是'民间庶人所珍藏'"。虽然"乾隆五十五年因南三阁全书已陆续颁发藏庋,特下诏许该省士子,有愿读中秘书者,需呈明道阁钞阅,但不得任其私自携归,以至稍有遗缺夫",但是"自天子至庶人,其间阶级重重,不晓得满清的臣民以何资格珍藏皇家开馆钞写而成的书籍?且中国人口多头,这三部书如何分配"?并猜测,"大概蒋君见过阮元的《浙江四库提要跋》有'士林传布,家有一编'的话",便作"《四库提要》为《四库全书》"的"贻笑大方之妄谈"[2]。"完全无稽"的"蒋君所谈",在当时恐怕并非孤例。以当时蒋复璁的"图书馆专家"身份,竟出如此"普通常识还没有完备"的言论,可想而知普通民众于此的常识储备层次[3]。《四库全书》在当时市井中的认知由此可见,这也正从侧面印证了《四库全书》通行民间的仅仅是一种文化象征意表的身份事实,民众与其的关系始终徘徊在"知其然,不知其所以然"的状态,连一知半解也遑论。

  这也解释了为何到了民国,当听闻清室对《四库全书》的"盗卖"之举,民众的激愤心理竟不是来自于文教层面上可能会带来的文化劫难,而是痛惜于物质层面即将造成的经济损失,将《四库全书》"古董化",同"路权"和"矿权"相提并论。这当然涵揽程度之重的意味,指向问题的严重程度;但是,这同时也清晰说明了民众对其的认知饥渴因长期的无人

---

[1] 蒋复璁:《文化史新纪元:〈四库全书〉翻印》,《申报》1933年6月12日。
[2] 王和:《谈谈所谓〈四库珍本〉的选目》,《申报》1933年7月19日。
[3] 当时的时评、新闻消息,甚至书信往还、政府敕令述及《四库全书》时,均连篇累牍地大书特书《四库全书》的常识性介绍信息。这当然不排除为作文之所需,但这种集中式的反复性信息轰炸,不唯指向《四库全书》的宣传需要,更加昭示了《四库全书》实际与民众的疏离。

回应，已然溢出了文本的范畴，只能转向于物权层面。这里面有可喜之处，即虽然是物权层面的认知所系，无论如何，《四库全书》确实同民众发生了切肤之联系，使它成功摆脱了深陷意象性存在的抽象身份。在现代化的民族国家建制中，民众生出了民权认知，在《四库全书》上发现了"国有"的色彩，认识到古文化的民主性，为全民所共有，而非一朝天子所持私物。《四库全书》庙堂之高的意象性色彩在民族国家的建构下被打破，生出了江湖之亲近。

从逻辑走势上判断，既然整体的民族认知不存在再为塑造的必要，那么灌溉个体民众的文本认知当然成为影印《四库全书》首要之举。换句话说，影印普及《四库全书》以便"嘉惠士林"是为当务之急。令人意外的是，这非但不是民国影印《四库全书》的目的，揆诸当时出版的各个环节，其所走的路途一直刻意避开并远离这个指向。

民国以降，《四库全书》出版计划屡辍屡起，十余年来历经五次提案，[1]至1933年，终于在南京国民政府教育部和商务印书馆的合同签订中步入影印再版之正轨。之后，围绕"库本"和"善本"之争，以及其他聚合于选印、销售方法等面向的论辩，掀起了舆论界的轩然大波。这场波澜，将成为其"剑走偏锋"之路的几近完美的脚注说明。

教育部连同中央图书馆，以及商务印书馆，此当事双方[2]决议以影印的方式选印《四库全书》，[3]即以乾隆时的库本影印之，以原貌展现《四库全书》。这个决议遭到以北平图书馆为代表的平、津、沪三地版本学专家的强烈反对，北平图书馆派认为《四库全书》"成书于专制帝王之私

---

[1] 另有研究认为，民国共经历九次出版提案。参见李常庆:《〈四库全书〉出版研究》，中州古籍出版社2008年版。

[2] 当时还处于筹备状态的中央图书馆为教育部下属机构，于实际操作中代为接洽商务印书馆影印事宜。

[3] 如上文所述，《四库全书》的卷帙浩繁与规模巨大，常令晚清至民国的全本出版计划望而却步，最终以自库本中筛选罕传书籍的选印方式实现再版。某种程度上，这也投射出了内忧外患中晚清民国国力的疲弱。

意，毁禁所余，仍有删改"，"脱简遗文，指不胜屈"[1]，"有恶其内容不雅驯者……有恶其行文多忌讳者……凡明人制夷御侮之作，多加删落……此外宋元人文集奏议中精粹语，为库本失书者，又何止千数，而卷数之增前倒置，序目之刊落改削，更无论矣；有据残本入录而原书尚存天壤间者，有据辑本入录而所辑实未完善者，凡此种种，目录学家类能言之"[2]。于是乎，"未存古书之面目"，则"以善本代替库本"当为善莫大焉之举。否则，"刻书而书亡"，脱不了"贻误后人"[3]之责。

以北平图书馆为代表的善本派，核心意念当然出自对文化学术的呵护。这就不难理解，当他们发觉无力回天时，说出如果不按照善本影印，那么"书能济世，始有价值，无价值之书，即令绝版，有何可惜"[4]这有些许意气之断的话语了。

作为承印的当事双方，教育部和商务印书馆对善本派的回应，则所作多妙。双方在回应董康等善本派基于学术考量上的"穷追猛打"时，皆承认"《四库》所收，非尽善本，且有残缺讹误，无庸讳言"。二者所出言论，除了时任教育部长的王世杰在"残缺讹误，无庸讳言"二句之间多了"确属实情"四字外，其他均一模一样。统一的口径，显然来自事先作好了的商讨。商讨的更加明鉴处在于，当事二者都认为选印库本和选印善本应当分作两概，不应缠绕于一事上做千头万绪之争。对此，王代表教育部表态道：如果"以库本与刊本并印，则与普通丛书相同，恐与此次印行《四库》存其真相之原意，似属不符"。此外，"印行《四库》底本[5]，亦属要举，不妨并行，北平图书馆年来搜藏善本，蔚为巨观，又与各藏书家多

---

[1] 蔡元培、袁同礼：《呈教育部函》，引自编者：《最近关于景印〈四库全书〉之文献》，《浙江图书馆馆刊》1933年第4期。

[2] 董康、傅增湘等：《呈教部之建议书》，《申报》1933年8月13日。

[3] 编者：《最近关于景印〈四库全书〉之文献（续前期）》，《浙江图书馆馆刊》1933年第5期。

[4] 《不必影印〈四库全书〉》，转引自田炯锦：《再论名流与景印〈四库珍本〉》，《时代公论》1933年第26号。

[5] 此处"底本"，应为善本之意。

有联络，可以商借付印，则关于筹印《四库》底本事宜，可否即请平馆担任，如荷同意，即乞妥拟计划，报部备案，闻商务印书馆，亦乐于担任，是则印刷之事，亦不甚难也"[1]。作为承印方代表的张元济也以为，选印库本和选印善本"兹二事者不妨兼营并进，而不必并为一谈"，并承诺，"于印行库本外，所有公私善本，允假敝馆影印者，苟于照相制板技术上认为可能，极当勉力承印，与库本并行不悖，此则敝公司愿竭其绵薄，而与各学术团体及学者通力合作者也"[2]。

王、张代表的当事双方，为善本派创设了学术出版的新机会，姑且不论日后是否实行，无论如何是掐断了善本派的声讨之路，此为其一。其中隐含的更为重要的信息在于，它暴露了《四库全书》出版的真正意图，即眼尖的时人认知到的——"南京政府发起影印《四库全书》是'为印《四库全书》而印《四库全书》'，不是'提倡学术而印《四库全书》'"[3]。这句话被时任上海大夏大学国学系主任的陈柱尊说得更为透切："既名为选印库书珍本，则自当以库本为范围，俾世人得窥库书之真面目。若别择古本善本以代之，则不得冠以四库之名，且往时商务印书馆曾影印《四部丛刊》《续古逸丛书》及发行《百衲本廿四史》之预约，此等书随海内人士或商家自由搜辑刊行可耳。既非取自官本，无须与政府订立约章，亦无庸公开讨论。今之所以与政府订约，受公开之讨论者，正以为采自国家所藏之《四库全书》耳。舍四库之本而不刊，则为佚出题外之文章。"陈更以比喻奥援库本派，认为"影印古书，最要是不许失真。譬如影印古画，即有损坏虫食，亦不妄填一点，妄加一笔。故所影印之书，即有错字，亦不宜改。诚恐浅人或以不误为误也，故影印古书，第一不得有意填改，第二又须防其无意之错误，因影印时字画不真，制版时往往误改"[4]。

---

[1] 王世杰：《教育部部长复蔡袁二君函》（1933年7月19日），《广州大学图书馆季刊》1933年第2期。

[2] 张元济：《影印〈四库全书〉往来笺·张菊生致袁守和书》，《青鹤》1933年第20期。

[3] 邺：《反对影印〈四库全书〉》，《正论周刊》1933年第28期。

[4] 陈柱尊：《陈柱尊对于影印〈四库珍本〉之意见》，《申报》1933年9月7日。

至于政府主持、商务印书馆承印的影印活动,为何"一意孤行"非要"为印《四库全书》而印《四库全书》",则是更加耐人深思之处。这股决绝的意志需要非常强硬,才能招架得住在报章中你来我往的各路质疑。当时的主事双方,不只是要面对"选本之争",从占据1933年大众媒介大幅版面的巨量文章内容看,国家教育部和商务印书馆面临的阵势大似"舌战群儒"。按照当时任职中央编译馆的郑鹤声的总结,其中有四路"敌人"需要二者同时顾虑到:除最为势均力敌的"改用善本并变更承印办法"的善本派外,还有"不必印行"派、"委曲求全共促实现"派和"各行其是无庸竞辩"派[1]。后二者观点左右逢源,不必细究,"不必印行"派的观点则大有意趣。

"不必印行"派的"不必印行",当然并非真心实意反对印行,大有赌气的意味鼓胀其中。此派号称"平民立场",既不要肃清和完善学术问题,也不要保留古物原貌,他们的意向在于要使《四库全书》的再出版实现"实际化"和"普遍化"。"实际化"和"普遍化"的口号则附丽脱胎于"现代学术之特性,为实际化、普遍化,惟实际乃能普遍,惟普遍乃能收效"的认知上。鉴于此,在自树的"《四库全书》全书已失时代性,无裨现代学术"的旗帜下,威吓"不必影印";接着话锋一转,"即欲影印,应依现代学术之性质,为选印之标准"[2],大有以退为进之意。大概是要用激将的办法扭转局面,朝有利于自己的方向执行影印出版工作,最后的落脚点便自然落在了发行销售上,即"主张选择佳作,单独刊行",反对"整部发售"和"不许零售"。他们认为"照原书大小影印,每部所费当在万金左右,即为缩小版本,每部亦需二三千金",再加上不许零售的话,则是中产亦不能胜者,并质疑"谁能有此购买力"[3]。先不表国家教育部和商务印书馆对其的置睬,有意思的是,此派的平民立场恰好和1920年代的

---

[1] 郑鹤声:《对于影印〈四库全书〉舆论之评议》,《国风月刊》1933年第6期。
[2] 《不必影印〈四库全书〉》,《北平晨报》1933年8月20日。
[3] 事实上,影印选本的整部价钱并非如此之多,按照商务印书馆的广告,初集出齐后实洋为775元。此处耸人听闻的夸张,其来有自,当然以服务派别主张为念。

741

《四库全书》"国有化"认知一脉相承,遥相呼应《四库全书》已入民间的现代处境。这的确考验政府管理传统以适应现代环境的能力,而且也反映出对传统进行有效管理的民众呼声变得愈发迫急。民众此次对《四库全书》"实际化"和"普遍化"的呼求,便是对上文讨论过的对《四库全书》文本内容的求取,也自然是对不满足于浮于物权表象认知的因应。这种对文本充满好奇、意欲一睹为快的诉求,却偏偏被当事双方刻意避开。换句话说,在《四库全书》事实上已然全民共有,并被赋予现代属权意识的时刻,自平民立场对《四库全书》文本的主动呼求则被视而不见,国家对传统的管理朝民众并不乐意接受的方式上行进。

如果说库本和善本的"选本之争",无意识间撕揭扯开了蒙蔽于现代性上的原初编纂意图,[1]紧接着在竞争中逼迫主印者暴露了现代影印《四库全书》的真相,于实际上并非"选本之争"那么简单的话;那么,出自平民立场口是心非中"不必印行"的"必须印行",其间纠葛的复杂性当然远胜表面上的"单本销售"与"整部发售"之争。这涉及国家管理传统的现代方式与传统被回收再利用的现代属性嬗变问题,更深层上,也反映出当时的文化现代性建设必须让步于处于权势地位的民族主义话语建构的事实。

教育部同商务印书馆看似为承印此次出版活动不可分割的一体两面,实际上商务印书馆却并非如想象中那样真的是合同中各具自由的主体,它更多扮演的是服从者的角色,绝非甲乙对等的经济角色。还在处理库本与善本之争时,从张元济拿"二十余年来先后辑印《续古逸丛书》《四部丛刊》《百衲本二十四史》"皆为百般搜求到的善本为例来郑重申明商务印书馆并非不愿意访寻善本以飨士林的态度上能轻易看出,商务印书馆畏葸的并非善本之难求,而是这种被动服从地位的不可抗拒性。这种非影印库本

---

[1] 在善本派代表董康等的不断宣介中,"此书为乾隆一家之言,皆于清代无抵触者。尊君抑臣,教忠作孝……著录及存目,尚不及毁变之多"成为一种常识公知,加诸当时更有论者认为"(《四库全书》)库书乃高宗愚天下之书",并非"学者求知识之书"等的言论,对解构库书的迷信,当然具有发覆解蔽的启蒙之效。

不可的态度，自然宰制于以教育部为代表的国家意志。从所签订的合同内容也不难看出，商务印书馆于其中的位置也仅是按政府订立的合同办事的印刷出版者而已。[1]那么，作为影印《四库全书》出版活动绝对主宰者的国家，其影印库本不可动摇的意志究竟因何而起呢？

1933年，当事双方签订了关于影印的契约。合同第八条规定："各书由乙方按实际印行部数，以十分之一赠与甲方，专供赠送各省市图书馆及国际交换之用。"这句轻描淡写的话语，却隐隐浮现了政府"非影印库本不可"的意志源头。

20世纪30年代的中国历史，以1931年的"九一八"事变和1932年的"一·二八"事变开篇，国家与民族灭亡的恐惧，攫取了这个时代中国的绝对心理，也奠定了整个1930年代的基调与底色，更将现代民族主义话语送上了绝对的权势之位。作为符号意象饱满、政治意涵浓烈的文化遗产，《四库全书》自然被送上时代的眼前，成为抗争和消解这股恐慌的得力手段。

之前的整个1920年代，同商务印书馆合作再版《四库全书》一事，曾先后四次被提上出版日程，结果都不了了之。1920年代的不了了之同1930年代的势在必得，《四库全书》的时代遭际之不同一目了然。然而，有意思的是，若对比分析两个年代的影印条件，则恰好呈现某种条件与实践相错位的诡论性。前四次所处的历史背景，虽然军阀混战内乱不断，政府如走马灯般你方唱罢我登场，内部不如1930年代南京国民政府一统天下的安宁，然而在同外部的关系上却也有着1930年代比拟不了的优势——这一时期，亡国灭种的危机并不显著。总体上，1920年代中国的局势以兄弟阋于墙的内部争斗占据主流。对影印更为有利处在于，这一时期的商务印书馆正处于蒸蒸日上的全盛时期，出版实力不可小觑。而1930年代签订

---

[1] 二者签订的契约共12项，单以"各书纸张，用手工连史纸，或毛边纸"之第五条关于纸张的择取也由国家厘定一事，可以想见此次影印《四库全书》中国家的绝对主导权；商务印书馆作为承印方，附和服膺的身份一览无余。对此舆论常见打抱不平者，叹息商务印书馆何苦来哉。

合约时的商务印书馆则元气大伤，刚刚经历"一·二八"事变的轰炸，厂房、机器、纸张等诸方面损失惨重。"此次教部以印事见委，敝公司灰烬之余，虽喘息未定，不敢稍有推诿"[1]，张元济的坦诚正是商务印书馆承接影印《四库全书》时真实境遇的如实叙述。无论从哪个条件上推导，1920年代比之1930年代的影印条件都更为优渥，1930年代的影印相形之下不免勉强，且极具仓促意味。

这个仓促，从反面则更为直观地接应了对外构建并强化民族主体形象的强烈愿景，也体现了借助传统塑造民族特性的现代国家建构的要义。1930年代的外患危机，将民族和国家的灭亡感拔置到了令人不安的程度，驱动着政府自国家和民族的层面向外输送并强化自身特性的行为，以期加固自身国际形象的独立性。政府所持的意识，从合同签订中对意图的婉转表达这一点看，即显然未曾刻意向舆论渗透。然而，揆诸当时的大众媒介，民众虽不明察此意，却隐然与之有切肤之感。这一时期支持政府以库本原貌出版选本版《四库全书》的舆论，皆动辄谈论局势的危亡，并以此作为支持选印库本的论据："东北所藏者，现既随河山失去，而北平及杭州的不焚烧于日寇飞机炸弹之下者，真属万幸。此次北平的文渊阁《四库全书》，随着古物避难到上海，教育部趁这个机会，委托中央图书馆筹备处，与商务印书馆订立合同……这样不费一文而与文化有功的事情，我想就让教育部多作几千百件，别人安有置喙的理由？"[2]"今于国难严重之际，当局肯分精力，注意景印库本这件事，已使人不能不承认现在教育当局，较诸民十三及民十五时，实系此善于彼"[3]，"以现在飘摇不定之时局，对此问题，安可令其迁延下去？"[4]这样的认知，所在多有。这个影印的逻辑起点，加诸合同中以"国际交换之用"暗示的出版意图，皆在出版后的流通发行去向上实现了落脚。

---

[1] 张元济：《影印〈四库全书〉往来笺·张菊生致袁守和书》，《青鹤》1933年第20期。
[2] 田炯锦：《名流与景印〈四库珍本〉》，《时代公论》1933年第23号。
[3] 田炯锦：《再论名流与景印〈四库珍本〉》，《时代公论》1933年第26号。
[4] 郑鹤声：《对于影印〈四库全书〉舆论之评议》，《国风月刊》1933年第6期。

向外输出：民国时期的《四库全书》出版研究

1934年，甫一出版的《四库全书》便被拿来于上海举办的国际图书馆展览会上亮相。此次参会者分布于世界"都十六国……如美之国会图书馆、德之柏林图书馆、英之博物院图书馆、法之巴黎图书馆、瑞士之国立图书馆、意大利之那波里国之图书馆、丹麦之民众图书馆等"[1]。有备而来的中方自陈道："中国国立中央图书馆特陈立商务印书馆出版之《四库全书》影印本，尤有生色。"[2]寥寥几句的新闻报道，作为主体与主角的图书馆一概未被述及，却专辟篇幅谈述与此活动瓜葛不多的《四库全书》，此中深意指向何处已不言自明。

此外，分四期出版的《四库全书》于第一期印刷甫一完工，便早早被教育部"为国际交换沟通文化起见"，拿去做"赠送欧洲各国著名图书馆八处，每处各赠一部"[3]的允诺；到出版了三期还有一期未完时，便急急"装箱，分寄驻在欧洲之我国领使馆，请转前指定赠送之各国著名大学或国家图书馆"，并因"闻德国因佛郎府设有中国学院"[4]，主动赠送德国两部。捐赠国际联合会图书馆时，因"陈列日内瓦，以供国际人士阅览"之故，亦专以"四库精本之影印本"[5]自称。政府而外，作为出版者的商务印书馆，于国际性的民间交流时，也主动承担起了捐赠之务——1935年，商务印书馆在交流活动中，赠送了法国公益慈善会"最近出版的《四库全书珍本》一部，作为中法文化继续交换的一个纪念"[6]。捐赠之外，海外亦不乏主动订购者。如还处于预售阶段时，美国国会图书馆和哈佛大学图书馆便成为最早一批公开的预订者[7]。

《四库全书》通过符号繁殖展示民族形象的成功，不得不让人导源回味1920年代的影印出版计划。有意思的是，反观所存的史料文献，会发

---

[1]《世界图书馆展览会今日开幕公开展览》，《申报》1934年10月10日。
[2]《中国国际图书馆主办世界图书馆展览会》，《申报》1934年10月12日。
[3]《教部赠送欧洲各国图书馆〈四库全书〉》，《申报》1934年12年31日。
[4]《教部赠送欧洲各国〈四库全书〉》，《申报》1935年6月7日。
[5]《〈四库全书〉精本赠国联图书馆》，《申报》1935年5月5日。
[6]《法赠东方图书馆书籍，昨举行赠受典礼》，《申报》1935年6月7日。
[7] 商务印书馆：《〈四库全书珍本（初集）〉订户》，《申报》1934年4月24日。

745

现1920年代计划再版《四库全书》时的逻辑驱动，竟同1930年代如出一辙——出版意图极为青睐民族建构的话语，宣传话语同样不乏"发扬国光""复兴民族利器"之词。

1919年，时任北洋政府交通总长的叶恭绰于欧美考察并参加巴黎和会归来后，向徐世昌呈文西方重视东方文化，并尤为钦羡《四库全书》事。鉴于"中外人士多有以印行为请者"[1]，"政府为发扬文化起见，拟将《四库全书》刊印，公之世人"[2]。同年，法国前总理班乐卫来华，"代巴黎大学丐此书一部"[3]，并向中国政府进言"世界各大学，可遍设《四库全书》书库"事[4]。于是，政府决定每年补助2万法郎在巴黎大学内设立中国学院，作为海外人士研究《四库全书》之场所，并拟以180万法郎在巴黎大学中国学院内建筑四库图书馆以贮藏《四库全书》[5]。1921年，朱启钤赴法交流并顺道至欧美其他国家和日本时，郑重携带《四库全书简明目录》（此《简明目录》仅有类别、书名、卷数、著者四项，与现行附有每书说明者的《简明目录》不同）及文渊阁藏书内影彩图12幅，赠送各国元首及各大学图书馆。时人认为此举在于"图谋销售预约"[6]。1929年，《四库全书》的再版亦"曾一度倡议，我国并在国际联合会大会中，公开宣布，俟翻印

---

[1] 徐世昌：《大总统令》，《教育公报》1920年11月17日。
[2] 《〈四库全书目录〉将印发》，《申报》1921年2月24日。
[3] 张崟：《文澜阁〈四库全书〉史稿》，《文澜学报》1935年第1集。
[4] 《商务印书馆之伟举：备资一百余万翻印〈四库全书〉》，《科学》1924年第1期。
[5] 《班乐卫与中国》，《申报》1920年10月31日。
[6] 杜定友：《〈四库全书〉述略（二）》，《南洋季刊》1926年第2期。
[7] 刘乃敬：《文化史上一伟大工作——影印〈四库全书〉》，《时事月报》1933年第2期。事实上，商务印书馆在《四库全书珍本初集》缘起中也不乏类似的外人眼光——"法国总揆班乐卫博士，有播通中西文化之大计划，纠合各国大学校设立中国学院，研究刊行传播《四库全书》，并择要翻译。现已成立者，法国之外，有英、美、德、奥、义、比、波兰、捷克八国，大抵硕学通儒为之倡率。日本以同文之故，尤为注重，彼都图书馆有以重金录副之议。近来退还庚子赔款，设立文化局，刊印是书之说，一倡而百和。其为东西各国所引重也若是"。以西方为参照，将西方的凝视视作审视自我、实现现代自我的绝对工具和途径。作为影印主体的商务印书馆，在缘起中竟也郑重将西方

后与各国交换刊物"[7]。

于外来参照中反视自己，并在西方的凝视中建构自我，拿传统之物重塑自我形象，以上种种，可见草蛇灰线间西方视角的明晰亮丽。20世纪20和30年代，时代虽异，而意图相通，建构现代性自我的焦虑，在中国呈一脉相承之势。如果深究中国面临的国家民族形象的现代建构命题于两个时代呈现什么相异之处的话，那么毋庸置疑，由于西方[1]的凝视更加具有攻击性，1930年代更显焦虑，以至于不予理睬学术现代化的呼应，以机械复制传统符号的方式强化自我实现自救。其缺乏1920年代的平和自得，仅从其愈加重视《四库全书》的政治文化意涵身份以最大化地利用其作为政治性工具这一点来看，即为不容抵斥的明证。

（作者单位：华东师范大学）

对《四库全书》的意见导入进来隆重宣介，可见当时舆论认知与宣传推介中的共识之所在。参见商务印书馆：《影印〈四库全书珍本初集〉缘起》，《广东国民大学图书馆馆刊》1933年第2、3期合刊。

[1] 日本于中国一直被视作西化的榜样。在中国的语境内，与其说西方是一种空间地域范畴，毋宁说是一种具有象征意味的整合性建构。日本作为中国接受西化的重要中介，身上的"西方"意味十分浓烈。

1949年前商务印书馆的英文出版探析[1]

张志强、黄　芳

今年是商务印书馆成立120周年。在近现代中西文化交流史上，商务印书馆不仅通过出版汉译西方名著广泛引入西学，推动中国文化现代性建构与转型；同时，还以全方位的英文出版形式引入外国新知，传播中国文化，促进中西文化双向交流，对当今中国出版走出去具有一定的借鉴意义。

一　选题缘起与学术史回顾

商务印书馆以英文出版开拓中国近现代出版新空间，并以积极姿态沟通中西文化，尤其是自主传播中国文化，体现出作为中国出版重镇更为开阔的文化视域与更为鲜明的文化主体意识。本文以1949年前的商务印书馆英文出版为例，探讨商务印书馆在这一领域的贡献。

20世纪80年代以来，学界探讨商务印书馆的文化贡献大多建立在中文书刊出版的基础之上，有关英文图书出版的研究成果较为有限，且多属于历史回顾类论著。汪家熔的《商务印书馆与英文书籍》(*The Commercial Press and Books of English*)梳理了商务印书馆创办初期出版英语学习类图书的历史，指出"我国各类英语学习用书的出版，以它为最早"[2]，并简要

---

[1] 基金项目：本文系国家社科基金项目"20世纪上半叶中国自主出版的英文报刊研究"（项目编号：15BTQ042）、"中央高校基本科研业务费专项资金资助"（Supported by the Fundamental Research Funds for the Central Universities）成果、江苏省政府留学奖学金阶段性成果。
[2] 汪家熔：《商务印书馆与英文书籍》，《英语世界》1982年第1期。

介绍了《华英音韵字典集成》《实验高级英文法》等数种深受读者欢迎的英文图书。在其另一篇文章《商务印书馆英语辞书出版简史》[1]中，汪家熔简要回顾了商务印书馆英语辞书的出版历史及其代表性图书。邹振环在《创办初期的商务印书馆与〈华英初阶〉及〈华英进阶〉》一文中，探讨了商务印书馆创办初期出版的《华英初阶》和《华英进阶》的编辑特色及文化意义，指出它们"不仅是近代中国人自编的近代英语教科书的发轫"，而且"参与了中国近代思想文化演变的过程"[2]。此外，陈应年、徐式谷的《商务印书馆百年前印行的英语读物、辞典和翻译出版物》[3]、张英的《启迪民智的钥匙——商务印书馆前期中学英语教科书》[4]、汪瑞的《近代商务印书馆出版的英语教育图书初探》[5]等论著简要梳理了各种英语学习类读物、教科书、字典及辞典等英文图书的出版历史。上述论著大多关注商务印书馆出版的英语学习及教育类图书，未能更全面分析其他类型的英文著作，如中国传统文化英文译著、现代时政论著等，因而无法更有效地探讨商务印书馆在中国近现代中西文化交流史上的独特意义与价值。本文通过梳理商务印书馆1949年以前出版的英文图书书目及广告，力图勾勒商务印书馆英文出版的整体概貌；并通过对英文图书的主体内容、出版形式及宣传广告的探析，进一步揭示商务印书馆英文出版的主要特征及文化内涵。

---

[1] 汪家熔：《商务印书馆英语辞书出版简史》，商务印书馆编：《商务印书馆九十五年》，商务印书馆1992年版，第661—671页。

[2] 邹振环：《创办初期的商务印书馆与〈华英初阶〉及〈华英进阶〉》，《东方翻译》2011年第1期。

[3] 陈应年、徐式谷：《商务印书馆百年前印行的英语读物、词典和翻译出版物》，《中国翻译》1997年第2期。

[4] 张英：《启迪民智的钥匙——商务印书馆前期中学英语教科书》，中国福利会出版社2004年版。

[5] 汪瑞：《近代商务印书馆出版的英语教育图书初探》，《现代企业教育》2012年第14期。

二 商务印书馆英文出版概貌

商务印书馆非常注重通过《出版周报》《图书汇报》等各类型出版物及时整理并发布图书出版及销售信息。为了推广英文书刊,商务印书馆在上海本地出版的《申报》、The China Critic（《中国评论周报》）、T'ien Hsia Monthly（《天下月刊》）等知名的中英文报刊上刊登大量图书广告。如：自1928年12月15日始至1938年10月21日止,商务印书馆在英文周刊 The China Critic 上刊登了近十年的英文广告宣传英文图书,其中标示"IMPORTED BOOKS"（进口图书）的广告大多是介绍商务印书馆原版或改版出版的各类英语学习读物及各个学科的英语教材,而标示"NEW ENGLISH PUBLICATIONS"（最新出版的英文图书）的广告则主要介绍由商务印书馆自主出版的英语教材及文学读物、英语字典、年鉴及学术论著等各种英文图书。[1]商务印书馆也在北方的《大公报》上刊登广告推介其出版的英文书。经初步统计,《大公报》1917年有63天的报纸上有商务印书馆的英文书籍广告,1919年约71天、1924年约6天。[2]这些广告标题中往往加入"English Reader""English Text Book"等英文词汇,用以突出显示是英文图书。这些宣传广告不仅促进了商务印书馆英文书刊的推广与营销,也为学界研究其英文出版活动提供了真实史料。

商务印书馆1939年2月出版的新第8期《图书汇报》上,收集整理了自其创立以来出版的各类书籍目录,其中包含大量英文图书,以"[英文本]"或"[中英文对照本]"作为标识置于中文书名前,以吸引读者的注意。1981年,商务印书馆出版了《商务印书馆图书目录（1897—1949）》,将英文书按照中外图书统一分类法分别归入哲学、宗教、社会科学、语文学、自然科学等十个类别中。该目录将"[英文本]"置于中文书名之后

---

[1] 参见黄芳、张志强:《〈中国评论周报〉上的商务印书馆英文广告初探》,《出版科学》2016年第6期。

[2] 李家驹:《商务印书馆与近代知识文化的传播》,商务印书馆2005年版,第290—291页。

予以标示，同时附录作者英文名及英文书名，如"《国际法上不平等条约之废止［英文本］……曾友豪著，Y. H. Tseng: *The Termination of Unequal Treaties in International Law*"[1]。我们根据该书目进行了统计，商务印书馆出版的各类英文图书种数[2]如表1所示：

表1　1949年以前商务印书馆出版的英文图书分类、种数、各类占比及主要内容

分类	种数	占比（%）	备注
总类	4	0.56	图书馆学及总论类图书，如C. W. Taam: *The Development of Chinese Libraries Under the Ching Dynasty, 1644—1911*（谭卓垣《清代图书馆发展史》）、K. H. Kiang: *On Chinese Studies*（江亢虎《中国学术研究》）等。
哲学	6	0.84	哲学类图书，如Sverre Holth: *Micius*（霍砍《墨子》）、Fung Yu-Lan: *A Comparative Study of Life Ideals*（冯友兰《人生理想之比较研究》）等。
宗教	6	0.84	宗教类图书，如S. C. Lee: *Popular Buddhism in China*（李绍昌《中国民间佛教》）、K. L. Reichelt: *Truth and Tradition in Chinese Buddhism*（艾香德《中国佛教源流考》）等。
社会科学	86	12.04	各类外国社会科学著作及中国政治、外交等研究著作，如K. C. Wu: *Ancient Chinese Political Theories*（吴国桢《中国古代之政治思想》）等。
语文学	252	35.29	各种英语字典辞典、英语教科书、英语文法、会话、作文、造句书等，如T. H. Sze: *How to Use the Prepositions Correctly*（施督辉《前置词用法大全》）等。

---

［1］《商务印书馆图书目录（1897—1949）》，商务印书馆1981年版，第55页。
［2］商务印书馆出版的各类英语读物及教材，每种图书不只1册，有的包含2—8册之多，如周越然所编的《英语模范读本》有3册，王云五、李泽珍所编的《综合英语课本》（初级中学用）则含6册。本表只统计其种数。

续表

分类	种数	占比（%）	备注
自然科学	26	3.64	中学及大学物理、化学、生物学教科书等，如G. R. Twiss: *Science and Education in China*（推士《中国之科学与教育》）等。
应用技术	34	4.76	如军事工程、英语速记、财会等，如H. F. Chou: *Laboratory Exercises Chemical Welfare*（周厚复《军用化学实验教程》）等。
艺术	11	1.54	中外艺术类图书，如John C. Ferguson: *Survey of Chinese Art*（福开森《中国艺术综览》）、Shevtzoff: *Method for Violoncello*（舍甫磋夫的《大提琴教科书》）等。
文学	246	34.45	英美、中国文学作品等，如Tseu Yih-Zan: *Some Books and Some Writers*（周越然《文学片面观》）、Lu Shun: *The True Story of Ah Q*（鲁迅著，梁社乾英译《阿Q正传》）等。
史地	43	6.02	历史、地理、人物传记、游记类著作，如C. P. Barkman: *A History of the World War Period*（巴尔曼《欧战时代世界史》）、K. K. Lee: *My Trip to the States*（李克坤《美国旅行记》）等。
总计	714[1]	100	

由上表可知，商务印书馆出版的英文图书种类非常丰富，涵盖每一个图书类别。相较而言，"语文学"与"文学"两类加起来占比达到七成，其中英国及美国语言文学图书又是重中之重，显示出英语语言学习类及文学作品类图书是商务印书馆英文出版的主要领域。"社会科学"类图书数量也较多，商务印书馆通过出版《社会科学名著选读丛书》全面引入外国

[1] 孙轶旻在《近代上海英文出版与中国古典文学的跨文化传播（1867—1941）》一书第一章第二节的"（三）商务印书馆西文书籍出版情况"中统计的西文书籍出版种数为768种。该统计数字涉及英文、日文、德文及法文等外文书籍种类；本文统计的英文书籍约714种，说明英文出版在商务印书馆的外文出版中占据绝对主导地位。参见孙轶旻：《近代上海英文出版与中国古典文学的跨文化传播（1867—1941）》，上海古籍出版社2014年版，第35页。

各类社会科学经典著作，对建构中国现代社会科学学科体系起到了借鉴作用。该类别中还包含了大量研究阐发中国历史和探讨现代时局进展的学术论著。在"自然科学""应用技术"两个类别中，商务印书馆顺应现实的需要，出版了大量英文科学教材和商业技术图书，为培养现代科技及商务人才提供了智力支持。在"哲学""艺术"及"史地"等类别中，商务印书馆出版了大量展示中国文化精粹、介绍中国地理概貌的英文图书，力图自主向外传播中国文化。

从历史发展阶段来看，商务印书馆英文出版大致历经三个阶段：从创办早期至1914年左右，主要出版英语学习读物及教科书；自1915年以后，在创办《英语周刊》杂志的同时进一步扩展英文出版形态，出版教育部审定的各类英文教材，夯实商务印书馆教材出版基石；进入1930年代前后，商务印书馆突破英语学习读物及教材的原有格局，出版各学科的英文著作。

从出版形式上看，商务印书馆出版的英文图书可分为两种：一是引进及改版出版的形式，主要是各科教材及外国经典名著，如商务印书馆在1930年代通过换用封面、使用原版相同规格的纸张与版式出版美国麦克米伦公司约80余种教材[1]；二是自主出版的英文图书，主要是商务印书馆编译所、政府部门及中外学者编撰的英语读物及教材、辞典、年鉴、文学作品、学术专著等。这些英文图书的作者不只是外国学者，还包括一大批具有较高英语水平的中国知识分子，如王云五、周越然、邝富灼、冯友兰、林语堂等。相比而言，外国知识与文化的英文图书若属于外国经典名著则大多原版引进或编选出版，而中国知识与文化的英文图书则由中外知识分子撰写或翻译。

有研究者认为："解放前，商务几乎开创了英语书籍的所有类型"，"像对照读物、注释读物，都是出版史上开先河者"[2]。英文书刊的出版是商

---

[1] "Standard MacMillan (N.Y) Educational Publications", The China Critic, Vol.2 No.26, 26 June 1930.

[2] 汪家熔：《商务印书馆与英文书籍》，《英语世界》1982年第1期。

务印书馆出版事业的重要组成部分。借助英文出版，商务印书馆推动现代英语学习热潮，提升了国人的外语水平；同时全面吸纳引入外国知识与文化思想，积极向外传播中国文化，有力促进中西文化双向交流。

三 推动英语学习热潮：英语学习读物、教材及字典的出版

近代中国人的英语学习发端于外国传教士在香港、上海、福州等地开设的各类学校，这些学校使用英语作为交流用语，促进了英语在中国的接受与普及。与此同时，在清政府授意与推动下，京师同文馆、上海广方言馆、广州同文馆等外语学习机构相继成立，专门培养精通外语的人才，用以处理与各国的商政往来。尤其是19世纪中期以后，上海、广州、南京等口岸城市，中外商贸往来增加，外国企业及公司也亟需各种具备英语能力的人才。到19世纪末期，英语学习已形成一种强大的文化需求。商务印书馆积极顺应时代潮流，将原版英文 Primer[1] 加入汉语译文进行英汉对照排版，先后出版了 English and Chinese Primer（《华英初阶》）、English and Chinese Reader（《华英进阶》），"打破了外国传教士编印英语教科书的垄断"[2]，"这两种读本经过几次改译，流行了十几年之久。这是商务印书馆经营出版事业的开端"[3]。此后，商务印书馆陆续出版了大量英文学习读物、教材及工具书。在《商务印书馆图书目录（1897—1949）》的"语文学"大类下的"英国语文学"中，包含字音学、英汉字典辞典、英语文法、英语字帖、英语会话、翻译、英语初级教科书、英语文选等多种英语学习类图书，可谓种类丰富、门类齐全。

---

[1] "Primer——《印度读本》（Indian Readers）是一套英国人为印度小学生编的教材，原本为全英文，也是谢洪赉译释的《华英初阶》和《华英进阶》的原本。"参见邹振环：《创办初期的商务印书馆与〈华英初阶〉及〈华英进阶〉》，《东方翻译》2011年第1期。

[2] 张英：《〈启迪民智的钥匙——商务印书馆前期中学英语教科书〉绪语及结语》，《出版史料》2007年第4期。

[3] 章锡琛：《漫谈商务印书馆》，商务印书馆编：《商务印书馆九十年》，商务印书馆1987年版，第105页。

在各种英语学习类图书中，英语教科书及相关配套书占据主体地位，涉及小学、中学及大学各个阶段。小学教科书包含周越然所编的 *New System Series: English Readers for higher Primary Schools*（《英语教科书（新学制高小）》），大学教科书包含陈福田所编的 *Freshman Readings in English*（《大学一年级英文教本》）及林天兰、林矗青所编的 *College English Readings*（《高等英文选》）等。这中间，中学英语教科书数量最为丰富，包括以下几种类型："第一类是读本类，课文为主，很少或者根本就不涉及语法等。第二类以语法为主，全书基本按照语法体系排列。第三类是合编类，将课文与语法合编在一起，边学习课文，边学习语法。同时商务印书馆还注意了编辑有不同侧重点英语教科书，如有的侧重作文，有点侧重练习，有的侧重文法"[1]。为配合英语教科书，商务印书馆还出版了英语练习簿、字帖、留声机片（包含《英文留声机片课本》[2]）及字典辞典等英语学习用书，内容涵盖从听力、会话、阅读到翻译、写作等英语学习的各个阶段。英语辞典是英语学习必不可少的工具书，据汪家熔《商务印书馆英语辞书出版简史》统计，自1899年出版第一部英汉辞典《商务书馆华英字典》到1949年以前，商务印书馆先后出版了英汉、汉英、英语成语等各种类型的字典辞典30余种，[3]其中由张世鎏、平海澜等编撰的《求解作文两用英汉模范字典》，"1929年初版后，极受读者欢迎，不断重印，至1935年初，5年中共印34次，后来出版了增订本。至1948年7月共印93次，创造了前所未有的记录"[4]。

---

[1] 张英：《〈启迪民智的钥匙——商务印书馆前期中学英语教科书〉绪语及结语》，《出版史料》2007年第4期，第89页。

[2] 商务印书馆曾于1930年4月10、27日，6月1日，8月12日在《申报》刊登"英语留声机片"的广告，从中可知商务印书馆曾发售由世界著名唱片厂Victor制作的英语唱片，全组6张分为20课，"专收母音与子音并详示其读法"；课本由胡宪生与发音人合编，包含"汉译与注释及练习问题"。

[3] 汪家熔：《商务印书馆英语辞书出版简史》，商务印书馆编：《商务印书馆九十五年》，商务印书馆1992年版，第661—671页。

[4] 同上书，第668页。

商务印书馆在创办早期开始出版英语学习类图书，不仅拓展了出版业态，也顺应了文化发展的潮流。"商务印书馆创办人的高明之处在于认识到以上海为主体的近代通商口岸已经形成了一大批学堂英语学习者的读者群体，以及事实上已经构建起学习英语的知识场域"[1]。到20世纪之初，"外语和西方学科被正式纳入学校课程，改变了教育大纲的结构"[2]。进入到20世纪30年代，英语已经变成一种必不可少的能力，成为大学乃至高中阶段理工科学习的语言基础；当时大学理学院一年级理科教学书中英文教本所占比例达到90%以上，高中普通理科教科书中英文教本所占比例也达到了50%以上[3]。商务印书馆通过出版英语学习读物及工具书，既满足了社会上英语学习的需求，促进了中国现代青年英语水平的提升，又有助于他们广泛学习外国知识及文化，推动中国现代文化的发展。

四　多方面引入西学：英语文学、经典名著及科学教材的出版

1920年代，商务印书馆出版了《世界文学名著》丛书，通过译介引入世界文学名家名作。在出版译本的同时，还以英文本的形式扩展对外国文学及文化思想的全面吸纳。《商务印书馆图书目录（1897—1949）》"文学"大类中，包含大量的英文图书，除小部分属于文学史及理论书籍，如 Some Books and Some Writers（《文学片面观》）、Books and Ideals（《书与观念》）、A Short History of European Literature（《欧洲文学简史》）等外，其余大部分都是外国作家作品的英文本，分属于"英国文学""美国文学"等小类中。如英汉对照本 Representative One-Act Plays（《近代英文独

---

[1]邹振环：《创办初期的商务印书馆与〈华英初阶〉及〈华英进阶〉》，《东方翻译》2011年第1期。
[2]〔美〕叶文心：《民国时期大学校园文化（1919—1937）》，冯夏根等译，中国人民大学出版社2012年版，第10页。
[3]任鸿隽：《一个关于理科教科书的调查（1933年7月23日）》，《中国近代思想家文库·任鸿隽卷》，中国人民大学出版社2014年版，第347—349页。

幕名剧选》，罗家伦选译），以及大量英文丛书，如 Selected English Plays（《欧美名剧选》）、English Classics Series（《英文文学名著》）、The Stories Reader（《英文故事读本》）、World Folk Stories（《世界民间故事集》）等。这些英文本图书，既可作为英语学习类图书的有益补充，丰富中国现代青年英语学习的资源；同时又与《世界文学名著》丛书的中译本共同建构起全方位立体化的世界文学宝库，促进了外国文学及艺术思想在中国的传播，推动了中国现代文学的生长与发展。在对名家名作进行传播引入时，商务印书馆力图通过汉译本、英文本以及英汉对照本的形式进行全面译介。如在引入莎士比亚文学作品时，商务印书馆先后出版了由梁实秋翻译的《马克白》《威尼斯商人》《丹麦王子哈姆雷特之悲剧》等中译本，同时还以英文本的形式出版了郎巴特（F. A. Lombard）教授注释的《莎氏乐府原本》(The Student's Shakespeare)，该丛书包含《李尔王》《麦克白》《罕姆莱脱》等八种剧作)、邝富灼编选的 Stories from Shakespeare（《莎氏比亚乐府纪略》)，以及甘永龙注释的 Tales from Shakespeare, with Chinese Notes（《莎氏乐府本事》)、周由廑注释的 Stories from Shakespeare's Plays（《莎氏乐曲故事（英文故事读本）》等。这些中英文图书全方面促进了莎士比亚的文学与艺术思想在中国读者中的传播与接受。相较于中译本，英文本图书更具有独特的文化价值与意义。读者在潜移默化的语言感知中能够有效吸纳文化"原汁"，摒弃译者的"误读"与"改写"，更深刻领悟外国文学艺术及思想内涵。

商务印书馆还出版了由中国现代知识分子编选的西方人文社科经典名著英文本。如由王云五、何炳松、刘秉麟主编的 Selected Standard Books of Social Science Series（《社会科学名著选读丛书》），收录了钱端升选注的 Aristotle: The Politics（亚里士多德的《政治学》）与 Montesquieu: The Spirit of Law（孟德斯鸠的《法意》），张慰慈选注的 Rousseau: The Social Contract（罗素的《民约论》）、唐庆增选注的 Mill: Principles of political Economy（穆勒的《经济学原理》）等。这些名著，均是有定评的西方人文社科名著，大大拓宽了中国知识分子的视野。

此外，为了满足中国读者对外国社会科学和自然科学不断增长的学习需求，商务印书馆出版了大量这方面的英文版教材。如1928年，商务印书馆邀请留学生编选了 School of Business Series（《商业科讲义》丛书），首批包括 D.S. Chen 的 Commercial Law（陈霆锐《商法》）、Y. C. Chang 与 F. C. Fang 的 Commercial History and Organization（张原絜、杨逢春等编《商业历史及组织》）、S. L. Pan 的 Corporation Finance（潘序伦《公司财政》）、C. T. Tung 的 Financial Organization（董承道《财政组织》）等十种，涉及商务经济原理、财务组织、商业法、商务英语等多方面，涵盖现代商务活动各个环节。商务印书馆曾在《中国评论》上为该套书做广告："商务是一种社会科学，商务课本必须包含当地的社会内容，为了让有抱负的青年人学习现代商务的原理和实践，免去到国外学习的不必要的麻烦，商务印书馆组织出版了该套丛书"。[1] 后来这套丛书不断增补扩大，又增加了 C. L. Chiu 的 The Principles of Transportation（邱正伦编《运输学原理》）、S. L. Pan 的 Bookkeeping and Accounting（潘序伦编《簿记及会计学》）等。其他学科的如：R. T. Bryan 的 An Outline of Chinese Civil Law（《中国民法纲要》）、Shevtzoff 的 Method for Violoncello（舍甫磋夫的《大提琴教科书》）、J. C. Li & A. M. Boring 的 Laboratory Outlines for General Biology（李汝祺等编《生物学实验大纲》），以及 Botany Science Primers（《植物学入门》）、Geology Science Primers（《地质学入门》）、Physics Science Primers（《格致学入门》）等。

叶圣陶晚年曾高度赞扬商务印书馆对现代青年的文化启蒙意义："我的情况决非个别的，本世纪初的青年学生大抵如此。可以说，凡是在解放前进过学校的人没有不曾受到商务的影响，没有不曾读过商务的书刊的。"[2] 商务印书馆出版的各种英语文学及科学名著、各学科教材，同样起到了这一作用。它全面推动外国知识文化在中国的传播，有效开拓了中国现代青年的知识视野，推动中国现代知识及文化体系的建构。

---

［1］ "SCHOOL OF BUSINESS SERIES", The China Critic, Vol.2 No.3, 10 January 1929.
［2］ 叶圣陶：《我和商务印书馆》，《出版史料》1983年第2期。

五　自主传播中国文化：中国文化译作与中国问题论著的出版

商务印书馆不仅通过英文出版全面引入西学，同时通过英文出版自主传播中国文化。商务印书馆历来重视对中国传统文化典籍的保护与出版，同时也注重传统文化的对外传播。1949年前，商务印书馆出版了大量中国文化译作与中国问题论著。

中国文化译作主要是中国文化著作的英译本及选译本，如 *Chuang Tzŭ*（冯友兰译《英译庄子》）、*Micius*（何沙维译《墨子》）、*The Li Sao, an Elegy on Encountering Sorrow*（林文庆译《离骚》）、*Select Chinese Verses*（翟理斯、韦勒译《英译中国歌诗选》）等。这些著作是将已有的中文著作翻译成英文，供对中国文化感兴趣的读者阅读。这中间的一些英文译作，是这一领域的首创之作。如1926年商务印书馆出版的George Kin Leung（梁社乾）翻译的 *The True Story of Ah Q*（《阿Q正传》），是鲁迅先生这一著作的最早英文本，扩大了鲁迅著作的域外影响。再如1939年出版的Lin I-chin（林疑今）和Ko Te-shun（葛德顺）翻译的 *Tramp Doctor's Travelogue*（《老残游记》），是该小说最早的英文全译本。商务印书馆中国文化译作的出版，展现了当时的文化自信，体现出商务印书馆强烈的文化责任感与使命意识。

中国问题的论著可分为三类：

第一类是阐述历史上中国问题的英文著作。如H. S. Colt: *The Development of Chinese Educational Theory*（高尔德著《中国古代教育思想史》）、Theodore E. Hsiao: *The History of Modern Education in China*（萧恩承著《中国近代教育史》）、L. D. Djung: *A History of Democratic Education in Modern China*（钟鲁斋著《中国近代民治教育发展史》）、K. C. Wu: *Ancient Chinese Political Theories*（吴国桢著《中国古代的政治思想》）、C. L. Hsia 的 *Studies in Chinese Diplomatic History*（夏晋麟著《中国外交史研究》）、John C. Ferguson: *Survey of Chinese Art*（福开森著《中国艺术综览》）、

Jamen Moh: *Principles and Stitchings of Chinese Embroidery*（马则民著《中国刺绣术》）、C. W. Taam: *The Development of Chinese Libraries Under the Ching Dynasty, 1644-1911*（谭卓垣著《清代图书馆发展史》）等。这些著作涉及政治、哲学、教育、文学、艺术、历史、图书馆学等多个学科领域，展示了中国文化的悠久历史，扩大了海外对中国文化的了解。

第二类是反映和探讨中国时政的英文图书。如 *Memoranda Submitted by the Chinese Assessor to the commission of Enquiry of the League of Nations*（《参与国际联合会调查委员会中国代表处说帖》）、The Committee for the Study of Silver Values and Commodity Prices Ministry of Industries 的 *Silver and Prices in China*（实业部银价物价讨论委员会编《中国银价物价问题》）、Y. H. Tseng 的 *The Termination of Unequal Treaties in International Law*（曾友豪著《国际法上不平等条约之废止》）、P. C. Kuo 的 *A Critical Study of the First Anglo-Chinese War with Documents*（郭斌佳著《中英初次交战之研究及其文献》）、C. F. Wu 的 *Chinese Government and Politics*（吴芷芳著《中国政府与政治》）、William A. Wong 的 *Mineral Wealth of China*（王光雄编《中国矿业概论》）、Y. T. Chang 的 *The Economic Development and Prospects of Inner Mongolia*（张印堂著《西北经济地理》）等涉及政治、经济、法律、文化、地理、矿业等领域的英文论著。如 *The Termination of Unequal Treaties in International Law* 的作者曾友豪在美国霍普金斯大学与哥伦比亚大学获得两个博士学位，时任安徽高等法院院长，该书"首次系统且透彻地研究了不平等条约的本质与历史"，"结尾部分探讨废除不平等条约在中国的理论和现实意义，这也是这本书写作的主要目的"[1]。鸦片战争以后，中国被迫与西方各国签订了各种不平等条约，废止这些不平等条约是中国的迫切需要。曾友豪的论著回应了中国的现实呼声，为解决历史上遗留的政治问题提供了学理支撑。吴芷芳的 *Chinese Government and Politics* 一书介绍了中华民国成立前后中国法律和政治的发展，并阐明中国政府成立的基本原

---

[1] "The Termination of Unequal Treaties in International Law", The China Critic, Vol.5 No.2, 14 January 1932.

则，并揭示中国不平等条约设立的时代情境以及废止不平等条约运动的现实迫切性。上述论著表明，中国现代知识分子力图以英文写作自主探讨及解决中国时政问题，向西方社会传递了中国的声音，表达了中国的态度。尤其是在出版西方学者的中国问题英文论著时，商务印书馆着力强调其东方视角及服务于中国读者的需要，试图摆脱西方文化话语的掌控，建立自主文化话语权。如1934年商务印书馆在出版Herbert Day Larnson的 *Social Pathology in China*（兰彼得著《中国社会病理》）一书时，特别强调了中国立场及视角的重要性，该书主要是"给中国大学生提供一本用来研究中国当今的生活、健康和家庭等各种基本社会问题的选编读本"，其材料来源于"宣传册、报告、论文、专著以及作者进行的个人调查与相关研究数据"，并强调"西方数据只是作为参照背景"。[1]

第三类是从中国角度出发编辑整理各种文献数据的工具书，如 *The Chinese Year Book*（《英文中国年鉴》）等。1935年桂中枢主编，蔡元培、王云五、郭秉文等50余位各领域专家联合撰著的 *The Chinese Year Book 1935-1936, Primier Issue*[2]（英文《中国年鉴》创刊号）由中国年鉴公司资助，商务印书馆出版发行。英文《中国年鉴》的编辑和作者都是中国学者，"不像其他国家处理中国事务表面化的做法"，"该先锋之作努力从中国视角解决中国问题，用中国思维进行阐发，系统化对中国基本层面进行研究。各个作者不仅熟悉相关主题，多年从事专业所属领域，不仅具有独到的品质，同时也占有第一手信息，该书合理保存有关中国和中国人的完整资料"[3]。作为中国人自主编辑出版的第一部内容丰富的英文年鉴，*The Chinese Year Book* 系统而全面收集和整理了1935至1936年中国各个领域的文献资料，有效保存了各项统计数据。该书强调中国视角与思维，客观展

---

[1] "New English Publications: SOCIAL PATHOLOGY IN CHINA", *The China Press*, 22 July 1934: pg14.
[2] 该书共45章，总计1966页，包含前言、导言、中国地图、历史概览、气候、健康和医药、天文学、出版及中国基督教运动和抗议援助等内容。
[3] "THE CHINESE YEAR BOOK, 1935-1936", The China Critic, Vol.12 No.12, 19 March 1936.

现中国社会各个层面的进展，显示中国政府及学界对中国现代社会发展的自信力。正如《图书展望》在"出版琐闻"介绍该书时所言："聘请国内专家分门撰述，故所采材料力求真确，统计务求详实，较之西人吴德海所编者，其真实性当非同日而语，亦我国出版界之光也。"[1]

六　结语

本文对商务印书馆英文出版活动进行了研究。这一研究不仅可以揭开一段不该被遗忘的出版历史，同时也丰富和拓展了对商务印书馆文化功能及价值的研究。如果仅从西学东渐的角度探讨商务印书馆的贡献，似乎遮蔽了其在沟通中西过程中的多样化文化功能：如早期英语学习读物及教材的出版对提升现代国人英语能力的文化意义，原版英文教材及外国学术论著的引入助推中国现代文化生成与建构的作用，20世纪30年代以后中国文化及时政论著的出版彰显出的鲜明文化主体意识等。时任编译所所长的王云五在商务印书馆30周年馆庆时指出，"本馆现处地位，实已超越普通营业机关之上，而对于全国文化负有重大责任"[2]；曾在商务印书馆工作过的何炳松先生也认为，"本馆深知出版事业关系我国文化前途甚巨，故确定方针，一方发扬固有文化，一方介绍西洋文化，谋沟通中西以促进整个中国文化之广大"[3]。作为近现代出版巨擘，商务印书馆通过出版各类中英文图书，广泛吸纳外国知识与文化，助力中国文化现代性转型；并通过自主出版中国文化典籍英译本与探讨中国时政的英文论著，向外推广中国知识与文化，推动中西文化双向沟通与交流，对20世纪中国文化的发展与传播具有非常重要的作用与贡献。在纪念商务印书馆建立120年之际，在中国

---

[1]《图书展望》1936年第6期。

[2] 王云五：《本馆与近三十年中国文化之关系》，商务印书馆编：《商务印书馆九十五年》，商务印书馆1992年版，第288页。

[3] 何炳松：《商务印书馆被毁纪略》，商务印书馆编：《商务印书馆九十五年》，商务印书馆1992年版，第238页。

出版"走出去"的时代背景之下，在中国倡导建立"文化软实力"推动中国文化向外传播的发展潮流中，研究商务印书馆英文出版的文化贡献，亦可为现实吁求提供可资借鉴的历史经验。

（作者单位：张志强　南京大学；
　　　　　　黄　芳　南通大学）

商务印书馆版《吟边燕语》的文化意义

——再论林纾的莎士比亚观

〔日〕濑户宏

林纾、魏易译《吟边燕语》是商务印书馆1904年出版的书籍,是《说部丛书》中的一部。《吟边燕语》是兰姆姊弟《莎士比亚故事集》的全本翻译,曾在中国莎士比亚接受史上发挥了重要的作用,中国人实际上是通过《吟边燕语》第一次了解了莎士比亚作品的具体内容。《吟边燕语》对中国的莎士比亚演出史也有很大影响。当然,《吟边燕语》有很大的问题:写明"莎士比著",却没有提兰姆的名字。笔者认为这不是偶然,而是跟林纾的莎士比亚观有密切关系。因此,本文试图通过分析《吟边燕语》的序文研究林纾的莎士比亚观,并重新探讨《吟边燕语》的文化意义。

一 《吟边燕语》的基本内容

林纾、魏易译《吟边燕语》是商务印书馆1904年出版的书籍,后来被收入商务印书馆出版的《说部丛书》中。《说部丛书》是商务印书馆出版的一套小说丛书的名称。众所周知,清末民初林纾翻译了大量西洋小说,这些小说主要是商务印书馆出版的。

《吟边燕语》是兰姆姊弟著《莎士比亚故事集》(又名《莎士比亚戏剧故事》《莎士比亚乐府故事》,英文名 Tales from Shakespeare,出版于1807

年）的全本翻译。《吟边燕语》很受读者欢迎，多次重印，[1]林纾逝世后还于1935年、1981年、2013年重版[2]。

《吟边燕语》曾在中国莎士比亚接受史上发挥过很重要的作用。虽然在《吟边燕语》出版的前一年，上海已经出版有佚名译《澥外奇谭》，[3]但其影响力远远不如《吟边燕语》。因为《澥外奇谭》只翻译了《莎士比亚故事集》的一半，即十篇，这十篇中不包括《麦克白》《李尔王》《奥赛罗》《罗密欧与朱丽叶》等悲剧名篇，且《吟边燕语》的翻译是很流畅的古文。现在，除了莎学学者以外，很少人知道《澥外奇谭》的存在。《澥外奇谭》《吟边燕语》出版前，中国对莎士比亚的介绍只是片段性的。所以，中国人实际上是通过《吟边燕语》第一次知道莎士比亚作品的具体内容。林纾翻译的《莎士比亚故事集》的篇名具有文言小说的风格，比如将《威尼斯商人》译为《肉券》，《罗密欧与朱丽叶》译为《铸情》等。

《吟边燕语》对中国的莎士比亚演出史也有很大影响。1900—1910年代，中国还没有完整的莎士比亚作品翻译，只有辛亥革命前后很流行的文明戏（中国早期话剧）把《吟边燕语》的内容改编成舞台剧演出，虽然文明戏的莎剧演出跟莎士比亚作品相去甚远。五四新文化运动后流行的学生戏剧也演出了《吟边燕语》的改编剧（主要是《肉券》），甚至1936年12月在中国放映的外国莎士比亚电影 Romeo and Juliet 也用了《吟边燕语》的译名《铸情》。

但《吟边燕语》有很大问题：写明"莎士比著"，却没提兰姆的名字。跟《吟边燕语》相反，《澥外奇谭》的"叙例"说："是书原系诗体，经英

---

[1]《吟边燕语》出版的情况很复杂，笔者初步整理了林纾生前的重印情况：光绪三十一年（1905年）三月再版，光绪三十二年（1906年）四月三版，1913年6月四版，1914年4月四版再版，1915年3月四版再版，1920年11月五版，1923年7月六版。整理时参阅了樽本照雄《清末小说目录》（清末小说研究会）。

[2]《吟边燕语》1935年版和1981年版由商务印书馆出版，2013年版由上海辞书出版社出版（收入《林纾译书经典》）。

[3] 佚名译《澥外奇谭》，著者译为索士比亚，总发行所上海达文社，光绪二十九年（1903年）十一月付印、出版。此本现藏于国家图书馆。

儒兰卜行以散文,定名曰 Tales From Shakespere,兹选译其最佳者十章。名以今名。"《澥外奇谭》译者明确指出翻译参照的原著者不是莎士比亚,而是兰姆。这不是偶然,而跟林纾的莎士比亚观有着密切的关系。

二 问题的所在

那么,什么是林纾的莎士比亚观?这个问题我在2016年出版的《中国のシェイクスピア》(《莎士比亚在中国》日文版)中讨论过,即第二章《林纾のシェイクスピア观》(《林纾的莎士比亚观》)。该书中文版《莎士比亚在中国:中国人的莎士比亚接受史》于2017年1月出版。[1]因为林纾在中国莎士比亚接受史中起了非常重要的作用,所以研究中国莎士比亚接受史时,必须研究林纾的莎士比亚观。

《中国のシェイクスピア》出版后,日本学术界的评价基本上很好,出现了几篇高度评价该书的书评[2]。同时,有的日本学者提出了不同的意见,如樽本照雄先生针对拙作第二章在自己的网站上陆续发表了意见[3]。

樽本照雄先生是日本著名的清末小说研究者,也研究早期商务印书馆的历史,写了两本专著,编了一本资料集,即《商务印书馆研究》(2004

---

[1]〔日〕濑户宏:《莎士比亚在中国:中国人的莎士比亚接受史》,陈凌虹译,广东人民出版社2017年版。
[2] 参见河合祥一郎:《书评·濑户宏〈中国のシェイクスピア〉》,《中国研究月报》2017年3月号;陈凌虹:《书评·濑户宏著〈中国のシェイクスピア〉》,《比较文学》2017年3月第59卷、小菅隼人:《书评·濑户宏〈中国のシェイクスピア〉》,《演剧学论集》2017年5月第64号。
[3] 参见〔日〕樽本照雄《中国のシェイクスピア最新成果》(《清末小说から》第122号,2016年7月),《漢訳ラム『シェイクスピア物語』の序-「区别がつかない論」再び》1~4(《清末小说から》第121—124号,2016年4月、2016年7月、2016年10月、2017年1月),《濑户博士「シェイクスピア作品ではないもの」の嘘》(《清末小说から》第125号,2017年4月)。以上文章均在樽本先生的网络杂志《清末小说から》上发表,登在樽本先生的个人网站"清末小说研究会"上,网址http://www.Shinmatsu.main.jp/。

年)、《商务印书馆研究论集》(2006年)[1]、《商务印书馆研究文献目录》(2010年)。樽本先生对林纾也有研究,写了两本专著,即《林纾冤罪事件簿》(2008年)、《林纾研究论集》(2009年)。这两本书的主要内容是:翻译《吟边燕语》以后,林纾告别莎士比亚,但12年后的1916年,他又回归莎士比亚。书中介绍了《吟边燕语》没收入的《雷差得纪》(即《理查二世》)等四篇历史剧故事。这些历史剧体裁也都跟《吟边燕语》一样属于小说体,只注明"英国莎士比原著",所以后人产生了误会,认为林纾把剧本改译成小说体。樽本照雄先生发现这些历史剧的故事介绍参照的底本是奎勒-库奇(A. T. Quiller-Couch)的《莎士比亚历史剧故事集》(*Historical Tails from Shakespeare*)。兰姆《莎士比亚故事集》很著名,不可能发生误会,但很少人知道奎勒—库奇,所以产生了误会。

  笔者认为这是中国莎士比亚接受史研究上的重要发现。但同时,樽本先生认为林纾被冤枉了。笔者则认为引起误会的重要原因是林纾只注明"莎士比亚原著",没注明翻译的底本。所以,引起误会的原因也在林纾本人,并不一定是冤枉。

  作为单篇论文,笔者于2009年发表了拙著第二章原型《林纾的莎士比亚观》。当时跟樽本照雄先生也有关于林纾莎士比亚观的争论,后来樽本先生保持沉默。七年后,樽本先生再提此问题。遗憾的是,樽本先生的反驳文章带有浓厚的个人感情色彩。但既然樽本先生提出了不同意见,我想趁参加这次研讨会的机会,和大家重新探讨林纾的莎士比亚观。

三 林纾莎士比亚观的特点

  《吟边燕语》由林纾执笔的序集中地表现了他的莎士比亚观。我想先讨论《吟边燕语》的序,再讨论《吟边燕语》及林纾在中国莎士比亚接受史中的文化意义。

---

[1]《商务印书馆研究》和《商务印书馆研究论集》都可以在樽本先生的个人网站"清末小说研究会"上看到。

《吟边燕语》序是620字左右的短文。林纾首先指出，目前热衷于变革中国的青年们要放弃所有中华传统文化来创新中国，但西洋人并没有放弃自己的传统文化，"英文家之哈葛得，诗家之莎士比"的作品中有很多古怪的内容。在《吟边燕语》序中，林纾把莎士比亚写成莎士比，因为此时莎士比亚的译法在中国还没有固定下来；还将哈葛得和莎士比亚并列起来，哈葛得是19世纪后期至20世纪初活跃的通俗小说家，将哈葛得和莎士比亚相提并论是否合适在此暂且不谈。林纾认为莎士比亚是诗人，他还说"莎氏之诗，直抗吾国之杜甫"，即认为莎士比亚在英国文坛上的地位相当于中国的杜甫，莎士比亚是英国诗人中的第一人。

在《吟边燕语》序中，林纾还说："彼中名辈，耽莎氏之诗者，家弦户诵，而又不已，则付之梨园，用为院本，士女联襟而听，欷歔感涕。"他认为，莎士比亚作品首先作为诗在英国流行，后来有人把莎士比亚作品交给剧场演出，从此成为剧本。

可以看出，林纾认为 Tales from Shakespeare 是莎士比亚诗体文学压缩的文学作品，二者都是语言艺术，没有本质上的区别，因此出版《吟边燕语》时省略了兰姆的名字，也没有提《吟边燕语》的底本是 Tales from Shakespeare。换句话说，林纾其实不明白剧本和小说的本质区别。

这是受19世纪英国文艺思潮的影响。当时英国文坛浪漫主义兴盛，英国知识分子高度评价莎士比亚作品的文学性，产生了将莎士比亚当作诗人而不是剧作家的文艺思潮。林纾翻译《吟边燕语》的20世纪初，仍流行着这样的莎士比亚观。除了林纾以外，梁启超、王国维等清末著名人士也认为莎士比亚是诗人。

但是，进入20世纪以后，这种莎士比亚观发生了变化，以英国为首的欧洲国家对将莎士比亚视为剧作家的观点重新评价。莎士比亚作品流行的实际情况也跟林纾的认识不同。莎士比亚作为伦敦环球剧场的编剧，主要为剧场演出创作作品。因此，他的作品主要作为演出剧本在剧场内部使用，没有很快公开出版。虽然演出成功后，有一些作品出版了，但是很多作品是在他逝世后才出版的。也就是说，莎士比亚作品的流行过程跟林纾的认识完全相反。

由于时代和文艺观念的限制,林纾当时无法了解这种莎士比亚观的变化。然而,《澥外奇谭》在"叙例"中明确写出底本是兰姆《莎士比亚故事集》,还说"索士比亚……氏乃绝世名优,长於诗词。其所编戏本小说,风靡一世……"我们暂且不谈莎士比亚是不是绝世名演员,也不谈他是否写过小说,我们起码能知道《澥外奇谭》的译者认为莎士比亚是戏剧界人士,写的是剧本。我想《澥外奇谭》的译者知道戏本(剧本)和小说是不同的,所以注明了底本及作者的名字。

林纾的莎士比亚观后来引起了问题。1916年,他又回到莎士比亚,翻译介绍了《吟边燕语》未收入的《雷差得纪》等四篇历史剧故事[1]。这次译介引起的对林纾的误会上文已经提到。

笔者在拙著《莎士比亚在中国》中讨论过这些问题,即林纾把莎士比亚历史剧剧本改译成小说体不是事实,但林纾没有提到底本的作者兰姆和奎勒—库奇,所以产生误会,这方面的责任林纾也有。我们可以说,林纾介绍了莎士比亚,而且在中国莎士比亚接受史上贡献很大,但绝对不能说林纾翻译了莎士比亚。

日本的莎士比亚学者指出:"莎士比亚的各剧作品是通过台词表现情节和人物构成的,这跟别的剧作家一样。但是,莎剧作品取材于历史、《普鲁塔克英雄传》或者意大利、法国等既存的故事,情节没有独创性,所以莎士比亚剧本的真正价值始终在台词。情节作为台词的背景存在,人物作为台词的主体发挥魅力。"[2]

台词是莎士比亚作品的生命。这是为什么没有翻译台词的"翻译"不能算作莎士比亚作品翻译的理由。

所以笔者认为,虽然林纾把莎士比亚作品改译成小说这种说法已经不能成立,但是林纾把不是莎士比亚作品的东西说成了莎士比亚作品的翻

---

[1] 林纾逝世后的1925年,《亨利第五纪》(《亨利五世》)作为其遗稿发表。
[2] 小菅隼人:《书评・濑户宏〈中国のシェイクスピア〉》,《演剧学论集》2017年5月第64号。

译，这依然是事实。"林纾不懂小说体和剧本的区别"这种说法没有错。同时我指出，"不懂小说体和剧本的区别"这种状况，不是林纾个人的问题，是中国当时许多知识分子共同的问题。郑振铎也指出"中国的旧文人本都不会分别小说与戏曲"[1]，这跟林纾在中国近代文化史上起了很重要的作用是不矛盾的。

四 《吟边燕语》序的"诗""诗人"是否指"剧本""剧作家"？

但樽本先生不同意我的说法。他说，林纾本来能理解小说和剧本的不同，认为"林纾不了解小说和剧本不同"这种说法是谩骂林纾的无知行为。

樽本先生说，《吟边燕语》序中的"诗""诗人"即指"剧本""剧作家"。他的一个根据是莎士比亚剧本是作为韵文（无韵诗）写出的；另一个是王国维1907年10月发表的评论《莎士比传》[2]，王国维在剧诗的标题下列举了莎士比亚的剧名。

过去莎士比亚被认为是诗人，这是事实，但这并不代表《吟边燕语》序中"诗""诗人"的意思就是"剧本""剧作家"。林纾为说明莎士比亚在英国文坛上的地位，将其誉为"中国的杜甫"，杜甫无论如何也不是剧作家。这说明林纾认为莎士比亚是真正意义上的诗人。如果林纾认为莎士比亚是剧作家，他应该提及关汉卿或者汤显祖。

就笔者所知，20世纪初的中国文学评论文章中并没有"诗""诗人"指"剧本""剧作家"的例子。王国维因为当时的文艺思潮，以为莎士比

---

[1] 郑振铎：《林琴南先生》，《小说月报》第15卷第11号。
[2] 王国维：《莎士比传》，《教育世界》1907年10月第159号。后收入《王国维文集》第三卷（中国文史出版社1997年版）。《王国维文集》附注"此为佚文"，但也有学者质疑这篇评论是否为王国维执笔。参见钱鸥：《青年时代の王国维と明治学术文化—『教育世界』杂志をめぐって》，《日本中国学会报》1996年第48集。

亚是诗人。王国维写完《莎士比传》的第二个月就发表了《英国大诗人白衣龙传》[1]，如果《莎士比传》中的"诗""诗人"指的是"剧本""剧作家"的话，那仅仅相差一个月的《英国大诗人白衣龙传》中的"诗""诗人"即也指"剧本""剧作家"，则拜伦变成了剧作家。事实并非如此。

《申报》1914年4月4日刊登的无署名短文《莎士比亚》说："莎士比亚英国最著名之诗人，而又编著曲本之大家也。初时不甚著名，年二十二至伦敦，乃究心戏曲。从事著作始于一千五百九十年，终于一千六百十三年前后。著作凡三十五种云。"可以看出，在20世纪初的中国，"著名之诗人"和"曲本之大家"是两回事。

此外，樽本先生认为，只要是说"林纾不了解小说和剧本不同"，就等于骂林纾的无知。是否可以这样认为？我确实认为"林纾不了解小说和剧本不同"，但同时也认为，这是跟当时中国的文化形态有关，不是林纾个人的问题。

樽本先生认为笔者"只批评林纾，并不批评文明戏"，"采用评测的双重标准"，但这并非事实。笔者在拙著《莎士比亚在中国》中明确提出："在中国的戏剧舞台上，也逐渐出现了莎士比亚的作品。然而，早期的演出比早期的文字介绍更加偏离莎士比亚原作，与莎剧可谓相去甚远。"[2]

虽然笔者在《莎士比亚在中国》中指出了林纾的历史局限性，但也同时肯定了他在中国莎士比亚接受史上的贡献。例如"林纾（1852—1924）不仅介绍了莎士比亚，还是为清末介绍西方文学小说做出重要贡献的重要一人"，"林纾在中国莎剧接受史中也受到了高度评价"[3]，等等。

---

[1] 白衣龙即拜伦。
[2]〔日〕濑户宏：《莎士比亚在中国：中国人的莎士比亚接受史》，陈凌虹译，广东人民出版社2017年版，第63页。
[3] 同上书，第57、74页。

五　结语

林纾在中国近代文化史上的功绩非常重要，这是确定无疑的。如果没有林纾、魏易翻译的《吟边燕语》，中国人对莎士比亚的接受可能会更晚。同时，由于其所处的时代背景，林纾也有很多历史局限性。这也是事实。指出林纾的历史局限性或弱点，和高度评价他在中国近代文化史以及中国莎士比亚接受史上的贡献，二者并不矛盾，我们应该对林纾作出实事求是的评价。

（作者单位：日本摄南大学）

《说部丛书》部分译作底本考

张 治

20世纪初期，在上海兴起的著名近代出版机构商务印书馆推出了一套《说部丛书》，基本属于外国文学汉译作品系列。这部丛书共出版320多编，一编通常即一种，或分二至四册；也有几编属于同一部书的情况。1902年，张元济在商务建立编译所，起初五六十人，民国建立前已经发展到两百多人。编译所设有小说部，其中有专门做翻译的；而分到英语部的编辑也有参与翻译小说的，像周越然、包天笑等。当时商务的杂志如《东方杂志》《小说月报》《教育杂志》等都刊载欧美小说，大受读者欢迎，因此，商务就将其中一些长篇以单行本的形式出版发行。从当时的一些出版广告来看，商务印书馆也很看重《说部丛书》的影响力，将其作为其小说出版物的头号品牌来营销。当时译一部小说所得的稿费很可以改善青年学生的生活条件，因此《说部丛书》中很多作品的译者都是青年才俊，后来成为大家者，比如鲁迅、周作人兄弟译了《红星佚史》，周作人单独译了《匈奴奇士录》，瞿兑之译了一部《隅屋》，当时在英国留学的朱东润也贡献了一部托尔斯泰的《骠骑父子》。还有一位叫刘幼新的年轻人译了《侠女破奸记》和《奇婚记》，待查考此人的信息后，才发现原来他是著名的比较文学家刘象愚先生的尊人。

目前对于《说部丛书》的实质性研究还很缺乏，尤其是对于其原作底本的察索（因此也还不能确定总共是译了多少种作品）。笔者根据目前所掌握的情况对其中几部的原作略作考述。姑且以樽本照雄先生《清末民初小说目录》（后或简称《目录》）的X2版（2016年网络电子版）为基准，并参考其他新出之研究成果，尚未见有提过的，方在此收录。

1.初集四十三编《三字狱》，标"言情小说"，署英人"赫穆"著，商务印书馆编译所译述。这其实是一部推理小说，言伦敦郊区某别墅之人物，因调查某事，由三字母R、U、Z而猜测线索。查考得知系英国小说家Fergus Hume（今译作弗格斯·休姆，1859—1932年）的小说 The Crimson Cryptogram（1900年）。Fergus Hume十分高产，他在当时中国译界颇受重视，《说部丛书》里至少收录了他的四部作品，均见于初集。但四部作品对作者名字的翻译各不相同，《二俑案》作"许复古"，《白巾人》作"歇复克"，《剧场奇案》则作"福尔奇斯休姆"。这或许可以说明不同译者不约而同的选择态度。

2. 初集七十三编《双冠玺》，标"历史小说"，署英人"特渴不厄拔佇"著，译者是何心川、林懿桢。读内容知道这不算是一部小说，而是一部传记，写苏格兰女王玛丽一世的生平。笔者翻看了几十种19至20世纪初的类似作品，找到原作是美国儿童文学作家Jacob Abbott（今译作雅各布·阿伯特，1803—1879年）所著 History of Mary Queen of Scots（1876年）一书。从中文译名上很难猜得出作者来，显然译者把Jacob的首字母"J"误作"T"。玛丽一世是被后世议论很多的历史人物，张德彝、康有为等人旅英期间的游记、日记里皆有对其平生遭际的关注、记述和感慨。今天商务印书馆还有《世界名人传记丛书》，其西方传记文学的出版传统由来已久，我觉得从对《双冠玺》的新认识上可以补充说明这一点。

3. 初集九十二编《冰天渔乐记》，标"冒险小说"，全二册，署名英人"经司顿"著，商务印书馆编译所译述。本集八十编的《朽木舟》一书，前人已考证出是由William Henry Giles Kingston（今译作威廉·亨利·贾尔斯·金斯顿，1814—1880年）所作冒险小说的日文译本转译而来，此人系少年冒险小说专家；亦曾编译《瑞士家庭鲁滨逊》的英文版。笔者从作者译名立即想到先查此人的作品，于是很快找到原作即 Peter the Whaler（1851年）。

4. 第二集五十七编《续笑里刀》，标"社会小说"，署"枕流"译述。按此前古二德（Cesar Guarde-Paz）文章《陳家麟伝記及其翻訳小説〈鮑亦登偵探案〉等原著鑑定研究》（《清末小説から》2016年1月第120号），已考出本集第五十六编《笑里刀》之底本即著名英国作家史蒂文森（Robert Louis Balfour Stevenson，1850—1894年）所著代表作、历史题材的冒险小说 *Kidnapped*（1886年），今之中译本题作《诱拐》。古二德文中未言此续篇底本的原因实际是不言自明的，自然续篇就该是 *Catriona*（1893年），今译作《卡特琳娜》或《卡屈欧娜》。樽本先生的《目录》尚未补录。

5. 第二集八十二编《城中鬼蜮记》，标"社会小说"，署美人"爱得娜温飞尔"原著，汪德祎译述。原作者当是 Edna Winfield（今译作埃德娜·温菲尔德），这是美国儿童文学作家及出版人 Edward L. Stratemeyer（爱德华·L. 斯特雷梅耶，1862—1930年）的笔名，从译名看显然是将其误判为女性作家了。这部小说应出自他写的一部题为 *Temptations of a Great City* 的小说（1899年）。笔者未见原书全貌，但在网上找到此书原作的一页书影，该页中提及女主人公昵称是 Mellie，即译本之"梅丽"，又提及其同学家中所办的"calico party"，就是译本第二章所谓"例用合式之披肩，并以合色之领结配之。莅会时，以领结共置大袋中，各少年乃自袋摸一枚，如拈阄然。拈毕，即与御此领结之女郎跳舞共餐"。由此可断定原作即此书。但这部小说乏善可陈，极少有人谈及，远不如原作者的"Rover Boys"少年冒险小说系列受欢迎。

6. 第二集八十六编《孤士影》，标"言情小说"，署美人"玛林克罗福"原著，诗庐译述。查考知系美国作家 Francis Marion Crawford（弗朗西斯·马里恩·克劳福德，1854—1909年）所著第二部小说 *Doctor Claudius, A True Story*（1883年）。这是他的成名之作，写海德堡大学一饱读典籍长达十年的博士接受大笔遗产后的经历。这个题材由于主人公学历识见之设定的关系，在近代译林中算是比较特别的。"诗庐"是胡朝梁的号，此人是陈三立的弟子，颇有诗名，汪国垣《点将录》将其比作"神算子蒋敬"。胡朝梁毕业于江南水师学堂，后来去日本游历过，民国后与鲁迅在教育部同科共事。他和林纾合译过一部《云破月来缘》，《说部丛书》第二集第八十七编《稗苑琳琅》也是他译的。《孤士影》书前有他一篇序言，说起译此书经历，"凡三易稿"，"原书多杂德意志、法兰西、拉丁语，尤赖旧

775

日共学诸子为之助",不知"诸子"里有无鲁迅或者陈寅恪。

7. 第二集九十九编《壁上血书》,标"侦探小说",徐大译。樽本先生的《目录》仅引刘树森所言,认为是《续侠隐记》(指大仲马的《二十年后》)的另一译本,这肯定是不对的。稍加对照便知,这篇的原作乃是福尔摩斯探案第一篇《暗红色研究》(A Study in Scarlet,1887年)的又一译本。华生译作"瓦达",福尔摩斯译作"荷美滋"。《说部丛书》的出版计划旷日持久,品类繁多,因此屡有重译本出现。比如《林译小说》里的《金梭神女再生缘》和周氏兄弟合译的《红星佚史》原作相同。还有《海外拾遗》《洪荒鸟兽记》的原作都是柯南道尔《失落的世界》。再就是这部《壁上血书》,其实在本集九编已经有林纾与魏易合译的《歇洛克奇案开场》,而第三集三十一编又有《历劫恩仇》,共有三个重译本。

8. 第三集七十七编《蜘蛛毒》,徐慧公译。这部小说颇生动有趣,记一会党组织"蜘蛛党"的党魁派遣其得力下属,也就是主人公"滑维克"为其复仇的故事。所谓"蜘蛛毒",即党魁掌握的某种源自南美的蜘蛛毒液。这一主人公亦正亦邪,令笔者想起侠盗亚森罗宾这类形象。由以上几个线索查考相关的类型小说的工具书和网站,终于发现小说作者就是那位创造了脍炙人口的侠盗佐罗这一文学形象的美国通俗小说家Johnston McCulley(约翰斯顿·麦卡利,1883—1958年)。1918年,他在一本侦探小说杂志Detective Story Magazine上发表了十几篇以Spider为题的中短篇小说,较常见的是一篇The Spider's Strain,成为McCulley"蜘蛛党"系列的代表作。笔者读过之后发现人物大多对得上,比如滑维克即主人公John Warwick,党魁名作The Spider,其侄女或甥女名Silvia Rodney,自始至终与滑维克打情骂俏,在中译本里改作党魁之女,译名为"露娜"。滑维克有一个日本男仆,小说里说名字太长不及备载,简称为"多哥儿",即原作里的Togo。但是这一篇情节对不上号,遂须对该系列进行排查,但原刊就连专门的收藏家都配不齐,更无处寻其单行本。后来笔者在Robert Sampson(罗伯特·桑普森)专门研究早期"低俗小说"杂志的巨著《昨日世相》(Yesterday's Faces,1987年)第三卷里找到对这个系列的详尽论述。通过查对，可断定《蜘蛛毒》的原作就是1918年9月10日发表在杂志上的 The Spider's Venom，其中滑维克和多哥儿主仆俩要惩治的蜘蛛党叛徒Chadwick，就是小说里译作"高佛"的人物了。

9. 第三集八十五编《菱镜秋痕》，全二册，署廖鸣韶译。此篇主要情节读来颇为熟悉，笔者立即发觉出自英国作家爱德华·利顿（Edward Bulwer Lytton，1803—1873年）所创作的那部《夜与晨》（Night and Morning，1841年）。1872年年底，上海的申报馆创立文学刊物《瀛寰琐纪》，曾用两年多时间连载了一部汉译长篇小说《昕夕闲谈》，就是《夜与晨》前半部的改译本。[1] 这部小说后来有几次改写润色，但似乎再无其他中译本。笔者很惊讶居然没人注意到《说部丛书》里就有，而且是一个全译本。爱德华·利顿非常高产，在维多利亚时代的英国文坛几乎与狄更斯齐名，但他的作品多遭到后人的嘲笑，比如有一部小说的开篇，"在一个阴暗的暴风雨夜晚"云云，被评为史上最糟糕的小说开头。《菱镜秋痕》的翻译趣味在后来乏人问津。而他的另外一部小说《庞贝之末日》（The Last Days of Pompeii，1834年）确是杰作，钱锺书在读书笔记中曾对其大加称赏，这个小说后来倒有多个中译本。还是非常公正的。

10. 第三集九十八编《隅屋》，瞿宣颖译。这部小说先连载于《小说月报》第10卷第1号至第11卷第2号（1919年1月至1920年2月），曾署原作者为英人"滑忒"。瞿宣颖就是出身名门的著名学者瞿兑之（1894—1973），他早年学过多门外语，这种翻译算不得他的主要译述，大概不过是练笔一类的习作而已。笔者查考许久，才发现原作即 Frederick Merrick White（弗雷德里克·梅里克·怀特，1859—1935年）所著的 The Corner House。这部小说1905年开始在报端连载，次年发行了单行本。小说写伦敦"林登街第一号"（No. 1, Lytton Avenue）比邻之"隅屋"的闹鬼传闻，结构颇为精巧。原书共63章，瞿兑之缩减至61章。结尾处林登街第一号的女主人仰药自尽，喝的是一瓶"氢氰酸"（prussic），瞿兑之望词生义，

---

[1] 全书共有五卷，止于第三卷第十章。

把那句著名的台词译成："致死最速,此普鲁士"。

11. 上文提及刘幼新译《侠女破奸记》,1914年上半年连载于《东方杂志》,同年12月出版单行本,《说部丛书》第二集九十六编,标"社会小说"。署英人"加伦汤姆"著,可知为英国小说家及戏剧家Tom Gallon（1866—1914年）,后来《礼拜六》杂志对他有进一步的介绍和译述。Tom Gallon的作品较多,《侠女破奸记》并非其代表作,而是译自当时不太出名的 The Girl behind the Keys（1903年）。但这部作品可能是作者唯一还能吸引当代读者的一部文本了,前几年得以再版。

12. 第三集十二编《铜圜雪恨录》,署法人"余增史"著,"双石轩"译,1916年10月初版。这是一部应该加以重视的译作。笔者初读便觉得原作应该是有较高文学价值的作品,略加对照,发现底本正是约瑟夫·玛丽·欧仁·苏（Joseph Marie Eugène Sue,1804—1857年）的《流浪的犹太人》（Le Juif errant,1844—1845年）。这部小说今有马金章译本（华夏出版社1993年版,长达1500页）,封面标注"首译世界名著",现在看来已经不准确了。作者译"余增史",令人印象颇为深刻;而"双石轩"究竟为何人,目前尚无定说。《说部丛书》第三集二编《冰蘖余生记》,译述者署名也是"双石轩"。据寒光、魏惟仪说,这是魏易的笔名。魏惟仪是魏易之女,她的说法或许可信。而笔者随后在《说部丛书》某册所附的广告里看到对《冰蘖余生记》的推介,就径直说是魏易译。因此,笔者认为"双石轩"就是魏易。《铜圜雪恨录》总共200多页,以文言译出,只译了前半部,且做了大量删减。比如原作第十二章的遗嘱宣读,马金章译本用了40多页的篇幅,而这一章作为"双石轩"译本的结尾,则被简化为一页的内容,结尾是这样写的:

> 已而在座诸人俱散。森法沙路三号屋中,仍严闭窗户,不见天日,但闻壁上时针声,与园内丛树声,遥遥相应。

颇有一点类似钱锺书《围城》结尾所具有的那种"富于包孕的片刻"

之意味。这在原作并找不出相近的描述，要么是魏易的神来之笔，要么出自某个节录或节译本的改写。

13. 第三集二十一编《怪手印》，丁宗一、陈坚编译，1917年4月初版。在查对这部作品时，笔者注意到樽本先生《目录》中相邻著录了周瘦鹃翻译的一部相近题目的作品，即1917年6月中华书局出版的《怪手》，查对后发现是同一书，而周瘦鹃这部译作标明原作者为"〔美〕亚塞李芙"，且是他多次译过的一个作家（参见姜国《南社小说研究》附录部分），即著名的美国侦探小说家Arthur Benjamin Reeve（今译作亚瑟·本杰明·瑞福，1880—1936年），1996年出版的 The Oxford Book of American Detective Stories（《牛津美国侦探故事集》）一书，选录了他的一个短篇故事 The Beauty Mask，将他与爱伦坡、福克纳并列，足见其地位。《怪手印》译自他的 The Exploits of Elaine（1915年），与他此后的续作一样，都是先写了默片电影脚本，次年再推出由脚本改写的小说。这个作家创造了一个大的侦探小说系列，其主要人物为Craig Kennedy（今译作克莱格·肯尼迪），即《怪手印》开篇所说的"勘纳第君克雷"，一度被称为"美国福尔摩斯"。

14. 第三集二十四编《毒菌学者》，全二册，题署英人"惠霖劳克"著，朱有昀译，1917年6月初版。这个小说开篇有比较明显的线索，一查便知底本是英国名记者William Le Queux（威廉·勒·奎，1864—1927年）写的短篇犯罪小说集 The Death-Doctor（1912年）。

15. 第三集三十二编《古国幽情记》，全三册，题署寒蕾编纂，冷风校订，1917年9月初版（图1）。这是笔者比较爱读的带有考古学趣味的冒险小说（类似林译哈葛德《三千年艳尸记》的风格），因此多下了一点儿功夫查考。得知底本系笔名为奥尔茨男爵夫人（Baroness Orczy）的匈牙利裔英国女作家艾玛·奥尔茨（Emma Orczy，1865—1947）的一部名作，原题 By the Gods Beloved（1905年），后来出美国版时改题 The Gates of Kamt（1907年，这本是第一部第五章的题名，美国版不仅用作书题，还将之冠于第一部之上）。

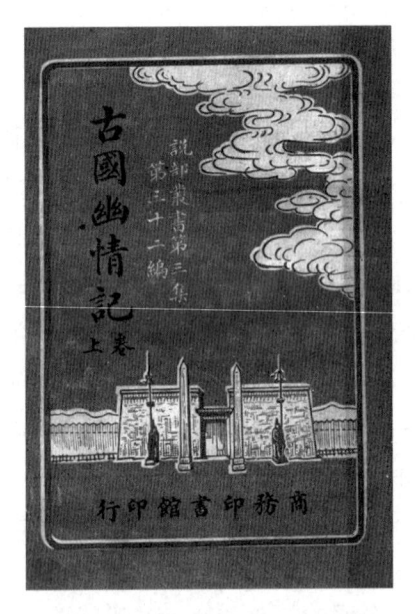

图1 《古国幽情记》（1917年）

16、17.第三集三十三编《蛇首党》，题署美"奥瑟黎敷"著，范况、张逢辰译，1917年9月初版；三十四编《秘密军港》，范况、张逢辰译，1917年8月初版。这两编实译自一种小说。《蛇首党》开篇说："伊兰独居斗室，回忆从前为怪手所困。……既而阅报，报中所纪，即余所纪怪手自尽事（说见《怪手印》）。"可知系前述《怪手印》之续篇，"奥瑟黎敷"者，就是 Arthur Reeve 的音译。查知《蛇首党》出自 Craig Kennedy 侦探系列里的 The Romance of Elaine（1916年）之上半部，结尾处主人公克雷与人格斗堕海失踪，正是原书第八章收煞处。《秘密军港》开篇接叙"克雷失踪之翌日"，是翻译这一小说的下半部共九章的内容。需要补充说明的是，上一部《怪手印》的译者丁宗一、陈坚也译出了这部小说，也是分成两部并冠以不同题目出版的，即中华书局1917年7月初版的《蛇首》和1918年1月初版的《鱼雷》。笔者对照了中华版和商务版的译文，风格有所不同，显然属于不同的译者，但他们划分两部的方式是完全一样的。

780

图2 《双雏泪》（1916年）

18.第三集六十八编《双雏泪》，包天笑译，1916年6月初版。这篇小说曾在商务印书馆的《教育杂志》上连载，时间起讫是1918年1月至1919年5月。笔者看到的杂志连载版不全，刘永文先生的《民国小说目录（1912—1920）》和樽本先生的《目录》都提到作者"抗父"的信息，笔者完全没有见到。樽本先生依据中国现代文学馆编《唐弢藏书目录》（内部交流资料）和陈建功主编《唐弢藏书·图书总录》（2010年），列出原作的信息，系英国19世纪著名的通俗小说家Mrs. Henry Wood（亨利·伍德夫人，1814—1887年）所著小说 *Park Water*（1876年）一书，实际上这是误将恽铁樵译《蓬门画眉录》的底本移植于此。笔者以主人公富有特色的名字为线索查考得知，《双雏泪》原作当是题为 *Froggy's Little Brother*（1875年）的一部小说，作者署名"Brenda"，为英国女作家Georgina Castle Smith（乔治娜·卡斯尔·史密斯，1845—1934年）的化名。

（作者单位：厦门大学）

商务印书馆早期童书述略

柳和城

商务印书馆以教科书打出品牌。它的决策者们出于启迪民智、普及教育的目的，同样重视童书的编译。

《伊索寓言》与林译小说

林纾1896年至1897年在福州苍霞精舍中学堂执教时期，与他交往的一班朋友里，有一位曾留学法国的王子仁（寿昌），向大家谈论国外所见所闻，不亦乐乎。正在此时，林纾中年丧妻，郁郁寡欢。友人们怂恿他翻译外国小说，以解气闷。林纾不懂外文，就在王子仁口述下翻译起来。翻译的第一部小说是法国小仲马《巴黎茶花女遗事》。书稿译成，1899年由主持福州马江船政局工程处的魏瀚出资，以"畏庐藏版"名义刻印出版。当时书以赠送为主，并不出售。但是此书不久传入上海，汪康年准备在他主持的《昌言报》上重新刊出《巴黎茶花女遗事》，经协商，林纾决定将"畏庐藏版"转让给汪。约四个月后，由汪康年代印重版，为铅印线装，即史称"素隐书屋本"，很快风行大江南北。林纾在一封致汪康年的信中说："闻张菊生颇称吾书。"[1]当时张元济尚未进商务，两人已经开始"神交"。后来成为商务编译所另一位重要成员的高梦旦，与林纾同乡，又是魏瀚的表弟，林纾等译书时，高梦旦正在魏家当家庭教师，目睹了他们的工作。可以说林纾从翻译第一部小说开始，就与商务印书馆产生了千丝万缕的联系。

---

[1] 上海图书馆编：《汪康年师友书札》第2册，上海古籍出版社1986年版，第1160页。

1902年，林纾应邀来到北京五城学堂任总教习。友人又怂恿他翻译《伊索寓言》，合译者严培南（君潜）、严璩（伯玉）。书稿很快译成，由二严投给了商务印书馆。全书收有寓言293则，每则寓言无题，但大多附有林纾以"畏庐曰"名义所加的"识语"，达188则之多。这是林纾与商务印书馆建立出版关系后第一部译著。林译《伊索寓言》1903年9月初版，1906年10月再版。译文为文言，短小精悍，文采斐然，十分耐读，特别是那些"畏庐曰"按语，或点名所寓之理，或引申发挥，或直抒胸臆、感慨时事，成为此书最亮点。如《狮王》篇云：

群兽野集，立狮为王。王狮自明性善不虐，且甚爱其类，狎撄之，亦勿怒。狮既即位，驰檄四方，群兽咸庋，约曰：今后羊也，隶狼；山羊也，隶豹；鹿也，隶虎；兔也，隶狗；并居无忤，若友焉。兔见而叹曰：余之期此非一日矣，大王令果行，则弱者均足自保矣，其果然耶？

林纾按语写道："今有盛强之国，以吞灭为性，一旦忽言弭兵，亦王狮之约众耳！弱者国于其旁，果如兔之先见耶？"作者用以警醒少年，希望他们警惕国家被侵略被瓜分的危险。另一则《母鹿》云：

麂谓其母曰："母躯壮于狗，走疾于狗，且吾父有角以自卫，乃畏狗 弥甚，何也？"母鹿曰："吾均知之，特吾闻狗声辄震，尽吾力所能及，必趋避之。"观此则积馁之人，虽力助之，又恶能益其勇。

按语道："以主客之势较，主恒强于客。今乃有以孤客入吾众主之地，气焰慑人，如驴之慑鹿。志士观之，至死莫瞑其目矣？敬告国众，宜各思其角之用。"作者号召国人用自己的"角"自卫，很有深意。又如"葡萄既熟"一则，林纾按语直接明了告诫国人："欧人之视我中国，其羊耶？

其葡萄耶？吾同胞人当极力求免为此二物。"警惕自己被人压榨或被人宰割的命运。"蛇穴"一则原意为怀宿仇者誓不两立，畏庐按语进一步指出："有志之士，更当勿忘国仇。"《燕巢》一则说的是蛇吞燕蛋的故事，林纾却联想到刚刚发生在美国的排华事件，写了一段长长的按语：

> 不入公法之国，以强国之威凌之，何施不可，此眼前现象也。但以檀香山之事观之，华人之冤，黑无天日。美为文明之国，行之不以为忤，列强坐视不以为虐，彼殆以处禽兽者处华人耳。故无国度之惨，虽贤不录，虽富不齿，名曰贱种，践踏凌竞，公道不能稍伸。其哀甚于九幽之狱，吾同胞犹梦梦焉，吾死不瞑目矣！

对于国家、民族命运的焦虑忧愤，浸透在林纾的按语之中。《胡桃》一则原文为：

> 胡桃植于道周，果累累然，行人以百计取之，或礫石，或梃击，日集其侧。桃树感喟言曰："吾命殆矣，彼既取吾实，乃竟以箠楚见报耶！"

林纾按言道："置一大市场于五洲之东，地广物博，其实岂仅胡桃，得之者岂仅于礫石而击梃，吾乃有四万万众之园丁，不能卫此树，听其摧践于人，哀哉！"

《伊索寓言》既然是给儿童读的，林纾的许多按语就特别注意道德节操方面的教育。如"龟兔赛跑"一则的按语说："聪颖自恃者，恒无成。"可谓言简意赅，一语中的。林译《伊索寓言》自清末到民国，从线装到平装，多次重版，都标明"能使儿童闻而笑乐"。在商务印书馆各种教科书广告或图书目录中，《伊索寓言》始终被列入"高等小学堂用书"，畅销不衰。

商务清末开始出版的《说部丛书》与《林译小说丛书》中，至少有11

种反映儿童生活，或者适合儿童阅读的林译著作：

1.《英国诗人吟边燕语》[1]，英国兰姆姐弟著，林纾、魏易译，光绪三十年（1904年）七月初版

2.《美洲童子万里寻亲记》，英国亚丁著，林纾、曾宗巩译，光绪乙巳年（1905年）十月初版

3.《英孝子火山报仇录》，英国哈葛德著，林纾、魏易译，光绪乙巳年六月初版

4.《撒克逊劫后英雄略》[2]，英国司各德著，林纾、魏易译，光绪三十一年（1905年）十月初版

5.《鲁滨孙飘流记》，英国达孚[3]著，林纾、曾宗巩译，光绪乙巳年十二月初版

6.《海外轩渠录》，英国斯威佛特著，[4]林纾、魏易译，光绪三十二年（1906年）岁次丙午年孟夏月初版

7.《雾中人》，英国哈葛德著，林纾、曾宗巩译，光绪三十二年岁次丙午十一月初版

8.《拊掌录》[5]，美国华盛顿·欧文著，林纾、魏易译，光绪三十三年（1907年）初版

9.《爱国二童子传》，法国沛那著，林纾、李世中译，光绪丁未年（1907年）九月初版

10.《块肉余生述》，英国却而司迭更司著，[6]林纾、魏易译，光绪三十四年（1908年）二月初版

---

[1] 今译《莎士比亚戏剧故事集》。
[2] 今译《艾凡赫》。
[3] 今译笛福。
[4] 书名今译《格列佛游记》，作者今译斯威夫特。
[5] 今译《见闻札记》。
[6] 书名今译《大卫·科波菲尔》，作者今译查尔斯·狄更斯。

11.《贼史》[1]，英国却而司迭更司著，林纾、魏易译，光绪三十四年五月初版

《绣像小说》与《说部丛书》

1903年5月27日（癸卯年五月初一日），商务印书馆的《绣像小说》半月刊创刊。学界十多年前曾有过主编究竟是谁的争论，有人认为不是李伯元，否定以往阿英、包天笑、毕树棠、郑逸梅等的定论，但更多人从当时的广告、邮局记载相信李伯元是主编。前些年一批张元济致夏曾佑的信件公布于世，证明《绣像小说》主编确是李伯元，而且清楚地表明作为编译所长的张元济亲自擘画了杂志的出版。

如张元济写于三月廿一日（1903年4月18日）的信，云：

> 商务印书馆见《新小说》已停，愿踵出一小说旬报，弟劝其专用浅文白话，慢慢开通下流社会。该馆颇能听言，不稔公更能发此大愿，以拯众生否？章回、弹词、演义、传奇（二簧、小曲均附入）、笑谈、杂记，任公所择。如蒙俯允，欲用何题目，大意若何，祈略示悉，以免重复。[2]

原来，张元济等见梁启超的《新小说》停刊，准备效仿办个小说杂志，并拟请夏曾佑来商务主持其事。[3]另一封四月朔（1903年4月27日）的信，则明确提到请李伯元担任这份杂志的主编：

---

[1] 今译《奥列佛·退斯特》。
[2] 栾伟平辑注：《夏曾佑、张元济与商务印书馆的小说因缘拾遗——〈绣像小说〉创办前后张元济致夏曾佑信札八封》，《中国现代文学研究丛刊》2014年第1期。
[3] 张在另一封信中正式邀请夏曾佑来商务，《夏曾佑日记》也记有此事，但夏始终没进过商务，只作为"馆外编译"。夏为商务编著有《中国历史教科书》（即著名的《中国古代史》），《绣像小说》里就刊登过他的作品《小说原理》。

> 横滨《新小说》骤停,闻系因卓如赴美,无人接手。商务馆现求助于繁华报馆主人李伯元,其笔墨亦平浅,然此外更无人。宗旨分两端:一扫除旧习,一发明新理。门类为章回、弹词、演义、传奇、京戏、小曲(间附翻译)。出首册后当寄呈。总望公发此大愿,渡彼众生。

这两封信除可以结束争论之外,张在信中提出"一扫除旧习,一发明新理"的办刊宗旨与门类安排,第一次明确把张元济与《绣像小说》直接联系在一起。

《绣像小说》大部分所刊作品适合成人阅读,但有多部"科学小说"或"理想小说"应属儿童文学的范畴。晚清盛行"科学小说",从1900年经世文社出版的《八十日环游记》,到梁启超《新小说》上的《新中国未来记》,以及鲁迅翻译儒勒·凡尔纳的《月界旅行》与《地底旅行》等等,科学幻想小说受到成年人与儿童的欢迎。《绣像小说》从第1期开始连载科学小说《梦游二十一世纪》,达爱斯克洛提斯著,杨德森译,就很有特色。作者原名哈亭(Pieter Harting),19世纪荷兰科学家,精通生物、医学和地质等学科。这部写于1865年的小说原名 Anno Domini 2065: een blikin detoekomst(《纪元后2065:将来的一瞥》)。小说以历史人物培根(Roger Bacon)的鬼魂来到人间为线索,憧憬了21世纪的新世界。其中幻想部分完全根据作者个人的科学知识,不作无依据的描写。小说一开头就告诉读者:有鉴于近世纪的巨大变化,使得文明大幅进步,将来两百年后世界又会演变得如何?是否继续走进步的路?作者用他穿越时空的旅行,证明两百年后的世界不但更进步,而且逐渐走向世界"大同"之路。小说中作者有生之年所能见到的科学发明——蒸汽机、电报、汽艇、火车、地洞、吊桥、摄影、瓦斯、望远镜与显微镜、潜水镜、航空仪器——一一呈现在读者面前。[1]译者杨德森,江苏吴县人,1899年入南洋公学,1904年5月赴比

---

[1] 参见李欧梵、桥本悟:《从一本小说看世界:〈梦游二十一世纪〉的意义》,《济南大学学报》2014年第3期。

利时留学。这部译著据英译本转译，应是杨德森在南洋公学时所翻译，不排除一开始由张元济经手的可能。《梦游二十一世纪》商务同年已有单行本，《绣像小说》上刊出可称重刊，总之这部小说流传很广，至今没有第二种译本出现过。

《绣像小说》第21期开始刊登国人创作的科幻小说《月球殖民地小说》，作者署"荒江钓叟"，连载于第21—24、26—40、42、59—62期，每期1—2回，仅35回，未完。现学术界公认，此为中国人创作的最早的科幻小说。小说描写一个叫龙孟华的湖南人，其岳父被奸臣所害，龙行刺未遂，与妻凤氏避难南洋。途中又遇见因主张维新而获罪的李安武，一起流亡海外，不幸全家失散。日本友人、青年科学家玉太朗发明了世界上最先进的飞艇，载着龙孟华遍寻美、欧、非大陆，终于在印度洋的一个神秘小岛上找到了凤氏。在已发表部分的结尾处，一些来历不明的人驾驶着远远超过人类科技水平的气球飞临海岛，带领大家共赴月球。[1]

除了上述两部有影响的科幻小说外，《绣像小说》第11期（1903年10月20日）起连载的翻译小说《天方夜谭》，第29期（1904年7月）起连载的《童子军传奇》，也都属于儿童故事范畴。前者刊物上未署译者，后来商务出版的单行本则署奚若译，奚若即奚伯绶，商务编译所成员；后一部作者逊庐，名何煦，字梅山。

《说部丛书》中除林译外，也有多部翻译童书，如：

《环游月球》（科学小说），法国焦奴士威尔士[2]著，商务印书馆编译所译，光绪三十年六月初版。

《秘密电光艇》（科学小说），日本押川春浪著，金石、褚嘉猷译，光绪三十二年初版。

《希腊神话》（神怪小说），英国巴德文著，商务印书馆编译所

---

[1] 参见贾立元：《晚清科幻小说中的殖民叙事——以〈月球殖民地小说〉为例》，《文学评论》2016年第5期。

[2] 今译儒勒·凡尔纳。

译,光绪三十三年初版。

《航海少年》(冒险小说),日本樱井彦一郎著,商务印书馆编译所译,光绪三十三年八月初版。

《新飞艇》(科学小说),尾楷忒星期报社著,商务印书馆编译所译,光绪三十四年初版。

另外,《东方杂志》1909年7月第6卷第6期小说栏开始连载外国寓言童话《时谐》,未题撰者。[1]1913年出版《时谐》单行本,收于《小本小说》,包括《伶俐》《狐》《渔家夫妇》《十二舞姬》《汤姆》《三公主》《奇伶》《雀复仇》《狮王》《金发公主》《鹅女》《金山大王》《杜松树》等56篇短篇小说及寓言、神话,署商务印书馆编译所编译。1915年作为《说部丛书》第2集第92编(上、下卷)出版。据考,译者为郑贯公。[2]《新飞艇》最初也连载于《东方杂志》。

孙毓修与《童话》丛书

商务早期出版的儿童读物中,《童话》丛书是最著名的一种,曾影响了整整几代人。它的主编者是孙毓修。

孙毓修(1871—1923),字星如,号留庵,室名小绿天。江苏无锡人。江阴南菁书院肄业。清末秀才。曾任苏州中西学堂教习,又跟一位美国牧师学习英文。虽博学多才,中年后却仍为生计到处奔波,居无定所。光绪三十三年孙进入上海商务印书馆编译所,其才学方得以施展。编译所在张元济的主持下,于1907年冬决定辑印《学生丛书》(后改名《童话》),任务落实到进馆不久的孙毓修肩上。孙氏日记《起居记》丁未年十月初四日(1907年11月9日)记:"小儿白话译得十首。"大除夕(1908年2月1日)

---

[1] 三联书店编辑部编:《〈东方杂志〉总目》,三联书店1957年版。
[2] 参见付品晶:《格林童话在中国》,四川文艺出版社2010年版。

记"作《〈学生丛书〉总序》"[1]，即后来发表于《东方杂志》与《教育杂志》上的《〈童话〉序》：

> 儿童七八岁，渐有欲周知世故、练达人事之心。故各国教育令，皆定此时为入学之期，以习普通之智识。吾国旧俗，以为世故人事，非儿童所急，当俟诸成人之后；学堂所课，专主识字。自新教育兴，此弊稍稍衰歇，而盛作教科书，以应学校之需。顾教科书之体，宜作庄语，谐语则不典；宜作文言，俚言则不雅。典与雅，非儿童之所喜也。故以明师在先，保姆在后，且又鳃鳃焉。虞其不学，欲其家居之日，游戏之余，仍与庄严之教科书相对，固已难矣。即复于校外强之，亦恐非儿童之脑力所能任。至于荒唐无稽之小说，固父兄之所深戒，达人之所痛恶者，识字之儿童，则甘之如寝食，秘之于箧笥。纵威以夏楚，亦仍阳奉而阴违之，决勿甘弃其鸿宝焉。盖小说之所言者，皆本于人情，中于世故，又往往故作奇诡，以耸听闻。其辞也，浅而不文，率而不迂，固不特儿童喜之，而儿童为尤甚。西哲有言，儿童之爱听故事，自天性而然，诚知言哉！欧美人之研究此事者，知理想过高、卷帙过繁之说部书，不尽合儿童之程度也。乃推本其心理之所宜，而盛作儿童小说以迎之。[2]

孙毓修编辑的《童话》丛书，实际上就是儿童文学。他在该文所阐述的关于编撰《童话》的用意、取材（寓言、故事、科学三类）、体例、要求等观点，极具代表意义。孙毓修编著《童话》，每成一篇，都请编译所国文部长高梦旦过目。高梦旦带回家中，先召集儿女们演讲，孩子们听后乐了，他才自己读；如果孩子们不喜欢，或听不懂，他就动手修改，直至孩子们满意为止。这样的编辑方法，在清末恐怕是一种创举。

---

[1] 孙毓修：《起居记》稿本，上海图书馆藏。
[2] 孙毓修：《〈童话〉序》，《东方杂志》第5卷第12期。

《童话》分3集出版。第1集每册（当时称编）约24页，5000字左右；第2集、第3集每册42—46页，10000字左右。第3集为郑振铎于1921年后辑编。《童话》都是32开本，铅印平装，图文并茂，价廉物美，深受小读者的欢迎。第1集第1编《无猫国》，出版于光绪三十四年十一月，故事源于英格兰童话《喜亭吞及其猫》。如果以今天的标准来衡量，缺乏想象和夸张，是不成为童话的。但是一百年前，这篇作品却开创了中国童话之先河。

《童话》以"纯用白话，最便阅看"作为广告词相号召。从1908年开始出版，每集书目如下[1]：

第1集　每册5分

无猫国　三问答　大拇指　绝岛漂流　小王子　夜光璧　红线领　哑口会　人外之友　女军人　义狗传　非力子　驴史　玻璃鞋　笨哥哥　狮子报恩　有眼与无眼　风箱狗　秘密儿　木马兵　十年归　俄国寓言（上）　俄国寓言（下）　中山狼　怪石洞　鹦鹉螺　鸡泰约　赛皋陶　气英布　湛卢剑　好少年　快乐种子　火牛阵　铜柱劫　点金术　三王子　教子杯　风尘三达　兰亭会　马上谈　云雪争竞　鹰雀认母　麻雀劝和　献西施　能言鸟　橄榄案　山中人　河梁怨　三姊妹　勇王子　睡王　风波亭　万年灶　救季布　红帽儿　海公主　丈人女婿　睡公主　哥哥弟弟　如意灯（上）　如意灯（下）　傻男爵游记　皮匠奇遇　小铅兵　扶余王　西藏寓言（上）　西藏寓言（下）　姊弟捉妖　大槐国　千尺绢　负骨报恩　伯牙琴　我知道　狮螺访猪　河伯娶妇　寻快乐　和平会议　除三害　螺大哥　蛙公主　书呆子　一段麻　兔娶妇　怪花园　树中饿　牧羊郎官　海斯交运　金龟　飞行鞋

---

[1]《商务印书馆图书目录（1897—1949）》，商务印书馆1981年内部印行，第89页。

第2集　每册1角

大人国　小人国　风雪英雄　梦游地球（上）　梦游地球（下）　审狐狸　无瑕璧　芦中人　巨人岛

第3集　每册1角5分

猴儿的故事　白须小儿　鸟兽赛球　长鼻与矮子

《童话》最初两册出版后，孙毓修很快听到反映。他的《起居记》戊申年十二月十六日（1909年1月7日）记："《童话》已发行。高梦旦言，《无猫国》最浅显，销场甚好，《三问答》则较艰深。"[1]他对自己作品的成功颇为兴奋，自购几十册分送亲友家孩子阅读，张元济也收到4册。《童话》第1集中有17种系茅盾编译，茅盾由此踏上中国文坛。

老一辈文学家、儿童文学工作者无不受过孙毓修《童话》的熏陶和影响。冰心说她十来岁时，"我的舅舅从上海买得的几本小书，如《无猫国》《大拇指》等，其中我尤其喜欢《大拇指》，我觉得那个小人儿，十分灵巧可爱，我还讲给弟弟们和小朋友们听，他们都很喜欢这个故事"。赵景深在《童年之书》一文中写道，带自己第一次接触儿童文学的是他的祖母，所看到的、听到的是孙毓修所编的《无猫国》。后来郑振铎还把《无猫国》《大拇指》等改写编入他主编的《儿童世界》杂志。

《少年丛书》与通俗宣讲书

《少年丛书》是一套中外历史人物传记读物，它用浅近文言体撰写，适合小学高年级以上少年群体阅读。1908年12月开始陆续出书。1912年8月之前，共出6本，编者均为林万里；第7编以后分别由孙毓修（18种）

---

[1] 孙毓修：《起居记》稿本，上海图书馆藏。

和钱智修（5种）续编。《少年丛书》共出29种，[1]全目如下：

> 哥仑布　毕斯麦　纳尔逊　华盛顿　大彼得　加里波的　诸葛亮　信陵君　马援　陶渊明　岳飞　苏轼　朱子　德谟士　林肯　克林威尔　达尔文　苏秦　班超　玄奘　郭子仪　司马光　王阳明　文天祥　苏格拉底　富兰克林　格兰斯顿　拿破仑　张良

该套丛书发行之初就受到社会好评。据1909年2月《教育杂志》创刊号"介绍 批评"栏记者评论云：

> 已出《毕斯麦》《哥仑布》两册，文笔平易犀利，描写事实，既惟妙惟肖，不啻亲炙其人，又复间以批评，可以助观感而正趋向。今日之少年，未必不为异日之伟人。此书之功，当不在布氏英雄传之下也。

民国以后，商务出版的一批"宣讲必备之书"，基本属于童书范畴。《新社会》《新说书》与《常识谈话》即是流传较广的几种。

《新社会》共5集，包天笑编，本着"人人知共和之要义"的宗旨，"以街谈巷议之口吻，述共和国民之智识"，偏重于政治常识。其中第3集共6章，目次如下：

> 第十四章　俄蒙事件
> 第十五章　公债
> 第十六章　说工艺
> 第十七章　模范自治

---

[1]《商务印书馆图书目录（1897—1949）》附录第70页《少年丛书》栏下仅载27种，阙《张良》与《毕斯麦》两种。《中国近现代丛书目录》将白志谦编《狄青》列入《少年丛书》系误。此书为商务《百科小丛书》之一，1939年8月初版。

第十八章　勤俭
第十九章　交通事业

作品设计了几位知识分子的故事，以他们的口吻向村民宣讲共和国民应有的各种知识。譬如，"说工艺"一章从雨天一把"洋伞"，说到手工业和机器工业发展问题。既说了中国工业的落后，又指出发展的前途。"交通事业"一章，向人们宣讲铁路、电信在现代社会中的作用，在当时许多还是挺新鲜的话题。说起救灾，作者写道："譬如那地方害了水灾，一片汪洋，几同泽国，田舍庐墓，尽行淹没。或者那地方遭了旱灾，赤地千里，死亡枕藉。这时候全靠着急赈，迟一天，便要死许多人。灾民嗷嗷待哺……倒是交通便捷，何至于是。有了电报，一遇凶荒，便可以到邻县去告急。有了轮船铁路，便可以立时运送。缺米的送米去，缺衣服的送衣服去……"难能可贵的是，作者在大力介绍新交通的同时，针对国人头脑里的闭关自守思想进行了适当批判，号召兴办各种实业，使中国也能跻身于世界工业强国之列。

《新说书》由孙毓修编著，共3集。第1集，1913年9月初版，讲述天文地理方面的常识。作者在卷首撰有一篇《〈新说书〉叙例》，从宋元以来的说书历史讲起，引申出一番议论："而普通人胸中，一番论古之识，一段愤世之念，皆缘此而发生。譬之教育、演义小说，其课本也；露天说书之人，其教师也。然说书者之感人之速，有甚于学校之教育矣。近自共和成立，宣讲之员，著于典章；通俗之教，集成盛会。诸君子将灌输新智识，改铸新国民之故，采用说书之旧方。莘莘学人，不惜摹仿柳敬亭之口吻，是诚得其道矣。""意不徒备新说书者之采纳，即粗知文义之公民，负书包出入于小学校之少年，手此一编。"

第1集开卷写无锡西门太湖边管社山村，风光旖旎，这里有座小学堂，教师高子兴率领学生游惠山。休息时，遇上一位美国传教士。小学生问高老师："常听人说美国，不知美国到底在管社何处？"高老师说："美国吗？在我们管社小村的地底下。"学生们七嘴八舌议论纷纷。高老师告诉大家："地是一个滴溜圆的球……我们自老祖宗以来，世世代代住在地球这一面的中国。那位教士，住在地球那一面的美国。这面称为东半球，那面称为西半球。一东一西，遥遥相对，故说美国在管社地底下。"接着，作者又借高老师的口，讲了哥伦布发现美洲、明代西洋人到广州做生意、郑和下西洋，以及牛顿、马志尼、马可·波罗的故事，说明地球是圆的，地球存在万有引力等科学道理。

说到天文学常识，作者把太阳系星球的关系比喻为祖孙三代。太阳是老祖父，有8个儿子，老大水星，老二金星，老三地球，老四火星，老五木星，老六土星，老七天王星，老八海王星。"各行星中，各有月亮，跟着行星走动，算是太阳的孙子。他们走动起来，虽然从父不从祖，但各要借着祖父的光。三房地行星，有一个孙子，四房火星有两个孙子……"彗星、流星也是太阳系家族里的成员，等等。说到各星球与太阳间的距离，用那时行进最快的火车的速度计算，金星到太阳需要290年，地球到太阳需要400年，天王星到太阳需要7400年……许多高深莫测的科学道理，孙毓修用通俗的语言和生动的比喻，说得一清二楚。

《新说书》第2集继续借高子兴老师之口，讲了美国独立史，涉及欧洲殖民历史，甚至把笛福《鲁滨逊漂流记》的故事也写了进去。第3集从鸦片战争以来的屈辱史讲起，目的在于增强儿童读者的忧患意识，"知耻者近乎勇"。

民国初年商务出版的《常识谈话》丛书，则是一套专为小学生而作的课外读物，当时称"补助书"，也是由孙毓修编撰的。共9种，书目和初版时间如下：

《千里眼》
《小世界》
《缩地奇方》
《飞行使者》（以上为1915年4月）
《空中战》（1915年9月）

《照相术》（1918年7月）
《潜航艇》（1918年8月）
《活动影戏》
《电信》（以上为1918年10月）

孙毓修在第1种《千里眼》卷首撰有一篇《〈常识谈话〉序》，阐明编写这套儿童读物的旨趣。《千里眼》说的是望远镜。作者用演义小说的笔触，如同说书人讲故事，向小读者们讲述荷兰眼镜店老板李不希[1]制造第一架望远镜的经过。荷兰学者安志林造"大火镜"，与李不希同一年也造出了"千里眼"，"时在中国万历三十六年"。对于望远镜的光学原理和用途，孙毓修也作了简明扼要的介绍，并配以许多插图，引人入胜，老少相宜。

《小世界》说的是显微镜。它也是荷兰人的发明。当时此物有单、复之分。清人笔记中提到用来观察昆虫、微雕的"西洋显微镜"，实际上只是单片放大镜而已。《缩地奇方》介绍瓦特发明的蒸汽机和司梯芬孙发明的火车。热气球和飞艇，也是18至19世纪西洋的重大发明，从此人类充任"飞行使者"的理想变为现实。孙毓修在《飞行使者》和《空中战》两册书里，介绍了人类的飞行历史，特别把几位中国飞行家的事迹也写了进去，颇有几分自豪感。他写道："现在飞船飞车，两种飞行机，并行于世，式样甚多。我们中国人，也有冯如、谢缵泰、厉汝燕几位名公，学习飞行。北京更有一座航空学校，造就人才，诸位看书的想也知道，世界上人所做的新事业，我们并非不能做的。"

法国人盖达尔1839年发明照相术，不几年就传遍欧美各地，中国也开始有了照相机和照相馆，《照相术》即介绍摄影技艺的演化历史和科学原理，《活动影戏》讲电影的发明；《潜航艇》说20世纪初才兴盛的新式军舰；《电信》一书更从电的发明使用谈到电报和刚刚出现的无线电通讯，所用的材料都为生动有趣的故事，配以插图，儿童很容易理解和接受，因

---

[1] 今译汉斯·利伯休。

此能给予读者新的知识和启迪。《电信》里有一段关于科学发展总趋势的议论，可以视为《常识谈话》丛书要告诉儿童读者的一种新观念：

> 世界的新事业，一天多似一天。科学的进步，也一天快似一天。试翻世界历史，把近今一百年来的新发明，数他一数，便见古人进步之迟，今人进步之速。再把最近四五十年内的成绩一看，又见五十年前人进步之迟，五十年后人进步之速。
>
> 这是什么道理呢？难道是古人愚笨、今人聪明么？在下道不然。这全是时间的关系与层积的工夫。凡是文明进步，有一定的阶级，比如走宝塔，定要找到第一层梯子，然后能到得第二层。又如理乱丝，定要找到他的头，然后可以理得到底。今世各种科学，各种工业，都从汽、电两项内生出。汽和电便是宝塔的第一层梯子，便是乱丝的头儿……

《常识谈话》可称近代中国第一套少儿科普读物。当时商务广告里概括其特色有四条：一、"取眼前之物，说明其理。由浅入深，人人能解"。二、"用故事体，贯穿联络，趣味深长。阅过之后，永不能忘"。三、"全用白话，无不达之意。附列图画，表难显之情"。四、"出处揣合儿童之心理，无过高不及之弊"。这不是自我吹嘘之词，符合实际情形。难怪这套丛书直到20世纪20年代还一版再版，经久不衰。1927年1月出版的《中华影业年鉴》还把《活动影戏》一书列为中国电影文献。

商务早期童书还有包天笑编译的儿童小说《馨儿就学记》与《苦儿流浪记》等，最初以"教育小说"连载于《教育杂志》，后出版单行本，十分畅销。1909年1月创刊的《儿童教育画》、1911年3月创刊的《少年杂志》等儿童期刊，也有广泛影响。

清末民初商务印书馆童书的编译与出版成就，都是在总编译长[1]张元济的擘画和领导下取得的，张元济先生无疑为商务的"灵魂"人物。

（作者为自由撰稿人）

---

[1] 据孙毓修1911年起草的《涵芬楼图书借阅规则》第六条："馆中所储精本，为目录所不载者，除由总编译长特别认可外，概不借阅。"总编译长只能是张元济。近来有学者反复"考证"张元济不称"所长"，商务印书馆直到高梦旦主持编译所时才有"所长"，等等。其实，张元济于1903年初创建商务编译所后，就担任了"长"，完整地称"总编译长"，"所长"无非是约定俗成，无可非议。

《现代汉语词典》大批判始末

于淑敏

1974年，围绕《现代汉语词典》展开的大批判，是现代出版史和辞书编纂史上的一个重要事件。今天，还原历史现场，重新审视这一事件的来龙去脉，对词典编纂、语言学研究和中国现代出版史研究仍具有重要意义。

一 出版工作的短暂恢复

"文化大革命"推行的极左思潮给出版工作造成极大的影响，中华人民共和国成立后17年，整个文化领域成为反革命修正主义黑线，出版文化成就被全盘否定，大批图书被批为"封、资、修"而遭封存禁售，出版工作机构撤销，人员被遣散，出版工作几乎陷入停顿状态。《1966—1970年全国出版基本情况资料》显示，"文化大革命"前，全国原有出版社87家，10149人，其中编辑有4570人；1970年底，全国有出版社53家，4694人，其中编辑有1355人。1970年的全国出版社总人数相当于"文化大革命"前的46.3%，编辑人员相当于29.6%。就国务院出版口[1]所属的中华书局和商务印书馆而言，"文化大革命"前总人数是357人，其中编辑175人；到

---

[1] 1970年5月23日，国务院成立"出版口三人领导小组"，负责管理全国出版工作。1970年10月，成立于1967年5月的"毛主席著作出版办公室"并入国务院出版口，由"出版口三人领导小组"改为"出版口五人领导小组"。1973年9月，国务院决定撤销"出版口"，成立国家出版事业管理局，简称国家出版局，直属国务院领导。方厚枢、魏玉山：《中国出版通史（9）：中华人民共和国卷》，中国书籍出版社2008年版，第129—130页。

1970年总人数是16人，其中编辑6人。[1] 当时，全国仅出版毛主席著作、毛泽东像、"两报一刊"社论等小册子以及与样板戏相关的图书，1970年全国图书出版2773种，绝大部分是配合形势的政治学习资料或汇编报刊上发表的文章，书店里大部分是革命样板戏的剧本、曲谱、主要唱段选、剧照画册。广大群众既买不到书，也借不到书。

周恩来总理对全社会的严重"书荒"忧心如焚，夜不能寐。他亲自召开会议，研究解决出版工作中的问题，指示落实干部政策和知识分子政策，关心出版工作的恢复。他首先抓了《新华字典》的修订出版。1970年9月17日在召集国务院文化组、科教组、出版口等单位的负责人开会时，周总理针对群众反映"中小学生没有字典用""青年人没有书看"等问题，指出：

> 王云五编的四角号码字典为什么不能用？不要因人废文。……中华书局、商务印书馆就不能要了？那样做，不叫为群众服务。青年一代着急没有书看，他们没有好书看，就看坏书。……《新华字典》也是从《康熙字典》发展来的嘛！编字典可以有创造，但创造也要有基础。要古为今用，推陈出新。新的出不来，旧的又不能用，怎么办？……[2]

1971年2月，周总理向出版口领导小组提出恢复出书的要求，指示恢复"二十四史"点校工作，古籍整理及研究工作至此才稍有一丝转机。3月15日，遵照毛主席关于"认真做好出版工作"的指示，国务院委托出版口领导小组在北京召开全国出版工作座谈会。这次座谈会的通知（〔71〕国发电3号）是周恩来2月27日签发的，通知要求"各地带来对出版工作

---

[1]《1966—1970年全国出版基本情况资料》，中国新闻出版研究院编：《中华人民共和国出版史料》第14卷，中国书籍出版社2013年版，第41页。

[2] 转引自商务印书馆编：《商务印书馆百年大事记》，商务印书馆1997年版，"1971年"页。

的意见和一九七一年的出版计划","推荐一些较好的新书和认为可以重版或修改后重版的书目"。4月12日,周总理召集参加出版工作座谈会的领导小组负责人和部分代表座谈,指出:"你们管出版的,要印一些历史书。我们要讲历史,没有一点历史知识不行。你们的出版计划中有没有历史书籍?现在书店里中国和外国的历史书都没有。不出历史、地理书籍,是个大缺点。马克思主义的三个组成部分都是从资产阶级的或受唯心史观限制的学说发展来的。不讲历史、割断历史怎么行呢?"[1]

全国出版工作座谈会的召开,特别是周总理关于出版工作的两个谈话,给了遭到破坏的出版界以很大的支持和鼓励,各出版社开始重新组建,商务印书馆和中华书局逐步恢复一些出版业务。"文化大革命"中被遣散、下放到五七干校的出版人员从1971年6月21日陆续被调回,得到解放和使用,重新开始从事出版工作。6月,中华书局与商务印书馆合并为一个单位,两块牌子,一个班子,办公地点从翠微路2号迁至王府井大街36号原中国文联大楼。中华、商务仍各自用原名义出书。[2]

《新华字典》在修订出版前,曾根据中央文革小组的有关指示,请北京市一中、二十三中和特钢厂一起对《新华字典》(1965年修订重排本)作了一次通读审查。1970年9月5日,出版口将审查情况和处理意见形成《出版口三人小组关于〈新华字典〉审查情况和处理意见的报告》,主送国务院值班室。报告指出:

> 这部字典是旧商务印书馆编辑出版的,它在"不要勉强与政治挂钩"、"工具书的稳定性"等修正主义原则支配下,选字、选词收录了一些带有浓厚封建色彩的、早已在人民生活中死去的生僻字;可是毛主席著作中和现实生活中一些最常见的重要词语,如"毛泽

---

[1] 转引自商务印书馆编:《商务印书馆百年大事记》,商务印书馆1997年版,"1972年"页。

[2] 中华书局编辑部:《中华书局百年大事记(1912—2012)》,中华书局2012年版,第199页。

东思想""阶级斗争""无产阶级专政"等却没有收录。它在一些注释、举例中塞进了封、资、修的黑货,宣扬或反映了剥削阶级的思想观点。在通读中,发现有200处明显的存在着程度不等的问题,其中严重的有几处,如93页"毒"字下例句"太阳很毒"。还有几处提到中苏关系的,如158页"好"字和513页"友"字下例句均是"中苏友好",又如13页"保"字下例句:"中苏两国人民的亲密团结是世界和平的保障。"鉴于目前还没有一本新字典来满足广大工农兵和革命群众学习毛主席著作、学文化、学科学的需要,也考虑到这部字典收字较多,字形注音还比较准确,字义解释也还有可取之处,因此,我们打算将存书(70万册)加一"致读者"(另附)有组织地内部按成本发行,供广大革命群众批判地使用。[1]

周总理看到出版口的报告后非常重视,批准了这一报告,同意《新华字典》有组织地发行,并召集有关部门研究解决问题。9月18日立即组织班子,开始字典的修订工作。"从北京大学、北京市中小学、商务印书馆、中国科学院等十几个单位调入组成了修订小组,在有关单位的大力支持和帮助下,于11月底完成了第二稿,报送中央领导审阅。敬爱的周总理还亲自审阅了稿子,在字典的出版《说明》上用铅笔逐句作了圈点。"[2]1971年2月11日,周总理在接见出版口领导小组成员时,还问到《新华字典》的出版情况,并批评说:"字典这么长时间了,还没有出来?"3月23日,对《新华字典》的修订工作又口头指示:"《新华字典》(试用本)还是早点定下来,了解一下到底需要印多少?注意检字方法和注释是否恰当,准备定价多少?"[3]3月25日,出版工作座谈会会议领导小组就《新华字典》修订

---

[1] 中国新闻出版研究院编:《中华人民共和国出版史料》第14卷,中国书籍出版社2013年版,第29页。
[2]《许力以在修订〈辞源〉第四次协作会议上的讲话》,中国新闻出版研究院编:《中华人民共和国出版史料》第15卷,中国书籍出版社2013年版,第118页。
[3] 袁亮:《周恩来"文革"期间关心新闻出版工作纪事》,《出版和出版学丛谈》,人民教育出版社2004年版,第49页。

再版问题征求意见的情况向周总理请示报告,这一报告是时任国务院办公室负责人、出版工作座谈会会议领导小组组长吴庆彤和国务院出版口五人领导小组组长、出版工作座谈会会议领导小组副组长王济生联名上报的。报告认为,出版工作座谈会的代表和会议领导小组对《新华字典》的修订再版问题进行了讨论,会议代表一致反映,广大工农兵和中小学教师、学生迫切需要这个字典,要求尽快付印。报告还请示了几个具体问题,如用修订本还是试用本,注音问题,印数问题,定价问题,建议"用修订本再版,不用'试用本'字样,以免误解为新编的字典。但可在修订再版'说明'里头,写上试用的意思"[1]。这是中国现代出版史上空前的一次"动员全国力量会审一本小小的字典"[2]。

周总理4月12日和6月24日两次接见全国出版工作会议代表时,还通知《新华字典》修订小组派代表参加,听取字典修订情况的汇报,并就封面设计用字、印量等作出重要指示。正是周总理的关心和指导,《新华字典》修订工作在"文化大革命"极其困难的条件下历时半年完成,连同印刷九个月出书,1971年6月正式出版。此前全国各省新华书店的征订数为8482万册,出版工作座谈会会议领导小组研究认为,既要满足需要,又要防止积压浪费,最好分批投印。第一批全国计划印4000万册。由北京统一供给纸型,分省印刷。[3]

比较而言,《现代汉语词典》就没有如此好运了。

---

[1]《出版工作座谈会会议领导小组关于〈新华字典〉修订再版问题征求意见的情况向周总理的请示报告》,中国新闻出版研究院编:《中华人民共和国出版史料》第14卷,中国书籍出版社2013年版,第55页。

[2]方厚枢、魏玉山:《中国出版通史(9):中华人民共和国卷》,中国书籍出版社2008年版,第179页。

[3]《出版工作座谈会会议领导小组关于〈新华字典〉修订再版问题征求意见的情况向周总理的请示报告》,中国新闻出版研究院编:《中华人民共和国出版史料》第14卷,中国书籍出版社2013年版,第55页。

二　陈原建议印行《现代汉语词典》

《新华字典》修订版出版后，周总理指示编一部比它更丰富的《新华词典》。国务院科教组组长刘西尧按照这一指示，对《现代汉语词典》的修订工作也作出批示。

《现代汉语词典》的编写是1955年10月中国科学院主持召开的现代汉语规范问题学术会议论证确定的课题。1956年2月6日，国务院发布《关于推广普通话的指示》，责成中国科学院语言研究所编写以确定词汇规范为目的的中型现代汉语词典。著名语言学家、中国科学院哲学社会科学部委员吕叔湘和丁声树先后主持词典的编写工作。该所词典编辑室1956年夏着手收集资料，1958年初开始编写，1959年底完成初稿，1960年由商务印书馆排印出"试印本"，分送全国149个大专院校和有关单位征求意见。"审稿尤以叶圣陶、朱文叔二老用力最勤，对每条注释，字斟句酌，反复推敲，力求尽善尽美，不独补写了遗漏的义项，就连标点、注音、声调也不放过。"[1]1961年，各地对试印本的意见陆续反馈回来，请丁声树（后任主编）、李荣来词典室加以整理吸收。经过修改，1965年又印出"试用本"送审稿。1966年正准备正式付排，"文革"开始，出版工作被迫停止。

1972年5月10日，出版口报告国务院请示中国科学院语言所修改《现代汉语词典》。6月间，语言所曾就词典的修订工作给邓颖超写信，请她转告周总理。因此，国务院有关同志曾批示出版口："我建议支持他们搞下去。应吸收《新华字典》的修订经验，采取专业人员与群众相结合的办法来搞。如同意，可派人同学部语言所的同志联系办理。"刘西尧向出版口传达了这个意见。这样，1972年冬天，《现代汉语词典》计划修订。[2]

1972年，出版界流传着一个传奇式故事，版本虽然各异，但内容大

---

[1] 石明远：《在〈现代汉语词典〉学术研讨会上的发言》，吕叔湘、胡绳等：《〈现代汉语词典〉学术研讨会论文集》，商务印书馆1996年版，第17页。
[2] 陈原：《关于〈辞源〉的修订工作》，《陈原出版文集》，中国书籍出版社1995年版，第92页。

致相同:"说是圣马力诺共和国的某一位政要来中国时,送给周恩来总理一部三卷本大词典,而我们的周总理只好回送他一部袖珍本《新华字典》。因此,那时就流传着一句笑话式的箴言:大国出小字典,小国出大字典;后来演化而成种种说法,不一而足。"[1]传说的真伪已不重要,它传递的这种屈辱,给出版界带来了精神压力,以及辞书界要为国争光的紧迫感与使命感。

1972年6月22日,陈原从湖北咸宁的文化部五七干校调回,被派到合署办公的中华商务工作。他于1972年12月29日和1973年1月30日两次奉中华、商务党委书记和总经理丁树奇之命,去说服主持《现代汉语词典》修订工作的丁声树,议定用原纸型重印一部分,内部发行。1973年2月中旬,商务将按原纸型重印的意见通知语言所,仅做了个别文字挖改。但陈原不会料到,建议重印一部词典,此后会被视为"回潮"而重重地挨一棍子。

为响应1973年下半年全国开展的"评法批儒"运动要求,中华、商务于1973年11月开始"反回潮,反复旧"斗争,办公大楼内有人贴出大字报。12月29日,范用、丁树奇被指名批评回潮、复旧问题。1974年1月1日,中华、商务党委扩大会议讨论"批克己复礼,反回潮复旧",1月5日,汝晓钟主持中华、商务全体职工大会,金沙作报告动员批判回潮、复旧问题,丁树奇被责令反省自己的问题。[2]

1974年1月18日,毛泽东批发中共中央1974年1号文件转发由江青主持选编的《林彪与孔孟之道》(材料之一),全国开始了"批林批孔"运动。1月23日,国家出版事业管理局领导小组组长徐光霄关于《批孔文章

---

[1] 陈原:《大国出小字典,小国出大字典》,《黄昏人语》,上海远东出版社1996年版,第147页。原中宣部出版局副局长袁亮认为,"大国家,小词典"的故事,《人民日报》《解放日报》等报刊都有文章提及,但经他向外交部等多方查证,该故事一无档案,二无亲历者的证言,三无确凿的文字记载,故仍是一种传说,难以确认是史实。参见袁亮:《若干出版史实考证(一)》,《出版史料》2016年第2辑。

[2] 中华书局编辑部编:《中华书局百年大事记(1912—2012)》,中华书局2012年版,第202、203页。

汇编》等两书出版工作请示周总理，总理1月24日批示同意。1月24日，江青将请示中所提《批孔文章汇编》的书名均加上"批林"，改为《批林批孔文章汇编》。[1]《汇编》等书为配合"批林批孔"学习需要，全国公开发行。

《现代汉语词典》先与中央开展的"批孔"、后与"批林"运动连在一起，从被指责为"封、资、修的大杂烩"，逐渐上升到是"对无产阶级文化大革命的否定"，是"修正主义出版路线回潮的一个突出典型"，饱受批判。

三 一篇文章引发的大批判

1974年3月1日，陕西省韩城县燎原煤矿评论组写了一篇《客观主义态度对谁有利——评新版〈现代汉语词典〉》的文章，经单位党委批准发往北京。这些不起眼的作者写作"读者来信"时，恐怕没有想到会引起日后的轩然大波。

3月11日，《红旗》杂志编印的《新书摘报》（试编）第17期刊登了这篇批评文章。《新书摘报》刊载时加了导语，导语一开始就说："陕西省韩城县燎原煤矿工人评论组，寄来一篇评论科学院语言研究所编的《现代汉语词典》（商务印书馆1973年5月版，试用本，发行量较大）的稿子，批评《词典》对孔孟之道的一些概念的解释，采取了客观主义的态度。"[2]陈原指出，这条导语有许多捏造和诬陷不实之词，摘编有三处关键性信息错误，一是把原件署名的"燎原煤矿评论组"写成"燎原煤矿工人评论组"，突出"工人"，借以唬人，而且据查这个评论组并无一人是工人，全是一般干部；二是把这部词典的"9月出版"改为"5月出版"；三是把"内部发行"改为"发行量较大"，事实是，当时《现代汉语词典》16开本印行3

---

[1] 中国新闻出版研究院编：《中华人民共和国出版史料》第14卷，中国书籍出版社2013年版，第172页。

[2] 陈原：《陈原出版文集》，中国书籍出版社1995年版，第90页。

万册，32开本拟印12万册，导语说成"发行量较大"，借以扩大事态。

当时图书发行量的情况是，1970年"人民出版社出版的《让哲学变成群众手里的尖锐武器》（一至三辑），仅北京一地即印行了1040万册；《红灯记》等四种革命'样板戏'剧本普及本和主旋律本，北京共印了1260万册；上海出版的《智取威虎山》连环画印了500万册"[1]。比较来看，《现代汉语词典》"内部发行"的两个开本合计15万册，是谈不上"发行量较大"的。

燎原煤矿评论组的文章说，本想通过这一词典"批判叛徒、卖国贼林彪及其祖宗孔老二将提供很大的方便"，结果"翻开词典一看，不由大吃一惊，词典中对孔孟之道的一些概念的解释，竟然采取了令人不能容忍的客观主义态度。不看词典还罢，看了反而会中毒受骗"。继而责问词典的出版者和编写者："似乎批林批孔的风暴并没有吹进商务印书馆，也没有吹进中国科学院语言研究所。似乎编写工具书，可以采取'中庸之道'，不必介入批林批孔的斗争。"[2]

在"批林批孔"的形势下，评论组首先注意到的是"圣"字，其释义为"学识或技能达到最高峰的"，词条下收有"圣人""圣庙""圣诞""圣经贤传"[3]等，他们认为，对这些词语"解释不用历史唯物主义的观点去分析问题，而把孔子说成'历代帝王推崇为圣人'，而且是'品格最高尚''智慧最高超'的圣人，这不是露骨地宣扬崇孔尊孔吗？我们不要求《词典》写批判文章，但用马列主义观点用几句话解释'圣人'是完全可以的。在第三条解释中，《词典》完全陷入了封建阶级的正统观念中不能

---

[1] 中国新闻出版研究院编：《中华人民共和国出版史料》第14卷，中国书籍出版社2013年版，第38页。

[2] 中华书局、商务印书馆批林批孔办公室编：《大字报摘编》（内部材料），1974年3月22日。《大字报》是陈原保存的资料。

[3] 词典所收这几个词的释义是："【圣人】旧时指品格高尚、智慧最高超的人物，如孔子从汉朝以后被历代帝王推崇为圣人。""【圣庙】奉祀孔子的庙。""【圣诞】①旧时称孔子的生日。""【圣经贤传】旧时指圣人写的经，贤人写的传（阐述经文的著作），泛指儒家经典。"

自拔，把儒家的著作吹捧为圣经贤传。孔老二的什么'圣庙'，是反动统治阶级修起并祭祀的，绝不能把它搬进社会主义的'词典'中，让工农兵去朝拜"。而且"旧时"是个含混不清的词，不能掩盖注释中陈腐不堪的内容，不能抹杀注释的严重资产阶级倾向。从词典的整个倾向看，词典编写者在编词典时，没有以马列主义、毛泽东思想作指导，而是奉行"中庸之道"即客观主义态度，进而严厉追问："正当批林批孔斗争掀起高潮的时候，为什么要迫不及待地抛出这样一本'尊孔'的词典？究竟要达到一种什么目的？"[1]

文章以大批判的架势，认为词典编写者"没有以马列主义、毛泽东思想作指导"，所以给它扣上一顶政治帽子："《现代汉语词典》不是一本社会主义的词典，不是工农兵所需要的词典，而是一部资产阶级、封建阶级的词典，书中散发着浓厚的孔孟古坟里的腐烂气味。"

3月12日，姚文元看到这篇批判文章后批示："此件反映的情况是很突出的。请迟群同志阅后转科教组酌处。"并在评论组对"王道"一词的评论作了旁批："日本帝国主义的'王道乐土'？"

3月22日，国务院办公室负责人吴庆彤批示：

即送徐光霄、赵承丰同志阅。汉语词典，正如文元同志所指出的问题"很突出"。它反映了我们一些同志的资产阶级观点，尊孔崇孔思想。一、尚未销售的，应立即停售封存。二、要发动群众查一查还有没有类似问题。三、在批林批孔中，发动群众，对这种资产阶级观点和尊孔崇孔思想进行批判。四、经过批判以后，协同有关单位对汉语词典试行本进行修改。五、检查、批判情况，要写一期简报，送中央、国务院。

---

[1] 中华书局、商务印书馆批林批孔办公室编：《大字报摘编》（内部材料），1974年3月22日。

《现代汉语词典》大批判始末

以上几点意见，如果你们赞成，请尽早办理。[1]

国务院办公室随即将姚文元的批语和批评文章通知徐光霄、赵承丰，指示国家出版局将尚未出售的词典立即通知停售封存，并查一查还有没有类似问题，要求将检查、批判情况写一期简报，送中央、国务院。

3月23日，徐光霄批示：

金沙同志并各单位党委、领导小组、支部：

请即遵照文元同志批示和庆彤同志意见办理，立即发动群众，认真进行检查和批判。其他出版社也应发动群众对出版物认真进行检查。荣宝斋对各种有问题的国画和书法等，要放手发动群众，彻底检查、揭发，并展开批判。

要大张旗鼓地彻底批判尊孔崇孔思想、批判修正主义路线回潮，批判资本主义复辟的反动思潮。[2]

1974年3月25日，根据中央领导同志批示精神，商务印书馆通知新华书店将《现代汉语词典》停售封存。但事态的发展出乎人们的想象，"停售封存"并没有阻止针对它的大批判一步步升级。

4月26日，迟群以"国务院科教组"名义上报姚文元，一是汇报了《现代汉语词典》的出版经过及处理情况；二是明确今后的打算——继续检查、批判，提高认识。这就为词典做了定性处理，涂上强烈的政治色彩，词条选词及注释问题变成一个政治事件。国务院科教组的报告如下：

文元同志：

三月十三日，接到你在《新书摘报》第十七期上关于《现代汉

---

[1] 中国新闻出版研究院编：《中华人民共和国出版史料》第14卷，中国书籍出版社2013年版，第184页。

[2] 国家出版局收文523号（1974年3月26日），陈原保存的内部资料复印件。

语词典》问题的批示，我们当即在办公会议上传达、学习。对该词典出版经过进行了解后，已转请出版局处理，并停止发行。同时，联系到如何检查教育方面出版物，特别是某些教材中存在的尊儒反法错误，进行了讨论。

（一）《现代汉语词典》出版经过及处理情况是：

一九七二年五月十日，国务院出版口领导小组给国务院办公室报告，建议中国科学院语言研究所对一九六五年出版的《现代汉语词典》试用本进行修订，以应教学和日常学习急用。此报告经吴庆彤同志转送刘西尧同志批示同意后，由出版口以公函通知哲学社会科学部军宣队指挥部。七二年底、七三年初，商务印书馆与语言所两次商议，议定用一九六五年原纸型重印一部分，内部发行，七三年暑期出书。七三年二月十四日，在出版口领导小组审查商务印书馆年度计划时，出版口同意列入《现代汉语词典》这个项目。二月中旬，商务印书馆即将按原纸型重印的意见通知语言所，仅对两处有关涉外条目和三条政治性错误的条目作了个别文字挖改。词典于一九七三年五月印出。至今十六开本三万册，已全部售完；三十二开本十二万册，已发行三万册。

文元同志批示精神向出版局传达后，出版局和商务印书馆对该词典的错误作了初步揭发批判。群众指出，该词典不但有尊孔问题，其它方面也有许多严重问题，是"封、资、修的大杂烩"，是出版方面修正主义路线回潮的一个典型事例。出版局已通知各地停止发行；并告有关出版社，发动群众，将近年来出版的书刊进行检查，揭批修正主义路线回潮的种种表现。详情出版局将另行汇报。学部语言所也对这方面的错误进行了检查。

（二）我组办公会议学习了文元同志的批示，受到很大教育。大家进一步认识到：在各条战线上，尊孔与反孔的斗争是多方面的，是很复杂的，在一些不为我们所注意的地方，往往就有人乘隙而入，应当引起我们的高度警惕。要抓住批林批孔这个中心，特别注意在各种渠道抵制剥削阶级思想的侵入。我们并拟通知各地教育部门，依靠群众，通过批林批孔运动，对近年来某些新编的大、中、小学教材中仍存在的一些尊孔反法的错误内容，进行检查、批判，提高认识，认真修订。[1]

国家出版局领导小组接到姚文元同志关于《现代汉语词典》问题的批示和吴庆彤同志的意见后，除在领导小组传达学习外，当即布置中华书局、商务印书馆临时党委向全体人员进行传达，发动群众进行检查和批判。据国家出版局1974年5月10日编印的《出版工作情况反映》（第90期），中华、商务临时党委发动全社人员参加，把对《现代汉语词典》的检查和批判当作当前"批林批孔"联系实际的一个重要内容来抓。大字报的中心内容有：

姚文元同志的批示和吴庆彤同志的意见很正确、很及时，要坚决贯彻执行；陕西韩城燎原煤矿工人同志，揭发批判了《词典》中尊孔崇儒思想和资产阶级观点，显示了工农兵是批林批孔主力军的伟大作用，表现了工人阶级反潮流的革命精神和高度的路线斗争觉悟，值得我们很好地学习。全社开展了群众性的检查和批判，在小组会和大字报批判的基础上，先后召开了两次全社的批林批孔大会，专题揭发批判《词典》的问题。中华、商务临时党委负责同志在大会上检查了重印《词典》的问题，作了自我批评。出版局领导小组负责同志也在大会上表示了态度，承担了责任。

同志们指出：这本词典是文化大革命以前编的，文化大革命当中对工具书的问题进行了批判，在文化大革命以后基本上原封不动、重印发行，这是实际上对无产阶级文化大革命的否定，是修正主义

---

[1] 据陈原保存的文件复印件。

出版路线回潮的一个突出典型。[1]

通过全社的检查和批判，认为词典重印发行是"对无产阶级文化大革命的否定，是修正主义出版路线回潮的一个突出典型"。批判的调门可谓够高，但比之更猛烈的风暴还在后面。

1974年6月20日出版的《北京大学学报（哲学社会科学版）》第3期刊登了署名"虞斌"的《评〈现代汉语词典〉（重印本）》。文章在沿用迟群给词典作的定性语"封、资、修的大杂烩"之外，还戴上更高、更吓人，甚至置人于死地的帽子——"同毛主席亲自发动和领导的批林批孔运动唱反调"。[2]真是欲加之罪，何患无辞。陈原后来幽默地说，应该是"预唱反调"，书是1973年2月开印的。

《北京大学学报》因与"梁效"的关联，其文章更具影响力和杀伤力。这篇近六千字的长文认为这部"文化大革命以来出版的第一部中型词典"，"不是一部工农兵所需要的社会主义的词典，而是封、资、修的大杂烩。它的出版同我国当前深入发展的大好革命形势十分不协调，甚至可以说，在同毛主席亲自发动和领导的批林批孔运动唱反调"。文章举例指出词典存在的问题主要有："攻击秦始皇，否定商纣王，吹捧苏修，美化修正主义教育路线、文艺路线，鼓吹资产阶级智育第一等等表现；至于政治性词语解释不准确，收词、举例不严肃、不健康等问题，更是多处可见。"末尾指出："这样一部词典，在它编定的一九六五年，问题就是十分严重的。它的出现是与刘少奇一伙在文化教育部门搞复辟倒退分不开的……"在这样的关头，急急忙忙、原封不动地抛出这部大肆颂扬反动没落阶级意识形态孔孟之道和有其他严重政治错误的词典，人们不能不提出这样的问题：究竟是"应"哪个阶级"读者的急需"？究竟是为哪条路线服务？《词典》

---

[1] 中国新闻出版研究院编：《中华人民共和国出版史料》第14卷，中国书籍出版社2013年版，第188页。
[2] 虞斌：《评〈现代汉语词典〉（重印本）》，《北京大学学报（哲学社会科学版）》1974年第3期。

的原版重印这件事本身"就是对无产阶级文化大革命的直接否定","是复辟资本主义的反动思潮在文化界的尖锐表现"。[1]

《北京大学学报》的这篇文章源自北京大学中文系汉语专业1974年5月22日撰写的《有关〈现代汉语词典〉的批判材料》,而该批判材料是由汉语专业的几名教员总结而成。他们查阅一遍16开本的《现代汉语词典》,发现其中政治思想方面的问题主要有:(一)有关孔孟之道的;(二)解释未贯彻阶级分析和时代观念;(三)政治性词语解释不准确;(四)解释与毛主席著作精神不一致;(五)有的解释很不严肃,如"万岁""万寿无疆"条;(六)全书未见歌颂毛主席的例句;(七)不少例句宣扬消极思想,业务第一。材料还附有"词典中各类问题举例"和"补充材料",问题举例包括:(一)有关孔孟之道的词条,解释或举例不妥的;(二)解释或举例未贯彻阶级分析或时代观念的;(三)例句宣扬修正主义教育、文艺路线的;(四)例句不健康、不严肃的;(五)例句宣传业务第一的;(六)科学性方面的问题;(七)收字、词方面的问题。[2]

压力不仅来自上层和外部,中华、商务的职工也被要求学习"工人阶级反潮流"革命精神,加入批判的潮流。3月21日,出现了17人署名的联名大字报——《决不让孔孟之道继续泛滥——坚决支持工人同志对〈现代汉语词典〉的批判》,大字报特地加了按语,"现在我们公布一封由中共中央办公厅转来的陕西省韩城县燎原煤矿评论组的来信",借用"中共中央办公厅"这大有来头的信,显示其坚定的革命立场和开展大批判的正当性:

> 工人评论组以反潮流的革命精神,以高度的阶级斗争觉悟,揭发批判了《现代汉语词典》中的尊孔崇儒的反动思想,充分显示了工农兵是批林批孔主力军。

---

[1] 虞斌:《评〈现代汉语词典〉(重印本)》,《北京大学学报(哲学社会科学版)》1974年第3期。

[2] 据陈原保存的油印件。

我们认为《现代汉语词典》重印发行，是一个事关对待文化大革命，对待批林批孔的态度问题，应该引起我们的足够重视。[1]

此后，国务院科教组主办的《教育革命通讯》1974年第9期刊发署名"商群"的大批判文章《工具书超阶级论的破产——再论〈现代汉语词典〉》，使《词典》雪上加霜。文章开门见山地下判词："《现代汉语词典》充满尊孔内容和资产阶级观点，问题很突出。工农兵读者指出，这不是一部社会主义的词典，而是修正主义路线的产物。"指出在词典的编辑、出版上，从来就存在着两条路线的斗争，该词典所谓纯客观地介绍知识，不过是玩弄资产阶级客观主义的手法，抹杀工具书的阶级性，以达到大肆吹捧孔孟之道、散布资产阶级反动观点，使工具书为资产阶级服务的目的。

商务印书馆前总经理杨德炎回忆："一时帽子乱飞，棍子乱打。陈原先生便处在这风口浪尖上，大礼堂铺天盖地挂满了批评他的大字报，有人甚至将大字报糊在他办公室的门上、走廊边，他承受着别人难以想象的巨大压力。"[2]中宣部出版局前局长许力以回忆："'四人帮'姚文元及其得力干将迟群，借助'燎原煤矿工人评论组'所谓对《现代汉语词典》（试行本）中一些概念的解析，是什么'尊孔崇孔思想'，横加批判和指责，其矛头就是针对着当时主持业务工作的陈原。陈原对那些胡言乱语，当然不服，任其大字报糊满全楼全宿舍，他愤而不怒，沉着气儿，不声不响。"[3]

这批《现代汉语词典》遵命停售后，被送到商务印书馆在北京西郊的库房封存。"文化大革命"结束后，许多教育科研机构通过各种关系以"供批判使用"的名义索要词典。原出版署长胡愈之1976年12月5日亦致

---

[1] 中华书局、商务印书馆批林批孔办公室编：《大字报摘编》（内部材料），1974年3月22日。

[2] 杨德炎：《怀念陈原先生》，陈原：《我的小屋，我的梦》，浙江文艺出版社2005年版，第97页。

[3] 许力以：《我所知道的陈原》，《中华读书报》2004年11月12日。

信陈原:"《现代汉语词典》是北大学报(梁效?)批判后封存的。现在应该可以启封了吧。如能发售,亦恳代购一册。"[1]

四 大批判事件余波

1975年5月23日至6月17日,国家出版局和教育部联合在广州召开中外语文词典编写出版规划会议,这是经国务院批准,邓小平、华国锋等圈阅审批的一次具有重要意义的会议。会议制订的1975—1985年中外语文词典规划,奠定了此后我国中外语文辞书的出版格局。按照当时的要求,这既是一个有领导干部、专业工作者、工农兵参加的三结合的会,也是一个老、中、青三结合的会。

《现代汉语词典》大批判的材料,是作为这次会议的文件印发的,大批判始作俑者"陕西韩城燎原煤矿评论组",此时正式改名为"陕西韩城燎原煤矿工人理论组",是会议特别邀请的工农兵代表之一,该单位派配电工刘爱芝参加会议,她在会上发言称,"我们的任务是代表阶级来占领上层建筑",并声称这是党和毛主席对煤矿工人的关怀和信任,要认真学习无产阶级专政理论,决心搞好词典领域革命。"我们曾写信对《现代汉语词典》进行了批判,我们的意见得到了中央领导同志的肯定和有关单位的支持,这就更增强了我们占领上层建筑领域的信心和决心。""我们不能把词典的编写和出版只看作一般性的业务工作,而要作为一场革命来抓。"[2]她还对编写词典提出了四点意见:《现汉》编了七、八年,才搞出了个"试用本",这种速度是违背"大跃进"精神的;《现汉》"为推广普通话、促进汉语规范化服务"的指导思想存在问题,导致词典中各个方面的错误和缺陷;作为新型的无产阶级的工具书,词典应该是巩固无产阶级

---

[1] 陈原:《记胡愈之》,生活·读书·新知三联书店1994年版,第126页。
[2] 会议秘书组编:《中外语文词典编写出版规划座谈会简报》第3期(1975年5月29日)。简报注明"送中共中央30份,国务院20份,国务院办公室3份,教育部5份,文化部5份"。

专政的工具，必须贯穿革命大批判的精神，不能搞客观主义；不能脱离群众的实际需要一味追求知识性，要避免烦琐哲学，词典编写要实行专业工作者、工农兵和领导干部三结合，改变过去工农兵群众被排斥在外的状况。[1]

《现代汉语词典》的后期主持者、中国科学院语言研究所研究员丁声树也应邀到会。当时，会议秘书组成员杨德炎回忆，他和陈原去广州火车站接站，找遍了卧铺车厢也不见丁先生人影，后来才看见丁先生从硬座车厢里颤颤巍巍走下来，原来丁先生是坐了两天的硬座火车来的。丁先生没有听从陈原在会上"不发言"的暗示，拿出了他早已准备好的稿子作了检查，"发言中丁先生满含眼泪，会议几乎开不下去了"。[2]

在强调"紧跟"中央精神、配合无产阶级政治斗争需要的年代，语言学家坚守的词典编纂原则成为"不合时宜的思想"，丁声树不得不按照上面确定的"口径"对"几乎倾注他半生精力"[3]的《现代汉语词典》作"深刻检查"，不得不承认该词典"是修正主义路线的产物"，"最根本的问题是没有把无产阶级专政落实到词典编写的工作中去，不是无产阶级专资产阶级的政，而是资产阶级专了无产阶级的政。这个错误是严重的"。[4]

时代的局限性是无法跨越的。中外语文词典编写出版规划会议结束后，国家出版局1975年7月16日向国务院报送《关于中外语文词典编写出版规划座谈会的报告》[5]，报告制定了词典编写方针和原则，提出要坚持"古为今用、洋为中用"的方针，坚持革命性和科学性的统一，坚持"百花齐放、百家争鸣"的方针，坚持党的群众路线，"要积极组织工农兵、专业工作者、领导干部三结合和老、中、青三结合的编写活动，进一步肃

---

[1] 会议秘书组编：《中外语文词典编写出版规划座谈会简报》第4期（1975年6月1日）。

[2] 《"文革"：不堪往事说〈现汉〉》，《文汇读书周报》2004年7月30日。

[3] 杨伯峻：《丁声树同志的治学精神》，《读书》1984年第2期。

[4] 会议秘书组编：《中外语文词典编写出版规划座谈会简报》第3期。

[5] 国务院8月22日以国发〔1975〕137号文件批转各地执行。

清'专家路线'的流毒"。[1]报告所附的十年规划（草案）中,《现代汉语词典》的编者（修订者）是中国科学院语言研究所、陕西省韩城燎原煤矿等单位；这种"开门编词典"的方法被后来的事实证明是违反词典编纂规律的。《现汉》"三结合修订组"1975年8月开始修订工作。10月底,陕西韩城燎原煤矿九名工人来到语言所。12月,北京无线电联合厂的十名工人加入修订组。1976年2月,北京军区政治部三名人员又加入修订组。[2]50多人的"三结合修订组"基本无法开展工作,《现代汉语词典》的修订受到极大干扰。1976年"四人帮"垮台后,"三结合修订组"的工人、解放军人员在1977年春撤离语言所,词典编辑室不得不花了近一年时间重新修改整理书稿,努力消除极左思想带来的影响。对"无产阶级专政落实到每一个词条"所作的"穿靴戴帽",所加的应时例句,编纂人员"投入了相当多的精力'脱靴摘帽',才使《现汉》的哲社条目能以现在的面貌呈献于广大读者面前"。[3]1978年12月,饱经磨难的《现代汉语词典》由商务印书馆正式出版,公开发行。

五 对大批判的反思

1977年5月,中央调王匡同志主持国家出版局,其首要任务就是拨乱反正,繁荣出版工作。王匡决定成立出版工作调研小组,由陈原同志主持,范用和宋木文协助,另调李侃、张慧卿、倪子明、谢永旺等同志参加,以国家出版局研究室的几位同志为工作班子,主要清理"左"思想在出版工作中的表现,弄清路线是非。参与调研的宋木文回忆："调研工作

---

[1]《国家出版事业管理局关于中外语文词典编写出版规划座谈会的报告》,中国新闻出版研究院编：《中华人民共和国出版史料》第14卷,中国书籍出版社2013年版,第253页。

[2]《〈现代汉语词典〉大事记》,中国社会科学院语言研究所词典编辑室编：《〈现代汉语词典〉五十年》,商务印书馆2004年版,第190页。

[3] 李志江：《论〈现代汉语词典〉的百科条目》,吕叔湘、胡绳等：《〈现代汉语词典〉学术研讨会论文集》,商务印书馆1996年版,第209页。

持续了三个多月，最终形成了清理出版工作路线是非若干问题的意见。这次调研为当年12月在北京友谊宾馆召开的全国出版工作座谈会作了思想准备和工作准备。"[1]调研小组梳理了出版工作出现的种种错误认识，如片面强调配合当前斗争，出书"跟着运动转"；穿靴戴帽，乱贴标签；精神枷锁沉重，"双百"方针无法贯彻；在"封、资、修"大帽子下，不敢提"古"，不敢说"洋"；把"三结合"写书绝对化，片面理解"工农兵占领上层建筑"，等等。[2]宋木文认为，这些认识"如果不是身经那场动乱的人，是很难理解甚至会引为笑谈的，然而又是那个年代确曾发生过，在打倒'四人帮'之前甚至被视为不可侵犯的"。[3]陈原在调研中逐步认清了词典编写工作中人人自危、心有余悸的关键问题，形成了他关于"划清词典工作中若干是非界限"的思想[4]，在此后组织召开的《辞源》修订工作等一系列辞书编写会议上予以明确阐述。"划清词典工作中的若干是非界限"成为辞书界拨乱反正、解放思想的先声，更为后来落实广州会议制定的中外语文词典出版规划奠定了思想基础，具有重要的指导意义和现实意义。

由于历史问题积重难返，出版界的思想解放也经历着不断认识、不断深化的过程。1977年12月召开的全国出版工作座谈会推翻了强加在出版工作者头上的反革命的"两个估计"，解除了人们的精神枷锁，大大激发了出版工作者的积极性，但国家出版局局长王匡在讲话中提出出版工作的各项方针任务，首先"要坚持为无产阶级政治服务，为工农兵服务的方

---

[1] 宋木文：《宋木文出版文集》，中国书籍出版社1996年版，第26页。
[2] 彦石：《极左思潮在出版工作中的一些表现》，中国新闻出版研究院编：《中华人民共和国出版史料》第15卷，中国书籍出版社2013年版，第483页。
[3] 宋木文：《宋木文出版文集》，中国书籍出版社1996年版，第26页。
[4] "划清词典工作中的若干是非界限"是陈原1977年11月1日在长沙召开的《辞源》修订协作工作会议上的长篇讲话稿提出的，会后摘要刊于《出版工作》1978年第1期，后来陈原把讲话中提出的"十大是非界限"改为"八大是非界限"，全文修改后刊发于中国社科院语言所复刊的《中国语文》1978年第1期。

向"[1]，王子野代表国家出版局党组的总结发言，也提出"统一用'两服务'的提法"[2]。会议制定的《国家出版局1978—1985年出书规划初步设想（草案）》进一步明确"坚持为无产阶级政治服务，为工农兵服务的方向"，显示出历史的局限性。

　　1978年12月召开的党的十一届三中全会，开启了拨乱反正和解放思想的全新历程，全面地纠正了"文化大革命"中及其以前的"左"的错误，出版工作开始出现转折，不仅突破了"四人帮"设置的禁区，有些17年不敢触动的问题也有所突破。出版界面临的工作，首先是肃清阶级斗争理论的广泛影响，宋木文记述其过程是："1979年3月至5月，国家出版局在陈翰伯的主持下，连续召开十几次党组扩大会，讨论出版工作如何适应大转折后的新形势"，会议着重清理了"以阶级斗争为纲""出版从属于政治""出版工作围着政治运动转""一切出版物都贴上政治标签"等"左"的指导思想及其表现，并在随后遵照胡乔木的意见向中央提出在出版方针中取消"为无产阶级政治服务"的建议，被中央采纳。[3]中宣部原出版局副局长袁亮记述，中央书记处书记兼中宣部部长王任重1980年5月6日在全国出版工作座谈会上，最早提出了出版"为人民服务、为社会主义服务"的方针任务，国家出版局在《出版社工作暂行条例》上报、印制过程中加上王任重的这一提法，进一步明确了出版工作"为人民服务、为社会主义服务"的方针。[4]"二为"方针的确立对中国出版业产生了深远影响。它"既是对全党工作历史经验的总结，又是适应新时期全党工作中心转移的需要；从出版工作来讲，这个根本方针的确定，既纠正了长期以来对政

---

[1] 王匡：《贯彻执行党的十一大路线，尽快地把出版工作搞上去——王匡在全国出版工作座谈会上的发言》，中国新闻出版研究院编：《中华人民共和国出版史料》第15卷，中国书籍出版社2013年版，第141页。

[2] 王子野：《王子野在全国出版工作座谈会上的总结发言》，中国新闻出版研究院编：《中华人民共和国出版史料》第15卷，中国书籍出版社2013年版，第202页。

[3] 宋木文：《胡乔木在大转折年代的理论贡献》，《八十后出版文存》，商务印书馆2013年版，第200页。

[4] 袁亮：《若干出版史实考证（下）》，《出版史料》2017年第1辑。

治的狭窄理解，一切都要'跟着当前政治转'，又可以避免为某种需要把与现实政治无关的出版物都贴上政治标签的那种错误做法，从而使我们更为明确和正确地把握出版工作的根本目的和根本目标，为出版工作开辟更为宽广的领域和更为远大的目标，更好地为新时期党和国家的总任务服务，也就是为建设物质文明和精神文明服务，为改善人民的物质生活和文化生活服务"[1]。

作为《现代汉语词典》大批判的亲历者，中外语文词典出版规划的主要组织者，陈原反思的焦点集中在辞书方面。他痛切地感到大批判事件搞混了词典编纂中客观态度和"客观主义"的界限，把客观态度不分青红皂白都扣上"客观主义"的帽子，引起了很大的思想混乱和严重后果。他认为词典编纂要"按照词典本身的规律，无论选词、释义或举例，都应当采取客观态度；用通俗的讲法，就是要采取老老实实的态度，实事求是的态度，科学的态度。客观态度同客观主义有原则的区别。客观主义论证'现有历史过程的必然性'，自觉或不自觉地为这些事物辩护；而唯物主义的客观态度，则要实事求是地揭露历史过程中的矛盾，揭示历史发展的客观规律，本身就带有鲜明的立场"。痛定思痛，认真总结这段历史教训，才能使词典编纂工作走上正路。

1979年5月，应商务印书馆之邀来华演讲的英国牛津大学出版社词典部总编辑伯奇菲尔德（R. W. Burchfield）把因词典收词与释义而引起的政治纷争，看作20世纪"意识形态信仰的流行性狂怒症"的一种副产品，他认为："词典编纂者的职责是根据收集到的例证记录词的实际使用情况，而不是从道德角度对它们的使用表示赞同或反对；在社会、政治以及宗教态度等问题上，词典不得强求人们划一。"[2]这也许是解决词典与政治纷争的一个实用原则，一个可以借鉴的经验。

事件过去20余年后，陈原回忆一个语言学家"走过的路"时，仍然

---

[1] 宋木文：《亲历出版30年——新时期出版纪事与思考》上卷，商务印书馆2007年版，第34页。
[2] R. W. 伯奇菲尔德：《词典与政治纷争》，吴莹译，《辞书研究》1979年第2期。

《现代汉语词典》大批判始末

对那场大批判记忆犹新,认为那"不光是闹剧,也是一场悲剧",1974—1975年发生的批《现汉》、定规划两个事件,"一反一正,反的引出正的,这是当代中国文化运动史上不应忘记的大事"。[1] 他全面否定了《现汉》在大批判中被戴上的"封、资、修的大杂烩"的帽子,为因此受牵连受委屈的编词典的"圣人们"辩护,向他们表达感激之情。[2] "封、资、修"被他引申为词典对传统文化和外来文化的吸收和借鉴,认为:"这定义下得很恰当,是一顶不大不小的很华丽的帽子,是褒多于贬的判决词","当代的字典或词典,正是封资修大杂烩!只有'四人帮'那类极左分子才热衷于'大破',破四旧,破一切,割断历史。"[3] 对劫后重生的《现代汉语词典》,他不无骄傲地宣称:"还是伽利略那句话说得有意思:Eppur Si Muove!(它还是转动着的啊!)——《现代汉语词典》还是屹立着,即使当时也从未被推倒过。其收词的严谨,释义的精当,例句的贴切,是批不倒的。正相反,尽管数不清的大字报甚至名牌学府的学报,使用了所有最恶毒的咒骂语词,也无法损害这部词典的学术价值和地位。无论如何,《现代汉语词典》在它这个领域中达到了新的高度,成为这个领域的新起点。"[4]

关于政治对词典的粗暴干涉、辞书编纂与政治的关系等敏感问题,陈原晚年的反思更加深刻,他首先思考的是,词典是工具书,不同于一般的出版物,编纂者要走出"教条"的迷津,要摆脱把一切东西都跟意识形态挂钩的社会阻力。他认为,1949年至1979年词典的政治化,与1979年至1999年的非政治化,是一个反复的过程,这个过程到现在还没有结束。因此,它不仅关系到一部辞书的命运,而且是辞书编纂者、出版者值得认真思考、努力实践的问题,也是长期面临的沉重话题。

(作者单位:中国大百科全书出版社)

---

[1] 柳凤运、陈原:《对话录:走过的路》,生活·读书·新知三联书店1997年版,第60页。
[2] 参见陈原:《加强〈汉语大词典〉的编纂工作和组织工作》,《陈原出版文集》,中国书籍出版社1996年版,第151页。
[3] 陈原:《"封资修的大杂烩"》,《黄昏人语》,上海远东出版社1996年版,第77页。
[4] 陈原2000年2月所作,未刊稿。

821

从《绣像小说》到《小说月报》

——论商务印书馆的救世情怀

王　燕

清末民初是小说期刊风起云涌的时代，据不完全统计，晚清时期产生的小说期刊多达23种，民国以后，小说期刊的创办方兴未艾，仅1914年就创办了11种。在众多的小说期刊中，商务印书馆创办的《绣像小说》和《小说月报》堪称翘楚。

光绪二十九年五月初一日（1903年5月），《绣像小说》在上海创刊，该刊有几个特点令人印象深刻：它是《新小说》之后国内兴起的第一份小说专刊，《新小说》创刊半年后即创办；它是网罗晚清著名小说家最多的小说专刊，"晚清四大谴责小说"作者中的三位——李伯元、刘鹗、吴趼人，都曾在《绣像小说》上发表作品；它是刊载晚清小说精品最多的小说专刊，《文明小史》《老残游记》都是首先连载于《绣像小说》；它前后发行72期，是晚清四大小说杂志中寿命最长、容量最大的一种；《绣像小说》每回附有插图，是《海上奇书》之后以传统"绣像"著称于世的小说专刊。该刊继承了"小说界革命"的改良精神，是《新小说》办刊理念最忠诚的践行者。

《小说月报》创刊于宣统二年（1910年）七月，至1931年12月停刊，前后21年，合计发行22卷259期，含增刊1期，号外3册，是中国近现代期刊史上寿命最长、卷次最多、发行最丰的小说专刊。以1920年沈雁冰接手改革为界，分为前后两个发展阶段。前期由王蕴章、恽铁樵担任主编，在当时被称为杂志界的"权威"，为清末民初的文坛培养了大量本土言情小说、侦探小说原创作家；后期由沈雁冰、郑振铎、叶圣陶相继担任主编，几成文学研究会同人刊物，实为新文化运动的旗手。

《绣像小说》《小说月报》身处易代之际，由光绪而至辛亥，由大清而至民国，乃至延续到"五四"之后若干年，这与其出版机构商务印书馆关系密切。商务印书馆自1897年建馆，短短十余年间发展成为沪上屈指可数的大型出版机构。1902年，创始人夏瑞芳重金聘请张元济加盟商务印书馆。张元济入主商务，主要致力于三方面的工作，除了创办编译所、编纂教科书，最重要的就是创办期刊杂志，先后创办了《外交报》《绣像小说》《东方杂志》《教育杂志》《小说月报》《妇女杂志》《少年杂志》《学生杂志》等刊物。鼎盛时期的商务设有九个杂志编辑部，由此可见对于期刊杂志的重视。

《绣像小说》《小说月报》作为同一出版机构创办的影响深远的两大小说专刊，在编辑风格、商业运作等方面，既有继承关系，又有明显差异。二者的比较，不仅有利于考察作为出版者对于刊物的影响，还对探索晚清与民初小说期刊的转型具有重要意义。

一 办刊理念前后承继

《小说月报》创刊时，《绣像小说》已停刊四年，为了显示两份刊物的继承性，最初两年的《小说月报》无论是发刊词、封面构图，乃至个别内容，均与《绣像小说》遥相呼应，给人以似曾相识之感。

首先，《小说月报》没有《绣像小说》那样的发刊"缘起"，但创刊号所载"编辑大意"对此略有阐发："本馆旧有《绣像小说》之刊，欢迎一时，嗣响遽寂，用广前例，辑成是报。匪曰丹稗黄说，滥觞虞初；庶几撮壤涓流，贡诸社会。""用广前例，辑成是报"透露了《小说月报》的创刊的确受了《绣像小说》的启发。

其次，两刊封面均是双色套印，构图设计亦旨趣相投。72期《绣像小说》先后采用了两种封面构图：第1—7期是"牡丹怒放"，之后改为"孔雀开屏"。《小说月报》最初的两种封面构图，图像选材和绘画笔法与《绣

823

像小说》极为相似。第一年发行的六期《小说月报》封面插图也是"牡丹图",造型上只是在《绣像小说》的单枝牡丹之外,添加了一朵含苞欲放的花蕾,绽开的花朵也比《绣像小说》的牡丹更为丰腴肥硕,绘画方式均以白描为主,只不过《小说月报》除了轮廓勾勒,还辅之以色彩铺染,花色更为绚丽饱满,花枝旁一只蝴蝶翩然而至,欲着未落,更使整个画面分外活泼灵动。第二年发行的前三期《小说月报》封面插图是"双凫图"(或有谓之"鸳鸯图"者),与《绣像小说》后来采用的"孔雀"同样取材于动物,二者均迎合了喜庆、圆满的传统心理,构图意念的矜持、保守可谓一脉相承。有趣的是,在近现代文学史上,《小说月报》常被视为"鸳鸯蝴蝶派"代表期刊,而该刊前两种封面构图又偏偏出现了"蝴蝶""鸳鸯"。

最后,为了与《绣像小说》保持一致,《小说月报》甚至刊载了某些相同的内容。如创刊号"新智识"一栏所载日本坂下龟太郎著《理科游戏》,即曾刊载于《绣像小说》第1、2期。这一内容使创刊伊始的《小说月报》延续了晚清小说期刊浓郁的思想启蒙意识,即"编辑大意"所谓"本报以迻译名作、缀述旧闻、灌输新理、增进常识为宗旨"。由此可见,不假分析地把《小说月报》定位为"鸳鸯蝴蝶派"刊物是粗暴和草率的,该刊自创刊伊始,就以"灌输新理,增进常识"为己任,主动呼应《新小说》奏响的改良民智的主旋律。

二 印装技术不断改进,艺术理念独树一帜

1910年《小说月报》创刊时,商务的资金与技术有了明显改善,印刷、装帧的先进技术得以采用,书画、风景等摄影图片的刊发,广告、营销等现代经营理念的渗透,均使该刊与《绣像小说》判然有别、风貌迥异。

印刷与装订上,与《绣像小说》相比,《小说月报》变传统线装为简易平装;插图以摄影图片取代手绘绣像,以风景古迹、名家字画取代了故

从《绣像小说》到《小说月报》

事插图。

《绣像小说》把"绣像"放进刊物名称，突出了编者对于图像的倚重，小说无论著译，均配以绣像，前后72期采用800多幅插图，成为图文并茂的小说专刊。晚清的最后十年，插图作为文学刊物的一种体例，已广为流行："清光绪年间书坊出版的小说传记，多有绣像插图，书籍插图之风大盛。"[1]但小说插图因配合故事情节绘制，具有很大的依附性，故此常常缺乏独立的美感。20世纪初，随着摄影技术的兴起，摄影图片很快取代了手绘绣像，成为各类报刊争相采用的插图。《小说时报》得风气之先，以名妓名伶照引领时代风尚；插图不仅成为独立的欣赏单元，而且以较之文字远为直观和夸张的方式，昭示了小说期刊的世俗化转向。民初问世的《礼拜六》《眉语》《中华小说界》，1920年代创刊的《半月》《红玫瑰》《紫罗兰》等杂志，无不步其后尘，纷纷效仿。这一时期着色手绘仕女图与摄影名妓名伶照交相辉映、斗妍争奇。《小说月报》虽紧随《小说时报》创刊，在封面与插图的印制上，却没有随波逐流、就近取材，而是另辟新径、自成一格，在名妓名伶照横流的时代毅然持守着一种高雅的情趣。

除了封面，《小说月报》的插图主要有两类：一是根据小说内容所绘插图，笔法上接近绣像，却不如《绣像小说》绘制精致，每期四五幅，数量少，不足为论；二是开卷前幅所刊摄影图片，革新前127期《小说月报》共刊载此类图片700余幅，平均每期五六幅，不仅数量多，而且具有极高的观赏性。或许正因为如此，民初小说刊物中，以《小说月报》的损毁最为严重，目前国内各大图书馆收藏版本几无完璧，不少名家字画只见目录不见真图。

《小说月报》以图片反对俗艳、追求高雅的文化态度自觉且坚定，创刊号"编辑大意"即云："本报卷首插图数页，选择綦严，不尚俗艳，专取名人书画以及风景古迹，足以唤起特别之观念者。"如果说"俗艳"二字尚语义模糊，第3卷第7期所刊"本社特别广告"则把矛头直指"妓

---

[1] 梁得所：《绘画》，上海良友图书印刷公司1936年版，第25—26页。

女"图片，明确表示："本报自本期起，封面插画用美人名士、风景古迹诸摄影，或东西男女文豪小影，其妓女照片虽美不录。"《小说月报》确曾刊载过名妓名伶照，如临时增刊所载之"演剧助赈上海名妓雪印轩之小影""上海妓女花元春小影"等，但青楼女子照总计不过五六幅。《小说月报》中的梨园名伶通常以"时妆美人"和"剧坛名优"等称名，如第2卷第11期"德国名优"；第3卷第3期"法国时妆美女"，"美人名优"虽也涉嫌逐奇猎艳，但毕竟不以女子色相为主，自然淡化了《小说月报》的游戏色彩，从而保证了该刊不走媚俗化道路。

在人物图片方面，《小说月报》三类选材令人肃然起敬。其一，男女文豪，以英法小说家居多。如第2卷第9期"英国大诗家摆伦Lord Byron""法国嚣俄小影"等。这些照片有时重复出现，有时成组刊载，有时还简单注明作家、作品情况。如第2卷第8期"英吉利第一大文豪司各德之肖像，十八岁时失右手（西纪一七七一至一八三二年）"；第9卷第6期"英国著名女小说家、《大侠红蘩蕗传》之著者阿克西男爵夫人小影"。其二，巾帼豪杰。如第2卷第10期"革命女军首领沈素贞""红十字会会长张竹君女士"肖像；第2卷第12期"中华女国民军"摄影，第3卷第1期"中国第一女侠秋瑾"肖像。其三，皇室名媛。如第4卷第5期"俄皇后及其儿女"；第4卷第9期"德皇威廉第一之母路易王后"；第4卷第11期"西班牙皇后及其子女"；第5卷第8期"美总统威尔逊之女兄弟"等。无论是美人名优、男女文豪，还是巾帼豪杰、皇室名媛，这些人物均以来源丰富、地位高尚为特点，从而打破了《小说时报》大量刊载名妓名伶的单调与俗艳。

除了人物图片，《小说月报》插图最主要的选材是风景古迹和名人字画，二者约占每期图片总量的六成以上，这两类图片真正树立了该刊崇尚典雅的艺术风格。风景古迹的摄影几乎每期都有，既有中土名胜，亦有域外风光，遍布各地，蔚为壮观。如第1卷第5期之"庐山白鹿洞书院摄影"；第2卷第5期"巴黎蜡人馆摄影"；第3卷第9期"檀香山之海底旅馆"；第3卷第12期"意大利奈波里之古迹"。名人字画插图以中国名人字画为主，著名的如第5卷第2期"张南皮题《反正诗》墨迹"；第7卷第2期"清钱辛眉隶书联"；第7卷第4期"渔洋山人手写《金陵诗》墨迹"；第7卷第6期"康南海题邱菽园《看云图》墨迹"等。还有许多清宫收藏的名人画像，如第6卷第4期"陈其年小影""姚惜抱小影"；第6卷第5期"侯朝宗小影""冒辟疆小影"等。外国名画虽数量有限，却不乏精品，如第1卷第3期"西班牙大画家谟利了名画之一"，即17世纪西班牙著名画家牟利罗（Murillo，1617—1682）系列油画《圣母纯洁受胎》之一，现藏西班牙普拉多美术馆。

总体来看，与《绣像小说》的绣像相比，《小说月报》的插图来源广泛、印制精美；与《小说时报》名妓名伶照相比，《小说月报》的插图选材多样、旨趣高雅。

三 广告营销有效渗透

较之《绣像小说》，《小说月报》有着娴熟而成功的商业运作，尤其体现在广告营销方面。在晚清小说期刊中，《绣像小说》以内容纯正著称于世，除了《本馆编印绣像小说缘起》，很少刊载作品之外的文字，尤其是广告，编者似乎把全部热情都放在启蒙上，完全没有把刊物置于商业运作的大背景下考虑。《小说月报》创刊时，商务印书馆已成沪上颇具规模的出版机构，经营理念渐趋成熟，《小说月报》主动承接《绣像小说》之"余续"，无非是借其"余光"营造名刊效应，这本身就是一种商业炒作，但《小说月报》的商业运作，更多地体现在商业广告的大量刊行上。

仅以《小说月报》创刊号举例，所刊广告多达18页。这些广告铺天盖地、见缝插针，除了封里和封底，刊首、刊中和刊尾均插入整页广告，且以彩纸印刷，格外醒目。广告涉及《钦定大清会典》《钦定大清会典事例》《钦定大清会典图》《大清光绪新法令》等法规新令读物；《看图识字》《九九指数牌》等启蒙读物；有《世界新舆图》《大清帝国全图》等地图读物；《师范讲习社师范讲义》等教科书；《中国风景画》《西湖风景画》等图书；《林纾小说》《说部丛书》等文学读物；《教育杂志》《东方杂志》等刊物。均为商务印书馆出版物的广告。

值得注意的是，《小说月报》每册仅售1.5角，比《绣像小说》便宜5分，半年6册8角仅相当于《小说时报》一册的价格；但相比于《小说时报》每页6元的广告费，《小说月报》的广告定价却相当高，按照封底价目表，一期一面，"特等"30元，"上等"20元，"普通"12元，即便根据"普通"收费标准计算，18页广告也需200余元。《小说月报》为本馆刊登广告，自然不必收取费用，但由此价目表却可了解当时广告定价的普遍行情。《小说月报》不仅独立销售，创造利润，还为商务图书发行广告，扩大影响，一开始就被纳入营销体系，为商务打造了品牌，节约了成本。而《小说月报》借助商务精良的印刷和庞大的网络，仅创刊号就销往全国20个城市设立的分馆。

由此可见，相比于《绣像小说》，《小说月报》的经营理念已相当完善，这正是该刊生逢乱世、屡换主编，乃至经历了新文化运动的洗礼，依然能顽强生存下去的重要原因。

四　栏目编排日渐清晰

在目录设计和栏目编排上，与《绣像小说》相比，《小说月报》也作了不少改进。《绣像小说》的目录在封里，《小说月报》则开辟了独立的目录页。栏目编排方面，《绣像小说》除了强化作品所附插图，就是凸显内容上的趋新、启智，如《文明小史》前加"新编小说"，《醒世缘》前加"新编弹词"，《市声》前加"实业小说"，《学究新谈》前加"教育小说"，这些附加的修饰词前簇后拥，烘托着《绣像小说》的救世情怀，但整体看来，目录的主要内容无非是小说名目的罗列，如此只见作品不见栏目的目录，显示了编者根本上缺乏栏目规划的统筹意识。相比之下，《小说月报》的目录则名目清晰、层次分明。如：创刊号分图画、长篇小说、短篇小说、译丛、笔记、文苑、新智识、改良新剧八个栏目。栏目名称下沉一

828

字,前置双层实心圆点作为标识,此为第一层次;作品和著者上下竖排,此为第二层次;长篇小说回目与文集细目又下沉一字,此为第三层次。

细加分析不难发现,《小说月报》关于目录设计和栏目编排的创新理念远宗《新小说》,近取《小说时报》。《新小说》主要以小说的题材内容分类,创刊号有历史小说、政治小说、科学小说、哲理小说等;《月月小说》《小说林》等虽出现了"短篇小说""译本短篇小说"栏目,但依然与名目繁多的侦探小说、侠情小说、国民小说、滑稽小说等杂糅在一起。《小说时报》创刊时栏目有六:图画、短篇新作、名著杂译、各国时闻、长篇新作、杂记随笔,自1910年第4期开始,精简为图画、短篇名译、长篇名译、杂记随笔四类。四个月后创刊的《小说月报》显然进一步总结了《小说时报》的经验,径直将"小说"划分为"长篇小说""短篇小说"两大栏目,这是晚清以来"小说"门类划分最为精当的栏目设置。

《新小说》以题材内容为依据的小说分类方式主要参照西学体系,这种分类方式对于提高小说的地位发挥了重要作用,如"政治"与"小说"的联袂渲染了小说的议政功能,"科学"与"小说"的结合夸大了小说的益智能力,这是近代小说文体探索的第一次变革;《小说时报》《小说月报》以"长篇""短篇"划分小说类别,这种方式尝试着以篇幅长短来定义和探索新小说的文体特征,这可以视为近代小说文体探索的第二次变革;"五四"新文学运动前后,一批学者开始从理论与实践两方面认真总结现代小说的写作规范,如1918年5月《新青年》第4卷第5期所载胡适创作的《论短篇小说》,这可视为近代小说文体探索的第三次变革。

1910年《小说月报》创刊时,小说划分正在从以题材内容为主逐步转变为以篇幅长短为主。如《小说月报》第1卷第3期"长篇"栏目下载"侠情小说"《剑绮缘》,"短篇"栏目下载"滑稽小说"《支那旅行记》。在此,一级分类方式是"长篇""短篇",二级分类才是"侠情小说""滑稽小说"。由《绣像小说》目录的芜杂无序,到《小说月报》栏目的清晰有序,实际展现的不仅是编辑理念的明朗,更是近现代小说文体演进的现代变革。"长篇"与"短篇"的以篇幅长短的分类方式,终于从名目繁杂的分类方式中脱颖而出,《小说月报》不仅是这种分类方式的时代见证者,更是先期实践者,它以特殊的方式记录了近现代小说文体演变的艰难历程。

五　创作实绩各有千秋

在主编人员和创作实绩上,《绣像小说》与《小说月报》更是有着显著区别。

《绣像小说》自始至终没有明示主编的姓名,学界通过时人记载,一般认为由李伯元主编。1897年,李伯元因创办《游戏报》名声大噪,该报"以诙谐之笔,写游戏文章",是一份典型的休闲、娱乐性读物,一经问世,很快风行,甚至被推为"小报牛耳"。[1]此后,《采风报》《消闲报》蜂拥而至,踵起效颦者,不下十数家。为另谋生路、别树一帜,李伯元于1901年创办了《世界繁华报》。这时,"小说界革命"风起云涌,小说由雕虫篆刻之术、诲淫诲盗之说,一变而成改造社会、增进民智的工具。创作小说不但"有用",而且"崇高"。这种小说观念对李伯元形成了巨大冲击,不但激发了他通过小说创作以有所作为的雄心壮志,而且促使他逐步改变了过去那种玩世、自娱的报刊编辑理念。《世界繁华报》就刊载或随报附送了李伯元创作的《庚子国变弹词》《官场现形记》等谴责小说。

到主编《绣像小说》时,李伯元以文学针砭社会、指斥时弊的意识更为明确,所以,《绣像小说》巧妙地转化了《新小说》的办刊理念,"或对人群之积弊而下砭,或为国家之危险而立鉴",结合本土实际,传达《新小说》鼓吹的启蒙、救亡思想。在此编辑方针的指导下,《绣像小说》大量刊载破除迷信、改革风俗的白话通俗小说,《文明小史》《活地狱》《老残游记》《邻女语》等作品纷纷问世,篇篇堪称佳制,由此使《绣像小说》创作实绩远超《新小说》,成为晚清小说期刊中荟萃名家名作最多的优秀

---

[1] 魏绍昌编:《李伯元研究资料》,上海古籍出版社1980年版,第14页。

从《绣像小说》到《小说月报》

刊物。只是，李伯元虽有办报经验，毕竟起身于游戏小报，这或许是《绣像小说》对其主编身份始终避而不谈的原因之一，但这丝毫没有影响该刊对他的依赖，以及他对该刊的贡献，乃至1906年李伯元英年早逝，《绣像小说》不久就被迫宣告停刊了。

相比之下，《小说月报》的内容明显不似《绣像小说》那般纯正，该刊的主编也不像《绣像小说》那般单一，前期十年主要由王蕴章、恽树珏主编。王蕴章（1884—1942），字莼农，号西神，别署西神残客，江苏无锡人，光绪二十八年（1902年）举人，工书法，通诗词，擅作小说，喜欢戏剧，这些个性特点，在他主编的《小说月报》前两卷中均有体现。王蕴章的办刊理念，创刊号"编辑大意"中作了明确说明："本报各种小说皆敦请名人分门担任，材料丰富，趣味浓深。其体裁则长篇、短篇，文言、白话，著作、翻译，无美不搜；其内容则侦探、言情、政治、历史、科学、社会，各种皆备。末更附以译丛、杂纂、笔记、文苑、新智识、传奇、改良新剧诸门类，广说部之范围，助报余之采撷。每期限于篇幅，虽不能一一登载，至少必在八种以上。"《小说月报》大致忠诚地实现了这一办刊理念。

就小说而言，《小说月报》前两卷（包括增刊）共刊载短篇小说54篇，长篇小说13篇。既有文言，也有白话；既有译作，也有著作。在小说类型上，以言情、侦探之作居多，特别是言情之作，种类繁多，不一而足。如两部拳头力作《双雄较剑记》和《薄幸郎》，均是林纾翻译的言情之作，另外还有奇情小说《劫花小影》、哀情小说《十字碑》、苦情小说《绿窗残泪》、侠情小说《香囊记》、怨情小说《霜钟怨》等。除了小说，另外两类值得关注的内容是戏剧与诗词。王蕴章雅好戏曲，创刊号即安排了"改良新剧"一栏，前两卷共刊载了七部新剧。这些新剧多为译作，内容上也以言情之作为多，如波兰情剧《多情之英雄》、俄国奇情新剧《美人心》、法兰西情剧《爱之花》等。此后又开辟了"传奇"一栏，刊载了三种传奇。另据张晖研究，1921年《小说月报》改版之前一直有"文苑"一栏，主要刊载古文、诗词，尤以诗词为主，仅前两卷就刊载了南社文人及清朝遗老

831

的诗词曲作一百余首,这也与王蕴章本人的交游以及他对于诗词的喜爱和擅长密切相关。[1]整体看来,王蕴章对于诗词曲作的雅兴,赋予《小说月报》一种哀怨的情思与怀旧的格调,他对于言情小说与侦探小说的倚重,暗合了清末民初转型之际唯言情是尚的时代风气。由于《小说月报》言情之作比比皆是,致使该刊长期以来被斥为"鸳鸯蝴蝶派"的大本营。

尽管如此,一个不容忽略的事实是,当时的许多文化名人都与该刊发生过密切联系。如鲁迅的处女作即刊载于《小说月报》。1934年,他在致杨霁云的信中写道:"现在都说我的第一篇小说是《狂人日记》,其实我的第一篇排了活字的东西,是一篇文言的短篇小说。"[2]这篇小说即《小说月报》第4卷第1期刊载的《怀旧》,当时鲁迅署名"周逴"。此外,蔡元培的《石头记索引》、容闳的《西学东渐记》等,都是首先连载于《小说月报》,然后结集出版。这些游离于时代风尚之外的文学作品和学术文章,在在显示着《小说月报》的勇敢开拓与多元开放。

职是之故,《小说月报》前期创作虽备受责难,但在民初媚俗文艺风靡一时的浪潮中,该刊不忘初心、努力开拓,不但坚持了一份严肃的创新精神,而且执守着《新小说》《绣像小说》以来的救世情怀。正是这种坚持与执守,使商务印书馆在文学期刊创办领域独执牛耳,清末民初几十年间不断推出典范之作。

(作者单位:中国人民大学)

---

[1] 张晖:《新时代与旧文学——以民初〈小说月报〉刊登的诗词为中心》,《中国现代文学研究丛刊》2005年第4期。
[2] 鲁迅:《鲁迅书信集》上卷,人民文学出版社1976年版,第538页。

建构现代新常识

——《东方杂志》长寿基因的社会文化考察

吴永贵

《东方杂志》被称为"老寿星"杂志,[1]这是承认它在近现代中国期刊史上刊行时间最长的意义上,享有这个了不起的称誉的。它依傍于当时中国最大的出版机构——商务印书馆,是该机构自1897年成立后创办的第二份杂志。商务第一份杂志为《绣像小说》,创刊于1903年5月,次年的3月11日(农历正月二十五),即有了《东方杂志》的面世。直至1948年12月,《东方杂志》方才停刊,这一历史时刻,天地玄黄,商务印书馆举步维艰,几乎停止了它一切生产经营活动。从很大程度上而言,《东方杂志》的终结,乃因其老东家泥中困兽的境地,导致"皮之不存,毛将焉附",并非其自身模式的不能维持。没有任何征兆而终刊的《东方杂志》,存世时间近45年,全44卷,总计819期。

一 持续不绝的文化声誉

法国学者戴仁在其著作《上海商务印书馆:1897—1949》中,以附录形式详列了该馆历年出版发行的期刊目录。[2]在这个多达81种的宏大期刊方阵中,《教育杂志》《小说月报》《学生杂志》《妇女杂志》《儿童世界》《出版月刊》《英语世界》都发行了十年以上。在民国大多数杂志短命的期

---

[1] 周为筠:《民国杂志:刊物里的时代风云》,金城出版社2009年版,第231页。
[2] 〔法〕戴仁:《上海商务印书馆:1897—1949》,李桐实译,商务印书馆2000年版,"附录1"。

刊生态映射下，它们无疑都称得上是寿星级的杂志了。其中对《东方杂志》，该馆最为情有独钟，始终呵护备至[1]，不离不弃，终于使它成为"寿星"中的至尊"老"者。不唯如此，这个杂志在办刊声誉上，还广受传颂。当代学者洪九来在他的那本研究《东方杂志》的知名著作《宽容与理性：〈东方杂志〉的公共舆论研究（1904—1932）》中，例举了时人对这本杂志的赞赏[2]：1926年，著名报人戈公振在其名作《中国报学史》中谓之为"杂志中时期最长久而最努力者"[3]；1931年，图书馆学人邢云林在他那篇期刊史文献《中国杂志史简述》中，称其为"旧杂志中之鲁灵光矣"[4]；1933年，清华大学图书馆馆员毕树棠在知名刊物《独立评论》中，称道其在"书店杂志类"中为"标准最高，出版最好的"[5]；1948年，署名孙鹤的作者在《申报》上发表文章《中国定期期刊的黄金时代》说，《东方杂志》从清末到1920年代中期的若干严谨的学术论文，"即使今天看来也未必完全失时效，虽然世界学术三四十年来有长足进步"[6]。上述四人中，除了孙鹤的身份不太清楚外，其余三人都是报刊界和图书馆界中人，其结论都是在与报刊打交道过程中的一种切身观察和比较研究，绝非一般信口悠悠的虚言。

还可举出其他的例子来证明他们的所言不虚。1921年，商务印书馆系统性地重印了该杂志的前13卷，《申报》上的广告是这么说的："本杂志发行至今已十八年，承各界欢迎，时有人以补购以前各卷，相商本馆，以每期出版，随即售罄，即有存余，亦不完全，愧无以应。兹特先将第一

---

[1] 有学者统计了《张元济日记》1916年至1923年期间涉及《东方杂志》的记录，计有25条，超过同期任何其他刊物，是商务印书馆对这一刊物高度重视的明证。参见周为筠：《民国杂志：刊物里的时代风云》，金城出版社2009年版，第234—235页。
[2] 洪九来：《宽容与理性：〈东方杂志〉的公共舆论研究（1904—1932）》，上海人民出版社2006年版，第1—2页。
[3] 戈公振：《中国报学史》，上海古籍出版社2003年版，第161页。
[4] 邢云林：《中国杂志史简述》，《文华图书科季刊》第3卷第1期（1931年3月）。
[5] 毕树棠：《中国的杂志界》，《独立评论》1933年第64号。
[6] 孙鹤：《中国定期期刊的黄金时代》，《申报》1948年4月16日。

至十三卷补印齐全，订成汇编，廉价发售，以副爱读诸君盛意。"[1]时隔两年后，《东方杂志》迎来其创刊20周年，作为一种纪念，同时也是一种促销，商务印书馆除出两册纪念号外，还"选取《东方杂志》二十年间的重要材料，仿丛书体例"编成了"八十二种一百册"[2]的《东方文库》。十年后的1933年，是《东方杂志》的第三个十年，商务印书馆又循其前例，再编《东方文库续编》。广告称："前为纪念创刊二十年起见，曾编印《东方文库》一百册，读书界认为最佳之现代史资料，推许备至。兹复撷取本杂志最近十年来之重要论文，辑成《东方文库续编》五十册，更订优待定户赠送半价券之办法，以为创刊三十周年之纪念。""《东方文库续编》之体例悉依前书，关于政法、经济、社会、外交、文化、科学、史地各方面之史料，及著译之文艺作品，无所不包。凡欲明了最近十年世界情况及其趋势者均不可不读，已备有前出之《东方文库》者尤不可缺。"[3]既系统性地汇编重印，又辑录成规模性的丛书出版，若非商家自信且事实证明确有重要文化及商业价值，定不会有如此一而再、再而三的出版举措。

还有一个例子也颇值得一说。在1932年"一·二八"事变中，与商务印书馆同时遭逢巨难的《东方杂志》，一时停刊达八个月之久。[4]恰是此次停刊，给了《申报月刊》和《新中华》半月刊趁势而起的机会。前者创办于《东方杂志》停刊期间的1932年7月15日，主编俞颂华，原本就是《东方杂志》编辑部的台柱子，该杂志依托于中国当时最大的报馆——申报馆；后者创刊于1933年1月10日，虽说时在《东方杂志》复刊之后，但当初的起意则是存心于作为《东方杂志》的替代品，该杂志依托于仅次于商务印书馆的第二大出版机构——中华书局。试想一想，若非惦记着《东方杂志》昔日的繁华盛景，若非眼见着突如其来的市场空白，岂会有如此

---

[1]《申报》1921年7月25日。
[2] 黄良吉:《〈东方杂志〉之刊行及其影响之研究》，台湾商务印书馆1969年版，第71页。
[3]《申报》1933年9月2日。
[4] 从1932年2月1日第29卷第3号停刊，至1932年10月16日复刊，卷期续前，为第29卷第4号。

两大机构双双见猎心喜，欣欣然作同类型期刊的急急布阵。若果如《东方杂志》编者自言的其销量高达五六万份[1]，那我们就不难理解，商务印书馆为何在遭受重创、艰难复业后，率先复刊的杂志就是《东方杂志》，再一次显示出对该杂志的高度垂爱。与猎者见猎的道理同出一辙，垂爱定有其垂爱的理由——植根于过往的高市场回报经验，笃定这一包举百科知识为其内容组织架构的期刊模式的现实可行，受商业诱因的驱使，最终使得1933年中国期刊市场上"略同于商务的《东方杂志》"[2]的综合性杂志，从原先的一枝独秀，发展为三雄并举[3]，并同成为民国期刊史上三大综合性名刊。然而，我们还是不禁要问：《东方杂志》何以能如此之长盛不衰？它傲视群刊的长寿基因是什么？

二 谁的"个性"，主编还是杂志？

有一个人所共见的基本事实是：正如笔者在前文中所提到的，在《东方杂志》的背后，有商务印书馆这个强大的经济实体为其保驾护航——在这点上，申报馆的《申报月刊》（《申报周刊》）和中华书局的《新中华》，均有其相似的共通性——大机构密布全国的发行网络，和下大力气的广告

---

[1]"读者、作者与编者"栏，《东方杂志》第30卷第7号（1933年4月）。
[2] 倪文宙：《埋头编辑的五年》，中华书局编辑部编：《回忆中华书局（1912—1987）》，中华书局1987年版，第107页。倪文宙为《新中华》的三署名主编之一，负责该刊的内部编辑工作。
[3]《新中华》内容有国际时事、经济状况、各种学说、文艺、谭薮、新刊介绍、讽刺漫画、时论摘粹、半月要闻、通讯等，行销在三万以上，至1937年8月出至第5卷第15期时停刊，1943年1月复刊，卷期另起，加"复刊"二字，至1949年5月16日出至第12卷第10期停刊。参见钱炳寰编：《中华书局大事纪要（1912—1954）》，中华书局2002年版，第119页。《申报月刊》设有外论摘要、时事漫画、文艺、海外通讯、科学丛话、室内谈瀛、一月来之中国与世界、小说等栏目。1935年12月出至第4卷第12期休刊，后即改名为《申报周刊》（又名《申报每周增刊》）继续出版，卷期另起，1937年12月出至第2卷第34期后停刊，1943年1月在上海复刊，卷期另起，1945年6月出至第3卷第6期后停刊。《申报月刊》改版为周刊后，一度销行达十万余份。参见莽萍：《俞颂华》，人民日报出版社2005年版，第69页。

促销，无疑有助于它们广为流传。然而，既然大机构的期刊方阵均同受沾溉，何以《东方杂志》独为个中翘楚？有研究者给出解释说，《东方杂志》"渗透了稳健与渐进完美统一的文化品格，始终秉持着既不激进又不保守的调和主义态度"，使得它"在那段跌宕起伏的复杂环境里"游刃有余。[1]论者所言称的复杂环境，主要指向现实政治环境。确实，对于像《东方杂志》这样一个具有高度社会现实关怀的综合性刊物来说，办刊态度和风格上的稳健持中，无异于自行穿戴上了一层自我保护的铠甲，特别是在对现实政治政权的态度上，有意识地避开任何可能的政治暗礁，从而避免了诸如禁刊这样的灭顶之灾——《东方杂志》历经多个统治政权，从未有被任何政府查禁的记录，证明其做法确是一种行之有效的生存策略。这个生存策略是其东家商务印书馆在"在商言商"原则下，对各书刊出版部门的统一要求，常被人举证的例子如1919年婉拒孙中山的《孙文学说》、1928年宁愿赠送陈独秀几千元稿费也不出版他的《中国拼音文字草案》，只因为这两个人物在彼时都是政坛上的敏感人物，有给商业带来政治风险的可能。[2]因此，我们说，《东方杂志》谨言慎行的办刊风格，于商务印书馆的总体发展而言，其实并无大的特别之处。

不过，要是认真细究起来，在《东方杂志》全部的生命历程中，倒是有两次稍显"妄为"的"胆大"举动——这都与胡愈之有一定关系：一次是在"五卅"事件之后，胡愈之等编辑同人出于民族激愤，于同年7月中旬出版《"五卅"事件临时增刊》作为《东方杂志》的特大号外，为此，工部局刑事检查科以该杂志"文字内容及插图有妨碍租界治安"为由，控告商务印书馆违反《出版法》之规定，最后公审公廨"判被告交二百元保，于一年内勿发行同样书籍"结案；另一次是"一·二八"事变后，胡愈之以与商务印书馆订立承包合约的方式，出任《东方杂志》新主编，他的"以文字作分析现实指导现实的工具，以文字作民族斗争社会斗争的利

---

[1] 周为筠：《民国杂志：刊物里的时代风云》，金城出版社2009年版，第237—238页。
[2] 同上书，第236—237页。

器"[1]的办刊新思路,给这个刊物染上了不同于以往的"斗争"色彩,终于在他第30卷第1号组织策划的"新年的梦想"征文中,让商务总经理王云五预感不妙,最终解除了与胡愈之的合约。[2]胡愈之共主编了11期,从1932年10月第29卷第4号起,至1933年3月第30卷第6号止。

不知是要有意消除胡愈之主编期间曾留给刊物的"胡氏个性"印记,还是真的如新任主编李圣五所言——不断有读者问他"所谓编辑方针"的问题,在他新接手的第30卷第7号的"读者、作者与编者"栏目里,为此所作的一番回答,尤其是他所阐发的关于刊物"个性"与编者"个性"主从关系的观念,有助于我们理解前文提到的杂志长寿基因的问题。他写道:"编者每次听到这两句问话,就立刻感觉到发问的人把《东方杂志》的个性看得太轻,把编者的个性看得太重!他们也或者忘记了《东方杂志》是全国大部分文人卅余年的心血培养出来的一个刊物,他的读者遍世界,销数达五六万份,他自降生以至今日,内容之专重学术介绍,态度之中正不阿,早已铸成了一种不可摇撼的'个性',凡系爱护'东方'的人们,无论是读者、作者,还是编者,都有一件不应当忽略的事:尊重他的'个性'。"接着,他进一步阐述了他所理解的《东方杂志》的"个性":"所负载的各种文字,并不是武断的臆说、空洞的理论,乃是经过一番研究的各种学问上的发挥,学术家可以用作参考,职业家以及从事政治的人们可以当作建议或情报,一般的读者更可用为广大智识、增进思想的工具。"

李圣五从刊物历史出发所总结的这个刊物"个性",可理解为《东方杂志》的一个传统。至少在李圣五看来,这是一个被作者和读者广泛认可,因而是具有明验大效、足可手手相传的重要传统——在这个强大的传

---

[1] 胡愈之:《本刊的新生》,《东方杂志》第29卷第4号(1932年10月)。
[2] 胡愈之晚年回忆说:"1933年1月,《东方杂志》新年号出版,我在这一期组织了一个'新年的梦想'专栏,这些文章没有骂国民党的,只是对国民党有些讽刺。清样已经打好,王云五却来找我说:'有的文章最好不要用,或是改一改。'我说:'你不是包给我办的吗?'他马上就说:'那就不包吧!'就是这样他逼我离开了《东方杂志》"。胡愈之:《我的回忆》,江苏人民出版社1990年版,第23页。

统下，主编者其实只是一个执行的角色和从属的位置，从而赋予这一刊物超强的稳定性品质。而这个传统的形成得益于之前多个主编的共同形塑，其链条可以一直往前追溯：从胡愈之之前的钱智修主编时期，到更前面的陶惺存和杜亚泉主编时期，甚至更早的孟森主编时期。在这个主编群芳谱中，以钱智修[1]主编时间最长（1920年8月至1932年2月），以陶惺存[2]主编时间最短（1919年10月至1920年8月），以杜亚泉[3]对刊物的贡献最突出（1909年4月至1919年10月）。

三 "宗旨无甚改变"：主编们的期刊接续主义

1911年杜亚泉走马上任主编的第一大手笔，就是对原先选报性质的《东方杂志》进行大幅度改版，不仅"扩充篇幅，增加图版"，将32开本改为16开大本，更是"广征名家之撰述，博采东西之论著"，使杂志走上了以撰译为主的基本路数，而"以启人知识、助人兴趣为主"[4]的办刊导向，更是贯彻于刊物始终。在杜亚泉手中已然成型的栏目与体例，在以后的出版岁月中，虽随着时代形势的变化有因有革、有增有损，但基本面貌和格局始终未有根本性改变，所以胡愈之在追悼杜亚泉的文章中明确地说："《东方杂志》是在先生的怀抱中抚育长大的"，在他手里的《东方杂志》，"凡世界最新政治经济社会变象，学术思想潮流，无不在《东方》译述介绍。而对于国际时事，论述更力求详备。……《东方杂志》后来对于国际问题的介绍分析，有相当的贡献，大半出于先生创建之功"，正是在这个巨大贡献的意义上，胡愈之把《东方杂志》看作杜亚泉平生"著述事业最

---

[1] 钱智修（1883—1948），原名经宇，在《东方杂志》上常用"坚瓠"的署名发表文章。
[2] 陶惺存，又名陶保霖，在《东方杂志》上常用"景藏"发表文章。
[3] 杜亚泉（1873—1933），原名炜孙，字秋帆，亚泉为其别号。在《东方杂志》上常用"伧父""高劳""陈仲逸"等署名发表文章。
[4]《辛亥年〈东方杂志〉之大改良》，《东方杂志》第7卷第11期（1912年1月）。

大的成就"。[1]

　　钱智修作为《东方杂志》史上任期最长的主编，不仅在文化思想上是杜亚泉攻防联手的同盟，对杜亚泉提出的新旧文化"接续主义"和"调和主张"引为同调；在编辑思想上，也接引了杜氏的办刊主脉并有所拓新。在他手里，《东方杂志》"增加图片及画报，更由月刊改为半月刊"，不仅"取材异常丰富而谨严"，"对于校对亦异常注意，在每期出版前，先有一本清样出来，清样出来后他总是带到家里去费许多时间亲自过目，然后签字付印。他作事非常负责，是一丝不苟的。《东方杂志》对外的信用，就是他以这样的办事精神，锲而不舍地造成的"。这一叙述和结论来自曾和他共事、后来担任《申报月刊》主编的俞颂华的回忆文章。[2]钱智修既"慎于接物"，更"推贤进士"，他乐于退居幕后，给予编辑部的年轻人更多锻炼和走向前台的机会。有研究者指出："从1924年至1932年初这一阶段，《东方杂志》实际上是由一群商务新生代在主笔担纲，全权筹划，他们之中先后有胡愈之、俞颂华、武育幹、黄幼雄、张梓生、吴景崧、冯宾符、张明养等十数人。"[3]

　　一般观点认为，陶惺存之所以接替杜亚泉出任《东方杂志》主编，是因为杜亚泉在《东方杂志》上发表的"接续主义"与"调和主义"主张，引起了陈独秀在《新青年》上的笔伐，而随后的双方论战让商务印书馆高层顾虑其可能造成的负面影响，故而"请惺翁接管《东方杂志》"[4]。而惺翁之所以任期短暂，乃因不久患肠癌故世。1919年12月15日出版的第16卷第12号《东方杂志》，应是在他主持下所编的一期，这一期登出一条《东方杂志》变更体例的预告："本志创刊十六年，向以介绍新知识、汇记国内外大事为重要职志，其间亦尝应时势之需要，叠经变更体例。今者世

---

[1] 胡愈之：《追悼杜亚泉先生》，《东方杂志》第31卷第1号（1934年1月）。
[2] 俞颂华：《悲忆钱经宇（智修）先生》，《东方杂志》第43卷第8号（1947年4月）。
[3] 洪九来：《宽容与理性：〈东方杂志〉的公共舆论研究（1904—1932）》，上海人民出版社2006年版，第55页。
[4] 张元济著，张人凤整理：《张元济日记》，河北教育出版社2000年版，第778页。

界知识日益进步,本杂志自亦不得不益自策励,以求完善。因自九年十七卷第一号起,将门类酌加增减,虽宗旨无甚改变,而供献读者,自谓颇多便利,并世贤达,尚祈进而教之。"这个预告有两层中心意思:一方面强调了刊物体例的一些新变化——"门类酌加增减";另一方面也标明刊物"宗旨无甚改变"。所以,我们看到的新年第一期(第17卷第1期)最大的形式变化是将栏目重新结构化了,尤其在栏目名称的命名与细分上,和之前16卷的面貌颇为异样;另外,刊物从这一期起出刊频率缩短了:从月刊改为了半月刊,每月10日、25日出刊。但若从刊物文章内容的整体格局来看,除了"读者论坛"是新增的栏目外,其他果真如预告中所说的那样:"无甚改变"。这一期的栏目有:评论、世界新潮、科学杂俎、读者论坛、文苑、时论介绍、法令、中国大事记、外国大事记、附录。笔者特别注意到,在本期的"时论介绍"栏目中,选用了一篇陈独秀的文章《实行民治主义之基础》——这是《东方杂志》首次登载陈独秀的文章,这是不是一种"言和"立场的有意表达?就像商务印书馆"请惺翁接管《东方杂志》"一样,更多的是一种形式上的办刊姿态——因为刊物宗旨上的"无甚改变",套用典故成语"萧规曹随"的表达,或可称之为"杜"规"陶"随。

期刊是一种在连续的时间轴上展开的、随时可能发生变化的印刷品形式。导致这种变化的因素有可能来自期刊外部,如时局或市场状况的改变,也有可能来自期刊内部,其中最大的变数就是期刊主编的更换。如果期刊的主旨和栏目结构发生重大调整,如果这种经过大幅度改版的期刊在其内容组织上已判然有别,那么,从历史的角度来说,它们虽然还是用同一刊名,但实际上已然是一种被替换掉的新刊了。在民国期刊史上,因主编的换将而发生类似的事例屡见不鲜。《东方杂志》避免了这种情况的发生,杜亚泉定下来的期刊框架被随后接力的各任主编所传递,推测其中的可能原因:一方面《东方杂志》一直有良好的市场表现,因而不存在彻底改版的外部压力;另一方面《东方杂志》的新任主编多从原来的编辑部内部产出,这多少避免了断裂现象的发生。在思想上杜亚泉所主张的"接续主义",就这样被移花接木到《东方杂志》多年的期刊实践中,在萧规曹随的期刊连续性方面，《东方杂志》在民国期刊史上堪称典型和代表。这种典型性，并不完全是一种历史上的惯性使然，也出于某种理论上的自觉认识。

四 "杂"的正名：论辩而来的杂志观念清理与践行

如果我们仔细读过发表在《东方杂志》第16卷第7号（1919年7月15日）上景藏的文章《今后杂志界之职务》，我们就不会奇怪何以会出现"杜"规"陶"随的现象了。这个化名"景藏"的作者，就是陶惺存。这是一篇既描述了当时杂志现状又阐发了有关杂志理论的重要期刊文献，它一方面不点名地回应了《新潮》杂志上罗家伦文章《今日中国之杂志界》（第1卷第4号，1919年4月1日）上的观点，在这篇文章里，《东方杂志》被作者列为"杂乱派"的典型代表；另一方面通过阐述杂志界应有的做法，隐约其辞地阐明《东方杂志》一贯的出版方针。由于此时的"景藏"已被商务高层商定为主编的接班人，因而，他文章中的立场基本上代表了《东方杂志》的主张。

如同罗家伦在他那篇备受瞩目的文章一开头就指出，将"杂志"作为"定期出版品"的命名，多少"是有些不妥当的"，陶惺存也在他的回应文章中，作了开门见山的"必也正名乎"的辩驳。这在现实情形上是非常重要和必须的，因为不仅《东方杂志》刊名中寓含"杂志"二字，商务印书馆当时出版的绝大多数定期出版物也都寓含"杂志"二字，关乎商务全体期刊的利益，故不能不认真对待。陶惺存在文章中写道，"杂志"这个源自日本的用词，不能仅仅视为一种"习用既久"的习惯，而是有它存在和必然的合理性，用他笃定的原话说"实无以易之"，理由有二。

其一，杂志在事实上必然是"杂"的。与著作类出版物的"章次排列必有统系"不同，杂志，不管是以学科（一学科或跨学科）为中心的如《数理杂志》和《东方杂志》这样的杂志，还是以办刊人身份为中心的如《留美学生季报》这样的杂志，抑或以办刊宗旨为中心的如《新青年》《新潮》这样的杂志，均无一例外的"不纯粹"，"无系统"。对于如此纷乱的情况，无以名之，只能谓之曰"杂"，区别的只是广狭义之分而已。

其二，杂志之价值恰在于其杂。他用杂货店做了一个贴切的比喻：市场上的杂货店之所以不可或缺，是因为其供应的"瓦罐、纸灯、竹头、木屑"之类的物件都是"人生日用必需之品"，虽然谈不上如"书画古玩"般的贵重，虽然只是"一针一线之微"，却不能不常备，"盖非此即不足以供给社会也"。杂志的重要性就好比这些杂货店，尤其是在像中国这样"开化略迟""研究专门学问者少"的社会，读者通过阅读杂志获得各种各样的现代性常识。

他还进一步强调说，如今的读者已与20年前"大非昔比"，那时的阅读者仅限于少数文人，读杂志不过是为了"消闲""示博"和"谈助"，而现在，杂志已日益成为一般阅读者人生学识思想"进行之利器""转输之具"了。陶文虽没有一一列举哪些是杂志中读者需要的常识，但从他的叙述中，我们可以归纳出，这些常识囊括的范围，可以是各种"学问"与"学说"，可以是各种"发明发见之艺术事实"，可以是各种"政治主义"，可以是各种"言论思想"——正是在杂志补助读者各种各样的常识这一点上，陶文反转了罗文关于《东方杂志》"五花八门、无奇不有"的负面内涵，而给予其"兼收并蓄"的正面肯定。

既然杂志于社会发展、于读者人生均如此之重要，办杂志者的责任——陶文用"职务"一词，倒似乎更为妥帖——就必须明确其"务"，恪尽其"职"。专此，陶文概括了一个"杂志职务"之三分模型："一为研究学理者则以共同研究为职务"；"二为启发思想者则以灌输智识为职务"；"三为矫正习俗者则以切实讨论为职责"。第一项是指那些非常专业的杂志，这些杂志的作者和读者在同一个圈层上，用今天的话说，读者和作者都是专家间的对话，办杂志无非提供平台而已，倒不是什么难事；而第二、第三项杂志，所面对的则是一般社会读者，"程度至为不齐"，如《东方杂志》这般，十羊九牧，众口难调，对办杂志者反而有更高的要求。在陶惺存看来，第二项的核心要求是"精加别择"，替读者作好材料、内容与信息的选择，使得其就像杂货店的杂货各有各的实用一样，读者每读其一篇就得一篇的益处，"凡不切实用之学问，已经废弃之学说，固不必介绍，即有新发明发见之艺术事实，亦当熟察与吾社会有无关系，及关系之巨细。若政治主义、言论思想，更为庞杂，尤不可不以公平之眼光，精加择别也"；第三项的核心要求是让读者读完后自觉化为己用，至少不产生心理抵触，因此，言说方式至关重要，"至矫正习俗之举，尤贵罕譬而喻，词气和平，庶听者易受，不至惹起反动；盖今日不合时势之习俗，其造成也既非一时一人，尤不能专责现代之人。此辈虽有笃守旧说，无彻底思想之嫌，究亦未可深咎；故但有陈明事理，比较中外，一语破的，使之自悟。夫辩论之间，固不能词涉含混，且措辞之或激或随，亦因各人之气质而定，应直言者，自不必过于含蓄，致使人不感痛痒，惟过度之刺激，题外之浮词，则自以为愈少为妙"。

陶惺存对杂志条理贯通的叙述，是他对杂志特质有深刻理解的体现。他是一个真正的杂志老编辑，早在宣统三年（1911年），他就在上海主编《法政杂志》月刊，[1]后来长期供职于商务印书馆《东方杂志》编辑部，因而有理由认为，他在这篇文章中对杂志的这些观察和见解来源于他早年办刊及后来编辑《东方杂志》的切身体会，从某种程度上说，这是对《东方杂志》办刊导向及办刊经验的一次系统总结，这和罗家伦以一个学生的身份通过在图书馆中粗粗翻阅期刊而获得的浮泛印象撰写出来的文章是不同的。如果我们将他在该文中提出的六条"杂志界职务之标准"[2]与《东方杂志》的文本实际对照，我们就会明白，为何《东方杂志》那么重视国际问题的介绍与分析，而成为各栏目中比例最大的重头戏；那么强调与现实发

---

[1] 该杂志研究法律政治现象，参证学理，以促进群治为宗旨。每月一册，分社说、资料、杂纂、记事诸栏。1915年12月停刊。戈公振：《中国报学史》，湖南大学出版社2014年版，第113页。
[2] 这六条标准是：（一）当知世界大势，勿故步自封也；（二）当适应现在时势，勿拘牵顽旧，及忘现在所处之地位也；（三）当以切入人生实用为主，勿尚虚饰也；（四）当以将来进化之世界作预备，勿为过去时代留纪念也；（五）持论当以真理为依归，勿尚感情也；（六）宜理论与方法并重也。

生关系，而从不刊发那些怀旧或历史考证之类的文章；那么希望来稿论题切要和文字浅近，而不愿意刊登那些徒有理论和征引繁博的长篇论说；那么提倡平实说理和兼容并包，而在批评和攻讦之间从来都是欢迎前者反对后者。如此说来，学者洪九来用"宽容与理性"作为他研究《东方杂志》这一著作的标题，确也恰当不过了。

五 结语：有主线和标准的"杂"

《东方杂志》诚谓之"杂"，但"杂"中有主线，"杂"中有标准。这个标准如果用一句话来概括，就是从为现代人未来发展的角度出发，为他们提供现代新常识。这个常识是经过精心选择的，是辞气平和的，是站在时代前沿的，是面向世界和国家未来的，同时也是避免触碰现实政治红线的。这就是李圣五所说的刊物"个性"，它不同于《新青年》《新潮》那样追求轰轰烈烈，但却愿意通过客观、平允的言说方式，通过稳健有效的商业手段，提高国民常识，振济知识饥荒，[1]从而赢得了世人的尊重，也赢得了市场的认可——老寿星长寿的基因密码当在此。

（作者单位：武汉大学）

---

[1]《〈;　　周年纪念刊物〈东方文库〉出版预告》，《东方杂志》第20卷第3号（192

期刊中的通俗科学与知识传播：研究回顾与西方科学史观点

黄相辅

引言

晚清民初之际，中国无论在政治、社会及文化各种层面皆历经剧变。尤其1895年至1925年前后30余年，自甲午战败始乃至五四新文化运动退潮为止，各种思想争鸣、转变快速激烈，张灏特别以"转型时代"形容这一时期。[1]"转型时代"改变剧烈者，不限于政治或思想，也包含报刊、出版业等新式传播媒介。虽然早在19世纪中叶，传教士或外商出资的报刊已将新式传播的形式引进中国，但影响力仅局限于沿海口岸。直到"转型时代"，新式传播方在内地及知识分子间茁壮，甚至引领舆论风潮。新式传播的兴起综合了多种因素，包括期刊这种定期发行的传播形式、技术上印刷出版的机械化，以及经济上结合了庞大资本及市场的商业文化机构。[2]新式传播对于"转型时代"中知识群体的建构、知识与思想在社会大众之间的散布，扮演举足轻重的角色。

在晚清民初众多新式传播及文化机构中，商务印书馆无论就规模、出版物数量及全国影响力而言，皆堪称龙头。商务于1897年在上海创立，最

---

[1] 张灏：《中国近代思想史的转型时代》，《时代的探索》，台北"中央研究院"、联经出版公司2004年版，第37—60页。

[2] 李仁渊：《思想转型时期的传播媒介——清末民初的报刊与新式出版业》，王汎森等：《中国近代思想史的转型时代》，台北联经出版公司2007年版，第3—49页。

初由承印商业文件起家，后来朝编译业务发展，以出版教科书发迹。[1]除了教科书之外，商务亦出版辞典、期刊及百科全书等各种书刊，甚至跨足教具、标本及理化学仪器的销售，多角经营文教事业。商务将文化产品与商业市场结合的庞大文教事业版图，因应当代中国亟需普及教育及引介新学的需求，许多学者甚至用"启蒙事业"来形容。[2]以期刊而言，商务在1949年以前编辑出版的期刊多达35种，这还不包括代为发行的期刊。[3]其中有13种发行超过十年，包括《东方杂志》《学生杂志》《小说月报》及《妇女杂志》等。从这些期刊的名称可看出，商务颇用心经营不同读者群，旗下期刊各自拥有清楚的定位。

上述这些商务期刊，由于发行时间长久，足以反映长期的政治及社会文化变迁，一直是近代史学者关注的研究对象，相关学术论著历来相当丰富。以台湾为例，在这方面的起步较早：黄良吉在1960年代对《东方杂志》栏目与报道内容演变的综合论著，可说是开商务期刊专题研究的先河。[4]同样以某种商务期刊为中心分析，论述当代社会文化变迁的代表性

---

[1] 关于商务印书馆1949年前发展的历程，参见〔法〕戴仁：《上海商务印书馆：1897—1949》，李桐实译，商务印书馆2000年版；汪家熔：《商务印书馆史及其他——汪家熔出版史研究文集》，中国书籍出版社1998年版；李家驹：《商务印书馆与近代知识文化的传播》，香港中文大学出版社2007年版，第24—48页。海峡两岸暨香港的商务印书馆亦有编著馆史，例如王学哲、方鹏程：《勇往向前——商务印书馆百年经营史》，台湾商务印书馆2007年版。

[2] Leo Ou-fan Lee, 1999: *Shanghai Modern: the flowering of a new urban culture in China, 1930—1945*, Cambridge, Massachusetts: Harvard University Press, p. 47. 另参见王飞仙：《期刊、出版与社会文化变迁——五四前后的商务印书馆与〈学生杂志〉》，台北政治大学历史学系2004年版，第19—35页；李家驹：《商务印书馆与近代知识文化的传播》，香港中文大学出版社2007年版，第209—213页。

[3] 〔法〕戴仁：《上海商务印书馆：1897—1949》，李桐实译，商务印书馆2000年版，第110—114页。

[4] 黄良吉：《东方杂志之刊行及其影响之研究》，台湾商务印书馆1969年版。

专著，还有周叙琪对《妇女杂志》、王飞仙对《学生杂志》的研究。[1]在妇女史研究方面，有鉴于期刊史料的重要性，台北"中央研究院"近代史研究所（以下简称"中研院"近史所）与日本东京大学村田雄二郎发起的"《妇女杂志》研究会"合作，于2000年起开始制作《妇女杂志》总目录及数据库，并举办专题研讨会，获得丰硕成果，这部分容后详述。中国大陆对商务期刊的研究虽起步较晚，但自改革开放以后即大幅成长，尤其在史料整理编纂上成果颇丰。最有代表性的是汪家熔关于商务馆史与出版史的著作，以及其他学者以张元济、杜亚泉等重要商务人物为主题的史料编纂。[2]近十几年来，大陆学界围绕各种商务期刊的专题论著更是急速增长，例如陶海洋对《东方杂志》、刘宗灵对《学生杂志》，以及柳珊、谢晓霞对《小说月报》的综合论述，其余族繁不及备载。[3]在史料数字化及数据库建置方面，近年来也多有建树，例如上海图书馆的《全国报刊索引》网站，提供包含《民国时期期刊全文数据库》的检索服务。网络数字资源的运用，已成为新时代的学者须严肃面对的工具与课题。

对于商务期刊里通俗科学报道内容的探讨，是近年来兴起的研究方向，也逐渐受到学界重视。期刊这种新式传播媒介在"转型时代"对思想启蒙的重要性，以及对当代中国知识分子群体的冲击，前人研究已多所著

---

[1] 周叙琪：《一九一〇~一九二〇年代都会新妇女生活风貌——以〈妇女杂志〉为分析实例》，台湾大学出版委员会1996年版；王飞仙：《期刊、出版与社会文化变迁——五四前后的商务印书馆与〈学生杂志〉》，台北政治大学历史学系2004年版。

[2] 汪家熔：《商务印书馆史及其他——汪家熔出版史研究文集》，中国书籍出版社1998年版。商务人物的史料编纂，例如：《张元济日记》，商务印书馆1981年版；张树年主编，柳和城、张人凤、陈梦熊编：《张元济年谱》，商务印书馆1991年版；田建业、姚铭尧、任元彪编：《杜亚泉文选》，华东师范大学出版社1993年版。

[3] 陶海洋：《〈东方杂志〉研究（1904—1948）》，合肥工业大学出版社2014年版；刘宗灵：《媒介与学生：思想、文化与社会变迁中的〈学生杂志〉（1914—1931）》，复旦大学历史学系2011年博士论文；柳珊：《在历史缝隙间挣扎：1910—1920年间的〈小说月报〉研究》，百花洲文艺出版社2004年版；谢晓霞：《〈小说月报〉1910—1920：商业、文化与未完成的现代性》，上海三联书店2006年版。

期刊中的通俗科学与知识传播：研究回顾与西方科学史观点

墨。[1]然而，这部分的讨论多集中在政治或文化思想，或是泛指从西方（及日本）传入的新学及时务，主要对象也仍局限于梁启超、胡适和陈独秀等精英名人，没有针对自然科学与实用技术知识在更广大的不知名读者间的传播。实际上，综合性商业杂志对于普及科学知识的功效不容小觑：它们的发行量大、流通广，能触及不同阶层群众，渗透程度胜于书籍、演讲与专门性同人期刊等其他媒介。[2]我们容易注意到严复译赫胥黎《天演论》一书的风行，却忽略了大大小小的报刊在此书发行后的几十年间，各种文章反复引申、讨论进化论思想与词汇的推波助澜。对于一般读者而言，他们最初接触科学知识的途径常是经由阅读报刊，而非直接透过典籍。[3]浏览商务各种期刊，不难发现其中有许多介绍科学新知或实用技艺的内容，即使这些刊物的题旨乍看之下与科学毫无关联。以《妇女杂志》为例，这份预设对女性读者提倡女学及妇女解放的刊物，就有大量文章涵盖理化、生物、医药、数学等科目及各种与家政相关的实用知识，正如其广告文案所言："促女学之进行，谋教育之普及。文字浅显，趣味浓深，科学、美术、世界要闻，无不应有尽有。"[4]《妇女杂志》内容的多元性及蕴藏的通俗科学资源，提醒我们在探讨科学知识传播时，不能遗漏"非关科学"的综合性商业期刊。

本文即以近年来商务期刊研究为经、西方通俗科学史的取径为纬，试图阐述这两种方向结合的可能，期盼能激荡出新的研究问题及观点。欧美科学史学界（尤其是英国）近二十几年来对通俗科学与其文化流变的

---

[1] 李仁渊：《思想转型时期的传播媒介——清末民初的报刊与新式出版业》，王汎森等：《中国近代思想史的转型时代》，台北联经出版公司2007年版，第14—22页。

[2] Shuttleworth, S. and Cantor, G., 2004: "Introduction", in *Science Serialized: Representation of the Sciences in Nineteenth-Century Periodicals*, ed. Cantor and Shuttleworth, Cambridge, Massachusetts: MIT Press, pp. 1-15.

[3] 例如梁漱溟谈其自学经验，即提到其最得力于杂志报纸，常是由于杂志报纸先引起兴趣注意，方觅专书来读。梁漱溟：《我的自学小史》，张玉法、张瑞德编：《自述五种》，台北龙文出版社1990年版，第47页。

[4]《商务印书馆发行》，《妇女杂志》第4卷第3号（1918年3月）。

849

关注,已累积出可观的研究成果。笔者以为西方通俗科学史着墨的方向,值得作为商务期刊——甚至推及更广义的出版品及教具、仪器等物质文化——通俗科学研究的借镜。本文首先将以《东方杂志》《妇女杂志》这两种商务期刊为例,评述近年来两岸学界对其通俗科学报道内容的研究。接着回顾西方通俗科学史的发扬,给读者对此研究取径的概观认识,并提出笔者认为值得继续发展的研究课题。要事先说明的是,本文目的不在于全面的文献回顾,仅阐述部分著作以供学界同人讨论,难免挂一漏万、思虑不周,尚祈方家指正。

《东方杂志》研究

创刊于1904年的《东方杂志》是商务的旗舰期刊,以"启导国民、联络东亚"为创刊宗旨,报道综合性知识与时事评论,销量广大,长久以来在商务出版事业中占据重要的地位。《东方杂志》从创刊到1948年停刊为止,横跨清末、民初、五四、抗战乃至战后不同阶段,见证了20世纪上半叶的兴衰变迁。时人戈公振评价其为中国杂志"时间最长久而最努力者"。[1]由于以上种种因素,《东方杂志》自然成为商务期刊研究的热门焦点。光是以大陆为例,自2000年后以"东方杂志"为主题或关键词的学位论文与期刊文章,在中国知网数据库就收录超过800篇,可谓目不暇给。

在如此繁多的《东方杂志》专题研究中,陶海洋的博士论文及专书《〈东方杂志〉研究(1904—1948)》是近几年来对其编辑、出版与内容分析各方面论述最全面的著作。陶海洋从《东方杂志》几位重要主编着手,依时间顺序论述不同主编时期的大事与综合文化特色,并列表统计文章作者群。其著作的长处在于文献回顾与相关人物、事件考察详细。虽然陶海洋也有谈到《东方杂志》启蒙科技知识的面向,但由于全书架构按时代编

---

[1] 戈公振:《中国报学史》,方汉奇、王润泽编:《民国时期新闻史料汇编》第二册,国家图书馆出版社2011年版,第168页。

期刊中的通俗科学与知识传播：研究回顾与西方科学史观点

排，加上论文方向并非专门针对科学知识传播，相关讨论散见在各章。[1]有些内容仅简单数语记录交代，例如谁发表过什么文章、文章是什么学科主题，没有深入申论。尽管如此，不能抹杀陶海洋著作用心整理《东方杂志》历任主编与重要作者数据的优点，对于后进学者入门《东方杂志》研究仍有一定的参考价值。

《东方杂志》早期的主编杜亚泉（1909—1919年期间任职）是晚清民初推广西方科学知识的重要人物。[2]杜亚泉自学出身，年轻时与蔡元培往来密切，热心提倡科学与启蒙教育。他于1900年自办中国最早专门介绍数理化知识的期刊《亚泉杂志》，并编译出版教科书。杜亚泉在1904年应商务创办人夏瑞芳与编译所所长张元济的邀请，正式加入商务，担任编译所理化部主任。杜亚泉在五四时期与《新青年》主编陈独秀之间爆发著名的"东西文化论战"，反对新文化运动鼓吹的全盘西化，主张东西文化调和论，以东方传统伦理来调适西方物质科学造成的种种社会问题。在当时已转向激烈化的学潮中，这场论战对杜亚泉的声誉与商务的市场都冲击甚大。杜亚泉后来迫于情势辞去《东方杂志》主编，从此不再为杂志撰稿。这段站在五四新文化对立面的历史，使学术界长久以来批判或忽视杜亚泉其人，虽然肯定其身为科学普及家与教育家的努力，但仍视他为文化保守主义的代表人物。这种情况直到1993年后才改善，例如王元化、高力克的论著，重新评估了杜亚泉的思想及文化贡献，使杜亚泉研究获得重视。[3]今日对《东方杂志》科学知识传播的研究，不免围绕在杜亚泉主编时期，并经常连结"东西文化论战"的议题，基调也多高度赞扬杜亚泉为"中国科

---

[1] 陶海洋：《〈东方杂志〉研究（1904—1948）》，合肥工业大学出版社2014年版，第229—232、290—296、350—355页。

[2] 关于杜亚泉的生平著作与经历，参见许纪霖、田建业编：《一溪集：杜亚泉的生平与思想》，生活·读书·新知三联书店1999年版；田建业、姚铭尧、任元彪编：《杜亚泉文选》，华东师范大学出版社1993年版，第427—450页，"附录"。

[3] 王元化：《杜亚泉与东西文化问题论战》，田建业、姚铭尧、任元彪编：《杜亚泉文选》，华东师范大学出版社1993年版，第1—20页；高力克：《重评杜亚泉与陈独秀的东西文化论战》，《近代史研究》1994年第4期，第144—163页。

学界的先驱"。[1]

最近也有学者关注《东方杂志》在杜亚泉主编时期之外的科学知识传播，例如陶贤都等人以五四、抗战时期为断限，分别分析该时期的科技报道内容。[2]不同于陶海洋以杂志主编与作者为主轴，陶贤都等人以文章数量、内容分类进行统计，详细列举各相关文章标题，分析当时的学科趋势。这种分类量化方法普遍被出版史、期刊研究或传播学研究使用，包括对《妇女杂志》内容的分析（见下节），然而也有其困难与局限。李家驹在商务图书出版研究中指出量化统计会遇到的难题，包括书目不齐全、不同出版者相异的图书分类方法、不连贯及缺乏系统性的数据。[3]这些图书出版研究的困难，在杂志文章分类上也会遇到。例如，杂志文章不像图书有明确的书目分类，仅依编辑需要以功能性的栏目区分，因此任何内容分类难免受研究者主观影响；而且一篇文章内容可能兼有多种学科知识，但在统计上仅能取舍其一。上述因素皆会影响对期刊内容分析的判读。分类量化的研究方法，虽然有助于了解科技知识传播的趋势，但仍需搭配其他资料讨论，以免沦为流水账式的数据记录。

---

[1] 这一评语原出自杜亚泉去世后《东方杂志》的悼文，《东方杂志》编辑部：《追悼杜亚泉先生》，《东方杂志》1934年第31卷第1号。历来对杜亚泉的评价与研究文献回顾，参见陶海洋：《〈东方杂志〉研究（1904—1948）》，合肥工业大学出版社2014年版，第43—62页。对杜亚泉在科技编辑与传播方面的讨论，例如余望：《探析杜亚泉的科技编辑思想与贡献》，《中国科技期刊研究》2007年第3期，第537—541页；陈镱文、姚远、曲安京：《杜亚泉主编的3刊及其科学传播实践》，《编辑学报》2009年第2期，第109—111页。

[2] 陶贤都、邱锐：《五四时期〈东方杂志〉的科学传播》，《科学技术哲学研究》2011年第6期，第68—72页；陶贤都、李勤：《抗日战争时期〈东方杂志〉的科技传播》，《科普研究》2013年第2期，第80—85页。

[3] 李家驹：《商务印书馆与近代知识文化的传播》，香港中文大学出版社2007年版，第83—84页。

《妇女杂志》研究

创刊于1915年的《妇女杂志》并不是近代中国的第一份妇女刊物，然而就销量、发行时间及发行区域，乃至社会影响层面，都是同类刊物中的佼佼者。[1]《妇女杂志》从创刊到1932年"一·二八"事变被迫停刊为止，发行长达17年，正好横跨五四时期及国民政府初期。它的读者分布广泛，不但遍及中国各大城市，也包含海外华侨。刊内对女学、女权等议题长期以来的探讨，反映了当代的妇女运动思潮，也勾勒出在迅速变动的中国社会中妇女角色的调适。对妇女史或文化史学者而言，《妇女杂志》是剖析当代社会文化变迁的重要史料。

《妇女杂志》在学术界受到的关注程度，长期以来却远不如《东方杂志》。法国学者Jacqueline Nivard与台湾学者周叙琪的研究，是少数在1996年以前的论著。[2] 台湾对《妇女杂志》的研究兴趣相对开始较早，其中最值得一提的里程碑是2000年在日本东京大学教授村田雄二郎的倡议主持下，"中研院"近史所等机构的学者加入由东京大学发起的"《妇女杂志》研究会"。这个团队合办了数次专题研讨会，包括2003年在台北举办的"《妇女杂志》（1915—1931）所呈现的近代中国"国际学术研讨会，成果分别以中文、日文出版，中文论文集结在《近代中国妇女史研究》第12期"《妇女杂志》研究专号"。[3]"中研院"近史所的《妇女杂志》全17卷总目

---

[1] 陈姃湲：《〈妇女杂志〉（1915—1931）十七年简史——〈妇女杂志〉何以名为妇女》，《近代中国妇女史研究》2004年第12期，第1—38页。

[2] 周叙琪：《一九一〇～一九二〇年代都会新妇女生活风貌——以〈妇女杂志〉为分析实例》，台湾大学出版委员会1996年版；Nivard J., 1984: "Women and the women's press: the case of *The Ladies' Journal* (Funü zazhi) 1915—1931", *Republican China* 10, pp. 37-55.

[3] 吕芳上：《〈妇女杂志〉研究专号导言》，《近代中国妇女史研究》2004年第12期，第Ⅰ—Ⅳ页。日文版收录文章与中文期刊专号不全相同，参见〔日〕村田雄二郎编：《"妇女雑志"からみる近代中国女性》，东京研文出版2005年版。此次研讨会也有论文未收入期刊专号而另行出版，参见游鉴明：《〈妇女杂志〉（1915—1931）对近代家政知识的建构：以食衣住为例》，《走向近代》编辑小组编：《走向近代：国史发展与区域动向》，台北东华书局2004年版，第233—251页。

录数据库，也是这次研究会的结晶，提供全文图片免费开放线上检索。[1]中国大陆研究《妇女杂志》的论著虽然较晚出现，但从2008年后在数量上明显增长，研究题材也逐渐趋于多样化。大陆在2015年前的《妇女杂志》研究文献回顾，可参考陈静与姜彦臣的评论，[2]在此不作赘述。

历来对《妇女杂志》的研究，虽然十分关注其启迪妇女思想与知识的面向，但专门针对科技知识探讨的论著不多。张哲嘉对"医事卫生顾问"专栏的分析，是最早系统性讨论《妇女杂志》传播医学卫生知识的研究。[3]台湾在医学史、公共卫生史、妇女与性别史等领域向来投注较多心力。"中研院"近史所数据库等资源的建置，也吸引学者使用《妇女杂志》为史料去探讨相关题材，例如周春燕考察在近代国族主义建构的脉络下，妇女身体卫生知识的话语与传播。[4]大陆最近几年则有较全面讨论《妇女杂志》科技知识传播的研究，以陶贤都与章梅芳等人的论著为代表。[5]陶、章二人皆以期刊文章分类的量化统计方法为主，分析不同学科知识刊登的比重与长期变化。章梅芳还注意到《妇女杂志》不同主编时期科学内容的差异，区分为"保守改革"（1915—1919年）、"激进革命"（1920—1925年）、"回归中庸"（1926—1931年）三个阶段，大致与前后三位主编王蕴章、章锡琛、杜就田的在任时间相符。

商务许多期刊在"五四"时期遭遇新文化运动人士的严厉批评，《妇女杂志》也不例外。为了因应批评并挽救销量，商务在1920年前后对旗下

---

[1]《妇女杂志》资料库，台北"中央研究院"近代史研究所：http://mhdb.mh.sinica.edu.tw/fnzz（2017年5月9日检索）。

[2] 陈静、姜彦臣：《〈妇女杂志〉研究述评》，《济南大学学报（社会科学版）》2015年第4期，第9—16页。

[3] 张哲嘉：《〈妇女杂志〉中的"医事卫生顾问"》，《近代中国妇女史研究》2004年第12期，第145—168页。

[4] 周春燕：《女体与国族——强国强种与近代中国的妇女卫生（1895—1949）》，台北政治大学历史学系2010年博士论文。

[5] 陶贤都、艾焱龙：《〈妇女杂志〉与中国近代的科技传播》，《中国科技期刊研究》2013年第6期，第1227—1230页；章梅芳、李倩：《〈妇女杂志〉与民国女性的科学启蒙》，《妇女研究论丛》2016年第137期，第57—67页。

期刊中的通俗科学与知识传播：研究回顾与西方科学史观点

期刊发起几波重大改革，大幅更换编辑部人员，同时改变了杂志的调性。与杜亚泉在《东方杂志》黯然下台的情况类似，《妇女杂志》主编王蕴章（1915—1920年任职）也因为这番改革于1920年11月辞去主编。王蕴章是传统诗词底子深厚的文人，擅长骈文及弹词创作，是清末民初重要文学社团南社成员，在商务同时兼《小说月报》主编，后世常把他归类为"鸳鸯蝴蝶派"作家或旧派人物。[1]然而，不同于杜亚泉研究在近年来的复兴，王蕴章其人其事一直未受到学术界太多注意。少数对王蕴章的研究，都是从文学角度着手，尤其关注他在《小说月报》的编辑事业与该杂志在五四前后的变革。例如胡晓真以"知识消费""教化娱乐"与"微物崇拜"三个面向来归结王蕴章的杂志编辑志趣，另外分析他主编《妇女杂志》时刊登的女性文学，是系统性论述王蕴章文艺风格的代表研究。[2]柳珊与谢晓霞在讨论《小说月报》于五四前后的过渡特性与转型时，也兼述及王蕴章的编辑特色，并反驳王蕴章属于"鸳鸯蝴蝶派"的说法。[3]王蕴章和杜亚泉同是从晚清过渡到五四的"转型时代"代表人物，他们的思想与志趣难以用单纯二元的新、旧派来概括。他们对新文化运动诸多主张持保留或反对态度，在五四前的商务编译所占有重要角色，历史学者对于这群"非五四主流"的知识分子的认识仍有很大的发掘空间。

王蕴章在科学普及方面的努力尤其被学者低估。前面提过，《妇女杂志》内容有许多通俗科学文章。研究者的共识是《妇女杂志》前七卷

---

[1] 例如魏绍昌：《我看鸳鸯蝴蝶派》，香港中华书局1990年版。关于王蕴章的生平，参见胡晓真：《知识消费、教化娱乐与微物崇拜——论〈小说月报〉与王蕴章的杂志编辑事业》，《中央研究院近代史研究所集刊》2006年第51期，第55—89页；郑逸梅：《词章名手王西神》，《近代名人丛话》，中华书局2005年版，第275—286页。

[2] 胡晓真：《文苑、多罗与华鬘——王蕴章主编时期（1915—1920）〈妇女杂志〉中"女性文学"的观念与实践》，《近代中国妇女史研究》2004年第12期，第169—193页；胡晓真：《知识消费、教化娱乐与微物崇拜——论〈小说月报〉与王蕴章的杂志编辑事业》，《中央研究院近代史研究所集刊》2006年第51期，第55—89页。

[3] 柳珊：《在历史缝隙间挣扎：1910—1920年间的〈小说月报〉研究》，百花洲文艺出版社2004年版，第71—79、85—89页；谢晓霞：《〈小说月报〉1910—1920：商业、文化与未完成的现代性》，上海三联书店2006年版，第74—77页。

（1921年以前）介绍科技知识的部分占整本期刊比重较大。[1]换句话说，王蕴章主编时期的《妇女杂志》刊登较多通俗科学文章。虽然研究者也多指出，这时期的《妇女杂志》是以保守的"贤妻良母主义"为宗旨，讲求以科学改良家政，因此在题材选择和撰述上注重实用性强的医药、卫生、家政学等领域，关注范畴不脱离家庭。[2]然而值得思索的是，改革后的《妇女杂志》呼应妇女解放、科学等五四进步价值，为什么在通俗科学编撰的整体数量上反而倒退，不如"旧派"文人王蕴章主持时期？笔者以为，王蕴章个人的编辑志趣是影响《妇女杂志》前期通俗科学内容显著的重要因素。[3]胡晓真曾将王蕴章重视娱乐教化、百科知识编纂的个人志趣链接到《小说月报》的编辑表现。趣味的外来科学新知，也是娱乐教化的其中一环。[4]胡晓真的论述或许能带给我们些许启发，尚待更进一步的研究。

他山之石：英国通俗科学史的研究

前面回顾了海峡两岸对于《东方杂志》与《妇女杂志》科学内容的研究。本节则将目光转向西方科学史学界对于19世纪英国期刊的研究案例，希望能抛砖引玉给后续研究者借鉴。笔者将从较广泛的"通俗科学史"脉络谈起，不限于传统传播学中的期刊研究，希望能提供更宏观的视野。

英国学术界在1980年代兴起一股探究科学与公众（public）之间关系的风潮。这股潮流一方面造成了"公众理解科学"运动（public

---

[1] 陶贤都、艾焱龙：《〈妇女杂志〉与中国近代的科技传播》，《中国科技期刊研究》2013年第6期，第1227页；陈静、姜彦臣：《〈妇女杂志〉研究述评》，《济南大学学报（社会科学版）》2015年第4期，第11页。

[2] 章梅芳、李倩：《〈妇女杂志〉与民国女性的科学启蒙》，《妇女研究论丛》2016年第137期，第60—61页；陈静、姜彦臣，《〈妇女杂志〉研究述评》，《济南大学学报（社会科学版）》2015年第4期，第11页。

[3] 黄相辅：《居家必备：〈妇女杂志〉在五四前的通俗科学启蒙（1915—1919）》，《近代史研究所集刊》2018年第100期。

[4] 胡晓真：《知识消费、教化娱乐与微物崇拜——论〈小说月报〉与王蕴章的杂志编辑事业》，《中央研究院近代史研究所集刊》2006年第51期，第79—80页。

understanding of science，PUS），呼吁改革科学教育与传播；一方面体现在"科学知识社会学"（sociology of scientific knowledge，SSK）的观念与方法被引进科学史研究，来讨论科学知识生产的历史案例。[1]科学史学者逐渐注意到公众在科学活动中的角色——这里所谓的科学活动，可以是专业机构内进行的尖端科技研发，也可以是俚俗流行文化所表现出的科学形象。正如Roger Cooter（罗杰·库特）与Stephen Pumfrey（斯蒂芬·庞弗瑞）指出："从咖啡馆到漫画书……从科学园区到侏罗纪公园，我们对科学的低端戏剧与高端技艺的散播，以及通俗制作与重制的模式，一无所知的情况令人震惊。"[2]接收传播讯息的观众（或称受众），是Cooter与Pumfrey泛称"科普史"（history of science popularization）与"通俗文化中的科学"（science in popular culture）研究的关键元素。尽管传统科学史领域的"外史"取径也重视社会、政治、经济等影响科学发展的外部环境因素，观众——无论是科学圈内或圈外人——与科学的互动仍经常被学者所忽略。

然而，要如何定义谁是公众、何谓通俗，始终是棘手的议题。尽管17、18世纪的西欧早已有很多不用高深数学阐释新哲学的出版品，"通俗科学"（popular science）一词正式搬上台面却很晚，直到1820年后才大量出现在英语出版物的标题中。[3]19世纪初期新兴的通俗科学文类与出版物，相较于启蒙时代诉求资产阶级博雅教育的科学出版物，在含义上有延续也有新生。延续的是，容易使一般人理解的内容、较低廉的价格等这些亲民的特质；新的变化是，阅读群众扩大也更趋多元了，涵盖更广大的中

---

[1] Gouyon, J-B, 2016: "1985, Scientists can't do science alone, they need publics", *Public Understanding of Science* 25, pp. 754-757. 科学史学者引用SSK方法最著名的代表作品为Shapin, S. and Schaffer, S., 1985：*Leviathan and the Air-Pump: Hobbes, Boyle and the Experimental Life*, Princeton: Princeton University Press. 此书已有繁、简体中文版。

[2] Cooter, R. and Pumfrey, S., 1994: "Separate spheres and public places: reflections on the history of science popularization and science in popular culture", *History of Science 32*, pp. 237-267.

[3] Topham, J., 2007: "Publishing 'popular science' in early nineteenth-century Britain", *in Science in the Marketplace: Nineteenth-Century Sites and Experiences*, ed. Fyfe and Lightman, Chicago: University of Chicago Press, pp. 135-168.

下阶层，包括在工业革命后涌入城市与工厂谋生的劳动人口。新的通俗科学文类不但反映了阅读群众的变化，也有意识地迎合并塑造工业革命带来的新社会秩序。[1]这些冠以通俗之名的科学出版物，固然有因应商业市场需求、纯粹追求销售利益者，但更多的则是因为宗教或政治理念上的动机而发行。例如为了宣扬自然神学，由布里奇沃特伯爵的遗产所赞助出版的八册 *Bridgewater Treatises*（《布里奇沃特文集》），以及由隶属福音教派"宗教小册协会"（Religious Tract Society）发行的各种出版品，皆是基于传教宗旨的通俗科学畅销作品。[2]政治理念诉求的代表，最有名的是"实用知识传播协会"（Society for the Diffusion of Useful Knowledge，SDUK）发行的《便士杂志》（*Penny Magazine*），标榜只要一便士的便宜售价。SDUK是由英国辉格党与自由派人士创办，诉求社会改革与普及教育。《便士杂志》就是他们理念的实践，面向劳动群众发行，希望向中下层社会普及科学知识。

自1990年代以降出现不少研究19世纪英国通俗科学的佳作，研究对象包含各种不同媒体形式，并链接近代英国社会与大众文化等议题。其中剑桥大学教授James Secord（詹姆斯·西科德）的专书 *Victorian Sensation*（《维多利亚时代的轰动》）是很好的研究范式。[3]Secord以1844年匿名出版的畅销书 *Vestiges of the Natural History of Creation*（《自然创造史的遗迹》，以下简称 *Vestiges*）为线索，一路探寻其作者身份、书籍制作、出版、流

---

[1] Topham, ibid, p. 136. 关于阅读群众在19世纪前后变化的分析，参见 Altick, R., 1998: *The English Common Reader: A Social History of the Mass Reading Public, 1800—1900*, 2nd edition, Columbus: Ohio State University Press；李仁渊：《阅读史的课题与观点：实践、过程、效应》，复旦大学历史学系、复旦大学中外现代化进程研究中心编：《新文化史与中国近代史研究》，上海古籍出版社2009年版，第213—254页。

[2] Topham, J., 1998: "Beyond the 'common context': the production and reading of the Bridgewater Treatises", *Isis* 89, pp. 233-262; Fyfe, A., 2004: *Science and Salvation: Evangelical Popular Science Publishing in Victorian Britain*, Chicago: University of Chicago Press.

[3] Secord, J., 2000: *Victorian Sensation: The Extraordinary Publication, Reception, and Secret Authorship of "Vestiges of the Natural History of Creation"*, Chicago: University of Chicago Press.

858

通与阅读过程，以及这本书在当时舆论造成的轰动与争议。Vestiges 是在达尔文《物种起源》之前谈论到演化思想的代表作品，用浅显的语言介绍了当时争议的科学理论，包括太阳系演化的星云假说以及物种演化的生物变异。Secord 的专书可分两种层面讨论：其一是 Secord 将书籍史的方法扎实地用到 Vestiges 研究上，从每种版本的销量、通路，到当时科学文艺圈与印刷出版业的活动皆详细考察。他也生动描述了蒸汽动力印刷与交通技术的进步对当代生活与知识传播造成的冲击。其二，Vestiges 内容的争议性牵涉当时社会上不同宗教、政治势力间的冲突。Vestiges 介绍的演化理论语多臆测、缺乏证据，因此不意外地受到科学界及基督教会人士的猛烈抨击。然而，演化理论隐含的颠覆性，却受到唯物论者与政治激进人士欢迎。对19世纪上半叶笼罩在革命阴影下的英国社会而言，Vestiges 的意义不仅是一本非正统的通俗科学读本，也是一本可能被有心人引用来鼓吹颠覆体制的煽动性作品。Secord 借由爬梳剪报、讽刺漫画、日记与书信，分析当时濒临动荡边缘的社会情势，成功地将书籍读者的反应连结到更深层的社会史与文化史。

Secord 的"知识转移"（knowledge in transit）也是广为后来科学史学者引用的概念。他认为，科学知识的产生应该被视为一种沟通行动的形式。科学知识在转移过程中，并非原封不动地从甲地旅行到乙地（或从甲人传递给乙人），而是会质变、妥协甚至变异。[1]也因此 Secord 提醒研究者要特别注意知识的物质载体，除了书籍等正式的出版品外，零碎的暂时性资料如传单、票券、明信片等，都可以作为理解变动中的知识的材料。Secord 最近的著作 Visions of Science（《科学愿景：开启维多利亚时代的读物》），挑选19世纪上半叶英国出版的七本谈论科学的畅销书，讨论它们的流通、阅读与对社会文化造成的冲击，基本上也是延续他对知识转移的关怀与 Vesitges 研究的范式。[2]

---

[1] Secord, J., 2004: "Knowledge in transit", *Isis* 95, pp. 654-672.
[2] Secord, J., 2014: *Visions of Science: Books and Readers at the Dawn of the Victorian Age*, Oxford: Oxford University Press.

加拿大约克大学教授Bernard Lightman（伯纳德·莱特曼）的专书*Victorian Popularizers of Science*（《维多亚时代的科学普及者》）是另一本讨论19世纪下半叶英国通俗科学活动的代表性著作。Lightman讨论的范畴不限于书籍等平面印刷媒体，也包括演讲与展示活动。他尤其关注那些从事科学普及工作却不在科学体制里的"圈外人"：这些人的教育及职业背景五花八门，不隶属于任何精英科学机构，也不做尖端研究，只从事撰述或演讲活动。例如Lightman指出，维多利亚时代有许多女性作家活跃地从事通俗科学写作，在植物学、天文学等领域尤其显著。[1]当时女性受学校教育的机会十分稀少，学习经验大多来自家庭教育以及自学，而阅读与参加演讲便是在学校之外获取知识的主要管道。这些女性作家与科学精英、出版商与读者的互动，以及她们在写作上因袭传统或创新的策略，是值得关注却尚未有太多研究的课题。

Lightman的研究取径提醒我们，即使科学事业在19世纪后期逐渐朝向专业化、体制化的趋势发展，通俗科学市场始终与体制化的科学精英圈子共存，甚至有不少人物是跨足在这两者之间。

以上提到的Secord、Lightman及其他学者的研究中，经常援引当时的报刊为材料，虽然不一定以特定刊物为主体加以讨论。2000年以降针对科学在19世纪期刊与大众文化中的表现，最具代表性的著作是由Geoffrey Cantor（杰弗瑞·坎特）与Sally Shuttleworth（萨利·沙特尔沃斯）合编的论文集*Science Serialized*（《科学连载》），脱胎于2001年在麻省理工学院举办的工作坊，以及早先由英国利兹大学、雪菲尔大学启动的研究计划"19世纪期刊中的科学"（Science in the Nineteenth-Century Periodical,

---

[1] Lightman, B., 2007: *Victorian Popularizers of Science: Designing Nature for New Audiences*, Chicago: University of Chicago Press, pp. 95-165.

SciPer)。[1]这本论文集的特点是，讨论的范畴不限于通俗或专门科学期刊，而是将综合性的商业杂志或宗教刊物都囊括在内。例如Jonathan Topham（乔纳森·托帕姆）的文章便比较了不同基督教宗派（以英国国教会、福音派、一位论派三者为主）的刊物，指出它们对自然神学与科学议题的态度及呈现手法有很显著差异；Frank James（弗兰克·詹姆斯）则以两种伦敦文艺杂志为母体，统计分析皇家研究院（Royal Institution）的大众演讲在期刊上的报道趋势。[2]从这些例子可看出，西方科学史学界在期刊研究取材上的多元性，也经常跳脱单纯的知识传播论述，而从更广的社会文化或宗教、政治视角切入。

结语与展望

自1980年代以降，商务印书馆研究已逐渐发展成一门显学，成为探讨近现代中国文化史的热门题材。中国大陆学者的著作在最近几年尤其有显著增长，也纷纷对个别商务期刊进行专题研究。本文所整理的《东方杂志》《妇女杂志》论著仅是冰山一角，试图呈现其中关于通俗科学内容研究的一些层面。我们可以发现，目前主流的研究方法集中在对期刊科学文章的整理、分类归纳与量化统计分析，也就是针对"有什么文章""它们是什么科学主题或领域"等基本问题，并以表格或数据方式巨细靡遗地呈

---

[1] Cantor, G. and Shuttleworth, S. (ed.), 2004: *Science Serialized: Representation of the Sciences in Nineteenth-Century Periodicals*, Cambridge, Massachusetts: MIT Press; University of Leeds and University of Sheffield, "Science in the Nineteenth-Century Periodical" (SciPer) project (1999-2007): http://www.leeds.ac.uk/arts/homepage/426/sciper_project/ (Access 18 May 2017).

[2] Topham, J., 2004: "Science, natural theology, and the practice of Christian piety in early-nineteenth-century religious magazines", in *Science Serialized: Representation of the Science in Nineteenth-Century Periodicals*, ed. Cantor and Shuttleworth, Cambridge, Massachusetts: MIT Press, pp. 37-66; James, F., 2004: "Reporting Royal Institution lectures, 1826-1867", in *Science Serialized: Representation of the Science in Nineteenth-Century Periodicals*, ed. Cantor and Shuttleworth, Cambridge, Massachusetts: MIT Press, pp. 67-79.

现。这也许是由于研究者大多以传播学、新闻学或期刊研究的角度切入所造成的现象。不可否认的,这些资料挖掘是重要的基础研究工作,但是累积数据之余,在论述方面除了肯定商务期刊文章对近代中国科学知识传播贡献的基调,是否能更进一步探讨:它们反映了什么社会文化脉络?究竟对当时的读者带来什么影响?(或者反过来说,当时的读者如何影响这些科学文章的制作?)

要回答这些问题,不能不慎重考虑读者的角色,以及作者、编辑与出版者之间复杂细密的人际网络。我们可以从西方科学史学界对19世纪英国通俗科学案例的研究中,看到Secord、Lightman等学者努力将书籍史和文化史的方法引进这块领域,利用科学出版物从制作到流通的过程,探讨科学知识传播以及背后深层的社会文化,乃至宗教、政治等因素的交互影响。在中文学界的商务研究领域,其实也不乏类似的呼吁:例如李家驹在他的博士论文与专书中提出,以书籍史研究的新视角来省视商务研究与近代文化史,从出版社作为知识中介者的角度,来检视其社会及文化职能。[1]很可惜的是,过去的商务期刊研究常常仅着墨作者、编辑与出版机构,却很少注意到中间流通的管道(例如书商与图书馆)以及读者这些层面。由于历史因素,近代中国书籍史研究在材料上有先天的缺陷,难以与欧洲的情况相提并论——例如英国早在16世纪以前就有出版同业公会,因此较容易掌握书籍出版数量与流通的资料;相较之下,中国即使到晚清民初时期,对于出版物的统计仍然混乱而零散。[2]因此,书籍史或通俗科学史研究者对于诸如日记、书信与商业账册等新史料的开发需更加留心。

---

[1] 李家驹:《商务印书馆与近代知识文化的传播》,香港中文大学出版社2007年版,第7—10页。

[2] 许多商务出版研究皆有提到此困难,参见李家驹:《商务印书馆与近代知识文化的传播》,香港中文大学出版社2007年版,第83—117页;〔法〕戴仁:《上海商务印书馆:1897—1949》,李桐实译,商务印书馆2000年版,第93页。关于西方书籍史的研究范式与中国史研究的对照,参见李仁渊:《阅读史的课题与观点:实践、过程、效应》,复旦大学历史学系、复旦大学中外现代化进程研究中心编:《新文化史与中国近代史研究》,上海古籍出版社2009年版,第213—254页。

期刊中的通俗科学与知识传播：研究回顾与西方科学史观点

近年来对《东方杂志》与《妇女杂志》的论著，显示研究者已相当重视不同期刊主编的风格与影响力，也花了更多心思爬梳文章作者的资料。然而，除了印象概括式的整体描述外（例如王蕴章时期"保守改革""贤妻良母主义"等），研究者还需要对编辑个人与其人际网络进行更深入的讨论，并且分辨编辑对于个别议题的态度和处理上的细节。正如大陆在1980年代后出现"杜亚泉热"，对杜亚泉思想的再评估，以及最近《小说月报》研究中对王蕴章"鸳鸯蝴蝶派"标签的反思，我们需审慎考虑过去对于这些人物的刻板评价是否合适。特别是许多商务人物涉入五四时期各种科学与文化议题的论战，对于新文化运动无论是赞成、反对或是有所保留，用单纯的"新"或"旧"去描述个人，难免太过流于平面。近年来海内外学界对五四新文化运动的意义与过去的论述基调有不少反省值得后进研究者思考。[1] 此外，过去较常被研究者忽略的一些主编，例如《妇女杂志》的杜就田、《东方杂志》初期的徐珂与孟森，他们主编时期对通俗科学知识的关注程度也值得更多研究去比较。[2]

最后要特别指出，通俗科学研究还需注意跨国（跨文化）研究的层面，例如翻译以及海外进口西书、仪器的流通，毕竟晚清民初的西学东渐原本就多所仰赖这些渠道。商务期刊中有很多文章也是翻译或改写自外国杂志，科学知识报道也不例外。以《妇女杂志》为例，不少稿件源自美国《妇人杂志》（原文不明，可能是 The Ladies' Home Journal）、日本《妇人世界》（『ふじんせかい』）、英国《家庭女报》（Woman at Home）等外国刊物。这些外来知识与时事的翻译，是佐证 Secord 的"知识转移"过程中知识变异的良好案例。我们可以借由译者如何选择文本与题材，加上译文与

---

[1] 例如余英时等：《五四新论——既非文艺复兴，亦非启蒙运动》，台北联经出版公司1999年版；高力克：《调适的启蒙传统》，《二十一世纪》2000年第59期，第156—158页；王奇生：《新文化是如何"运动"起来的——以〈新青年〉为观点》，《近代史研究》2007年第1期，第21—40页。

[2] 例如丁文研究草创初期的《东方杂志》出版与编撰，虽然其著作没有特别谈到科技报道。参见丁文：《"选报"时期〈东方杂志〉研究（1904—1908）》，商务印书馆2010年版。

原文或者其他中文翻译的比较,来探讨当时中国知识分子将外来知识本土化的尝试以及途径。笔者期许,未来的研究能将知识文化传播放入跨国史、全球史的脉络来思考,这也是研究西方案例能为中国近代文化史领域带来的助益。

(作者单位:台北"中央研究院")

《东方杂志》(1904—1911) 的科学翻译话语在政治和文化重构中的作用

侯 杰

20世纪初期，是中国历史一次重要的文化转型期。伴随文化的更生重构，翻译活动高潮迭起。在此期间，依托"现代"意义上的报刊等印刷大众媒介，翻译在传播西学、启发民智、重塑认知的过程中起到了举足轻重的作用。被誉为"杂志之杂志"的《东方杂志》(下或简称"《东方》")是中国近现代报刊史上"时期最长而最努力者"[1]，包含了丰富的翻译资源。据调查，关于《东方》的翻译研究主要聚焦于其文学翻译，往往忽略了该杂志的科学翻译话语。因此，本文着力对《东方》自1904年3月创刊之始至1911年2月的科学翻译话语进行梳理、归纳和分类，挖掘其形成的政治和文化动因、科学启蒙的历史功能和其表达政治含义的"隐含性"特点，揭示作为一份大型综合性杂志的科学翻译话语在政治和文化重构中所扮演的角色。

一 翻译内容及特色概述

本文所谓科学翻译话语（下简称"科学翻译"），主要是指集中在《东方》1911年2月之前（第7卷第12期）有关自然科学知识和实业技术的翻译文本及相关要素。这一时期，杂志除了有少量文言翻译的文学作品，科学翻译占绝对优势。

---

[1] 戈公振：《中国报学史》，生活·读书·新知三联书店1955年版，第126页。

（一）翻译内容

就学科和数量而言，第7卷第12期以前的科学翻译共有418篇，位列前四的是实业（144篇）、理化（99篇）、医学卫生（75篇）、军事（40篇）。"实业"分10种类型，9种属于现代意义上的工业范畴，共124篇，其中交通运输业翻译的最多；"理化"分7种类型，最多的是"电及无线电"翻译，共42篇；"军事"共6种类型，最多的是"航空航天"翻译，共15篇；医学翻译包括保健、卫生、医疗等，数量分布比较均匀。从翻译内容看，此时期的科学翻译主要从日本期刊介绍西方的自然科学知识和实业技术，贯彻了《东方》"启导国民，联络东亚"的办刊宗旨[1]。国人对西方科学的追慕之情，集中体现在几个热点翻译：电的翻译、军事武器翻译、飞行器翻译、造船与航运翻译及医学翻译。

（二）翻译特色

根据翻译特色的变化，可以把这段时期分为两个阶段。第一阶段（1904年3月至1908年7月，第1卷第1期至第5卷第6期）为第一任主编徐珂主政期间。此阶段的科学翻译主要集中在"丛谈"或"杂俎"栏目中，整体上看这一时期的翻译文本是带有猎奇性质的科普短文，在形式上有以下特征：整体篇目虽多，但篇幅短小；采用文白混杂的语言载体；常冠以四字题目；译文不标明来源、原文作者及译者。第二阶段（1908年8月至1911年2月，第5卷第7期至第7卷第12期）为第二任主编孟森和第三任主编陈仲逸（即杜亚泉）主政时期。孟森主持《东方》以后，最有特色的改良是调整了"杂俎"的内容。改良后的"杂俎"只刊载有关西方科学知识的译介；第6卷第1期再次调整"杂俎"一栏，改由"新知识"一栏担负科学译介的任务。这一时期的科学翻译日趋严谨：如有些译文具备了标题、来源、作者、译者及"译者按"等要素；专业性论文翻译开始出现，篇幅明显加长，有的单篇翻译长达十几页；语言上，译文基本采用带有少量文言的白话。

---

[1]《新出〈东方杂志〉简要章程》，《东方杂志》第1卷第1期（1904年3月）。

《东方杂志》(1904—1911)的科学翻译话语在政治和文化重构中的作用

叙事学理论家Gérald Genette(热拉尔·热奈特)认为"副文本"(para-text)包括:"前言(序)、后记(跋)、题目、注解,及其他位于文本与读者之间能够促进文本呈现的系列因素。"[1]《东方》富含鲜明政治和文化特色的大量副文本,丰富了其科学翻译的含义,起到了翻译引导的作用。《东方》除了科学翻译文本中出现的"序跋"性质的文字、扉页部分的"格致"图书广告页等要素外,杂志有关"实业救国"和"教育救国"的论说,与科学翻译形成鲜明的互动,是翻译话语重要的"副语言"。

二 科学翻译的政治与文化动因

翻译行为总是受制于某种文化语境,也总是为了满足目的文化的某种社会需求,或为了填补目的语文化的某种"空白"。[2]《东方》偏重于自然科学和实业的翻译深受商务印书馆企业文化的影响,而商务印书馆企业文化的形成又受到甲午海战后政治和文化变革的影响。

20世纪初的翻译高潮,翻译选材出现了由"西洋"到"东洋"转向的文化现象。笔者对1904年《东方》刊载的图书广告进行了统计,商务共出版科学译书67部,其中有40部是从日本翻译的。[3]科学翻译中表明来源国别的只有少数长篇翻译(集中在第7卷第7—12期),多数译自日本杂志,如《太阳》《理学界》《朝日新闻》等。

《东方》科学翻译热点是甲午海战后知识分子文化心态的写照。进一步分析实业、理化和军事翻译这三个紧密相关的种类,实业中关于造船和航运译介多达12篇,集中在1—3卷;上文已述,理化翻译中介绍最多的是关于电的翻译(42篇),仅无线电翻译1—3卷就出现了9篇;40篇军事

---

[1]〔比〕赫曼斯编:《跨文化侵越——翻译学研究模式(Ⅱ):历史与意识形态问题》,外语教学与研究出版社2007年版,第44页。
[2] G.Toury, *Descriptive Translation Studies and Beyond*, Shanghai: Shanghai Foreign Language Education Press, 2001, p.12.
[3] 图书广告页,《东方杂志》第1卷第1期(1904年3月)。

翻译中，关于鱼雷的翻译有9篇（1—2卷），有关飞行器的翻译多达15篇（集中在6—7卷），和军事紧密相关的造船及航运、无线电、鱼雷的翻译集中在1904—1906年。

这些热点翻译不能不令人联想到同期发生的日俄战争，更让人联想起十年前覆灭于甲午海战的北洋舰队。《东方》对日俄战争的报道表现出异乎寻常的热情，从创刊号至1905年的第2卷第5期，在"军事"一栏设"日俄战事纪要"。杂志同期"社论"性质的论说多由日俄战争联想到十年前的甲午海战，慨叹日本的迅速崛起，歆羡之情溢于言表。有些论者表现出"联日抗俄"的意愿，认为日本战胜俄国后"对于中国不可要索太甚急，与中国联盟，协保东亚大局，劝中国大事改革，力行新法"[1]，这不免带有一些幼稚的政治幻想。之所以要学习日本，是因为日本是亚洲唯一"文明之国"，"黄白种之兴亡，专制立宪之强弱"都会取决于日俄战争；[2]"新英国"日本的崛起标志着世界文明由"大西洋文明"转移到"太平洋文明"，文明古国中只有中国"魏然适当其冲"，中国"既处此旋涡急溜过渡不稳之时代，欧风美雨卷地纷来，惟有急起直追，兼容并包，返观自镜，舍短取长……可以立此新世界而无愧"[3]。有人认为："中国不优于日本，无他，欧化之速率。每成一比例，国势之速率即随以日增，于是中国立矣。"[4]可见，继甲午海战后，日俄战争再次唤起维新派知识分子"以日为师"、变法图强的决心。商务企业文化深受日本文化影响，一个最有力的证据就是在1904年日俄战争之际模仿日本金港堂的《太阳》杂志创办了《东方》。张元济和蔡元培创办的《外交报》（《东方》前身）已经开始从《太阳》杂志翻译许多政治和外交的文章。《东方》在创办章程中则明确提出："本杂志略仿日本《太阳》报，英美两国而利费 Review of Review

---

[1]《中国衰弱非日本之福说》，《东方杂志》第1卷第10期。
[2] 别士（即夏曾佑）：《论中日分合之关系》，《东方杂志》第1卷第1期。
[3]《论文明潮流之循环》，《东方杂志》第2卷第9期（1905年10月）。
[4]《论中国与日本欧化速率之比例》，《东方杂志》第1卷第10期。

《东方杂志》(1904—1911)的科学翻译话语在政治和文化重构中的作用

体裁"[1]。

甲午海战后,对于学习西方科技、以教育兴国的日本模式,维新派有着较为深刻的认知:"东方有愿学西方之国,曰日本。其皮肉骨血中皆含有西人之气质,西退而东即进"[2]。为了习得西方这种所谓的"皮肉骨血"和"气质",仿效日本的"明治维新",维新派代表林乐知于甲午海战的第二年就建议中国救亡当首推教育:"中国之所缺,而以教育英才为第一义"[3]。《东方》创刊之初设有"教育"和"实业"栏目,并从第1卷第1期开始连载日本教育家长尾雨山的《对客问》。长尾把"教育"和"产业"放在"兴邦八事"之首,"教育不起,莫以广人智、进文明,产业不殖,莫以阜民生、开富源"。[4]《东方》引用别家报纸明确表达对于"教育救国"的态度:"则本报之意,以为宜先救愚而后救贫,非智则贫不可救也。"[5]1903年11月26日,清廷颁行《奏定学堂章程》,该章程对前一年《钦定学堂章程》进行了修改,突出强调中小学课程和教材中西方自然科学知识的内容。[6]推行新式教育,必先对旧的科举制度进行鞭挞,国人专注于科举,从而"抛弃其真学术,消尽其良性质,而从事于迂腐无用之学,蒙蒙混混以致有今日之辱"[7]。废除科举制度的"千年之变",不仅涉及教育制度的变革,也涉及整个社会结构和文化生态的变化。这些变化导致传统学子一时无所适从,兴办新式学堂是解决"学子无学"的当务之急。迫于救国的急切心态,实业教育又成为新式学堂教育的重要内容。

实业教育把科学启蒙和实业救国的思想有机地结合起来,使二者互为

---

[1]《新出〈东方杂志〉简要章程》,《东方杂志》第1卷第1期。
[2]〔美〕林乐知编译,〔清〕蔡尔康纂辑:《中东战纪本末》,上海图书集成局1896年版,第263页。
[3] 同上。
[4]〔日〕长尾雨山:《对客问》,《东方杂志》第1卷第2期(1904年4月)。
[5]《论贫与愚之因果》,《东方杂志》第1卷第2期。
[6] 舒新城编:《近代中国教育史料》第二册,《民国丛书》第二编(46),上海书店1989年版,第23页。
[7]《论科举误人之深》,《东方杂志》第1卷第8期(1904年10月)。

表里，相互补充。维新派知识分子持有"科学为工艺所从出"[1]的实用主义价值观，提倡实业救国的理路在于：救国必先"治愚"，"治愚"必先兴教育，兴教育宜急开办学堂，"救弱救贫宜急研究实业"[2]。"实业为万事之根本"[3]，实业教育则是振兴实业的必要条件，"中国今日自救之术，当以实业教育为最急之务，何则？惟此乃有救贫之实功"[4]。《奏定学堂章程》不同于《钦定学堂章程》最重要的一点是颁布了《学务纲要》，其中设"各省宜速设实业学堂"一款专述设立实业学堂的内容。自此以后，兴办实业学堂和编写实业教材成为一种风潮。据统计，"1905年，全国学生总数达258876人，为1902年的37.4倍"[5]，官办译局已走向没落之路，编写的教材很难适应新式学校的要求。商务作为科学翻译的重镇，科学译书和编写的新式教材风行一时，自1902年商务编译所成立就开始编译的《最新教科书》，"盛行十余年，行销至数百万册"[6]。1911年前《东方》科学翻译的译者正是此套教科书的编译者。

梁启超曾用"唤起吾国四千年之大梦，实自甲午一役也"[7]来评论甲午海战对中国造成的巨大影响。甲午战后的十年，资产阶级维新派开始走向政治舞台，由其主导的戊戌变法虽然没有成功，但最终导致科举制度的废除。商务的经营机制显然受到上层建筑变革的影响，而商务"昌明教育"的文化行为反过来又会有助于推动政治重构。《东方》的科学翻译正是商务科学文化的一个鲜活例证。自然科学知识和实业技术的普及深化了国人的科学认知，而科学认知的深化势必触发国人对于传统社会价值观等人文问题的思考，促使社会变革向纵深发展。

[1]《论中国工业之前途》，《东方杂志》第1卷第10期。
[2]《论士人不讲求实业之非》，《东方杂志》第1卷第6期（1904年8月）。
[3]《论实业之效大于法政》，《东方杂志》第1卷第12期（1905年1月）。
[4] 严复：《实业教育》，《东方杂志》第3卷第7期（1906年8月）。
[5] 李亚舒、黎难秋主编：《中国科学翻译史》，湖南教育出版社2000年版，第264页。
[6] 蒋维乔：《编辑小学教科书之回忆》，商务印书馆编：《商务印书馆九十年》，商务印书馆1987年版，第61页。
[7] 梁启超：《戊戌政变记》，《饮冰室合集》专集第一册，中华书局1989年版，第1页。

《东方杂志》(1904—1911)的科学翻译话语在政治和文化重构中的作用

三 科学文化认知的深化

《东方》的科学翻译参与了近代世界科学文化传播的进程。科学翻译的热点和世界近代科技史上的热点事件不无关系,杂志本身也有重大科学事件的及时报道。以航空飞行器为例,自1903年夏季,美国的莱特兄弟制造了第一架动力飞机"飞鸟",自此,全世界对飞行器的热情有增无减。《东方杂志》先后于1904年对三多司杜门(Alberto Santos-Dumont,今译阿尔贝托·桑托斯-杜蒙)的试飞在"丛谈"和"实业"栏目进行了两次重复报道[1],1905年刊载了美国人波伦试飞和有关"飞船"的六则报道[2]。20世纪的所有技术都建立在由蒸汽机向电动机转化这一动力革命的基础之上,《东方》对"电"的翻译热情,正反映了电力时代的到来。

《东方》科学翻译的另一贡献就是使得科学精神在思想层面得到提升。从内容上看,该杂志不仅仅限于对所谓"器物"和"技"进行了翻译,而且用科学的理论对天文现象、宗教、迷信、玄学和人生价值等问题进行阐释。1923年2月,梁启超用"线性"进化论描述西学输入的过程:从"器物"到"技"的输入,然后到制度思想的输入,再到所谓"道"(思想)的输入。[3]但实际上,洋务运动以来,西学翻译不仅限于自然科学的翻译,西方社会学说、科学理论和科学精神的输入也在同时进行。《东方》的科学翻译也不乏科学精神的宣传,如有文字对于蚝蝮内的小神像做出科学的解释:"此等物质即系铅制之绝小神佛及其他物像,当蛤蜊于四年之内既

---

[1]《试演飞船专电》,《东方杂志》第1卷第4期(1904年6月);《各国工艺汇志》,《东方杂志》第1卷第6期。

[2]"丛谈"栏的《试验飞船》,"报余撷新"栏的六则报道,《东方杂志》第2卷第5期(1905年6月)。

[3] 梁启超:《五十年中国进化概论》,李华兴、吴嘉勋编:《梁启超选集》,上海人民出版社1984年版,第833—834页。

盘绕此等神像而成珠"。[1]此外，杜亚泉的《物质进化论》[2]是《东方杂志》早期唯一的科学理论译介，宣传了唯物主义进化理论；整个杂志和"进化论"相关的翻译和论说俯首即拾。

《东方》科学翻译分科的细化是科学文化认知深化的又一表征。《东方》的科学翻译文字屡次提及物理、化学、地理、数学等学科分类概念。《东方》明确提出"欲兴实业而无普通必须之科学，则其业万不能善"[3]；显然，在这里，"科学"已被赋予一种形而上的性质，不再与坚船利炮等具体"洋务"相联系，不再是具体的经验知识，而是普通之"道"。杜亚泉译介的《物质进化论》把一切学术分为物理学、生理学、心理学；在此分科之上，"有种种工艺、航海、机械之学，医药、卫生、农林、畜牧之学，伦理、论理、宗教、教育、政法、经济之学，又统合三科，研究其具此现象之实体，而有哲学"。为了便于阅读日本译著，康有为在1896年把社会科学学术著作分为11类，哲学和自然科学也归入其中的"理学"。[4]同年，梁启超把各类译著分为政、教、学三大类，三大类下属28小类，自然科学属于"学"，社会科学和技术属于"政"，宗教类没有归属。[5]1899年，蔡元培、徐维则在梁启超分类法的基础上，把哲学独立于其他学科，哲学、自然科学和社会科学成为并列的三大类，但把技术仍然混杂在社会科学的学科之中。[6]由此观之，杜亚泉的科学分类法，不仅把哲学提高到"科学之科学"的地位，而且把科学技术归入自然科学，与当今的科学分类近乎一致，这是对前人科学分类的超越。

---

[1]《蚝蝜中之中国小神像》,《东方杂志》第7卷第4期（1910年6月）。
[2] 亚泉：《物质进化论》,《东方杂志》第2卷第4期（1905年5月）。
[3]《论教育普及宜注重初等小学及变通语言文字》,《东方杂志》第2卷第3号（1905年4月）。
[4] 康有为：《日本书目志》,康有为撰，姜义华编校：《康有为全集》第三集，中国人民大学出版社2007年版，第263—273页。
[5] 梁启超：《〈西学书目表〉序例》,张静庐辑注：《中国近代出版史料·初编》，群联出版社1954年版，第57—61页。
[6] 蔡元培、徐维则：《〈东西学书录〉叙例》,张静庐辑注：《中国近代出版史料·初编》，群联出版社1954年版，第62—65页。

《东方杂志》（1904—1911）的科学翻译话语在政治和文化重构中的作用

在语言文字上，科学翻译语言的现代化和文学想象中的科学因素，是科学观念逐渐深入大众的表现之一。世界决定语言，"世界在某种程度上也被语言本身决定"[1]。首先，出于科技语体表达简洁、逻辑清晰的需要，《东方》一些专业性的科学论文翻译使用的语言和现代白话文几无区别。同一时期，杂志还刊载了许多呼吁改革国语、实行"言文一致"的文章。《东方》的科学翻译可以看作白话文运动的重要实践，而科学翻译在白话科学化过程中所起的作用往往被五四新文学叙事所掩盖。其次，《东方》的科学翻译使用了大量的新名词，并且十分重视译名的前后统一性问题。例如，依据本文统计，科学翻译中对飞机的称谓一般为"飞船"，少数几篇称"飞行器"，到第7卷第8期，出现"飞行机"；对汽车的称谓先有"自动车"，后统一称为"摩托车"；物理名词"无线德律风"后统一改称"无线电报"。语言的变化影响着思维习惯的变化，《东方》有论文揭露了"为恶者为非者均恃新名词为护身之具，以护过饰非"，较好地展示了当时新名词流行下的社会风貌，如：

> 如"抵力""压力"之名词为物理学之恒言，今之为学生者，习焉不察，于学校实行规则者称为"压力"，于生徒破坏校规、辱师长者称为"抵力"，而学界之风潮日以多守旧维新之名词，报章中之惯用语，今之自命新党者空疏不学……[2]

科学因素丰富了同时期的文学想象，文学想象中的科技因素又助推了科学的普及。文学想象不同于科技文体，它能"把这种枯燥和一本正经的文风消除掉，才能使科学完全成为生活和思想的普遍基础"[3]。《东方》在

---

[1]〔克罗地亚〕斯尔丹·勒拉斯：《科学与现代性：整体科学理论》，罗忠志译，商务印书馆2011年版，第240页。
[2]《论新名词输入与民德堕落之关系》，《东方杂志》第3卷第12期（1907年1月）。
[3]〔英〕J. D. 贝尔纳：《科学的社会功能》，陈体芳译，商务印书馆1982年版，第547页。

此阶段翻译的小说有18部，其中侦探小说6部。《东方》从第8卷开始连载科幻翻译小说《新飞艇》，第10卷第11期出现短篇创作科幻小说《元素大会》。和科技文体不同，诸如无线电报、火车、电车、摄影机、化学药品等新奇元素在侦探和科幻小说之中与现代生活有机地结合在一起了，这对久居"天朝"的国人产生了巨大的吸引力。例如，端生用一个化学专业学生的想象力，把80元素拟人化，巧妙地把元素的化学性质和社会人物性格结合起来，又把元素名称音译成中国姓名，科学知识的传播如此栩栩如生。[1]

"知识的储备往往是思想接受的前提，知识的变动又是思想变动的先兆。"[2]科学认知的深化意味着科学内涵的提升，科学内涵的提升已经超越形而下的自然知识范畴。科学要改变的不仅是认识的对象——器物，而且是作为认知主体人的观念，观念的改变必将引起社会上层建筑中政治思想领域的重构。

四　政治含义的隐晦表达

科技文本向来以"中性"语言为特征，不表现态度和立场。但在特定语境下，《东方》的科学翻译却用隐晦的方式表达了"教育救国"和"实业救国"以推行"君主立宪"的政治立场。

在"启导民智"的宗旨下，《东方》的科学翻译客观上具有传播知识、科学启蒙的作用，没有明确的政治指向性。在提倡"实业救国"和"教育救国"的风潮下，《东方》的科学翻译也是恪守"在商言商"商业信条的表现。一方面，以上海地区为例，《农学报》（创刊于1897年5月，罗振玉主编）、《亚泉杂志》（创刊于1900年11月，杜亚泉主编）等杂志是以

---

[1] 端生：《元素大会》，《东方杂志》第10卷第11期（1914年5月）。
[2] 葛兆光：《知识史与思想史——思想史的写法之二》，《读书》1998年第2期。

《东方杂志》(1904—1911)的科学翻译话语在政治和文化重构中的作用

"纯"科学翻译为主,都没有《东方》汇"众家言说"的"选报"性质。[1] 另一方面,《东方》的科学翻译也不同于其他综合性杂志带有明显政治色彩的翻译。例如,《大陆》的宗旨之一是"以欧洲大陆为师,以非洲大陆为戒"[2],其翻译内容基本来自欧美大陆的社会科学,没有翻译自然科学内容,且《大陆》是革命党人创办的刊物,其翻译的内容具有鲜明政治性指向。《东方》的翻译话语不仅以自然科学的翻译为主,且以日本报刊的资源为主。

但是,如果置《东方》的科学翻译于特定的语境之下,其翻译的内容又明显地与其政治话语形成互动,是形成杂志政治价值取向的重要资源。热点翻译篇目中,"实业"和其密切相关的"理化"翻译共计243篇,占科学话语翻译的60%,翻译比例居于其后的是医学和军事。《东方》早期曾一度设有"教育""实业""军事"等栏目,其间的相关论说协同"社说"重要的政治论说,与科学翻译话语遥相呼应。

《东方》对实业及理化知识翻译的热衷,和清末社会兴办实业的风潮不无关系。据清末著名状元实业家张謇于1914年主编的《第一次农商统计》,自我国于1904年实行工商注册制度,至1911年,全国共有公司488家,"这个数目只占当时开设的公司的百分之五十左右"[3]。1911年前,《东方》的"社说""实业""商务""交通"等栏目中有关实业的论说高达68篇(包括转载)。有的论说阐述变法必先兴实业,实业是"国民赖以生之物,而国家之血液营养也"[4];《东方》的实业翻译中有关"工业"的翻译占了绝对优势,论说中关于工业的重要性、如何发展工业及机器制造业也占了较高比例。如侯维良认为美国能在国际"商战"中取胜在于"惟能创造

---

[1] 据丁文统计,1904—1908年,《东方》选择了48种报刊上的政治论说,囊括了当时所有有影响力的报刊。参见丁文:《"选报"时期〈东方杂志〉研究(1904—1908)》,商务印书馆2010年版,第7页。

[2] 参见《大陆发刊辞》,《大陆》第1卷第1期(1902年11月)。

[3] 沈家五编:《北洋时期工商企业统计表》,中国社会科学院近代史所近代史资料编辑部编:《近代史资料》总58号,中国社会科学出版社1985年版,第132页。

[4] 胜因:《实业救国之悬谈》,《东方杂志》第7卷第6期(1910年7月)。

机器""是惟能利用机器故"。[1]有关铁路的内容在交通运输业翻译中占了较高比例，这一方面与20世纪初世界兴建铁路的热潮有关，亦与甲午战争后国内收回西方诸国在华路矿所有权的政治诉求有关，如第1卷第5期"交通"栏目中的《论粤汉铁路》，第1卷第6期的《论墅浦铁路》，等等。

徐珂主编时期，《东方》设"教育"栏目；1909年，商务又创办了《教育杂志》，作为鼓吹"教育救国"的舆论阵地。1911年以前，《东方》的"社说"和"教育"栏目中论述教育的论文共87篇，其中属于"本社撰稿"的共20篇。1906年以前，《东方》有关教育的论说主要是围绕教育与立宪的关系方面展开的。商务维新派的大部分论者认为，模仿日本明治维新模式，提倡新式教育是君主立宪的必要条件。立宪必须"普及教育以期养成国民资格"[2]，"宪政之行，必全国人民皆具有政治知识与自治能力"[3]。1906年清廷宣布"预备立宪"后，关于教育的论说主要围绕实业教育和西方各式新式教育展开的。"教育"和"新知识"栏目中还有翻译西方和日本教育制度、学校制度等的文章。

医学翻译热在一定程度上反映了甲午之后文化精英对国民健康的关切和摆脱"东亚病夫"谑称的急切心情。论者海蠖认为，医学强则"种"强，"种强则社会文明，无医学则种弱，种弱则社会腐败"[4]。接着，杂志在1905年第2卷第6期连发"本社撰稿"《论中国前途与医学之关系》[5]上、下两篇，以日本对医学重视的程度为例，把医学提高到"社会进化之大枢机"的重要位置。上文已述，军事翻译热与日俄战争刺激下《东方》知识精英挥之不去的"甲午"反思有关。

值得注意的是，《东方》虽然翻译了大量西方自然科学和实业技术，但是杂志同样也是提倡"国粹"的阵地。《东方》对待西方科学的态度如

---

[1]侯维良：《论宜自造机器》，《东方杂志》第2卷第3期。
[2]舜修：《论立宪当有预备》，《东方杂志》第3卷第3期（1906年4月）。
[3]觉民：《论立宪与教育之关系》，《东方杂志》第2卷第12期（1906年1月）。
[4]海蠖：《医学与社会之关系》，《东方杂志》第2卷第4期。
[5]谷音：《论中国前途与医学之关系》（上、下），《东方杂志》第2卷第6期（1905年7月）。

处理政治言论一样的谨慎和隐晦,所谓"包容""稳健"的风格反映了其"调和"的政治和文化心态。持保守态度的论者多持"西学中源"之说,认为"欧西之文明,虽自谓发源于希腊,而按孟子之学说,盖在在隐相符合"[1];持开放胸怀的论者认为"一国无学则国亡",中国宜"取泰西之长以救吾之短"[2]。《东方》早期有关"欧化"与"国粹"的论争,正是1915年前后《东方》与《新青年》进行"中西文明"论战的先声,"国粹无阻于欧化"是该杂志早期"调和论"的重要旗帜:"国粹也者,助欧化而愈彰……国粹以精神而存服,鬈镰之服无害其国粹也;欧化以物质而昌行,曾史之行无害其欧化也"[3]。

马克思和恩格斯说,"一切划时代的体系的真正的内容都是由于产生这些体系的那个时期的需要而形成起来的"[4]。《东方》原本"中性"的实业和自然科学翻译,与该杂志相关话语形成互动,折射出晚清社会以商务为代表的维新派知识分子倡导教育和实业救国、推行君主立宪的政治含义。正如学者汪晖所言:"科学的提倡与立宪的政治主张在一个特定的语境中具有了某种相关性。"[5]

五 余论

与其说是"西学东渐"之"学",毋宁说是科学武装下的列强侵略中国之"力",激起了知识阶层向西方学习以救亡图存的决心。甲午海战以后,维新派文化精英自觉地把寻求救亡之路转向了科学之"力"。《东方》的科学翻译贯彻了其"启导民智"的文化宗旨,在科学文化形成和深化的

---

[1] 荷介:《孟子学说为西学之祖说》,《东方杂志》第3卷第7期。
[2] 《近三百年学术变迁大势论》,《东方杂志》第3卷第12期。
[3] 《论国粹无阻於欧化》,《东方杂志》第3卷第1期(1906年2月)。
[4] 〔德〕马克思、〔德〕恩格斯:《马克思恩格斯全集》第三卷,中共中央马克思恩格斯列宁斯大林著作编译局译,人民出版社1980年版,第544页。
[5] 汪晖:《现代中国思想的兴起》下卷第二部《科学话语共同体》,生活·读书·新知三联书店2015年版,第1120页。

过程中发挥了应有的社会文化功能。在"联络东亚"的宗旨下,《东方》的科学翻译与其政治论说形成"对话",体现了仿效日本模式进行科学强国以利政治变革的政治含义。由于时代限制,《东方》的科学翻译尚处于浅近的科学知识普及的阶段,却给新文化运动提供了不可或缺的科学文化基础,在科学文化史上贡献了自己的力量。

科学翻译带来的异质文化因素,不仅会影响目标语的表层文化形式,还会冲击其深层文化结构。异域科学知识的传入会丰富人们原有的知识结构和世界认知图式,从而潜移默化地改变人们的思想观念,甚至会带动整个社会的文化和政治重构。戊戌变法可以看作是对洋务运动以欧美为师"学习西法"的一种反驳,是对"中体西用"之"中体"的强烈怀疑。不容忽视的是,摆脱"中体西用"的藩篱是一个渐进的过程。由于"中体"的深刻影响,"国粹无阻于西化"的观点仍畅行于世,但20世纪初的科学翻译与洋务时期的科学翻译有着质的区别。洋务时期西学翻译的指导思想是"中体西用",科学知识处于"用"的从属工具性地位,没有文化地位,而中国传统的儒家伦理占据"体"的支配地位。20世纪初维新派志士的科学翻译已经超越了"器物"和"技"的层面,科学的内涵有所提升,科学已经开始涉足思想观念领域,具有方法论的意义。若在《东方杂志》全文检索数据库[1]检索输入"天演""进化"和"进化论"等词,1911年以前以这些词汇为题目的篇目有11篇,而文章内容仅涉及"天演"一词的高达140篇,涉及"进化"一词的高达202篇。可见,科学理论、科学观念逐渐深入人心,西"学"已经在中国文化中获得了某种相对独立的地位。科学翻译提供的新知识屡屡冲击所谓"中体"的儒家伦理,如《东方》科学翻译中的天文知识形成了挑战儒家伦理中的所谓"天""天理"的基本常识。限于篇幅,《东方》科学翻译及相关论说中有关挑战"中体西用"的资源还有待于识者进一步挖掘。

(作者单位:淮北师范大学)

---

[1] 网址:http://cpem.cp.com.cn。

《东方杂志》(1904—1948)蒙古问题报道分析

田建平、赵瑞交

引言

《东方杂志》是中国近代出版时间最长的大型综合性品牌杂志,由商务印书馆编辑出版,1904年创刊于上海,1948年停刊,历时45年。《东方杂志》跨越了晚清民国,经历了清末新政、辛亥革命、五四运动、抗日战争、解放战争,一直到中华人民共和国成立前夕。《东方杂志》初期为选报性文摘,刊登各种评论、纪事、诏书和奏折,1911年第8卷始改为综合性期刊,增加撰述文章,关注国内外形势,对国家政治经济问题发表专业评述。

《东方杂志》出版45年中,对蒙古问题一直予以密切关注,做了积极报道。在内务、军事、实业、财政、教育、法令、调查、国际等栏目中,以多种形式报道了蒙古,真实记录了这段历史时期蒙古政治、经济、历史、文化、风俗等方面的问题。特别是对中俄、中日国际关系视野中蒙古问题的特殊性予以高度关注,坚定站在捍卫蒙古为中国固有领土的立场上,旗帜鲜明地揭露俄日等帝国主义国家觊觎蒙古的侵略野心,为蒙古的近代化发表积极意见。

学界迄今对《东方杂志》蒙古报道的研究尚属空白。研究探讨《东方杂志》蒙古报道,分析《东方杂志》新闻传播专业意义上关于民族问题报道的立场、原则及方针、策略,对于认识媒体与蒙古问题的关系显然具有重要意义,对于研究蒙古史、民族史也不失为一条重要径路。

研究样本来源为"《东方杂志》全文数据库"。具体操作是在"《东方杂志》全文数据库"高级检索中键入"蒙""蒙古",剔除部分不属于本研究范围的文章,例如"蒙学""蒙教育""蒙德娄会议的教训"等,得到有效样本共计162篇。

其中，政治文章81篇，包括中国政府对蒙政策、蒙古重大政治事件、外蒙古独立、蒙古内外形势、国际帝国主义对蒙侵略态度等；经济报道23篇，包括蒙古地区经济调查及实业发展，具体涉及农业、畜牧业、林业、制碱业、交通业、水产业、矿产业、酿造业、商业、金融业等；社会文化风俗22篇，其中文化13篇，社会8篇，风俗1篇，包括蒙古民俗风情、宗教信仰、人民生活近况、考古发现等；此外，还有关于蒙古摄影27篇（均刊登在《东方画报》一栏），历史4篇，教育4篇，军事1篇。

体裁主要有报道、评论、奏折、副刊、条陈。其中，报道包括消息、通讯、调查报告、图片等；评论包括述评、政论、记者按、译者按等；副刊文章有历史、论文。其中，报道70篇（图片报道27篇，消息18篇，通讯21篇，调查报告4篇），占总篇数的43.21%；评论68篇，占41.98%；奏折18篇，占11.11%；副刊文章5篇（历史2篇，论文3篇），约占3.09%；条陈1篇。

一 政治报道为主，关注政府对蒙政策及其得失

《东方杂志》有"近代史料"之称，凡当时国内大事几乎均可在《东方杂志》中找到印记。殊不知，启导广大国民对历史和现实的了解与把握，重视国情的介绍，倡导并普及新学知识，爱国与救国，是商务印书馆一贯的出版方针。在这一历史及媒体语境中，由于晚清开始中国北部边疆蒙古地区面临严重的外患局面，这自然成为《东方杂志》高度关注的报道重点。《东方杂志》高瞻远瞩、忧国怀民，对当时蒙古重大现实政治问题，如政府对蒙政策、帝国主义的侵略、外蒙独立等，均及时作了深入报道。

162篇蒙古报道，政治文章占81篇，由此可见《东方杂志》关于蒙古的政治报道占绝对优势，高达50%。

蒙古作为中国北部边疆，与俄罗斯接壤，俄国对蒙古的觊觎及侵略尤以近代为剧，其他帝国主义国家对蒙古亦是虎视眈眈。《东方杂志》对蒙

古地区的战略地位具有清醒的警觉。蒙古所处的地理位置直接关系到中国内陆的安全，关系到国家的主权和领土完整。"盖当时以蒙古逼近京畿而外临俄族，且与东三省素相聊属，故处理更加审慎。"[1]

蒙地放垦和移民实边政策。中国政府对蒙政策是《东方杂志》关注的重点。鸦片战争后，蒙古地区受到帝国主义列强的侵略，俄日相互勾结企图瓜分蒙古地区。晚清以及民国政府虽然处于内外交困的形势之下，软弱无能，很难同帝国主义列强抗衡，可是对蒙古地区依然表现出极力巩固的政治意图。对内，清廷开始改变对蒙政策，推行"新政"，改变蒙古政治体制、军政、财政和教育制度，特别是强制实行蒙地放垦和移民实边政策，试图以"剜肉补疮"的办法来解决蒙古危机。对外，则是被迫丧权辱国，割让蒙古特权，出卖国家主权。

放垦是清廷针对蒙古地区推行的一项重要政策，产生了强烈的现实影响及深刻的历史影响，消极意义大于积极意义。所谓放垦，就是彻底废弃禁止开垦蒙古地区的政策，以国家行政命令招垦传统上属于蒙古各盟旗所有的土地、牧场，也包括放垦和继续放垦内属蒙古各旗和其他官有牧厂、台站的土地。[2]从1880年开始，就有人对放垦蒙地提出建议，以增加政府财政收入，充实边防。1901年《辛丑条约》签订后，清廷急于筹集巨额赔款，谕令兵部左侍郎前往蒙古西部推行垦务。《东方杂志》"选报时期"收录的奏章和谕旨中多有记录，例如《蒙古土尔扈特郡王整顿政治条陈》第三条中即有"蒙古各部落地方寥廓，必须按该部落地段尽力开垦，若遇地广人稀之段准招汉民耕种，照章完税，其开垦一切事宜归盟长管理"[3]，此处之"开垦"就是"放垦"。

《奉天将军增奏蒙旗荒地招垦请派员收价丈放折》（第1卷第8期，1904年10月）、《热河都统廷奏遵旨开放敖汉旗九道湾上台蒙荒酌拟章程折》（第3卷第12期，1907年1月）、《热河都统廷奏丈放巴林蒙荒并酌拟章

---

[1]《论今日宜明定统治蒙古之法》，《东方杂志》第3卷第1期（1906年2月）。
[2]参见达力扎布编著：《蒙古史纲要》，中央民族大学出版社2006年版，第307页。
[3]《蒙古土尔扈特郡王整顿政治条陈》，《东方杂志》第1卷第4期（1904年6月）。

程折》（第4卷第12期，1908年1月），均为清廷放垦蒙地最直接的史料证据。清廷的放垦是对蒙古的压榨，大范围的放垦一定程度上有利于蒙古农业的发展，却造成畜牧业的衰落，水草鲜美的地区被放垦，牧民被迫迁往盐碱地生活。《俄人对於蒙古新疆之阴谋》谓"中国人以殖民之故，欲得其土地，以不法掠夺蒙古人之家畜，使彼等远去而居於俄国国境之间"[1]，此文译自大阪《朝日新闻》，出自俄人裴尼格生伯爵笔下，不免带有帝国主义者的偏见，但也确实指出清政府放垦政策直接造成民族矛盾的激化，为日后外蒙古发起拒绝摊派债务斗争、内蒙古的抗垦斗争、民国时期外蒙古的"独立"活动埋下伏笔。

外蒙古的独立。《东方杂志》第9卷第2期（1912年8月）发表《外蒙古之宣布独立》一文，就"蒙古独立之原因""蒙古独立之真相""蒙古各旗之被动""蒙古之与俄国""政府之对付在京蒙古王公之举动"五个方面对外蒙古独立事件做了深度报道。在剖析"蒙古独立之原因"时，对清廷放垦政策的错误做了尖锐批评："近载以来，清廷对於蒙古，倡行拓殖，既无完善规则，而当事者又不得其人，以致蒙人生产，每遭攘夺，酿成仇视之心，此又一因也。""中国之移民实边策。当俄国汲汲谋蒙之日，中国政治家正唱变法自强恢复权利之论。所谓移民实边、裁抑教权、施行新政、预备立宪诸事，方谋渐次实行。而蒙古独立，遂因之而起"[2]，一语道明政府对于蒙古政策的不当是造成蒙古政治动荡、外敌趁机侵入的重要原因。此外，名目繁多的税收，加上匪患猖獗，人为的经济、政治、军事压迫，严重破坏了蒙古民族的生存环境，伤害了他们的感情，使得他们的生活日益困顿，无法在原地生活，只得迁徙他乡。

撤销蒙古部落制度，推行"郡县制"。《东方杂志》对此做了积极评述，文章如《论蒙古改设行省之不可缓》《论今日宜明定统治蒙古之法》。清廷在放垦过程中还推行"郡县制"，即在蒙古地区设立府、厅、州、县，强化在蒙古的统治，一时成为重要新闻，如时人所言："今日颇闻都中议

---

[1] 蓬仙：《俄人对於蒙古新疆之阴谋》，《东方杂志》第8卷第5期（1911年7月）。
[2] 章锡琛译：《中俄对蒙之成败》，《东方杂志》第10卷第8期（1914年2月）。

论有改革蒙古部落制度，建设行省而置巡抚于库伦之说。"[1]也有人振振有词地认为，"蒙古全属，久应改为行省。我国旷其责任，遂至今日益迫岌危"[2]，"设省利于国家，利于蒙藩，且利于汉民，所不利者睨视眈眈之俄耳"[3]，反映了当时推行"郡县制"的主流意见。

满蒙铁路借款。民国时期及北洋军阀统治时期，对蒙加强军政统治和推行荒地放垦政策，并向帝国主义出卖蒙古主权。1913年10月，袁世凯政府与日本签订《铁路借款预约办法大纲》；1915年，日本帝国主义提出了灭亡中国的"二十一条"；1919年，章宗祥与日本签订《满蒙四铁路借款预备合同》，上述条款及密约严重损害了蒙古地区的权益和民族尊严。《东方杂志》第16卷第7期（1919年7月）刊登《外交部公表各项密约》一文，公布了《满蒙四铁路借款预备合同》共14条，告示国人条条都在出卖中国主权，记录了这段屈辱的历史。

其他重要历史事件。如《外蒙侵入呼伦贝尔事件与日俄阴谋》（第25卷第15期，1928年8月）、《蒙古青年党的独立运动》（第26卷第24期，1929年12月）诸文，一方面对事件做了客观报道，另一方面基于国际国内政治局势，着重对事件原因做了深入剖析，对帝国主义列强的侵略政策及国内政策的悖谬做了尖锐揭露及批判。如对所谓"1911年第一次叛乱"原因的分析，"自治制的强行废止，亦颇足以引起呼伦贝尔人民的反感，加以背后有俄人之唆使与援助，遂有1911年第一次叛乱"[4]，可谓透彻中肯。

二 以论为主，直击俄日之阴谋，强调蒙古自古就是中国之领土

《东方杂志》从创刊之日起就十分关注民族问题，一直致力于民族主

---

[1]《论蒙古改设行省之不可缓》，《东方杂志》第2卷第3期（1905年2月）。
[2]《论今日宜明定统治蒙古之法》，《东方杂志》第3卷第1期（1906年2月）。
[3]《论蒙古改设行省之不可缓》，《东方杂志》第2卷第3期。
[4] 盛叙功：《呼伦贝尔事件述评》，《东方杂志》第25卷第18期（1928年9月）。

义思想的宣传，无论是1904—1914年创刊初期的"启导国民、联络东亚"，1915—1924年的"为舆论的顾问"，抑或是之后的"关注社会现实"，均不遗余力地宣传开民智、振民气，抵御外国侵略，希望民族能够振兴，国家能够自立自强。《东方杂志》对近代蒙古历史的变迁，对蒙古地区重大历史事件的报道，堪称信史。特别是对蒙俄问题、蒙日问题做了客观、深刻的报道，以史家笔法记录了近代俄日侵略蒙古地区，以及中华民族极力维护、拯救蒙古地区悲壮而心酸的历史。

日俄帝国主义对蒙古虎视眈眈，千方百计派人搜集蒙古地区的情报资料，竭力攫取蒙古地区政治经济利益。《东方杂志》给予日俄帝国主义对蒙古之政策、动态及阴谋高度、密切关注，及时予以严正的揭露，做出义正词严、一针见血的深刻分析。162篇文章中，涉及日俄及苏联对蒙之野心的有70篇，占文章总数的43.21%。其中，报道（文字报道、图片报道）14篇，约占70篇的20%；奏折2篇，占2.86%；评论54篇，占77.14%，占总评论篇数68篇的79.41%。

一是纯客观报道。如《俄蒙协约原文》（第9卷第10期，1913年4月）、《俄蒙交涉之内容》（第11卷第2期，1914年8月），不加评论，只是将原文载录，用事实说话，为后世留下珍贵的史料。一是评议性报道。如"殖民家之野心，据最近北省通信，谓俄国对于蒙古以种种巧妙手段经营进取之方略者约有数端"[1]，直接揭露日俄帝国主义之侵略野心、策略、手段及具体事实，以捍卫国家主权和民族利益，展现其爱国爱民之情怀。

蒙俄问题。蒙古地区与俄国接壤，俄帝国主义觊觎蒙古可谓由来已久。清后期，中国积贫积弱，俄之野心也开始迅速膨胀。同治元年（1862年），中俄订立《中俄陆路通商章程》，规定俄国享受免税和不受地区限制的特权，随后的《中俄塔城哈萨克归附条约》《中俄伊犁条约》，俄国又在蒙古获得大量特权，并割占中国蒙古的大片领土，严重侵害了中国的主权和领土完整。《东方杂志》从创刊伊始，即将蒙俄问题作为一项重要报道

---

[1]《俄国经营蒙古之野心》，《东方杂志》第6卷第12期（1910年1月）。

议题，体现了深切的忧患意识及救亡意识，对于蒙古地区的重要战略地位、险恶国际处境及其拯救之策，一再提出鲜明而切实的论述，如"蒙古处中国北部，与俄接壤，为屏蔽朔方要塞。土旷人稀，矿产富厚，可因其地利开办农林矿业，以开利源，实中国北部之保障，藏富之府库也"[1]。《蒙古土尔扈特郡王呈外务部代奏因时变法请假出洋游历折》（第1卷第4期）一文指出，"由是观之，危矣极矣！况近数十年彼俄人大有觊觎，谋而未割者亲如囊中之物。设一旦割去，奴隶视之，蹂践听之，已有印度、波兰、安南等代表也，恐彼时再欲自励而不可得矣"。《论蒙古改设行省之不可缓》表明："是故蒙疆设行省，利于国家，利于蒙藩，且利于汉民，不利者眈视眈眈之俄耳"，"蒙古之与新疆必不能侥幸逃于俄国梦魂之外"。

《俄国经营蒙古之野心》《俄人对於蒙古新疆之阴谋》《俄国之并吞蒙古策》（第8卷第12期，1912年6月）诸文，更是将俄国对蒙古之野心赤裸裸地公之于世。在俄国阴谋的干预下，外蒙古宣布独立。1913年第9卷第10期《东方杂志》刊载《俄蒙协约原文》，文中宣布蒙古对中国的关系终止，规定由俄国政府扶助蒙古自治，俄国侵略阴谋得逞。《俄人在蒙古之势力》（第10卷第3期，1913年9月）一文对蒙古独立事件的经济原因做了剖析，"俄国政府之决议从育克尼乌丁斯克建筑铁路至恰克图，与其连接该路於库伦也。实引起蒙人之注意，而为蒙古独立之导火线"。苏联成立后，继续谋占中国蒙古领土，一再干涉中国内政。《东方杂志》继续刊文，如《蒙古境内苏维埃陆军之布置》（第24卷第16期，1927年8月）、《最近苏联之外交政策与满蒙边境问题》（第33卷第9期，1936年5月）、《苏日成立蒙伪边境休战协定》（第36卷第20期，1939年10月），对蒙古问题做了敏锐而深刻的观察报道。

蒙日问题。《东方杂志》对蒙日问题的报道，经历了由"醉心日本"转变到警惕，并进而批判日本之野心的认识过程。初创期《东方杂志》的办报宗旨为"启导国民，联络东亚"，宣扬"文明排外"，这个"东亚"不

---

[1] 高劳：《外蒙古之宣布独立》，《东方杂志》第9卷第2期。

言而喻是指日本，即"联日拒俄"。杂志刊登多篇文章，客观介绍日本对蒙古之调查。如《论蒙古之羊毛事业》（第8卷第3期，1911年5月），"编者按"谓："此论为日人山本唯三郎氏所著，氏在天津经营松昌洋行有年，於我国商界情形，甚为熟悉，所见自较确切。篇中述蒙古羊毛事业前途，大有希望，劝告彼国商界，速起而经营之，可获莫大之利益。兹节译其大意，以绍介於吾国之有志实业者。"这些报道对于国人了解蒙古地区资源及经济状况具有重要意义。随着日本侵略阴谋的日益暴露，《东方杂志》"醉心日本"的倾向日渐淡化，对日之野心表示担忧，特别是1915年"二十一条"签订之后，杂志关于中日共赢的幻想烟消云散。《日人心目中之满蒙政策》（第24卷第21期，1927年11月）、《日本所垂涎的满蒙产业概要》（第25卷第12期，1928年6月）、《日本进窥蒙古》（第33卷第5期，1936年3月）等一系列文章揭露了日本觊觎蒙古之阴谋。周曙山《日本在满蒙的所谓特殊地位及其势力》（第23卷第7期，1926年4月）一文更是直指"日本的野心""日本在满洲的势力"。《日本对华急进与满蒙问题的归趋》（第25卷第11期，1928年6月）一文明确提出："日本心目中'满蒙问题的总解决'，换句话说便是直捷了当的要'吞并满蒙'——至少要直截了当的吞并南满。"以上文章表明《东方杂志》逐渐清醒理智的日本观。

无论是对俄国帝国主义还是日本帝国主义阴谋的揭露，《东方杂志》的核心报道思想都在于启迪国人的忧患意识，警惕帝国主义之侵略，强调中国对蒙古的主权是神圣不可侵犯的。继刊登包瀚生《历史证明东三省是中国的领土》（第30卷第19期，1933年10月）之后，又刊登了《历史证明蒙古是中国领土》一篇雄文，针对日本向国际上宣布的谬论"满蒙在历史上不是属中国"，将蒙古分为"周以前""秦汉至南北朝""隋唐至宋""元至民国"四个历史时期加以论述，明确指出蒙古自古以来就是中国领土，坚决反对日本帝国主义侵略中国蒙古地区：

> 综观以上，蒙古几千年来的住民，大概属今满蒙回三族，与中国发生关系，已在四千年前，其全部与中国混合，也已千余年了。

彼此合成一大国，从来未受他国侵略，历史事实昭然。日人谎谬的宣传，真不值一辩。

考蒙古受帝国主义侵略，只近数十年间。当清圣祖时，始有俄蒙通商问题的发生，但至世宗与俄结恰克图条约，俄人尚不敢肆其侵略。高宗时俄人欲在外蒙边境自由通商，且不可得。一直到清末同治时，与俄人订立西北界约，始失去阿尔泰山边外之地。

迨日俄战后，日人开始侵略内蒙，俄人亦开始侵略外蒙，此后蒙古始成为日俄的势力范围。蒙人不悟，认贼作父，民国以来，外蒙听俄人煽惑，屡次宣布独立；内蒙亦受日人愚弄，时思离异。去年日人吞并热河，内蒙德王且谋独立，最近内蒙又要求自治，甘作敌人傀儡，自促危亡，其愚真不可及！所望蒙人及早觉悟，与祖国同胞团结，驱逐帝国主义——日俄恶势力，完成五族共和，延续我国千年光荣的历史！[1]

至今读来，犹可感受到其振聋发聩、雷霆万钧之力。

三 重视调查，力主国内实业界积极主动开发蒙古地区

《新青年》与《东方杂志》论战时，罗家伦曾对《东方杂志》发表过一段精彩而无奈的评论："这个上下古今派的杂志，忽而工业，忽而政论，忽而农商，忽而灵学，真是五花八门，无奇不有。你说他旧吗？他又像新。你说他新吗？他实不配。"[2]平心而论，罗家伦批评《东方杂志》之"杂"，没有起到灌输新知识的责任，显然有失偏颇，但也确实道出《东方杂志》工业、农业、文化、风俗等无所不包之"杂"——"兼容并包"的编辑出版方针及办刊特色。

---

[1] 包瀚生：《历史证明蒙古是中国的领土》，《东方杂志》第31卷第5期。
[2] 转引自洪九来：《宽容与理性：〈东方杂志〉的公共舆论研究（1904—1932）》，上海人民出版社2006年版，第51页。

《东方杂志》极力提倡"实业救国",认为"今日救亡之术,固当以振兴实业为惟一之先务"。早在1904年创办之初,便开辟了"实业"一栏,其实业报道涉及电业、铁道、农业、矿业、商业等。"实业救国"的编辑出版理念自然也一以贯之地体现在蒙古问题的报道中。如《热河都统松奏昭乌达盟三旗城地请由蒙旗自行试办据情覆奏折》(第2卷第11期,1905年12月)一文,主张自主制碱,"与其借培养之虚名严为封禁,使地成旷土,何如选派妥员复行开办,其或不愿外人开煎,亦何妨力劝蒙民自办,於蒙民生计必大有裨益",可见当时地方政府已经意识到发展蒙古实业的重要性,力主自办实业,以此抵制帝国主义对蒙古地区的经济渗透及侵略。要想发展蒙古实业,必先了解当地社会经济状况。《东方杂志》非常重视社会经济状况(调查与研究)报道,1908年第5卷第7期始设"调查"一栏,举凡国内军事、铁路、财政、通商、学堂等内容无不涉及。杂志连续刊登了多篇蒙古调查文章,涉及蒙古社会几乎所有主要层面。所登调查文章包括外国调查(译文)和本国有志之士的考察论述,一方面提醒国人注意防范帝国主义对蒙古的经济文化侵略;另一方面为自主发展蒙古实业提供第一手资料及科学决策依据。

蒙古地区推行"新政"报道。如《蒙古土尔扈特郡王整顿政治条陈》一文对蒙古地区土尔扈特郡改革方案及计划(新式学堂、三语教学、兵役、开垦、税制、通商、矿业、皮毛制造)做了完整记录。其中,设立新式报馆,用蒙、汉两种文字出版,使用白话,实开近代蒙古新闻事业之先河。原文如下:

第一条 蒙古各部落设大学堂,习洋文一分、汉文一分、蒙文一分;中学堂,习汉、蒙文各一分;小学堂,仅学蒙文一分。按蒙古各部落大小,酌量分设。至大学堂,应兼学体操法。即王公子弟亦均令一律入学堂。惟经费均在本地筹措,无用国家款项。其学堂一切事宜归各盟长管理。

第二条 蒙古各部落民人二十岁以上四十岁以下都入兵册,每人应二十年兵差。按五人抽一人充常备兵四年，充四年期满，接充后备兵十六年。二十年兵差应完，将册名注销，除在常备以外，须各务其业，即王公子弟均著一律充当兵差，其一切事宜归盟长管理。

第三条 蒙古各部落地方寥廓，必须按该部落地段尽力开垦，若遇地广人稀之段，准招汉民耕种，照章完税，其开垦一切事宜归盟长管理。

第四条 蒙古各部落准其蒙汉来往通商，其各部落盟长应如何纳税俟奏准后再议。

第五条 蒙古各部落查有五金矿产，准蒙古富商开采，如汉富商在该部落禀称开采者，其矿课矿租均归该部落盟长收纳。

第六条 蒙古各部落宜分设工艺局，先制皮革、毡氆毡、布匹、绒毛毡毯等物，售出价值除该局各项经费外，按年查核余利归公。

第七条 蒙古各部落宜分设报馆，须归官办，须就大学堂地方开设，至报文用蒙、汉两文，汉文不用文法，只用白话，令阅者晓畅为要。

第八条 蒙古各部落自来牧养牲畜，拟按各部落养畜数目设局派员，收税归各部落盟长查核，照季呈缴归公开销。

第九条 蒙古各部落所设新政，须派汉员公正廉明、通达时务，有省分道府州县等官，每盟拟设二员以备参谋顾问，如充当三年著有成效者，准其请旨奖励。

第十条 蒙古各部落盟长向来归理藩院奏请旨简放，兹拟请嗣后由各部落公举文理通达、讲求时务之王公，拟定正陪，奏明恭请特旨，钦放充当盟长，以期办事得力。

第十一条 蒙古各部落民间子弟，除孤子不令当喇嘛外，其愿当喇嘛者，限兄弟二三准其一人，兄弟五人准其二人，如兄弟过五人者，不准加充喇嘛。

第十二条 蒙古各部落所拟举等开浚利源各条，除学堂练兵等项经费外，如有余款，各部落盟长造具清册咨部查核，报效国家而

889

充库爷。[1]

可见，此份新政改革方案具有鲜明的地区特色及民族特色。

外国调查报道。蒙古作为中国北部边疆，面临列强的虎视，当时一些日人、俄人、英人受本国政府指派，以旅游、传教等方式深入蒙古开展调查，刺探情报，搜集了大量有关蒙古的资料，写成文章发表。《东方杂志》选录并刊登了日、俄、英诸国关于蒙古调查的译文，包括调查、游记和论文。一者客观上向国人介绍蒙古经济资源状况及社会历史文化知识，二者揭露调查背后隐藏着的帝国主义经济侵略图谋。

如王泰镕译《蒙古调查记》（第5卷第7期，1908年8月）一文，"译者识语"写道："日本人号奇峰者，以官命至蒙古口留二年余，游历各地，调查种种。日前《每日电报新闻》为揭载其函稿，读之深有所感，用译之，以告内地贤士大夫。"该文详细介绍了蒙古各旗、铁道、清廷蒙古政策、戈壁沙漠、产物、贸易等，其中"俄国之怀柔策""内蒙古与日本"两部分直接涉及帝国主义之变相侵略的意图。据《俄国对蒙之政策》（第7卷第3期，1910年5月）一文报道，外务部接驻俄萨钦使电告云，请杜木斯克大学堂教习苏勒列普君、勃哥列保君组织探险队，巡历蒙古各部。《记俄国远征队深入蒙古事》（第7卷第7期，1910年8月）即明确指出此探险队之目的："实在於研究蒙古人适用之物品，冀独占商权於蒙古，为侵略的政策而已。"

许家庆译《论蒙古之羊毛事业》一文，记者专门写了一篇"编者按"，阐述了翻译此文的原因及经济意义，揭露了日俄战争后日本帝国主义对满洲、蒙古的侵略野心，并明确指出刊发译文的经济借鉴意义。如"故欲改良中国之羊种，不得不由澳洲运入佳种，而实施人为淘汰之法以改良之。故欲于蒙古内地实行此事，尤须详细研究羊之种类……"，由澳洲引进优良羊种之论影响至今。

---

[1]《蒙古土尔扈特郡王整顿政治条陈》，《东方杂志》第1卷第4期。

刊登外国调查报告，一方面揭露了帝国主义以修筑铁路、商品倾销、掠夺矿产资源等方式吞并蒙古的企图，另一方面也为国人提供了蒙古农业、畜牧业、工商业资料，为自主发展蒙古实业提供了必要参考。例如，杜亚泉译自日本《实业之世界》的《满蒙经济大要》一文，内容囊括农业、畜牧业、林业、矿业、天然碱及水产、制油业、酿造业、制粉业、制糖业、河川水运、三大海港、蒙古之贸易与商业、金融业，为蒙古实业的发展提供了极有价值的经济资料。具体论述如"高粱纤维可为制纸原料，产额如此之富，则将来制纸工业发达之后，高粱价值必有多少之增加也"，"满蒙之富源，不仅生植於地上者，且有埋藏於地下者焉，矿产是也"。[1]

帝国主义对蒙古的调查，无论是经济还是文化，明显是为侵略打头阵，只不过这种侵略不像战争那么赤裸裸，而是以一种更加隐蔽、温和的方式进行。

国内考察报道。《东方杂志》注重刊载本国有志之士的考察及论述文章，介绍蒙古地区情况，献计献策，主张国内实业界积极主动开展蒙古地区的经济开发。如唐在章《蒙古之富源》（第9卷第11期，1913年5月）、王士森《蒙古产之天然碱》（第15卷第5期，1918年5月）、马伯援《蒙古之现状及吾人今后之责任》（第18卷第2期，1921年1月）、王华隆《内蒙古人民之生活状况》（第19卷第10期，1922年5月）以及张钝初的《外蒙游记》（第25卷第4期，1928年2月）等。《蒙古之富源》一文记述了作者亲赴蒙古地区实地考察的经历及开发建言。1910年10月由张家口入蒙古，历48站，行三千一百数十里，抵蒙古。详细介绍蒙古富源，提出一系列开发办法，包括蒙古之垦务、牧畜、载运业、碱池、金砂，认为蒙古土地辽阔，人口稀少，"诚能投资经营，数百万方里中，惟所欲为，又岂只消弭外患已耶"。《蒙古产之天然碱》一文详细介绍蒙古产碱之富，而碱作为化学工业上的重要元素，应"讲求采集精制之法，内足以振兴化学工业，又可输出海外以扩利权，不亦一举两得乎！不然货弃于地，坐视外人之攫

---

[1]《满蒙经济大要》，《东方杂志》第15卷第10期（1918年10月）。

取，可痛孰甚，愿我国有志之士锐意经营，急图自立，无负此天产之富可也"。

《东方杂志》通过刊登这类文章，对蒙古地区历史、文化、教育、宗教信仰、风俗民情等也都做了报道，以期国人全面客观地了解蒙古地区，也为蒙古历史文化研究提供了第一手资料。如《蒙古土尔扈特郡王整顿政治条陈》一文对蒙古土尔扈特郡改革计划做了完整记录。其中，关于教育、办报的改革计划即颇具地方特色。"蒙古各部落设大学堂，习洋文一分、汉文一分、蒙文一分；中学堂，习汉、蒙文各一分；小学堂，仅学蒙文一分。按蒙古各部落大小，酌量分设。至大学堂，应兼学体操法。即王公子弟亦均令一律入学堂。""蒙古各部落宜分设报馆，须归官办，须就大学堂地方开设，至报文用蒙、汉两文，汉文不用文法，只用白话，令阅者晓畅为要。"《蒙古旅行记》一文，配有四幅珍贵照片，对蒙古地区日常生活礼仪、寺院、喇嘛教、活佛制度、宗教仪式、节日、天魔舞、赛马、射箭乃至监狱、酷刑等方面做了报道。如对蒙古监狱的揭露，"以政治罪犯，终身禁锢，居於形似棺材之囚笼内，外加铁锁，殆永无运动之机会。居棺内者，不能直立，亦不能平卧，其得稍见日光者，则每日二十四小时间，递食二次之数分钟而已"[1]，如此酷刑，为国人揭示了蒙古封建文化之缩影，为文化之改良敲响警钟。《蒙古风俗谭》（屠孝实节译自美国乞米亚可丁《南西伯利亚游记》，第9卷第9期，1912年3月）一文，配有四幅珍贵照片，对蒙古布里阿惕部大祀典、牛酪制酿法、婚礼、诞儿俗礼、疾病防治风俗、火葬及棺葬习俗做了细致描述。

《东方杂志》的报道旨在开发蒙古地区实业，保护民族工商业利益，了解并研究蒙古民族文化，争取民族主权。

---

[1]〔英〕普尔斯屈罗（Beatrix Bulstrode）著，钱智修译：《蒙古旅行记》，《东方杂志》第10卷第12期（1913年6月）。

四 译介西方科学考察报告，倡导国内科学界对蒙古地区开展科学研究

近代以来，西方帝国主义列强以侵略为核心目的，出于复杂的动机，对蒙古地区做了大量科学考察。《东方杂志》选择西方具有科学价值的探险、考古、科考报告及游记，特别是西方权威科研机构、科研专家、学术刊物撰写并发表的文章，由国内著名专家亲自翻译，有的干脆由主编亲自操刀，往往加上编辑按语、译者按语，予以特别推荐，主要目的在于借此向国人介绍蒙古情况，倡导并推进国内科学界对蒙古地区开展科学考察与研究，因为当时学界及一般人对蒙古情况所知甚少。主要篇目有《蒙古旅行记》《蒙古风俗谭》《外蒙古探险之纪略——美国自然史博物馆探险队五年来探险之成绩》（原载英国皇家地理学会《地理月刊》，美国安特鲁博士著，陈叔谅译，第24卷第22期，1927年11月）及《俄国科斯洛夫探险队外蒙古考古发现纪略》（英国W. Perceval Yetts著，向达译，第24卷第15期，1927年8月）等，内容丰富，涉及蒙古地区自然、资源、地理、历史、文物、生物、物产、社会、宗教、风俗等方面。

《外蒙古探险之纪略》"编者按"以较长的篇幅，谆谆告诫，科学落后必将导致误国乃至亡国，集中反映了杂志"科学救国"的编辑思想。如其引言曰：

> 外蒙古自组织独立政府，举政治经济之大权，实际上悉受苏俄之支配，近人言时事者，辄引此为中国之耻辱。实则中国之於外蒙，轻易放弃，初非朝夕之故。清初平准以还，利外蒙之蒙昧，不轻议开放，二百年来，汉人稀至其地。四百余万方里之广土，垦牧开发，弃置不顾，数百万之蒙族，更复视同外人。有而不治，中国固已有应负之咎。政治上既如此，学术上自更无论。蒙古奇异之生物，中国生物学者不能置言；蒙古之地图，尤复模袭俄人，曾无人稍事实测。若至外蒙地下遗迹之广藏，在学术界上早预料其与

各科学有重大关系者,则更非中国人梦想所及,而欧美人於此,则久加注意。一九二二年,美国自然史博物馆(American Museum of Natural History,或译生物博物馆)组织中亚探险队(Central Asiatic Expedition),预备以五年之力,在外蒙从事大规模之探险。自是年出发一次,至一九二三年一九二五年又二次至其地,继续前业,分组实察,归加研究。虽全部事业,未告结束,而在各科学方面之成绩,已斐然可观。该馆刊物中发表之文字,已七十余篇,近更有十四卷报告之编制。英法各国,多移译其报告。英国皇家地学会(Royal Geographical Society, London)更於去年年会时请探险队主任安特鲁博士莅会作概略之报告。国人之於外蒙,在政治、经济各方面尚不知其实际之现势,於此种学术上之新发见,更复稀加注意。书报介绍,偶有片段叙次,尚未见有概括之报告。兹即据安特鲁博士(Roy Chapman Anderson, M. A., Sc. D.)在皇家地学会之报告辞,略加删节,别为节目,而纪其大略,(原文见英国皇家地学会《地理月刊》六九卷第一号)以示美国科学家五年来探险此土成绩之略,且冀国人兴起直追焉。

《俄国科斯洛夫探险队外蒙古考古发现纪略》以促进中西文化交通研究为旨归,"译者按"谓:"前读于右任先生考察外蒙古土谢图汗部诺颜山下苏珠克图地方二百十二古墓记,惜其多纪游踪,未详内容,因译是篇,以为补正,借供留心中国古代东西文化交流者之览观焉。"

《蒙古风俗谭》"作者按"中写道:"布里阿惕,蒙古部落名也。现隶俄罗斯,居贝加尔湖畔及湖中小屿斡儿干。贝加尔湖之南,则成吉思可汗发祥地也。乞米亚可丁氏为近世合众国一代通儒,生平著述甚富,尤以详谙蒙古史事闻於时,尝亲至布里阿惕村落中,考其风俗习惯,著为是书,所叙颇饶兴趣。今者库逆肇乱,全国震动。研究蒙古习俗者,颇不乏人,爰节译数章,以供海内学者一隅之采焉。"

上述三文译者,钱智修(1883—1947年)为著名国学大家、博古文学家、翻译家，1920年7月接任杜亚泉任《东方杂志》主编，长达12年，是该杂志任期最长的主编。陈叔谅（1901—1991），陈布雷之弟，中国当代著名爱国人士，文史学家、图书馆学家。向达（1900—1966），著名历史学家、敦煌学家、中外交通史家、版本目录学家、翻译家。

五 译载西方相关文章，关注国际社会对蒙古问题之舆论

蒙古问题是近代国际视野中一个特殊的政治舆论话题，英、俄、日等帝国主义国家主要出于侵略目的频频发声，制造了国际政治舆论。这些国家既相互研究评论对方的蒙古政策，又对所在国蒙古政策加以评论。个别国际人士，对英、俄、日等帝国主义国家蒙古政策予以全面研究评论，站在客观公正的立场上，为中国提供舆论支持。显然，近代国际政治场域及媒介视野中的蒙古问题国际舆论具有强烈的现实性、矛盾性及指向性。因此，译介英、俄、日等国家关于蒙古问题的舆论文章，并对其加以深入研判、评析，以增进国人对蒙古地区的了解、重视及开发，就成为《东方杂志》蒙古报道的一种主要方式。《东方杂志》放眼全球，从国际政治关系视野衡量，精心选择英、俄、日等帝国主义国家的蒙古舆论（主要是政治舆论）报道翻译刊登。有的全文译介，有的节译，有的译述。其中不少原作是由外国专家撰写、刊发在外国权威媒体上的，这也反映了《东方杂志》非常重视文章权威性的编辑思想。

如《日本之满蒙经济政策》（译自日本《改造杂志》。第25卷第2期，1928年1月），作者堀江归一为日本著名经济学者，曾两次留学欧美，遍历英、美、德等国，专攻财政金融学。译者奔流生在"识语"中写道："其论评尚觉公允，且此问题与我国国民有密切关系；其阐明日本历来对华政策，於研究此问题者必有资助，故释成之。"该文对"对华威压政策""借款政策和无为政策""满蒙之特殊地位""中日经济同盟之不可能""列国对华之不公正"等问题做了敏锐而深入的分析。如针对日本对中国的侵略政策，堀江归一认为既有伤中国的感情，又会引起世界其他国家的疑惑，

同时导致日本国策产生不利影响：

> 往年大隈内阁，强迫中国政府承认"二十一条"，缔结中日条约。此种条约，因其军国主义之色彩过於浓厚，侵略主义之锋芒十分头露，不仅有伤中国之感情，且引起世界诸关系国之疑惑……
>
> 日本对於中日条约交涉之存心若是，其野心之大不亚於欧战前之德国与日俄战前之俄国，诚堪引以为憾事。既伤英美国民之感情，又招中国人民之反抗。虽前者因事过境迁，或许渐渐淡薄，而后者却愈经岁月，愈加浓厚，如设定国耻纪念日，屡为排日运动，乃吾人所素知者。由此观之，可知政治家之轻躁行动，实能使国策蒙不利之影响也。

再如《俄人对於蒙古新疆之阴谋》（译自大阪《朝日新闻》），"编者按"谓："俄国裴尼格生伯爵，以通晓蒙古事情著名，近来游历西蒙古及新疆地方，归国后演说於俄京军事研究会，题为在战争时之西部支那，兹述其大要如下。"文章详细介绍了俄罗斯对于蒙古新疆的觊觎。"记者按"谓："裴氏之言，虽未足以代表俄国人之意见，然苟我国人对於边境地方之开发，不加注意，则使邻国生窥伺之心，亦固其所。狡焉思启，何国蔑有，固不能以此咎他人也。而今而后，我国人犹不急起直追，则此言论之成为事实，自在意计之中。十八年以来，朝鲜事件之经过，犹印於吾人之脑蒂，前事之不忘，后事之师也，望吾国人之警醒焉。"

又如《英报论日本积极侵掠满蒙》（译自神户英文《日本纪事报》社论。第24卷第15期，1927年8月），"记者按"谓："神户英文《日本纪事报》近载社论两篇，论日本对满蒙急进政策。上篇述日人在满权利大都由非法侵略得来，而於事后硬求承认；下篇论南满铁路为日人侵掠满洲之唯一工具，及现时积极侵掠情况。兹经《世界新闻社》将下篇译为华文，特为转录於此。"文章尖锐揭露了日本帝国主义企图独吞中国满蒙地区的阴谋及其惯用的经济及军事侵略伎俩，如："至於中国在满之行政司法主权，日本直已视若无物。彼以治外法权之关系，竟在中国领土设置日警岗位，此乃他国所尚未悍然为之者。"反映了国际社会对日本侵略中国满蒙地区的某种复杂心理。

此外，译自当时权威媒体《远东评论》之《俄人在蒙古之势力》、译自《新日本杂志》之《中俄对蒙之成败》（第10卷第7、8期，1914年1、2月），以及译自《亚细亚杂志》的《日本进窥蒙古》等文，均反映出国际社会对于蒙古问题的不同看法；但是大致看来，本质上却反映了诸帝国主义列强对中国满蒙地区的利益争夺。长野朗《日人心目中之满蒙政策》（译自日本《外交时报》，译文原载《民声周报》第5期。第24卷第21期，1927年11月）一文，竟然赤裸裸地宣扬侵略中国满蒙地区，以日本人口食粮等问题之迫切，宣称宜将满蒙割出于中国本部以外，"向世界为经济的开放"。"记者按"认为："此实可以代表大多数日人之野心，因转录於此，以供参考。"

可见，这些言论展现了国际社会蒙古问题舆论的多种声音，主要反映了帝国主义国家对蒙古权益的激烈争夺，对于国人及时根据国际形势了解蒙古地区危机状况，更深层地认识国情具有重要价值。

六 小结

《东方杂志》在其45年的办刊历程中，无论哪个时期（早期选报时期、杜亚泉时期、钱智修时期、王云五时期和苏继庼时期），都对蒙古的重要战略地位及其政治经济命运予以高度关注，发表的162篇报道涉及蒙古地区一切重要方面。其中政治经济报道占据绝对优势，社会文化报道也十分突出。这些报道体现了两大主题：一是揭露俄日等帝国主义列强侵略蒙古的野心及行径，揭示蒙古地区的危亡形势；二是力主政府及国内实业界积极主动地开发蒙古地区经济，以期实业救亡。

《东方杂志》以其资产阶级宪政思想视野报道并解读蒙古问题，报道客观、理性、全面，重在救亡与建设，担负起了用近代知识启蒙国民，拯救中华民族的艰巨历史使命。一些文章具有永恒的历史价值,如《历史证明蒙古是中国领土》一文,将蒙古历史由周朝论述到民国,得出结论:"满蒙回三族与中国发生关系已在四千年前,其全部与中国混合也已千余年了。彼此合成以大国,从来未受他国侵略,历史事实昭然",所以蒙古从始至终属于中国。这也是《东方杂志》蒙古问题报道的核心思想。

(作者单位:田建平　河北大学;

赵瑞交　河北大学)

《东方杂志》(1920—1932)对"文化调和论"的态度变化

赵黎明

1919年底,在经历了与《新青年》的笔战风波之后,《东方杂志》迫于舆论压力革去杜亚泉主编职务,刊物随之迎来了它的"新生"。易主之后,刊物在第一期(第17卷第1期,1920年1月)卷首显要位置发表改版宣言《本志之希望》,明确表明其新的文化取向和编辑方针。文中特别强调,今后将放弃"特别国情之说",转而"顺应世界之潮流":"今之言特别国情者,非国粹派之笃时拘墟,欲捧寸土以塞席卷世界之怒潮,则外人藐视有色种人,以为吾东方国民,根性劣下,终竟不能自侪於国际平等之林者也"。客观地讲,《东方杂志》过去的编撰群体既非"特别国情"的笃守者,也非阻挡"世界怒潮"的闭关者,相反地,他们一直用一种"公平之眼光,忠实之手段",向中国读者源源不断地输入域外新潮,可以说是睁开眼睛看世界的先知先觉分子,只是在输入西学、改造文化的态度及方法方面,与新青年派有所不同罢了。不过,改版之后情况发生了变化,杂志的文化态度逐渐向《新青年》靠拢,在一些重要问题(如对西洋文明及新旧文化关系的态度等)上,它或以社论按语,或以稿件选择等方式,直接、间接地表达了这种转变。当然,所谓"转变"并不意味对过去的全盘否定,它的一些重要传统,如理性、温和、富有建设性的文化姿态以及反对高蹈玄虚而"注重于切实可行之具体问题"的务实文风等,仍然较好地延续了下来。

一 对于东西"调和论"的态度变化

近代以来，中西文化关系总的格局是西方文化处于攻势、中国文化处于守势，这种结构关系滋生了层出不穷的"体用之辩"——它的存在正好从反面折射了中国文化的被动状态。对于在这一次文化较量中中国文化所失之"体"，一部分知识分子是不以为然也颇不服气的。在他们看来，战争胜利或物质优胜，并不代表文化的优越，中国文化自有西方文化所不具备的长处。中国文化本体观如菌群一般潜伏在这些人的机体内，似乎专在等待爆发的温度和湿度。第一次世界大战的爆发给他们带来了发言的机会。

借这场浩劫反思现代性弊端的当然首先是一些欧洲知识分子。他们从发生在身边的灾难中切实体认到：工业文明的迅猛发展并没有带来心灵慰藉，也没有带来世界和平，恰恰相反，技术的快速发展助长了人类物欲的无限膨胀，而对物质的无止境追求导致人类之间的严重冲突。对现实的焦虑感和未来的不确定感笼罩心头，也导致他们对昔日信心满满的西方文明产生了严重的怀疑。在这种情况之下，部分西方学者开始把探寻的目光投向遥远的东方，期望东方的"精神文明"为他们提供一贴心灵的方剂。这对一直盼望文化上"反败为胜"的中国人文主义者来说，无疑是一次难得的机遇。这类知识分子欢呼：西方文化已入穷途末路，中国文化拯救世界正当其时！《东方杂志》编者当时就是持这种态度的，杜亚泉宣称"此次大战，使西洋文明，露显著之破绽"[1]，进而认为，此次战争动摇了欧洲文明的"权威"，给了人们重新考量现代文化"真价值"的契机。重实利、讲功用、放任"物质主义及恐怖与贪欲者"，最终的结果只能是这种自我毁灭。远游欧洲的辜鸿铭甚至对高傲的欧罗巴人耳提面命："诸君欧人，於精神上之问题，即唯一之重大问题，非学於我等中国人不可，否则诸君之全文化，不日必将瓦解。诸君之文化，不合於用，盖诸君之文化，

---

[1] 伧父：《战后东西文明之调和》，《东方杂志》第14卷第4期（1917年4月）。

《东方杂志》（1920—1932）对"文化调和论"的态度变化

基於物质主义，及恐怖与贪欲者也。至醇至圣之孔夫子，当有支配全世界之时。彼示人以达於高洁、深玄、礼让、幸福之唯一可能之道。故诸君当弃其错误之世界观，而采用中国之世界观。此诸君唯一救济法也。"[1]《东方杂志》编者对辜氏的过度自信虽然有所保留，但对于其关于"欧洲之文化，不合於伦理之用"的判断是认同的。杜亚泉等在《东方杂志》发表的数篇重要论文均以辜氏的上述判断为基础，主张用东方式伦理道德补救西方功利主义之缺失。梁启超不失时机地悠游欧洲大陆，并记下了这类知识分子的"心影"——"西洋文明已经破产"了，只等着"把中国文明输进来救拔"他们！[2] 照梁氏的逻辑，中西文化此时就不再是什么"体""用"关系，西方文化简直可以直接用中国文化来代替了。梁启超的观点再一次助涨了"调和论"，中国知识界不少人如章士钊、杜亚泉等纷纷撰文表达"同情"之意。

不过，在经过与陈独秀论战、杂志主编易人之后，刊物的文化态度发生明显改变，"优胜论"或"调和论"逐渐消歇下来。通观1920年后十年杂志的言论编排，这种冷却轨迹十分清晰，以下事实可以佐证编者的态度变化。

首先是对陈嘉异文章的处理。1921年第18卷第1、2期刊物连载了陈氏的长文《东方文化与吾人之大任》，文章观点虽然在某些方面做了调整，但基本还是对杜亚泉等过去看法的重复。文章首先指出，"东方文化"含义不是专指"所谓国故"，而是指"中国民族之精神"或"中国民族再兴之新生命"，声明"吾人今日所以振兴东方文化之道，不在存古，乃在存中国，抑且进而存人类所以立於天壤之真面目"。文章不满于毛子水在《新潮》上发表的《国故与科学精神》和李大钊在《新青年》发表的《由经济上解释中国近代思想变动的原因》，对于他们所谓"吾国固有文明乃谬误的文明"的观点和"对于东方文明力加抨击"的做法，表示了极大的异议，发誓要对东方文化的"真正价值"进行一番新发现。他眼中的东方

---

[1] 转自平佚：《中西文明之评判》，《东方杂志》第15卷第6期（1918年6月）。
[2] 梁启超：《欧游心影录》，《时事新报》1920年3月25日。

文化，"即以中国文化、印度文化为其代表"，其实质"无异指吾民族精神所表现之结晶"。他认为东西文化由于起源不同、价值各异，应该以二元甚至多元的眼光视之，"东方文化为独立的、创造的，西方文化为传承的、因袭的，二者之起源有根本不同之点，实足对峙为世界文化之二元也"。[1]

关于这两种文化的关系，他认为东西文化各有短长，要想立于不败之地，就要拿异质文化进行补充，"西方文化，实由混合而成"，"故其一切学术政治之根柢，几无不为希腊精神与希伯来（犹太）精神所支配，前者即偏於物的生活，后者即偏於灵的生活。……其实欧洲文化，固承自希腊，而希腊文化则本具有此调和之精神者也，特欧人不善用之，仅取其注重物的生活一面，而遗其灵肉合一之最高理想，遂有此弊"。"然则中国文化不亦有与希腊文化相同之点乎？虽然，以余观之，希腊文化自身之缺点尚多，故其后希伯来文化因得以乘隙代起，中国文化，则有希腊文化之长而无其短……"因此，只有经由中国文化的"调和"，西方文化才能获得新生命，"东方文化（此略兼印度言）在有调和精神生活与物质生活之优越性，而尤以精神生活为其辖键，最能镕冶为一者也"，他认为，在这方面中庸之道可以起到新的作用，因为孔子之"根本原理"即"执两用中"之法，"於吾人生活之内（精神的）外（物质的）两根柢，能直抉其奥而通其纽"。[2]

在连载陈文的次期，即第18卷第2期，也许为了避免误会，也许是为了撇清干系，编者特意发表了卷首评论《文化发展之径路》，对陈氏观点进行一番"辨正"。在对陈氏坚守固有文化、"振起中国民族再兴之新生命"的立意表示赞佩之余，编辑同时也对陈氏的东西文化"二元说"提出疑问，认为其"词气之间，有类於助国粹派张目者"。文章指出，陈氏以为思想变动是出于人为之力，其实并非如此，任何思想的变动都跟环境相关，"思想界之变动，实以环境之变动为其诱因，环境既变，旧时之传统主义，不复足应社会之需要，於是聪明材智之士，遂以攻击旧思想、提倡

---

[1] 陈嘉异：《东方文化与吾人之大任》，《东方杂志》第18卷第1期（1921年1月）。
[2] 同上。

《东方杂志》(1920—1932)对"文化调和论"的态度变化

新思想为事,此时群言众说,正在错杂试验之中。诚不能尽与社会之需要适合,且其所攻击之旧思想,亦未必无可以保存持续之部分,然文化之根柢亦已动摇,则其变而趋新,实有其自然之机势,非一二人之力所能推进,亦非一二人之力所能挽回也"[1]。这就从根本上动摇了传统文化的生存基础,也否定了"调和论"的立论根基。文章进一步指出,中国文化固然是由各种异质文化混杂、调和而来,但是进入现代以来,中外文化的性质都发生了改变。往古之时,中国文化之所以历经外来文化侵犯而屹然不倒,"仅缘昔时所遇外族,其文明程度,均不足与吾族相抗故,外族之文明,既不足与吾抗"[2];如今情况则发生了根本的变化,传统文化遇到了真正的对手,再也不会出现过去那种——"旧文化之缺点无自而见,而新文化之要求亦无由起"——的情况了,一句话,中国文化必须改弦更张才有继续生存下去的理由,因此,再用那种老黄历处理中外文化关系已经显得十分不合时宜了。可以看出,尽管杂志仍然辟出版面为各种文化论者提供演绎平台,但从"官方"态度来看,它基本放弃了对"调和论"的赞同态度。

如果说这种批评还停留在寓倾向于讨论的间接表态阶段的话,那么第19卷第10期发表的卷首专论《误用的并存和折中》,就是旗帜鲜明的直接批评了。文章以嘲讽的口吻,历数中国折中主义的"光荣"历史道:"从小读过《中庸》的中国人,有一种传统的思想和习惯,凡遇正反对的东西,都把他并存起来,或折中起来,意味的有无,是不管的。……这折中的办法,是中国人底长技,凡是外来的东西,一到中国人底手里,就都要受一番折中的处分。折中了外来的佛教思想和中国固有的思想,出了许多的'禅儒',几次被他族征服了,却几次都能用折中的方法,把他族和自己的种族弄成一样:这都是历史上中国人底奇迹!"文章指出,海禁洞开以来,中国人仍用这些祖传秘丹处理西务,结果留下了一些非中非西的物什,致使"中西药房""中西旅馆"之类的畸形怪物遍地开花。文章进一

---

[1] 坚瓠:《文化发展之径路》,《东方杂志》第18卷第2期(1921年1月)。
[2] 同上。

步深挖,近代中国叫嚷变法数十年,之所以"难有彻底的改革、长足的进步",根源就在于"这并存和折中主义跋扈","革命以前与革命以后,除一部分的男子剪去辫发,把一面黄旗换了一面五色旗以外,有甚么大分别?迁就复迁就,调停复调停,新的不成,旧的不去,即使再经过多少的年月,恐怕也不能显著地改易这老大国家底面目罢!"因此文章号召,是时候放弃"调和"古训而服"极端"的猛药了,"我们不能不诅咒古来'不为已甚'的教训了!我们要劝国民吃一服'极端'的毒药,来振起这祖先传来的宿疾!"[1]

次年,杂志继续用卷首评论的规格表明这种态度。第20卷第4期发表了坚瓠所写的、代表编辑部意见的《"欧化"的中国》,痛揭"中国人吸收西洋文明的真相"。在论者眼里,中国人所实行的"欧化",要么是换汤不换药的旧玩意,要么是挂羊头卖狗肉的新把戏,不仅把外来的东西搞坏了,而且把原来的东西也折腾得不伦不类:

> 在石子路上铺了些泥沙,就算是马路,在旧式的房屋外面砌了些红砖,就算是洋楼,这是中国人心目中之西洋建筑。
>
> 把长短句的词曲提了行,当作新诗,把《感应篇》一类的善书翻成了白话,当作民众文学,这是中国人心目中之西洋文学。
>
> 打着锣鼓的新戏,时装美女的月份牌,这是中国人心目中之西洋艺术。
>
> 马克思的共产主义,是周朝所行的井田罢,爱因斯坦的相对论,是孔子所说的中庸罢,这是中国人心目中之西洋学术和社会思想。
>
> 美国的总统制,可以拥护袁世凯的大权政治,法国的内阁制,可以解释段祺瑞的解散国会,这是中国人心目中之西洋法制和西洋政治。
>
> 在这种假欧化的社会里,最时髦的,自然是"八面锋"式的调

---

[1] 丐尊:《误用的并存和折中》,《东方杂志》第19卷第10期(1922年5月)。

和论者。他们的主张是轻而易举，不必经过打破现状的危险的。他们以为：改造的事业，一面要顺应世界潮流，一面要适合本国国情……[1]

一句话，折中也好，调和也罢，用这种方法解决中西文化关系问题，是一条走不通的死胡同。

二 "对于西洋近代文明的态度"的再讨论

进一步表明杂志态度转变的事件，是发表胡适《我们对於西洋近代文明的态度》（第23卷第17期，1926年9月）及针对这篇文章进行的专题讨论。胡适的文章可以说对"精神文明论"或"调和论"的总清算。他嘲讽道，那些将东、西洋文明与"精神的"和"唯物的"文明分别对应的观点，是"最没有根据而又最有毒害"的论调，这种论调投合了"东方民族的夸大狂"，增加了旧势力的"不少的气焰"。胡适指出，任何文明必由两种因子构成，一是物质的，一是精神的，"文明都是人的心思智力运用自然界的质与力的作品"，没有一种文明是纯精神的，也没有一种文明是纯物质的，举例说来，一辆单轮小车和一辆电力街车，"都是人的智慧利用自然界的质力制造出来的文明"，包含着物质的因素，也包含着精神的因素，所以"两种文明"论者的立论基础十分脆弱。

胡适相信，精神文明必须建立在物质文明基础之上，提高人类物质上的享受、便利和安逸，这是人类从基本生存需要之中解放出来的必然要求，这种要求在中国古代也是一样的，中国有"衣食足而后知荣辱，仓廪实而后知礼节"的古训，有"利用厚生"之传统，所以建设追求幸福、消灭贫病的现代文明本身没有什么过错。他进一步指出，西方文明不仅不轻视精神需求，而且比较而言，它是一种更追求精神享受的文明，古有深

---

[1] 坚瓠：《"欧化"的中国》，《东方杂志》第20卷第4期（1923年2月）。

厚的宗教传统，近有辉煌的现代文明，如其追求真理的科学精神、创作艺术的想象力，都是东方文明所无法比肩的。东方古圣人动辄要人"无知""弃智"，要人"不识不知，顺帝之则"，这才是真正"永永走不进真理之门"的懒惰文明。而近代西方创造的"新宗教"才是真正的精神文明，"十八世纪的新宗教信条是自由、平等、博爱。十九世纪中叶以后的新宗教信条是社会主义，这是西洋近代的精神文明，这是东方民族不曾有过的精神文明"。

他同时指出，东方文明的最大特色是知足，西方文明的最大特色是不知足，知足与不知足的最大区别是前者"自安於简陋的生活，故不求物质享受的提高"，只求安分守己、乐天安命，故不注意真理的发现与器械的发明，不思制度的改变，不求环境与命运的改变。而西方文明则不然，由于"不知足"，便产生对知识的发见和科学的发明，"物质上的不知足产生了今日钢铁世界、汽车世界、电力世界。理智上的不知足产生了今日的科学世界，社会政治制度上的不知足产生了今日的民权世界、自由政体、男女平权的社会、劳工神圣的喊声、社会主义运动。神圣的不知足是一切革新、一切进化的动力"。如此利用人的聪明才智寻求真理、解放心灵的文明，如此利用人的理智智慧改造物质环境、改造社会制度以满足大多数人幸福需要的文明，难道不是精神文明吗？所以他说，西方文明才是"精神的文明，是真正理想主义的文明，决不是唯物的文明"。

胡适的文章发表后，《东方杂志》在第23卷第24期辟出专栏，专门进行讨论。栏目发表了张崧年和张东荪的两篇文章，他们对于胡适的观点，一则表示商榷，一则表示赞同。前者对胡适观点并没有提出实质性的反驳意见，只是在文化与文明的概念区分上作了一番挑剔，不过其最后提出的八点见解倒是把东西文化的讨论引向了深入，如"中国旧有的文明（或文化），诚然许多是应该反对的。西洋近代的文明，也不见得就全不该反对，就已达到了文明的极境，就完全能满足人人的欲望，但反对有两个意思，一为反动的，一为革命的。我以为囫囵地维护或颂扬西洋近代文明，与反动地反对西洋近代文明，其值实在差不多。我以为现代人对於西洋近代文

《东方杂志》（1920—1932）对"文化调和论"的态度变化

明，宜取一种革命的、相对的反对态度"；"研究文明或文化，最要注意其活的方面"；"现代人的一个重大责任，就在切实地从多方面，再造出一个能有文化（容得下文化）的时代"；等等。[1]张东荪则呼应胡适的观点，认为西洋文明不仅是主智的文明，而且是混合的文明，"西洋近代文明是希腊文明的复活；希腊文明是主知主义，以为凡人生缺憾都可由知识来补助。所以才有利用厚生的一切施设。但我们须知西洋近代文明不纯是希腊文明，还有希伯来的宗教文明为主要的成分"。对西洋文明在中国的前途，他表示了积极的乐观："我们对於西洋文明到中国的前途非但不必杞忧，且亦正可预料其必然大兴。这是自然的趋势，即大势所趋，不是任何一人鼓吹主张的力量。"[2]

尤其值得注意的是，刊物在编发胡适文章的同时，又加了一个编后记，说胡适的文章本来是为日本《改造月刊》而作，并发表于北京《现代评论》上的，《东方杂志》之所以移录于此并做专题讨论，是为了澄清事实、"以广流传"。言辞语气之间，流露出编者对胡适观点的认同。胡适文章之后，《东方杂志》再没有出现讨论中西文化问题的专论，因此胡适观点可说是杂志在这个问题上的一次理论小结。

此后，虽不乏讨论西洋文明的零星文字，但基本是对"西洋文化破产论"的批判，如第27卷第8期发表的《西学来华时国人之武断态度》，对明末清初以来，"一帮保守的学者""毫无根据地降低西学的地位"的做派，就极尽挖苦嘲讽之能事；对于用"特制的乾坤袋"收纳西学的"体用说"及"古已有之"的关门主义进行了集中清算。文章呼吁中国人快从过去的迷梦中清醒，放弃对于西学的"武断态度"，回到活生生的现实世界中来，"过去是令人留恋的，然止于留恋，有何进展的希望？落拓的王孙哟：你们正不必夸羡过日的豪富，最正当的途径，还是向现实去努力吧！"[3]这是《东方杂志》再次呼应胡适的观点，"一心一意地现代化"的

---

[1] 张崧年：《文明或文化》，《东方杂志》第23卷第24期（1926年12月）。
[2] 张东荪：《西洋文明与中国》，《东方杂志》第23卷第24号。
[3] 陈登元：《西学来华时国人之武断态度》，《东方杂志》第27卷第8期（1930年4月）。

标志性宣言。1932年,《东方杂志》的态度进一步明朗化,它明确地宣告:"一切折衷主义、妥协主义都无存在的余地。挖东墙补西壁的办法,只有增加现世界的矛盾性与复杂性。改良主义的失败是必然的了。"[1]至此,文化调和主义——这个在中国某类人文群落里具有强大历史惯性的思潮,至少暂时失去了市场。

三 对于新旧"调和论"的态度变化

文化上的新旧关系是与中外关系相伴而生的老问题。在近代很多人眼里,西方的就是新的,中国的就是旧的,东西方关系就意味着新旧关系,空间问题就此转化为时间问题。在不少场合,东西和新旧两个问题,往往夹缠在一起难以分开。在第17卷第1期即改版后的第一期中,《东方杂志》仍旧顺着历史惯性,继续就新旧话题展开讨论。在此次讨论中,为了做到客观公正,杂志将两派文章进行了对等编排。具体地讲,就是设置了"读者论坛"这个中立平台,让不同的观点之间进行相互"辨正"。尽管如此,栏目中再也见不到那种为"旧文化"站台的文章了。更有意味的是,即使是那些多少留有"调和"余味的文章,也在试图超越"新旧",站在反思的高度看待过去的纷争。第17卷第1期一篇署名"管豹"的文章《新旧之冲突与调和》就很能说明问题。首先,论者跳出圈外,以第三方立场审视各派是非,一出来就对新派、旧派各打三十大板。论者认为新旧双方讨论的基础就非常脆弱,因为在"新""旧"的界定问题上,双方含混其事,把抽象的名词当作具体的问题讨论。他认为,"新""旧"有两种意义,一种是时间上的关系,"过去对现在者为旧,未来者对现在者为新";一种是空间上的关系,"甲地域之事物思想,移入於乙地域,为乙地域所未前有者,则於乙地域为新,其由乙地域移入甲地域者亦然"。他认为要讨论新旧,必须首先辨清所辨新旧属于哪种情况。在他看来,中国过去新旧之争

---

[1] 愈之:《现代的危机》,《东方杂志》第29卷第1期(1932年1月)。

《东方杂志》(1920—1932) 对"文化调和论"的态度变化

是欧化与国粹之间的论争,乃是空间的关系而不是时间的关系,因此,新旧之争本身就是一个错位的论争。

文章进一步强调,新旧论争的焦点是文化能否满足社会需要,"新派以改宗西洋最新之学术文化,为求满足之手段;旧派则以发挥光大吾国固有之学术文化,为求满足之手段",满足的对象不一样,冲突于是就产生了。加上新派向左,"视吾国古来之学术文字,莫非老废死灭,欲一一摧毁之以为快";旧派向右,"更视由外输入之学术文化,莫非洪水猛兽,惟不能抵拒之是惧。各执成见,互相诋诽",冲突因而更加激烈。在两派各是其是、各非其非的关头,"於是有执中者出",要将新旧两派各退一步而做"调和"处理,"以为新者固应容纳,旧者亦宜保存。旧者固不必全非,新者亦未尝尽是,是当取新之所长,补旧之所短,萃旧之所优良,救新之所偏缺"。文章认为,这种"调和论""自身初无适当之权衡,而惟徘徊追逐於新旧之间",其用"舍本逐末之手段",是难以达到"排难解纷之目的",因此,这种"调和论"是一种消极的"盲目的之调和也"。

那么,什么是积极的"调和"呢?在文章看来,必须从改变对文化的认识入手,文化只应有适不适应之分,不应有古今中外之别,因此:

> 吾人要求之要求学术文化,惟在适应於吾人之实际生活,犹之吾人之要求食物,惟在适应於吾人在实际营养,无论国粹、欧化,其中皆有适应於吾人生活之滋养料,亦皆有不适应於吾人生活之骨壳渣滓。吾人不能预存一是非优劣之见,而贸然吐弃或囫囵吞咽,必寻求真理之所在,而加之以消化之作用。一方当抱持续历史与顺应环境之态度,一方尤须有刷新历史与改造环境之精神,不宜有意气之冲突,亦不必为无谓之调和,所最要者,惟此消化之作用,必待消化以后,而学术文化,始足适应於吾人之实际生活,始得成为吾人之所有。[1]

---

[1] 管豹:《新旧之冲突与调和》,《东方杂志》第17卷第1期。

看得出来，该文强调的是，应从主体需要的角度出发，主动摄取，八面出击，不论国粹、欧化，只要能满足现代生活需要的，都是有益的因素，都应该积极地吸收。这种观点不再纠缠于古今中外的主从纷争，对于过去拘谨的"调和论"而言，显然是一个不小的跨越。

"调和"之路既然不通，那么如何看待西方文化？如何对待传统文化？如何整合两大资源，建设新文化呢？《东方杂志》一再就这些问题展开讨论。1922年，刊物再发张君劢的长文《欧洲文化之危机及中国新文化之趋向》，继续探讨这几个关系，"欧洲文化既陷於危机，则中国今后新文化之方针应该如何呢？默守旧文化呢，还是将欧洲文化之经过之老文章抄一遍再说呢？此问题吾心中常常想及"。在这篇文章中，他对梁漱溟所谓"西洋文化必走中国的路子"表示了严重的质疑。在他看来，梁氏的文化蓝图里面有两大虚妄的设想，一是"以为艺术复兴、礼乐复兴，以收拾人心、安定人心，而宗教必定衰微，亦与中国旧样子相合"，二是"以为孔子说人生；倭伊铿亦说人生，字面既已相同，意义亦当相同"。岂知西方的宗教并不是中国的礼乐，倭铿的人生也有别于孔子的人生，"孔子的人生，是伦理的人生；倭伊铿的人生，是宗教的人生；孔子的人生，是就人生而言之人生；倭伊铿之人生，是宇宙的人生"，二者并不可以相提并论。[1]这实际上是对世界文化"中国道路说"的当头棒喝。

另外值得一提的是，《东方杂志》第27卷第17期刊发的法国André Siegfried（安得烈·雪格佛里）的文章《欧洲文化与美洲文化》。文章前面刊有谢康的一篇长长的译后记，一方面批评现代性的负面效应，即物质文明导致的物排挤人以及人的异化倾向，"人类前途不至为极端机械化的物质文明而灭绝了个性自由，於以创造出新文化和新生命"；另一方面也不忘告诫同胞，中国还处于中世纪的小农经济时代，还不具备高谈现代弊端的资格，一个物质处于赤贫状态的前现代社会，却成日耽于担心物质文

---

[1] 张君劢：《欧洲文化之危机及中国新文化之趋向》，《东方杂志》第19卷第3期（1922年2月）。

《东方杂志》(1920—1932)对"文化调和论"的态度变化

明的流弊,未免有"未见卵而求时夜"的嫌疑。更值得警惕的是,它可能会为"国粹家"们拒斥现代文明提供冠冕堂皇的口实,"不幸引起他们这样说:'欧美人士将自毁灭其物质文明,而跟从我们礼义之邦过精神生活'"。[1]因此,专门将译者"介绍的微恉"附上以为读者警醒。

再看看对于所谓"旧文化"的认识变化。1927年,第24卷第24期刊登了常乃惪的《中国民族与中国新文化之创造》,对于"旧文化"问题做了一个总结性的发言。文章基本主张"中国的固有文化是万不能保持或者恢复"了,所以今后谈问题没有必要攻击旧文化,当然也没有必要反对西洋文化,重要的问题是如何在这两大资源基础之上"创造新文化"。他认为,文化发展只是一个粗概的线条,新与旧也只是一种相对的说法。如果按照这种标准,"中国的三皇五帝之旧文化,到三国六朝已破坏将尽了,现在的所谓固有的旧文化,其实就是一千五百年前从印度输入的新文化,不过多少夹杂一些旧分子罢了"。如果想恢复前一种旧文化,"则三皇五帝之道久已亡了,欲求恢复其道无从";如果想恢复后一种旧文化,"则须知此种文化在事实上也已澌亡殆半了",因为"自鸦片战争以后,八十年来的中国历史,就是这种旧文化逐渐澌灭的历史",因此,中国人首先要面临的现实是这八十年间,中国人在物质、精神方面发生的剧烈变化。[2]

那么,应该如何对待"旧文化",并在此基础之上建设新文化呢?常乃惪的意见是,打破时间、空间界限,以今人需要为依据,在古代和西洋文化基础之上创作我们的新文化,"一切文化是含有地域性和时代性的,今日中国之新文化,在地域上是'中国',在时间上是'今日',因为是在中国,所以决非西洋,决不能完全承受西洋文化,因为是在今日,所以决非旧时代,决不能完全承受旧中国的文化。在今日的中国,我们的问题不是怎样采取,而是怎样创造,我们依据时代和地域的背景而创造中国的新

---

[1]〔法〕André Siegfried著,谢康译:《欧洲文化与美洲文化》,《东方杂志》第27卷第17期(1930年9月)。

[2] 常乃惪:《中国民族与中国新文化之创造》,《东方杂志》第24卷第24期(1927年12月)。

文化,这是我们今日中国民族唯一的责任"[1]。可以说,他的观点跟五年前张君劢的观点是一脉相承的。张氏认为,要创造中国新文化,各种文化因素必经四个阶段的磨合才得养成。先是以我为主,"由我自决",确定自我主体,在此基础上清扫旧根基、汲取新营养,然后再整合两种资源,创造新文化:

> 一,……故吾国今后新文化之方针,当由我自决,由我民族精神上自行提出要求。若谓西洋人如何,我便如何,此乃傀儡登场,此为沐猴而冠,既无所谓文,更无所谓化。自此点观之,西洋人对於其文化之失望,吾人大可不必管他,但自问吾良心上究竟要何种文化。
>
> 二,据我看来,中国旧文化腐败已极,应有外来的血清剂来注射他一番。故西方人生观中如个人独立之精神,如政治上之民主主义,加科学上之实验方法,应尽量输入。如不输入,则中国文化必无活力。
>
> 三,现时人对於吾国旧学说,如对孔教之类,好以批评的精神对待之,然对於西方文化鲜有以批评的眼光对待之者。吾以为尽量输入,与批评其得失,应同时并行。中国人生观好处应拿出来,坏处应排斥他,对於西方文化亦然。
>
> 四,文化有总根源,有条理,此后不可笼笼统统说西洋文化、东洋文化,应将西洋文化在物质上、精神上应采取者,一一列举出来;中国文化上应保存者,亦一一列举出来。然东西文化之本末各不同,如西洋人好言彻底,中国人好言兼容,或中庸;西洋好界限分明,中国好言包容,此两种精神,以后必有一场大激战。胜负分明之日,即中国文化根本精神决定之日。[2]

---

[1] 常乃惪:《中国民族与中国新文化之创造》,《东方杂志》第24卷第24期。
[2] 张君劢:《欧洲文化之危机及中国新文化之趋向》,《东方杂志》第19卷第3期。

《东方杂志》（1920—1932）对"文化调和论"的态度变化

在张君劢看来，只有经历过这四个阶段之后，"乃有所谓新中国文化，乃再说中国新文化与世界之关系如何，究竟中国文化胜耶，抑西洋文化胜耶，抑二者相合之新文化胜耶，此皆不可以今日臆测者也"[1]。至于哪一种文化将会胜出，他持开放和不确定的态度，认为那是需要实践检验而不是凭人主观臆断的。

总起来看，在对待新旧、中外文化关系问题上，《东方杂志》改版前后的态度发生了微妙的变化，一是不再刻意强调"调和"，而是突出以我为主，以时需为限，以拿来主义的积极态度，主动去化古、化欧，创造新文化；二是既反对文化的东方、西方之分，"对於一般拿东方、西方来分判文化的界线是不赞同的"[2]，又反对以旧文化为主的借鉴说，"所谓以旧文化为主而部分的吸收西洋新文化之说，与前说不过阶级的差别，大体上精神仍是一致"[3]，而是站在现代的角度，对中外资源进行甄别采用；三是抛弃过去笼统讨论旧文化的做法，而对旧文化采取了更为具体的分析策略，"我们欲判断此说之正确否，先须判断我们所欲留为主体的中国旧文化究竟是什么？在这里可以有许多不同的意见。有人主张中庸调和是中国的旧文化，有人主张礼教道德是中国的旧文化，又有人主张制度各物是中国的旧文化。这根原就在对于文化内涵的界说未曾弄得一致。有以极端抽象的概念作为文化的内容，又有以极端具体的实物作为文化的内容的"[4]；四是更为强烈地体认到了文化竞争的紧迫性，认识到文化融合和文化改造的必要性，"为甚么要改造的理由。我看，中国今日的衰微，是比较西洋才觉得的。假使没有西洋的文明和我们竞争，我以为再过几千年，中国的历史总会循环的演进，没有甚么大变动"[5]。这些微妙的变化，显现在改版前后

---

[1] 张君劢：《欧洲文化之危机及中国新文化之趋向》，《东方杂志》第19卷第3期。
[2] 常乃悳：《中国民族与中国新文化之创造》，《东方杂志》第24卷第24期。
[3] 同上。
[4] 同上。
[5] 杨端六：《中国改造的方法》，《东方杂志》第18卷第14期（1921年7月）。

所载文章的字里行间。

不过需要指出的一点是,《东方杂志》一方面逐步放弃"调和论","一心一意地现代化",一方面却又不断推出几位"西哲"的文章,发出对中国文化的礼赞,言辞之间又存有不少"于心不甘"。1920年代,杂志借助泰戈尔、杜威、罗素的来华,对中国文化问题的各种焦点问题,如西方文化的弊端、传统文化存在的合理性、中西文化关系等继续发言,从某种意义上讲,是在"借他人之酒杯,浇自己的块垒",是用曲折的方式回顾甚至肯定自己过去的"调和"策略。我们以罗素的中西文化论为例略作说明。1929年第26卷第15期发表了罗素的一篇文章,其观念、声口与杂志昔日的"东方"语气在在吻合。罗素认为,东西方文化是两种性质不甚相同的文化,中西文化的"根本异点"在于"中国人之目的在享受,而吾西方人之目的在权力"[1]。进而他指出,这两种文化并无高下之分,而是互有短长,需要以彼之长补己之短,"吾人文化之显著之优点是为科学方法,中国文化之显著之优点是为一合理之生活观念"[2]。但他希望二者互相吸收之后仍然保持自己的特色,而不是把自己改造成跟对方一模一样的东西,"受过欧美教育的中国人,都以为要有一种新的质素,补足传统文化的生气,他们就想用了我们的文明去补足他。但是他们并不想建造和我们一个模样的文明"[3],为此,他还特别告诫中国人,"深望华人能采取吾人之长而亦保存其固有之长也";切不可像日本一样,"采取吾人之劣点而又保守其自有之劣点"[4]。罗素的观点当然自有道理,杂志发表作者文章也并不代表认同其看法,但就对三大西哲的一贯态度来看,《东方杂志》编辑同人视其为知音同道当是无疑。一方面检讨过去的认识,明言放弃"调和论";

---

[1]〔英〕罗素著,傅任敢译:《罗素东西幸福观念论》,《东方杂志》第26卷第15期(1929年8月)。
[2]〔英〕罗素著,吴献书译:《中西文化之比较》,《东方杂志》第21卷第4期(1924年2月)。
[3]〔英〕罗素著,胡愈之译:《中国国民性的几个特点》,《东方杂志》第19卷第1期(1922年1月)。
[4]〔英〕罗素著,吴献书译:《中西文化之比较》,《东方杂志》第21卷第4期。

另一方面又借西哲之口，迂回地唱和这种观点，这种吊诡的事实本身，如果不是因为这种观念历史内容的丰赡使然，就是因为其强大的历史惯性对部分知识分子的心灵宰制。

（作者单位：暨南大学）

《小说月报》语境中的《怀旧》
——兼论《怀旧》阐释史上的几个问题

鲍国华

  1921年1月，商务印书馆的名刊《小说月报》自第12卷起由沈雁冰接任主编，成为新文学的重要刊物。在后世的诸多新文学史著中，第12卷第1号似乎成为该刊进入历史新纪元的标志。而在此前的十年间，由王蕴章、恽铁樵交替担任主编[1]的《小说月报》尽管努力经营，成绩不菲，但其地位与价值不免被改版后的盛名所掩盖，长期未获关注，甚至被视为鸳鸯蝴蝶派的刊物，遭遇否定[2]。20世纪90年代以来，1921年以前的《小说月报》开始受到研究者的重视，除综论清末民初小说和报刊的论著外，就笔者目力所及，至少出现了两部专论1910—1920年间《小说月报》的著作，[3]在史料和论断上均有所收获，具有填补空白的意义。然而，尽管以上成果在肯定改版前《小说月报》的地位与价值，特别是剥离其与鸳鸯蝴蝶派之关系上颇为用力，但仍不能避免以日后大行其道的新文学为基本参

---

[1]《小说月报》创刊后的第1、2年和第3年第1—4期，以及第9—11卷由王蕴章担任主编；第3年（卷）第5—12期、第4—8则由恽铁樵担任主编。按，《小说月报》由1910年创刊到1913年第3年第7期称某年某期，此后则称某卷某号。

[2] 贾植芳主编《中国现代文学词典》中有关《小说月报》的条目代表了一定时期内学术界的主流观点："创刊于1910年，由上海商务印书馆编辑出版。原为鸳鸯蝴蝶派的刊物，主要刊登旧诗词、文言文和改良新戏等。自1921年1月第十二卷起由沈雁冰主编，大力革新内容，成为文学研究会的代行机关刊物。"贾植芳主编：《中国现代文学词典》，上海辞书出版社1990年版，第761页。

[3] 分别为柳珊《在历史缝隙间挣扎：1910—1920年间〈小说月报〉研究》（百花洲文艺出版社2004年版）和谢晓霞《〈小说月报〉1910—1920：商业、文化与未完成的现代性》（上海三联书店2006年版）。二书都是根据作者的博士论文增补修订而成。

《小说月报》语境中的《怀旧》

照,对于《小说月报》前十年的肯定和否定,也大体上基于该刊对于所谓"新""旧"趋向的不同取舍。因此,研究者关注并强调改版前的《小说月报》在新旧转型过程中的价值,无意中使该刊一直笼罩在新文学的巨大"阴影"之中。且不论其中"新"与"旧"的相对性和研究者的不同立场,即使在新文学由蓄势到萌芽再到兴盛的20世纪20年代,以《小说月报》同人为代表的清末民初文人是否时时感受到方兴未艾的新文学(及其市场)的巨大压力,在山雨欲来中饱尝风雨飘零之感,努力通过避"旧"趋"新"来维持生存,尚存疑问。同时,将《小说月报》由创刊到改版十年间的文坛走向,定位为新文学的初生到确立,也略显单一。事实上,新文学与所谓旧文学各有其路径,虽彼此间存在交集,甚或冲突,但绝非你死我活,或一方取代另一方的关系。以新文学的趣味、立场和趋势阐释改版前的《小说月报》,未必能对后者作出恰如其分的评价。

不过,无论是以"新旧转型"还是"在历史缝隙间挣扎"作为立论的出发点,研究者对于1910—1920年间《小说月报》的考察,无一例外地给予一篇小说以格外的关注,这就是发表于该刊1913年4月25日第4卷第1号的文言短篇小说《怀旧》,作者署名"周逴"。23年后的1936年,随着一代文豪鲁迅的逝世,其二弟周作人发表《关于鲁迅》一文,率先披露《怀旧》的作者即为鲁迅。这篇小说日后备受关注,收入1938—2005年间的各版《鲁迅全集》,研究成果也日趋丰富,与周作人的文章不无关联。对于新时期以来中国大陆学人的《怀旧》研究,产生影响最早也最大的当属捷克汉学家普实克的论文《鲁迅的〈怀旧〉——中国现代文学的先声》。该文作于1967年,于20世纪80年代初出现第一个汉译本,此后又多次重译,启发并规约了相当数量的中国大陆学人对于《怀旧》研究的思路和想象力。[1] 在普实克的论文之后,关于《怀旧》主题与艺术的阐释不断得

---

[1] 普实克的《鲁迅的〈怀旧〉——中国现代文学的先声》一文,最初的汉译本由沈于翻译,发表于《文学评论》1981年第5期,署名"雅罗斯拉夫·普鲁塞克",并收入乐黛云编:《国外鲁迅研究论集(1960—1981)》,北京大学出版社1981年版,第465—471页,署名"雅罗斯拉夫·普实克"。后又有邓卓译本,收入《普实克中国现代文学论文

917

以深入。如王瑶《鲁迅〈怀旧〉略说》一文指出："(《怀旧》)除过它是用文言写的以外，在精神上或风格上它都是'现代'的，我们可以把它看作是现代作品的发轫。"[1]这一观点代表绝大多数中国大陆学人对于《怀旧》的基本判断。此后出现的研究成果，在细节上各有所见，但对于小说"先声"价值的肯定则相近。近年来，年轻一代的学人开始尝试与普实克对话，或努力超越其论断。张丽华的论文《从"故事"到"小说"——作为文类寓言的〈怀旧〉》[2]试图在清末以来短篇小说的文类形构的视野中，将《怀旧》视为一部在形式上具有代表性的短篇小说作品，来重新阐释其主题意蕴以及这一主题所可能蕴含的自反性的文类指涉意义，对普实克的研究视角有所拓展。费冬梅《〈怀旧〉的主题与形式——对普实克论文的再讨论》[3]一文则提出《怀旧》作为一篇旧体文言小说，深受中国古典小说、散文及诗词的影响，尚不能担当"现代文学的先声"之重任，体现出突破前人的勇气。然而，以上成果在引用和分析《怀旧》的文本时，绝大多数出自不同版本的《鲁迅全集》，即使兼及恽铁樵的评点，也是小说文本引自《鲁迅全集》，恽铁樵的评点引自《小说月报》，从《小说月报》引用《怀旧》文本的只有张丽华。当然，经过几代学人的努力，《鲁迅全集》的编校质量日臻完善，文本的可靠性自不待言。但考察《怀旧》的文学史价值，从小说最初发表的刊物出发，顾及具体的历史语境，也是题中应有之义。而且，众所周知的是《小说月报》上的《怀旧》初刊本，除小说本文外，还包括主编恽铁樵的随文评点和篇末附志，以及一帧插图，均为《鲁

集》，湖南文艺出版社1987年版，第112—119页。近年来又有郭建玲译本，收入李欧梵编：《抒情与史诗——现代中国文学论集》，上海三联书店2010年版，第101—108页。
[1] 王瑶：《鲁迅〈怀旧〉略说》，《名作欣赏》1984年第1期。
[2] 载《鲁迅研究月刊》2010年第9期，收入张丽华：《现代中国"短篇小说"的兴起》，北京大学出版社2011年版，第149—170页。
[3] 载《现代中文学刊》2015年第2期。

《小说月报》语境中的《怀旧》

迅全集》本所无[1]。可见,《怀旧》的初刊本和《鲁迅全集》本在文本的信息量上存在明显的差异。本文试图从《小说月报》出发,考察《怀旧》发表的历史语境,借此重新估价学术界对于《怀旧》主题与形式阐释的深度与限度。

一 重读几则常见史料

鲁迅本人对《怀旧》的记述,出现在与杨霁云的通信中。1934年4月起,杨霁云为搜集、整理鲁迅的集外佚文并印行《集外集》,开始了和鲁迅的书信往还。鲁迅在同年5月6日的复信中,回忆了自家早年的文艺创作,特别指出:

> 现在都说我的第一篇小说是《狂人日记》,其实我的最初排了活字的东西,是一篇文言的短篇小说,登在《小说林》(?)上。那时恐怕还是革命之前,题目和笔名,都忘记了,内容是讲私塾里的事情的,后有恽铁樵的批语,还得了几本小说,算是奖品。[2]

鲁迅不仅忘记了小说发表时的题目和笔名,连刊物也误记为《小说林》(尚存疑)。由于记忆的模糊,《怀旧》未能像该信中提到的其他几篇作品,如《斯巴达之魂》《说鈤》等一同被编入1935年5月出版的《集外集》。鲁迅提供的信息不全面,加上私人通信在当时尚未公之于世,因此,对于《怀旧》的重新发现推延至鲁迅逝世以后。不过,鲁迅的记述中也有准确之处,就是得到几本小说(当为刊物)作为奖品。查《小说月报》征文通

---

[1] 人民文学出版社1981和2005年版《鲁迅全集》均在第7卷图片页刊载了《怀旧》初刊本的两页书影,其中一页包含插图。
[2] 鲁迅:《340506致杨霁云》,《鲁迅全集》第13卷,人民文学出版社2005年版,第93页。

告，确有"一经登载，当酬赠本报若干册，以答雅意"[1]之语，可证鲁迅对于这一细节的回忆无误。

1934年5月22日，鲁迅再次复信杨霁云，修正了对于《怀旧》发表的记忆：

> 登了我的第一篇小说之处，恐怕不是《小说月报》，倘恽铁樵未曾办过《小说林》，则批评的老师，也许是包天笑之类。[2]

杨霁云来信今已不存，难以确知其内容。根据复信，大约杨氏对于前一封信中鲁迅提供的刊名存疑，在来信中提出发表小说的刊物为恽铁樵主编之《小说月报》。鲁迅则否定了这一判断，坚持认为是《小说林》，而且把"批评的老师"这一头衔转赠包天笑。事实上，《小说林》的主编是黄摩西，包天笑只是主要撰稿人。看来鲁迅确实忘记了第一篇小说发表的情况，以致张冠李戴、南辕北辙，使杨霁云未能找到这篇小说编入《集外集》，颇为遗憾。

如前文所述，将《怀旧》的著作权授予鲁迅，始于1936年周作人《关于鲁迅》一文中的相关记载：

> 他写小说其实并不始于《狂人日记》，辛亥冬天在家里的时候曾经写过一篇，以东邻的富翁为"模特儿"，写革命的前夜的事，情质不明的革命军将要进城，富翁与清客闲汉商议迎降，颇富于讽刺的色彩。这篇文章未有题名，过了两三年由我加了一个题目与署名，寄给《小说月报》，那时还是小册，系恽铁樵编辑，承其覆信大加称赏，登在卷首，可是这年月与题名都完全忘记了，要查民初的几册

---

[1]《小说月报》第1年第1期（1910年7月25日）。标点为引者所加。此后各卷各期均有类似表述。

[2] 鲁迅：《340522致杨霁云》，《鲁迅全集》第13卷，人民文学出版社2005年版，第113页。

《小说月报》语境中的《怀旧》

旧日记才可知道。[1]

周作人的这段回忆非常详尽，包括小说的创作时间、主要情节、发表刊物，还特别指出题目和署名都由周作人所加，投稿者亦非鲁迅本人。但在细节上也存在一点失误：《怀旧》发表于《小说月报》时，并非"卷首"，之前还有署名"铁樵"的短篇小说《烹鹰》和署名"公朴"的科学小说《再生术》，《怀旧》位居第三。虽然周作人忘记了小说发表的具体年月和题名，但指出辛亥冬天创作，过了两三年寄出，编辑是恽铁樵，无疑为寻找这篇小说提供了线索，缩小了范围。

《关于鲁迅》发表后，引起时人的关注。"葛乔先生"根据上述线索在上海徐家汇的一家私人图书馆查阅《小说月报》，终于找到了这篇小说。于是，《怀旧》被重新刊载于1937年3月出版的《希望》第1卷第1期，编辑还特地加上"编者记"说明这一经过。[2]接着，复旦大学文摘社于同年4月出版的《文摘》第4卷第1期又根据《希望》的刊本予以转载。周作人似乎对此也意犹未尽，若干年后又在《鲁迅的故家》一书中回忆：

> 鲁迅的第一篇小说，民国元年用文言所写的，登在《小说月报》上面，经发见出来，在杂志上转载过，虽然错字甚多，但总之已有人注意了。[3]

---

[1] 知堂：《关于鲁迅》，《宇宙风》第29期（1936年11月16日）。
[2] 《怀旧》载《希望》"特别文献"专栏，其"编者记"云："友人葛乔先生读了这一节文字（引者按：指周作人《关于鲁迅》一文中涉及《怀旧》的文字），就想尽种种方法去调查，终于在徐家汇一家私人图书馆里被他查着，原来这篇小说的题目是《怀旧》，署名是'周逴'。葛先生并费了许多工夫，将全文抄出，交给本刊发表，这是很可感谢的。文中批语，当系编者所加，现并不删去，以见当时杂志的编例，标点和旁点也仍旧。"《希望》第1卷第1期（1937年3月10日）。
[3] 周作人：《一〇 秃先生是谁》，《鲁迅的故家》，河北教育出版社2002年版，第215页。

知堂老人书中所谓"在杂志上转载过",应即前文所述之《希望》及《文摘》,而且周氏只记述事实,却未归功于自家,态度颇为诚恳。《怀旧》经两次转载后,终于以"鲁迅小说"的身份重新走进读者视野。1938年6月至8月,由"鲁迅先生纪念委员会"编辑的20卷本《鲁迅全集》出版,《怀旧》被收入第7卷《集外集拾遗》中,从而第一次进入鲁迅的作品合集。此后各版本的《鲁迅全集》均收《怀旧》,唯文本和注释有不同程度的修订。归还鲁迅之于《怀旧》的著作权,并使小说重见天日,周作人和那位"葛乔先生"功不可没。

此外,周作人论述《怀旧》的文章尚有多篇,如《鲁迅的故家》之《九　两种书房》,《鲁迅小说里的人物·呐喊衍义》之《八八　金耀宗》《八九　秃先生的书房》《九〇　太平天国故事》诸篇,以及《知堂回想录》之《九二　辛亥革命一——王金发》等等,或挖掘人物之原型,或探究情节之本事,内容各有侧重,亦屡见重复。其中《知堂回想录》之《九八　自己的工作一》一篇,论述最详,而且偿还了1936年所作《关于鲁迅》一文中"查旧日记"之夙愿:

> 这回查看日记,居然在壬子十二月里找到这几项纪事:
> "六日,寄上海函,附稿。"
> "十二日,得上海小说月报社函,稿收,当复之。下午寄答。"
> "廿八日,由信局得上海小说月报社洋五元。"
> 此后遂渺无消息,直至次年癸丑七月这才出版了,大概误期已很久,而且寄到绍兴,所以这才买到:
> "五日,《怀旧》一篇,已载《小说月报》中,因购一册。"廿一日又往大街,记着"又购《小说月报》第二期一册",可知上面所说的一册乃是本年的第一期,卷头第一篇便是《怀旧》,文末注云:
> "实处可致力,空处不能致力,然初步不误,灵机人所固有,非难事也。曾见青年才解握管,便讲词章,卒致满纸饾饤,无有是处,亟宜以此等文字药之。焦木附志。"本文中又随处批注,共有十处,

《小说月报》语境中的《怀旧》

虽多是讲章法及用笔，有些话却也讲的很是中肯的，可见他对于文字不是不知甘苦的人。但是批语虽然下得这样好，而实际的报酬却只给五块大洋，这可以考见在民国初年好文章在市场上的价格……至于那篇《怀旧》，由我给取了名字，并冒名顶替了多少年，结果于鲁迅去世的那时声明，和《会稽郡故书杂集》一并退还了原主了。[1]

查1912—1913年《周作人日记》原文，与《知堂回想录》中的引文略有分别：

（一九一二年十二月）六日……寄北京函，又上海函。
十二日……上午得小泽二日函，又《白桦》一册，又上海小说社函，稿收，当复之。下午寄答。
廿八日，由信局得上海小说月报社洋五元。
（一九一三年七月）五日……《怀旧》一篇，已载《小说月报》中，因购一册。[2]

可见，《知堂回想录》中的引用，后两则与日记原文相同，前两则有明显增饰。由于日记往往过于简略，非如此无法记述《怀旧》由投稿到获得用稿通知的过程。而周作人强调刊载《怀旧》的《小说月报》第4卷第1号拖延至1913年7月才出版，也可能出于误记。这一期版权页上标注的出版时间为1913年4月25日。《怀旧》投稿、收到用稿通知及稿费并刊出时，周作人均在绍兴。刊物延迟数月才进入绍兴书肆，使他无法在第一时间见到，也属正常。当然，也不排除这一期的实际发行时间就是当年7月。而1913年6、7月间，鲁迅回绍兴省亲。在7月5日的日记中，有"午后同二

---

[1] 周作人：《九八　自己的工作一》，《知堂回想录》上册，河北教育出版社2002年版，第316—317页。
[2] 鲁迅博物馆藏：《周作人日记（影印本）》上册，大象出版社1996年版，第425、427、456页。标点为引者所加。

923

弟、三弟往大街明达书庄买会稽章氏刻本《绝妙好词笺》一部四册，五角六分。又在墨润堂买仿古《西厢十则》一部十本，四元八角"[1]的记载，当与周作人购买《小说月报》在同时同地，却没有关于《怀旧》和《小说月报》的只言片语。

以上借助若干史料，还原了《怀旧》由投稿、发表、重刊到引起反响的过程。这些史料皆属常见，通过引用并略加分析，可知《怀旧》并未引起鲁迅的重视，不仅忘记了题目和署名，对于发表刊物的记忆也含混不清。鲁迅的态度未必如研究者所论体现出"悔其少作"的深刻用心，或对于清末民初的文坛深致不满，事实上就是因为年代久远而遗忘。何况《怀旧》的题目和署名均由周作人拟定，鲁迅既未参与其中，亦非投稿人，印象不深也是势所必然。[2]倒是周作人显示出异乎寻常的热情，不仅代为拟定题目、署名并投稿，还在鲁迅逝世后多次撰文，既恢复了鲁迅的著作权，又对小说的主题和艺术加以阐释，使之逐渐受到研究者的关注。周作人对于《怀旧》阐释的深度与限度，不断引发后世学人的认同、发挥、质疑与反驳，这似乎预示着此后的数十年间《怀旧》阐释史的复杂样貌。而初刊《怀旧》的《小说月报》则常常作为载体和背景，遭遇悬置。得到关注与肯定的，是由鲁迅创作的《怀旧》本文。

二 阐释的深度与限度

周作人涉及《怀旧》的文章，其价值不限于提供与小说相关的若干史料，对于《怀旧》主题和艺术的阐释也有所创见，影响及于后世。

对于小说的主题，周作人强调"《怀旧》里影射辛亥革命时事"[3]。这

---

[1] 鲁迅：《癸丑日记》，《鲁迅全集》第15卷，人民文学出版社2005年版，第71—72页。
[2] 周作人为《怀旧》拟定题目和署名并向《小说月报》投稿，时在1912年末。鲁迅彼时在北京教育部任职，期间兄弟二人虽书信往还不断，但相关通信均已不存，是否讨论过小说的题目、署名及投稿情况，不得而知。二人的日记中亦无相关记载。因此，在没有出现新史料的情况下，可以推定《怀旧》的发表与鲁迅并无关联。
[3] 周作人：《九 两种书房》，《鲁迅的故家》，河北教育出版社2002年版，第214页。

一论断为后世研究者接受，并有所发挥。查周氏原意，系指小说中的村人误将过境难民视为长毛或革命党、皆欲逃难的情节，是以辛亥革命期间绍兴发生的真实事件为本事，其中并不包含对于辛亥革命的价值判断。而在后世研究者的阐释中，《怀旧》的主题则成为对于辛亥革命不彻底性的反思与批判。周作人是"影射辛亥说"的始作俑者，此后的阐释则渐行渐远。对于这一研究思路的质疑，始于王富仁《论〈怀旧〉》一文。[1]该文指出这篇小说的主题不在于反省某一具体事件，而在于从文化层面对中国社会展开批判。伍斌和史承钧的论文[2]则将小说主题总结为对于国民性问题的探索。此后，多数研究者不再将《怀旧》的主题与辛亥革命相关联，周作人对于小说主题阐释的影响渐歇。

周作人对于《怀旧》的艺术也有所阐释，集中于《鲁迅小说里的人物·呐喊衍义》之《八八　金耀宗》一文中：

> 这《怀旧》的题目定得很有点暧昧，实在也是故意的，本文说的是眼前的事，可是表面上又是读《论语》对两字课的时候，假装着怀旧，一面追述太平天国，乃是真正的旧事了，但因此使得本文的意思不免隐晦，也是一个缺点。……至于别的言动，自然不是写实的，因为是讽刺，所以更不免涉于夸张了。[3]

周作人对于"怀旧"与小说叙事之独特关联的阐释眼光独到，指出了《怀旧》文本中时空的复杂性：眼前的现实时空与追述中的过往时空相互交错与叠加，使本文结构及其内涵均体现出一定的复调性。这在周作人看来是不免隐晦的缺点，但在后世研究者眼中却成为《怀旧》文本的"现代性"

---

[1] 王富仁：《先驱者的形象》，浙江文艺出版社1987年版，第173—190页。
[2] 伍斌：《〈怀旧〉——探索"国民的灵魂"的最初尝试——兼与部分研究者商榷》，《鲁迅研究月刊》1994年第12期；史承钧：《〈怀旧〉的时代与主题——兼评历来对它的一种误解》，《鲁迅研究月刊》2000年第9期。
[3] 周作人：《鲁迅小说里的人物》，河北教育出版社2002年版，第179—180页。

之所在，是小说作为"中国现代文学的先声"的重要标志之一。[1]两相对照，周作人阐释《怀旧》的深度与限度均格外明显。

总之，周作人对于《怀旧》的关注，无论是提供史料还是加以阐释，均着眼于小说文本本身，刊登《怀旧》的《小说月报》仅仅作为载体和背景，并不在论述的范围之内。主编恽铁樵的评点与附志也被视为小说文本以外的因素，单独予以置评。而且，周作人对于《小说月报》和恽铁樵似乎还颇有微词。

在前引《知堂回想录》中，周作人感叹《怀旧》虽获佳评，稿费却只有五元，对于这篇小说遭受的不公正待遇颇为遗憾。事实上，《小说月报》自1910年创刊起就注重征集短篇小说，不仅开设"短篇小说"专栏，在第1年第1期的《征文通告》中即明确提出："本报各门皆可投稿，短篇小说尤所欢迎。"对于稿酬则规定："中选者，当分四等酬谢：甲等，每千字酬银五元；乙等，每千字酬银四元；丙等，每千字酬银三元；丁等，每千字酬银二元。"[2]这一征文通告在此后的各卷各期，包括恽铁樵主编时期均得以延续，只是鉴于清末和民初货币及其购买力的不同，稿酬等级和金额有所调整。在《怀旧》投稿并发表的1912—1913年间，标准为："中选者，分三等酬谢：甲等，每千字三元；乙等，每千字二元五角；丙等，每千字

---

[1] 普实克将《怀旧》视为"中国现代文学的先声"，主要着眼于小说淡化情节的抒情性特质。而后世研究者对于小说之"先声"意义的开掘则是全方位的，除情节因素外，还涉及结构、叙事和文体，从而使《怀旧》的价值得到了更全面也更充分的阐释。其中，普实克的学生、捷克汉学家米列娜的研究颇见深度，在《创造崭新的小说世界——中国短篇小说1906—1916》一文中，她指出《怀旧》文本中蕴含着"可见"和"不可见"的两个世界，并解析文本中传统符号系统和私人符号系统的二元对立关系，令人耳目一新。不过，米列娜富于创造性的阐释建立在对于小说重新断句的基础上，而《怀旧》发表于《小说月报》时已有圈点，米列娜的重新断句略显主观，似乎有过渡阐释之嫌，作为一种"创造性误读"，可聊备一说。参见陈平原等编：《晚明与晚清：历史传承与文化创新》，湖北教育出版社2002年版，第496—499页；张丽华：《现代中国"短篇小说"的兴起》，北京大学出版社2011年版，第152页。

[2]《小说月报》第1卷第1期。标点为引者所加。

《小说月报》语境中的《怀旧》

一元。"[1]而刊载《怀旧》的前一期，即第3卷第12号，特地刊发《征求短篇小说》的启事：

> 本社现在需用短篇，倘蒙海内文坛惠教，曷胜欣幸。谨拟章程如下：（一）每篇字数一千至八千为率；（二）誊写稿纸，每半页十六行，每行四十二字；（三）稿尾请注明姓名、住址；（四）酬赠照普通投稿章程格外从优；（五）投稿如不合用，即行寄还；合用之稿，由本社酌定酬赠，通告投稿人；如不见允，原稿奉璧。[2]

《怀旧》全文（不含恽铁樵的评点和附志）4000余字，得稿费五元，依《小说月报》的稿酬标准，当属丙等。而且是否"照普通投稿章程格外从优"，因而在四元的基础上增加一元，不得而知。可见，在编者眼中，这篇小说的价值并不像评点和附志中所显示出的那样值得赞赏和推崇。主编恽铁樵在当时已是文坛享有盛名的前辈，鲁迅则是名不见经传的新人[3]，"周逴"更不知何许人也。《小说月报》发表《怀旧》并借助评点和附志予以好评，出于前辈对于新人的奖掖提携，同时将评点植入小说本文之中，意在为后辈树立文章之轨范。因此，恽铁樵未必是以平等的姿态看待《怀旧》，表面上的热情赞扬也未必能够代表编者对于这篇小说的综合判断。以"丙等"标准支付稿酬，从中可见一斑。周作人仅从批语出发，期待未免过高。纵观恽铁樵主编的《小说月报》各卷各期，这类评点并不涉及每一篇小说。其中，或考虑到作者身份，如林纾、徐卓呆、包天笑等名家，不便采取"批评的老师"之姿态；或限于文体，如诗词、杂剧等，不宜从

---

[1]《小说月报》第3卷第1—6期均刊载有这一通告。标点为引者所加。
[2]《小说月报》第3卷第12期。原文有断句，新式标点为引者所加。
[3] 众所周知，"鲁迅"这一笔名首次出现在1918年5月《新青年》第4卷第5号发表小说《狂人日记》之时，后来成为作者最常使用、影响最大的笔名，是中国现代文学史上最为显赫的名字。《怀旧》创作于1911年末或1912年初，其时周树人尚在绍兴任教，待小说发表时则供职于教育部。"鲁迅"这一笔名要到五年后才出现。本文为表述的方便，一律以"鲁迅"称之。

927

章法及用笔处立论。综上可知，恽铁樵对《怀旧》是欣赏的，不仅通过评点和附志予以大力推介，而且几乎是一经投稿，即立刻允诺刊出，并寄赠稿酬，效率之高，态度之热忱，对于初登文坛的后辈而言无疑是一份难得的鼓励。然而，对于恽铁樵而言，自家撰写的评点和附志似乎与《怀旧》的文本不可分割，读者只有将小说与评点及附志作为一个整体加以阅读，才能感受到《小说月报》的编者借助新人新作，示青年以辞章之轨范的良苦用心。后世研究者常常质疑恽铁樵的评点和附志只涉及作文的章法及用笔，忽视了小说的主题及其他艺术因素。事实上，恽铁樵恰恰是在文章学层面立论，关注的未必是《怀旧》作为短篇小说的价值。

恽铁樵于1935年去世，未能看到周作人一年后发表的《关于鲁迅》。《怀旧》作者的真实身份，于他而言永远是个谜。倘若恽铁樵生前能够知道"周逴"即后来如日中天的鲁迅，会作何感想？后人也无从知晓。新文学兴起后，恽铁樵逐渐淡出文坛，后从事中医行业，曾经辉煌的文学事业渐成明日黄花。《怀旧》的作者是鲁迅也好，是无名后辈也罢，于他而言已无关紧要。不过，恽铁樵对于《怀旧》的评点，在鲁迅研究之外尚有其独特价值，就是提供了清末民初报载小说的独特文本形态。报刊的出现无疑改变了读者，包括作为高级读者的编辑和批评家对于小说的阅读方式。通过单行本或报刊本会产生不同的小说阅读体验，这自不待言。尤为突出的现象是，清末民初的报刊编辑往往兼具小说家和批评家身份，这使其在看待小说时往往独具只眼或者别有慧心，作为行家里手，眼界甚高，在编辑报载小说的过程中，也就不局限于编者立场，不但可以力推佳作、奖掖后进，还可以借助批注和按语，表达自家的小说观念和审美趣味。恽铁樵采用中国古代的小说评点方式，对于《怀旧》随文批注，同时借助名为"焦木附志"的编者按加以总结，此举延续了小说评点这一批评模式，而又有所拓展。以金圣叹、毛宗岗等为代表的中国古代小说评点家，往往对于已经为读者所熟知的小说文本加以评点，"原文+评点"（包括评点家对于原文的改写）并非小说面世的最初文本，原文与评点呈现出明显的历时性关系。评点家的意义，在于使熟悉的小说文本重新陌生化。而恽铁樵

《小说月报》语境中的《怀旧》

在《怀旧》的字里行间植入评点,使"原文+评点"成为这篇小说进入传播领域最初的文本形态。这样,创作在先的原文和书写在后的评点及附志得以共识性地呈现,作为一个整体为读者接受。于是,原文和评点一并成为报载小说《怀旧》文本的组成部分。这一文本构成的方式为报载小说所独有,体现出清末民初小说作者、编辑(批评家)和读者之间独特的互动关系。

此外,借助《小说月报》提供的语境和文本形态考察《怀旧》,还可能产生以下疑问:首先,作为报刊编辑和文坛前辈的恽铁樵,对于"周逴"这类新人的投稿,在刊发之前是否会作出删改,难以确知。如果确有删改,《怀旧》的著作权还能否归鲁迅一人所有,尚存疑问。与此相应,如果恽铁樵和中国古代的小说评点家一样,为呈现个人眼光而径改小说原文,后世研究者借助不含评点与附志的文本阐释鲁迅小说的艺术价值及文学史地位,是否会造成个别误断?同时,《怀旧》的题目为周作人所加,并非出自鲁迅之手,如果以"怀旧"为视角阐释鲁迅自家的小说观和文体意识,是否存在区隔?《怀旧》是在鲁迅逝世后被重新发现从而引起广泛关注的,如果小说作者的身份一直得不到确认,《怀旧》是否还会得到海内外学人的深入阐释与一致好评,产生数量众多的研究成果?当然,上述疑问均属于推测,很可能无关紧要,但对于鲁迅研究而言,也许会有特殊的意义。至少,借助《小说月报》提供的语境和文本形态考察《怀旧》,可能得出不一样的结论,这也是报刊之于小说的独特价值所在。

普实克在他卓有见地的论文中,将《怀旧》视为一个"孤立现象",意在强调小说创作于"文学革命"发生之前,不能用新文学的一般趋势来加以阐释,但《怀旧》与同时代的文学相比具有明显的超前性,"完全是一部新的现代文学的作品,而绝不属于旧时代的文学"[1]。普实克从中国现代文学发生史的视角出发,敏锐地发现了《怀旧》在小说形式上的独特

---

[1]〔捷〕雅罗斯拉夫·普实克著,沈于译:《鲁迅的〈怀旧〉——中国现代文学的先声》,乐黛云编:《国外鲁迅研究论集》,北京大学出版社1981年版,第466页。

性，其思路和眼光均极具启发性。借助普实克的思路并予以适当修正，避免以"新旧交替"和"现代转型"为清末民初文学唯一的剧情主线，而将《怀旧》置于改版前《小说月报》的历史语境之中，将鲁迅创作的小说文本与恽铁樵撰写的评点及附志作为一个整体进行观照和阐释，也许会产生意想不到的发现。

（作者单位：天津师范大学）

《小说月报》与1920年代中国文学

杨　扬

陈独秀、胡适等启蒙思想家，借助《新青年》与北京大学青年学生的力量，掀起了声势浩大的新文化运动。与此相呼应的是，同时期中国差不多所有的出版物都对新文化运动做出各种回应。20世纪20年代的上海新文化领域，虽与北京的新文化运动有着千丝万缕的联系，但仍保持着自己的相对独立性。以《时事新报》为例，它一方面探讨社会主义等理论问题；另一方面，却抱着商讨而非倡导的态度。在文学领域，当时上海最重要的文学期刊是商务印书馆出版的《小说月报》。

五四前后，《小说月报》已经进行了适度的调整。所谓适度调整，是指编辑部意识到新潮的来临，相应地开辟出"小说新潮"栏，由活跃的文学青年沈雁冰（茅盾）负责此事。茅盾在晚年回忆录中说，1919年底，"身兼《小说月报》和《妇女杂志》主编的王莼农忽然找我，说是《小说月报》明年将用三分之一的篇幅提倡新文学，拟名为'小说新潮'栏，请我主持这一栏的实际编辑事务"[1]。茅盾从负责《小说月报》的"小说新潮"栏目起步，到后来接管杂志主编之职，个人职位的变迁是一个方面，更重要的是，由此，《小说月报》由一个充满旧文学气息的文学消遣杂志，蜕变为引领中国新文学潮流的大型文学杂志，不仅为新文学争得了最重要的发表作品的平台，而且培养了一大批新文学家，为新文学发展奠定了坚实的基础。

正如尼克拉斯·卢曼在《艺术的媒体》中指出："文学的存在基础必须是传播媒体，文学文本的存在必须依靠物质和技术手段，其传播与接受

---

[1] 茅盾：《革新〈小说月报〉的前后》，《我走过的道路》上册，人民文学出版社1981年版，第154页。

也只能通过技术手段的中介来实现，因此，文学的历史从一开始便可视为一部媒介史。"[1]一般论述文学期刊对于新文学的塑造作用，都会讲到《新青年》杂志。不错，《新青年》对于"文学革命"的倡导，对于白话文的讨论，对于鲁迅《狂人日记》和胡适《尝试集》的发表，都起到启蒙和促进作用。但归根到底，《新青年》是一份综合性的思想文化杂志，文学问题不仅占据篇幅较小，而且持续时间也有限。五四之后，《新青年》基本成为宣传社会主义、共产主义的中共机关刊物，原先的新青年阵营也分化瓦解[2]。相比较而言，《小说月报》是一份纯粹的文学杂志，历任主编都是文坛中人。像王蕴章、恽铁樵，以及后来的沈雁冰（茅盾）、郑振铎，都是文坛享有名望的小说家和批评家。《小说月报》自始至终都行走在文学的轨道上，主编、编辑的注意力也始终放在对文学问题的思考上。《小说月报》的每一次变化，都与中国文学的现代化探索步伐紧密相连。所以，研讨《小说月报》与中国文学现代化的关系，一直以来都是文学史研究者关注的焦点，由此产生了不少研究成果。如殷克勤的《简论〈小说月报〉在中国现代文学史上的地位和作用》[3]、刘增人的《论〈小说月报〉等文学研究会文学期刊》[4]、董丽敏的《想象的现代性：革新时期的〈小说月报〉研究》[5]、柯希璐的《革新〈小说月报〉前后》[6]等。这些成果对于推进《小说月报》与中国现代文学研究提供了参照。随着文学观念的变化和研究方式的改变，《小说月报》研究有待进一步拓展。具体来说，可以从多层次、更宽广的文学史视野，来理解和研究《小说月报》的价值和作用。

[1] 转引自章国锋：《文艺媒体学：高科技时代的文艺存在形态》，《外国文学动态》1997年第1期。
[2] 参见周策纵：《五四运动：现代中国的思想革命》，周子平等译，江苏人民出版社1996年版，第6页。
[3] 殷克勤：《简论〈小说月报〉在中国现代文学史上的地位和作用》（之二续），《扬州师院学报（社会科学版）》1994年第4期。
[4] 刘增人等纂著：《中国现代文学期刊史论》，新华出版社2005年版。
[5] 董丽敏：《想象的现代性：革新时期的〈小说月报〉研究》，广西师范大学出版社2006年版。
[6] 柯希璐：《革新〈小说月报〉前后》，《中国现代文学研究丛刊》2011年第5期。

《小说月报》与1920年代中国文学

一

　　《小说月报》与同时代诸多文学期刊有所区别，它不是几个志同道合的文人自己办刊，而是商务印书馆的刊物。商务印书馆虽说是一家民营出版企业，但它的经营规模、管理方式以及文化追求，与当时一般的出版企业有所不同，很多人都愿意称其为"文化出版机构"，而不是普普通通的一家出版社。之所以如此，是因为执掌商务印书馆业务的张元济先生，是晚清翰林中享有声名的文化人，在他的影响下，一批文化人进入商务印书馆工作。当时商务印书馆的主业是教科书出版，但对于文学、文化的各个领域，从来都非常重视。它创办了《绣像小说》《东方杂志》《学生杂志》《妇女杂志》《教育杂志》等一系列期刊，目的在于对文学、文化各个领域的重要问题及时掌握，深入研究，并在此基础上，出版论著，引领潮流。这体现了商务印书馆主管人员的文化担当和远见卓识；也从一个侧面显示了商务印书馆高层对文化话语权的高度敏感与重视。

　　以商务印书馆与文学出版物的关系而论，早在1903年，它就邀请著名小说家李伯元主编《绣像小说》。清末民初，文学杂志快速发展，其中绝大多数是小说杂志。在这一时潮之下，商务印书馆当然不肯落后。同时，张元济不愿商务印书馆主办的文学期刊与那些低级趣味的文学杂志为伍。所以，在"晚清四大小说杂志"中，《绣像小说》办得不算最早，但声誉和品格良好，被后来的晚清文学研究大家阿英称赞为艺术上最纯粹的文学期刊。[1]可惜李伯元1906年便病逝，1907年《绣像小说》停刊。直到1910年，商务印书馆才创办《小说月报》。新文学运动兴起之前的两位主编王蕴章、恽铁樵，是这一时期文学领域的办刊高手，曾被文学史家所关注，像范伯群教授的《中国现代通俗文学史》就对他们的文学成就有所介绍。在这两位主编手里，《小说月报》有着不俗的表现。如鲁迅先生的第

---

[1] 参见范伯群：《中国现代通俗文学史》，北京大学出版社2007年版，第74页。

一篇文言小说《怀旧》，就是在恽铁樵主编时刊发在《小说月报》上的。[1]而且，这一时期一些最为重要的作家，如林纾、许指严、张舍我、包天笑、周瘦鹃等，都在《小说月报》上发表作品。

但到1919年五四运动兴起之际，历史掀开了新的一页，人们不再满足于点点滴滴的改良，而希望有一个全盘革新的文学激变。在这种情况下，文学新人沈雁冰（茅盾）被商务印书馆物色为新的主编。茅盾在其晚年回忆录中说："我偶然地被选为打开缺口的人，又偶然地被选为进行全部革新的人。"[2]

从改革版第一期的栏目看，文学批评、文学翻译和文学创作三大块构成了杂志最重要的核心内容。沈雁冰将文学批评置于杂志栏目的首端，三篇理论文章包括他自己撰写的《改革宣言》和《文学与人的关系及中国古来对于文学者身分的误认》、周作人的《圣书与中国文学》。这三篇文章开启了改革版《小说月报》的新路，或者说吹响了新文学在商务印书馆出版物中的进军号。由此，鼓吹新文学和新文化运动的文章、作品，在《小说月报》以及商务印书馆相关的杂志中，登堂入室，所向披靡，成为办刊的主导思想。改革版的栏目中，另外三部分是书讯、海外文坛消息和附录。其中附录发表了《文学研究会宣言》和《文学研究会章程》，而《小说月报》的作者队伍中，像冰心、叶圣陶、许地山、瞿世英、王统照、周作人、孙伏园、郑振铎、沈泽民等，都是文学研究会会员，因此给人这样的印象，似乎《小说月报》是文学研究会的代用刊物。

文学研究会在北京的成立和《小说月报》在上海的改版，是20世纪20年代中国文学发展过程中最为重要的两件事，原本分别在北京、上海两个城市各自进行的新文学活动，却因革新后《小说月报》的主编沈雁冰与他的作者王统照的关系，而将两地的文学活动联结起来，纳入统一的新文学运动中。《小说月报》因为集中发表文学研究会成员的作品，有意无

---

[1] 参见《小说月报》第4卷第1期。
[2] 茅盾：《革新〈小说月报〉的前后》，《我走过的道路》上册，人民文学出版社1981年版，第155页。

意变成了文学研究会的代用刊物,以此为号召,吸引了大量的新文学家向《小说月报》投稿。当时一些有影响的新文学作品基本都在《小说月报》上发表,如落花生的《命命鸟》(第12卷第1期)、冰心的《超人》(第12卷第4期)、庐隐的《灵魂可以买么?》(第12卷第11期)和《或人的悲哀》(第13卷第12期)等,这在一定程度上激发了新文学家的创作热情。很多文学青年正是看到了《小说月报》上冰心、庐隐、落花生、叶绍钧等作家及其作品,才萌生了文学创作的激情。

因为给《小说月报》投稿,并在上面首次刊发自己的文学作品,也彻底改变了一些文学青年的人生,从此走上职业的文学创作道路。如丁玲1927年在《小说月报》发表处女作后,走上了文学道路。丁玲在回忆《小说月报》编辑叶圣陶对她的帮助时说:"我是他从来稿中发现的,还有一个彭子冈,三十年代很活跃的一个女新闻记者,也是叶老在很多来稿中发现的。当时,还不只是看到我的稿子就给予发表,而是第一篇(《梦珂》)就发了头条,第二篇(《莎菲女士的日记》)也是头条,第三篇(《暑假中》)还是头条,第四篇(《阿毛姑娘》)也还是头条,这给自己的鼓励大得很。"[1]茅盾在《女作家丁玲》一文中描绘了1920年代初登文坛的丁玲给予人们的美好印象:"1927年,丁玲发表了她的第一篇小说,那时她始用'丁玲'这笔名。这个名字,在文坛上是生疏的,可是这位作者的才能立刻被人认识了。接着她的第二篇短篇小说《莎菲女士的日记》也在《小说月报》上发表了,人们于是更深切地认到一位新起的女作家在谢冰心女士沉默了的那时以一种新的姿态出现于文坛。"[2]无独有偶,施蛰存先生也是因为在《小说月报》发表作品,而在文学创作上获得自信,走上了文学道路。他在晚年撰写的《我的第一本书》中说:"一九二七年,在《小说月报》上读到夏丏尊译的日本作家田山花袋的短篇小说《绵被》,觉得很受启发。这是一篇东方气息很浓重的小说,和欧洲作家的短篇小说完全不

---

[1] 参见丁玲:《丁玲自传》,江苏文艺出版社1996年版,第64—65页。
[2] 茅盾:《女作家丁玲》,杨桂欣编:《观察丁玲》,大众文艺出版社2001年版,第205页。

同。我摹仿它的风格，写了一篇《绢子姑娘》。这时，沈雁冰已是我的老师，他的助理编辑徐调孚，也已是我的新朋友。我想，我已有条件向《小说月报》投稿了。于是我把这篇短篇小说交给徐调孚，他得到沈先生的同意，就给我发表了。"[1]1927年，茅盾已离开商务印书馆，但施蛰存先生有上述印象，这反过来也说明，茅盾、郑振铎主编的《小说月报》对于一个1920年代正在成长之中的文学青年的师范和引领作用。整个1920年代，在《小说月报》上刊发过文学作品的作家，包括鲁迅、周作人、冰心、庐隐、王统照、许地山、叶圣陶、俞平伯、胡怀琛、朱自清、徐玉诺、孙俍工、徐蔚南、朱湘、汪静之、梁宗岱、王任叔、沈松泉、潘漠华、李开光、顾一樵、王思玷、许杰、甘乃光、赵景深、顾仲起、高长虹、高君箴、许钦文、张闻天、丁玲、彭子冈、台静农、陈大悲、陈衡哲、鲁彦、王以人、魏金枝、蹇先艾、李勖刚、焦菊隐、滕固、李劼人、敬隐渔、卢冀野、李金发、于赓虞、罗黑芷、丰子恺、易家钺、饶孟侃、老舍、白薇、向培良、彭家煌、胡也频、徐霞村、施蛰存、废名、夏衍、鹤西、杜衡、戴望舒、巴金、孙福熙、章克标、黎锦明、沈从文、孙席珍等，新文学家中最重要的作家几乎一网打尽，文体兼顾小说、诗歌、散文、戏剧、评论、翻译等。这样强大的文学阵容，是此前新文学发展过程中绝无仅有的，不仅显示了新文学的实力和多姿多彩的业绩，也让新文学向更加成熟的1930年代过渡。

二

改革后的《小说月报》是批评家办刊，茅盾和他的继任者郑振铎，在当时都以文学批评见长，二人的风格鲜明地烙在刊物上。

1921年，改革后第一期的《改革宣言》中，茅盾将评论栏目的改进，放在第一条[2]。1921年底，茅盾发表《一年来的感想与明年的计画》一文，

---

[1] 施蛰存：《我的第一本书》，《沙上的脚迹》，辽宁教育出版社1995年版，第73页。
[2]《改革宣言》,《小说月报》第12卷第1期。

对一年来的办刊情况有四点总结。他认为,《小说月报》的努力方向是推进新文学的发展;在创作与翻译问题上,是创作与翻译并举;在当前情况下,翻译的重要性一点都不亚于创作,只有通过翻译,才有可能吸收国外文学的各种技法;与现代的世界文学水准相比,中国新文学的发展需要经过自然主义的洗礼。茅盾还计划1922年的《小说月报》有十个方面的栏目:一是长篇、短篇小说创作;二是西洋小说史略的介绍;三是诗歌、戏剧创作;四是文学研究;五是创作现状的讨论;六是杂论;七是海外文坛消息;八是通信栏目;九是读者反馈栏目;十是编辑手记。[1]对一年来办刊经验的总结与下一年办刊的计划,其实都体现了一个文学批评家对当时中国新文学发展状况的判断和看法,落实到文学期刊的办刊活动中,非常突出的一点,就是评论家和文学评论的色彩非常浓。改革版从第1期到第7期,每一期打头的都是文学批评,创作是置于文学批评的视野之中的。从第8期开始,文学创作似乎放到了版面的前列,但实际上还是贯彻着批评家对当时新文学的某种判断,也就是新文学要经过自然主义写实方法的洗礼,才能够有一个扎实而牢固的基础。

事实上,早在1920年茅盾撰写的《小说新潮栏宣言》中,就描绘了欧洲文学演进的基本轮廓,也就是从古典主义、浪漫主义、写实主义到新浪漫主义的过程[2]。茅盾头脑中的这一欧洲文学进化图景,很有可能是他从英美文学史著作中获得的。但对照中国新文学的发展现状,茅盾还不是非常明确到底要向欧洲文学学习什么。所以,有时是侧重写实主义,有时又偏向新浪漫主义。但从《小说月报》第12卷第8期开始,对自然主义创作方法的倡导,显得比较明确。这种变化,与《小说月报》编辑部内部意见有关。胡适在1921年7月22日的日记中写道:"我昨日读《小说月报》第七期的论创作诸文,颇有点意见,故与振铎及雁冰谈此事。我劝他们要慎重,不可滥收。创作不是空泛的滥作,须有经验作底子。我又劝雁冰不可滥唱什么'新浪漫主义'。现代西洋的新浪漫主义的文学所以能立脚,全

---

[1] 记者:《一年来的感想与明年的计画》,《小说月报》第12卷第12期。
[2] 记者:《小说新潮栏宣言》,《小说月报》第11卷第1期。

靠经过一番写实主义的洗礼。有写实主义作手段，故不致堕落到空虚的坏处。如梅特林克，如辛兀（Meterlinck，Synge），都是极能运用写实主义的方法的人。不过他们的意境高，故能免去自然主义的病境。"[1]胡适的批评意见，在《小说月报》第12卷第8期的编辑后记《最后一页》中有了回音，编辑认为应该注重写实手法的学习和运用。《小说月报》第12卷第12期发表了日本评论家岛村抱月的《文艺上的自然主义》。在次年4月发表的文章中，茅盾强调自然主义小说在写实方法上的重要性，他认为："依自然派的描写方法，凡写一地一事，全以实地观察为准；莫泊桑小说中的人物，多半是实在的，福楼拜做《萨兰坡》，除多考古籍而外，并且亲至该地。可知自然派的精神并不只在所描写者是实事，而在实地观察后方描写。"[2]第13卷第5期除了发表谢六逸撰写的《西洋小说发达史》中的"自然主义时代"章节外，还在"通信"栏目开设"自然主义论战"，发表茅盾与周赞襄、汤在新、徐绳祖等人的往来书信。第6期"通信"栏有"自然主义的怀疑与解答"。作为《小说月报》主编的茅盾，这一时期关注自然主义文学，但他不仅仅是从翻译、引进的角度介绍法国的自然主义文学，而是针对中国新文学发展的现状，思考自然主义写实方法对于新文学的价值和意义。茅盾这一时期最为重要的理论文章是刊发在《小说月报》第13卷第7期上的《自然主义与中国现代小说》一文。这篇论文被安置为这一期杂志的头条，显示了杂志编辑部对此文和这一论题的重视。文章第一部分"中国现代的小说"，批评新旧文学一个共同的弱点，就是"不能客观的描写"[3]；第二部分"自然主义何以能担当这个重任"中，认为自然主义在方法和题材两面能够克服中国现代小说存在的问题；第三部分"有没有疑义"中，作者认为，自然主义只是文学进化过程中的一个阶段，而且在欧洲已经到了新浪漫主义时期。尽管如此，对于中国当下的文学现

---

[1] 中国社会科学院近代史研究所中华民国史研究室编：《胡适的日记》，中华书局香港分局：1985年版，第156—157页。

[2] 玄珠：《创作谈杂评：（一）一般的倾向》，《文学旬刊》1922年第33期。

[3] 沈雁冰：《自然主义与中国现代小说》，《小说月报》第13卷第7期。

状,介绍自然主义依然有着积极意义。茅盾这篇论文所阐述的一些看法,不仅仅是针对鸳鸯蝴蝶派等旧派文学创作,而且也是针对新文学青年作家的问题,所以,在1920年代初新旧文学激烈交锋之时,有着强烈的现实针对性,当然也引起社会舆论的强烈反弹,茅盾本人也因为这篇文章而被迫辞去《小说月报》主编之职[1]。

《小说月报》的批评家办杂志的做法应该是非常成功的。它不仅创造了很多文学话题,而且获得了文学话语的优先权。在20世纪20年代的中国文学领域,很多重要的话题都是由它组织发起,并扩展到文学创作领域,如自然主义、新浪漫主义、语体文中的欧化现象、新文学与整理国故问题、关于诺贝尔文学奖的诸家意见等。也有很多新文学作品的评论最初以读者来信和读后感的形式刊发在《小说月报》上,直接沟通了文学批评与文学创作、作家与读者之间的关系。参与《小说月报》文学批评活动的批评家,有周作人、胡适、沈雁冰、郑振铎、耿济之、叶圣陶、俞平伯、沈泽民、张闻天、胡愈之、王伯祥、朱自清、谢六逸、朱湘、瞿世英、许地山、冰心、庐隐、王统照、汪敬熙、郭绍虞、蒋百里、李达、顾颉刚、李青崖、宋春舫、徐蔚南、樊仲云、陈望道、钱杏邨、赵景深、徐调孚、汪馥泉、陆侃如、顾仲云、贺昌群等,文学创作、评论、翻译和学术界人士,各方面都被卷入《小说月报》,这样的号召力在1920年代中国的刊物中,几乎没有第二家。

《小说月报》对1920年代初的文学活动起到组织号召作用。1921年改革版刊登了《文学研究会宣言》及《文学研究会简章》,随后发表的作品又是文学研究会成员的居多,为此,当时有很多人认为是文学研究会的代用刊物。茅盾在1933年发表的《关于"文学研究会"》[2]一文中就澄清过,《小说月报》不是文学研究会的刊物,而是商务印书馆的刊物。但他认为,《文学研究会宣言》中所提出的"为人生的文学"这一看法被很多文学研

---

[1] 参见茅盾:《革新〈小说月报〉的前后》,《我走过的道路》上册,人民文学出版社1981年版,第189—190页。

[2] 茅盾:《关于"文学研究会"》,《现代》第3卷第1期。

究会成员所接受。这种接受,其实是《小说月报》所体现的特色,换句话说,一方面《小说月报》的评论、翻译和通信栏目不断发表有关自然主义问题的论争以及相关的思潮介绍,从创作理念上向广大的文学写作者灌输有关写实的方法和理论;另一方面,在作品的发表上,也有意识地选择相关题材和相应写作方式的作家作品,如冰心、叶圣陶、落花生、庐隐、王统照等的作品,基本上沿袭了写实的方式方法。如冰心的一些小说作品中,尽管弥漫着鲜明的理想主义的浪漫气息,但被批评家阐释为"问题小说"之后,其现实题材这一面被突现出来,她被视为反映现实的"社会问题"小说家,具有强烈的写实主义倾向。事实上,写实还是虚构,对冰心创作而言,并不是最重要的问题。1921年写就的《文艺丛谈》表达了她的文学追求:"无论是长篇,是短篇,数千言或几十字。从头至尾,读了一遍,可以使未曾相识的作者,全身涌现于读者之前。他的才情,性质,人生观,都可以历历的推知。而且同是使人脑中起幻象,这作者和那作者又绝对不同的。这种的作品,才可以称为文学,这样的作者,才可以称为文学家!能表现自己的文学,是创造的,个性的,自然的,是未经人道的,是充满了特别的感情和趣味的,是心灵里的笑语和泪珠。这其中有作者自己的遗传和环境,自己的地位和经验,自己对于事物的感情和态度,丝毫不可挪移,不容假借的,总而言之,这其中只有一个字'真'。所以能表现自己的文学,是'真'的文学。"[1]换言之,文学是不是为人生,是不是反映现实,对冰心而言,还不是最根本的问题,她关心的是文学要有个性,能够真实传递自己的心声。这样的创作观与文学追求,留有"五四"时期个性解放的自由色彩,也有中国文学言志抒情传统的影响痕迹。对照冰心的文学观与《小说月报》中茅盾等倡导的写实主义、自然主义文学,这之间是有差距的。但正如茅盾所说,《小说月报》倡导和发表的文章文责自负,对别人没有强制性的约束力。或许正是因为这样松散而自由的组织和交流形式,新文学家们才能够走到一起,交流经验,发表作品,共同

---

[1] 冰心:《文艺丛谈》,《记事珠》,人民文学出版社1982年版,第227—228页。

探索，使得20年代的新文学家有一个共同的努力方向。

文学翻译是《小说月报》改革过程中的重头戏。在《改革宣言》中，茅盾就将文学翻译视为介绍和促进中国文学的手段。从文学翻译的角度讲，推介外国文学作品是《小说月报》一直在做的工作，王莼农、恽铁樵时期的一些沪上小说家已经翻译过不少作品，大名鼎鼎的林纾翻译小说，是商务印书馆的重要品牌。但受五四新思潮的影响，将翻译外国作品当作改造中国旧文学、推进新文学的一项急迫工作，则是茅盾改革《小说月报》之后提出的。而且，茅盾一开始就提出经济地系统地介绍外国文学，也是针对中国新文学的急需[1]。

正是抱着这样的态度，《小说月报》对托尔斯泰、果戈里、泰戈尔、显克微支、屠格涅夫、高尔基、契科夫、杰克·伦敦、王尔德、莫里哀、阿尔志跋绥夫、罗曼·罗兰、但丁、克鲁泡特金、陀思妥耶夫斯基、福楼拜、莫泊桑、武者小路实笃、国木田独步、波特莱尔、曼殊菲尔德、普希金、裴多菲、爱罗先珂、巴比塞、法郎士、小泉八云、厨川白村、济慈、安徒生、夏目漱石、丁尼生、梅里美、瓦莱里、爱伦坡、芥川龙之介、萧伯纳、谷崎润一郎、易卜生、托马斯·曼、路卜洵、亚米契斯、史蒂文生、菊池宽等诸多外国作家作品予以翻译介绍。谢六逸《西洋小说发达史》《近代日本文学》，郑振《俄国文学史略》《文学大纲》，茅盾与郑振铎合撰《现代世界文学者略传》，滕固译《小泉八云的文学讲义》等系统地介绍了外国文学。出版外国文学专号是当时推介外国文学的最有效方法，起到了聚焦的作用，如《小说月报》曾出版过"被损害民族的文学号"（第12卷第10期）、"俄国文学研究"（第12卷号外）、"太戈尔号"上下（第14卷9、10期）、"法国文学研究"（第15卷号外）、"安徒生号"上下（第16卷第8、9期）、"现代世界文学号"上下（第20卷第7、8期）。对个别重要的作家，《小说月报》发表研究或纪念文章、专辑，如《脑威写实主义前驱般生》（沈雁冰，第12卷第1期）、《波兰近代文学泰斗显克微

---

[1] 沈雁冰：《对於系统的经济的介绍西洋文学底意见》，《时事新报》1920年2月4日。

支》(沈雁冰,第12卷第2期)、《西班牙写实文学的代表者伊本讷兹》(沈雁冰,第12卷第3期)、《百年纪念祭的济慈》(沈雁冰,第12卷第5期)、《十九世纪末丹麦大文豪约柯伯生》(沈雁冰,第12卷第6期)、《罗曼罗兰评传》(孔常译,第12卷第8期)、《日本诗人一茶的诗》(周作人,第12卷第11期)、《纪念佛罗贝尔的百年生日》(沈雁冰,第12卷第12期)、"拜伦专辑"(第15卷第4期)等。一些外国文学动态,则通过"海外文坛消息""译丛""书报介绍"等栏目予以介绍,譬如对但丁的介绍,对德国文学的介绍,对俄国文学的介绍,对自然主义文学的介绍,都起到扩大文学阅读和接受视野的作用。

随着翻译介绍的深入,一些具体的翻译问题也在《小说月报》上展开讨论。如周作人、沈雁冰之间关于文学翻译的书信讨论(第12卷第2期)、郑振铎的《译文学书的三个问题》(第12卷第3期),沈雁冰的《译文学书方法的讨论》(第12卷第4期),沈泽民的《译文学书三问题的讨论》(第12卷第5期),沈雁冰、朱湘关于英文翻译的俄文书的书信讨论(第13卷第1期),沈雁冰与陈德征关于译名统一问题的书信讨论(第13卷第6期),沈雁冰的《"直译"与"死译"》(第13卷第8期),"文学上名辞译法的讨论"(第14卷第2期),等等,尤其是1922年与创造社围绕欧洲文学的论战,引发了对外国文学翻译诸多问题的研讨[1]。

参与《小说月报》文学翻译的译者,包括鲁迅、周作人、茅盾、郑振铎、朱湘、耿济之、蒋百里、李达、许地山、胡愈之、夏丏尊、孙伏园、丰子恺、赵景深、李青崖、傅东华、汪馥泉、刘延陵、梁宗岱、徐志摩、潘家洵、陈竹影、周越然、樊仲云、陈西滢、周建人、曹靖华、张若谷、王鲁彦、郑心南、黎烈文、徐调孚、马宗融、陈望道、钱杏邨、夏衍、王了一、韩侍桁等。"从12卷到22卷,共译介了39个国家304位作家及其作品804篇,共约950余万字,占后期《小说月报》文字总量的58%

---

[1] 参见茅盾:《一九二二年的文学论战》,《我走过的道路》上册,人民文学出版社1981年版,第210页。

左右"[1]。文学翻译扩大了新文学家的视野,也见证了他们的多才多艺和广博学识,在知识结构和文学积淀上,丰富了新文学。

1920年代,经过《小说月报》等诸多期刊的努力,将新文学创作与文学翻译结合,双管齐下,中国新文学获得了更加开阔的发展空间。

三

茅盾主编《小说月报》到1922年底,随后由郑振铎接编。郑振铎延续了改革后的《小说月报》风格,始终如一坚持新文学的探索道路。如果说茅盾主编时期回应的是五四新文化运动起步阶段新文学的要求的话,那么,到了郑振铎手里,《小说月报》回应的则是新文学面向社会革命时提出的种种要求以及新文学内部的分裂。

1923年5月,《创造周报》第2期发表成仿吾的文章《新文学之使命》,第3期发表郁达夫的《文学上的阶级斗争》以及郭沫若的《我们的新文学运动》,认为中国的政治面临一种转折,文学上应该有一种新的运动。《中国青年》第8、10、11期(1923年)分别刊发恽代英的《八股》、邓中夏的《贡献于新诗人之前》和萧楚女的《诗的生活与方程式的生活》,呼吁新文学要与正在进行的国民革命相结合。与《小说月报》联系密切的茅盾,在《文学》周刊第103期上发表《"大转变时期"何时来呢?》的文章,呼应恽代英等人的观点,强调文学要有一种时代的担当。一些分属于创造社和文学研究会的新文学成员,从1923年开始,都在呼吁文学的转向,由封闭的文学世界走向广阔的社会生活。这里需要说明的是,所谓广阔的社会生活,其实是有特定的含义,主要是指正在酝酿的国共合作和国民革命运

---

[1] 殷克勤:《简论〈小说月报〉在中国现代文学史上的地位和作用》(之二续),《扬州师院学报(社会科学版)》1994年第4期。

动[1]。茅盾用"文学与政治的交错"来形容他1923年以后的生活[2]。

政治上，郑振铎虽没有像茅盾那样激进，但也参与了一些社会活动，比较典型的包括1925年商务印书馆大罢工，"五卅"事件之后创办《公理日报》，1927年反对"四一二"大屠杀的游行示威等[3]。思想文化上，郑振铎表现得比茅盾似乎要温和一些。如《小说月报》在郑振铎接编后的第一期（第14卷第1期）就开设"整理国故与新文学运动"专题，并发表自己的《读〈毛诗序〉》，第二期（第14卷第2期）又开设了"读书杂记"栏目，发表一些学术性的研究文章。这些内容一方面体现了郑振铎个人的文学取向，另一方面也是为了与胡适在北京发起的"整理国故"运动相呼应。相比之下，茅盾对"整理国故"是持批评和保留意见的。1924年，茅盾在《文学》第121期上发表《文学界的反动运动》一文，对文学领域中的复古空气予以批评。1922—1923年，郑振铎翻译出版了泰戈尔的《新月集》等作品，并且在《小说月报》开设"太戈尔号"。1924年4月，泰戈尔访华。对此新文学阵营内部有不同意见。鲁迅、茅盾等发表文章，对国内借泰戈尔访华而鼓吹"东方文化复兴论"的复古论调予以批判；而郑振铎以及他主编的《小说月报》对泰戈尔访华则持积极的欢迎姿态，郑振铎还亲自去汇山码头迎接。

这些差异，与茅盾和郑振铎的不同社会背景有关。茅盾当时除了与文学研究会（特别是鲁迅等）精神上遥相呼应外，人事方面与恽代英、萧楚女、瞿秋白等共产党员往来密切。郑振铎虽然与瞿秋白、茅盾等关系密切，但同时与北京的胡适、顾颉刚等一批学者也私交甚好。所以，《小说月报》在郑振铎接手之后，由于一些学者身份的作者的加入，学术研究与讨论构成其一大特色。从文学趣味和个人兴趣而言，郑振铎偏向于古典文学的整理与研究。如果不是当时主编文学期刊的需要，他很可能会与胡

---

[1] 参见王奇生：《党员、党权与党争：1924—1929年中国国民党的组织形态》，上海书店出版社2003年版，第一章。
[2] 参见茅盾：《我走过的道路》上册，人民文学出版社1981年版，第222页。
[3] 参见陈福康：《郑振铎传》，北京十月文艺出版社1994年版。

适、顾颉刚等教授、学者为友，走进大学的学术研究圈子。但编杂志是他的职业，在这个文学的世界里，郑振铎周围环绕的大多是作家、批评家和文学青年，受周围环境的影响和感染，他最终走向了鲁迅、茅盾等新文学家所走的文学道路。尤其是1928年回国以后，他参与的诸多文学活动使其与新文学家的联系更为紧密，态度也趋于激进。

20世纪20年代后期与五四时期以及20年代初期的文学期刊相比，能够一以贯之、前后延续的凤毛麟角。究其原因，还不完全是资金匮乏等经济问题，而是与文化价值立场以及作者构成有关。五四之后，新文化阵营分化，经过国共由合到分的激烈社会动荡，一批文学新锐脱颖而出。如鲁迅编辑的《莽原》和后来接编的《语丝》，其中刊载的大都是青年作家的作品。这些被五四召唤起来的青年人，与此前的文学研究会和创造社的前期成员，在精神气质和思想观念上都有所不同，这种不同最主要地表现在他们对新潮的追逐上。包括鲁迅、茅盾和郑振铎等在内的一些人因为经历过五四，思想上有五四前后思考和比较的过程。但1920年代后期起来的文学青年，大都是从学校教育中受到新文化影响，然后带着一腔热情投身社会。他们喜欢以新人自居，对以往的一切采取否定的态度。鲁迅、茅盾等在1920年代后期曾一度被一些文坛新秀视为过时的历史人物而遭遇围攻和否定。这一时期，文学新人的同人刊物层出不穷，各种标新立异的话语纷纷出笼。

相比之下，《小说月报》显得沉稳而厚重，它所拥有的作者队伍的基本面，还是一批元老级的五四新文学人士，包括鲁迅、茅盾、郑振铎、叶圣陶、王统照、冰心、庐隐、许地山、俞平伯、郭绍虞、朱自清等。一些文坛新人尽管叱咤风云，但在《小说月报》只是初露锋芒，以创作实绩引人注目。如丰子恺、丁玲、巴金、戴望舒、梁宗岱、沈从文、罗黑芷、施蛰存、胡也频等，他们在其他刊物上或言论尖锐，或创作手法新颖独特，但在《小说月报》露脸时，则以扎实的创作实力见长。就如施蛰存先生所说的，自己刚开始的新作，不敢投给《小说月报》，觉得它太高级了。只有到了一定的创作水准时,才敢投稿给它[1]。所以,《小说月报》在1920年代不完全是一种先锋、新颖、开拓型的文学期刊,而是带有沉稳风格的累积性质的文学期刊,也就是说,它代表了一种新文学逐渐成型的文学价值标准,以此来吸纳和推崇颇具实力的新文学作家和作品。特别是它开设的"读后感"栏目,直接对新文学家的作品予以批评,从文学评论的视角,总结和引导作家创作。茅盾发表的《鲁迅论》(第18卷第11期)、《王鲁彦论》(第19卷第1期),从整体上对新文学家的思想观念与创作之间的关系予以理论论述,开创了作家论这一批评文体在20世纪二三十年代中国文学批评中的先河。

从根本上讲,《小说月报》在1920年代后期日益尖锐对立的社会、文化环境中,保持着清晰而纯正的文学面目,也因为如此,编辑、出资方和参与其中的作者、读者都维持着一种文学的尺度,使它在整个1920年代的历史行进过程中,散发出文学的声息。

四

1932年"一·二八"事变之后,商务印书馆遭受战争破坏,包括《小说月报》在内的诸多出版物都停止出版。有意思的是,《东方杂志》在商务印书馆复业计划中得以重新开张,但《小说月报》却再也没有恢复。

文学史研究者大都是从商务印书馆遭受战争重创的角度来看待《小说月报》的停刊,认为战争时期,商务无力支持《小说月报》的出版。很少有人提出《小说月报》停刊之后商务印书馆如何接纳新文学作家及其作品的问题。在此前的20世纪行进的过程中,面对晚清的"小说界革命"、五四时期的"文学革命",以及大革命时代的"革命文学",商务印书馆都有所回应。但进入1930年代后,随着《小说月报》的停刊,似乎商务印书馆与新文学世界之间的互动关系就告一段落了。这一变化,当然与时任总

---

[1] 施蛰存:《我的第一本书》,《沙上的脚迹》,辽宁教育出版社1995年版,第70页。

经理的王云五的保守态度有关,但与30年代文学期刊的实际生存处境也密切相关。如果将20世纪30年代的文学期刊与20年代的做一对比,或许就会看到,30年代的文学期刊所面对的是,国民党党治之后,迎来的同样是激烈的党派组织的文学反抗。1930年"左联"的成立,开始了一个文学组织化的时代,上百种文学杂志背后都有政治势力的强势介入。这种情况下,"在商言商"的民营出版机构商务印书馆很怕在政治的漩涡里遭遇麻烦,更何况郑振铎等在王云五眼中根本不是同路人,想获得商务印书馆的资助,基本上是不可能了。

由此,《小说月报》结束了自己的使命,但在中国文学史上,《小说月报》代表着一个时代,也开创了一个新文学的新纪元。如果没有20世纪20年代《小说月报》的努力,30年代新文学的局面大概不会如此热烈。

(作者单位:上海戏剧学院)

郑振铎与《小说月报》及文学研究会

陈福康

2017年6月7日,《中华读书报》发表了栾梅健教授的《李欧梵〈中国现代作家的浪漫一代〉的34个错误》,其中"错误三十四"说:"革新后的《小说月报》先后有茅盾、郑振铎、叶圣陶等几位主编……但是,将郑振铎称为文学研究会的创办人显然不妥。文学研究会的发起人有12位,而且郑振铎在其中并不是最主要的。"那么,栾教授认为文学研究会最主要的发起人是谁呢?

在栾教授没有回答这个问题之前,笔者想谈一些历史事实。首先说说有关《小说月报》的事。

郑振铎为《小说月报》革新号组稿

栾教授说"革新后的《小说月报》先后有茅盾、郑振铎、叶圣陶等几位主编",这句话好像不会有什么人提出异议,但笔者认为是不准确、不严谨的。"先后有……"的提法,很容易被人误会为继承关系,即误以为叶圣陶是继郑振铎而为主编的。事实是,叶圣陶确曾一度代理郑振铎编辑《小说月报》,但代理期间该刊版权页上印的主编名字则始终都是郑振铎,从来也没有出现过叶圣陶主编或代理主编的署名。也就是说,革新后的《小说月报》,从1921年1月到1931年12月,从第12卷到第22卷,有两卷署名沈雁冰(茅盾)主编,有九卷署名郑振铎主编。

《小说月报》的革新是当年文坛的一件大事。茅盾在当时就说过:"《小说月报》今年改革,虽然表面上是我做了编辑,而实在这个杂志已不是一人编辑的私物，而成了文学研究会的代用月刊。"[1]文学研究会发起和成立在北京，因此，北京的会员对这个"代用"会刊肯定起了重要的作用，这是仅仅从推理上就可得知的；而在事实上，也完全如此。郑振铎在后来回忆时也明确说过，该刊"革新之议，发动于耿济之先生和我"（按，郑振铎所以提到耿济之，是因为他谦虚，不想独自居功，而最初去找"北上访贤"的商务印书馆负责人张元济时，他是拉着耿济之一起去的），与商务印书馆负责人张元济、高梦旦在北京会谈后，"此事乃定局。由沈雁冰先生负主编《小说月报》的责任，而我则为他在北平方面集稿"[2]。当时他们是如何会谈定局的，详细情节我们不得而知，甚至连茅盾也未必了解。据当时已在商务编译所工作的胡愈之后来回忆说，当时高梦旦请郑振铎推荐一位新文学作者来编《小说月报》，郑回答："你们编译所里就有这样的人，沈雁冰。"据茅盾晚年回忆录，张元济、高梦旦在1920年11月下旬找他谈话，让他担当该刊主编，并同意进行改革，这时离1921年1月号稿子的发排时间只剩下两个星期了（最迟须40天内结束），而该刊前任主编所积旧稿则几乎全不堪用，创作稿则连一篇也没有。商务负责人是相当精明的，当然也明了这一情况，何以敢如此大胆地改换主编并同意改革？很显然，这必是因为他们已与郑振铎谈妥，心中有了把握，才会这样做。查周作人日记，他于12月5日即托人给郑振铎带去为《小说月报》撰写与翻译的两篇稿子。可见，郑振铎也至迟从11月下旬起，便开始为该刊改革号组稿了。再如，许地山的兄长许敦谷应郑振铎之邀为该刊作画，时间为11月28日。而正当茅盾万分焦急于"无米之炊"时，郑振铎便从北京及时地寄来很多稿子。

郑振铎在革新号上究竟出了多大的力呢？让我们看看这一期的目录便能知晓：

---

[1] 沈雁冰致李石岑信，《时事新报·学灯》1921年2月3日。
[2] 郑振铎：《中国文学论集》，开明书店1949年版，"序"。

《小说月报》第12卷第1期目录

一、改革宣言

二、圣书与中国文学（论文）　　　　　　　　周作人

三、文学与人的关系及中国古来对於文学者身分的误认（论文）

　　　　　　　　　　　　　　　　　　　　　沈雁冰

四、创作

　　笑（小说）　　　　　　　　　　　　　　冰心女士

　　母（小说）　　　　　　　　　　　　　　叶圣陶

　　命命鸟（小说）　　　　　　　　　　　　许地山

　　不幸的人（小说）　　　　　　　　　　　慕　之

　　一个确实的消息（小说）　　　　　　　　潘垂统

　　荷瓣（小说）　　　　　　　　　　　　　瞿世英

　　沉思（小说）　　　　　　　　　　　　　王统照

五、译丛

　　疯人日记（小说）　　〔俄〕郭克里著　　耿济之译

　　乡愁（小说）　　　　〔日〕加藤武雄著　周作人译

　　熊猫（小说）　　　　〔俄〕托尔斯泰著　孙伏园译

　　农夫（小说）　　　　〔波兰〕高米里克基著　王剑三译

　　忍心（小说）　　　　〔爱尔兰〕夏芝著　王剑三译

　　新结婚的一对（剧本）〔脑威〕般生著　　冬　芬译

　　邻人之爱（剧本）　　〔俄〕安得列夫著　沈泽民译

　　杂译太戈尔诗（诗歌）〔印度〕太戈尔著　郑振铎译

六、脑威写实主义前驱般生（论文）　　　　　沈雁冰

七、书报介绍　　　　　　　　　　　　　　　郑振铎

八、海外文坛消息（六则）　　　　　　　　　沈雁冰

九、文艺丛谈（五则）　　　　　　　振铎　雁冰

十、附录

　　文学研究会宣言　文学研究会简章

十一、插图

第一篇《改革宣言》无署名，笔者认为，郑振铎必是参与了意见的，详见下述。第二篇周作人的文章，茅盾回忆录中说是郑振铎寄来的。"创作"栏七篇小说，茅盾回忆录中说有五篇是郑振铎寄来的，而有两篇（即慕之与潘垂统所作）是他"刚收到的投搞"；实际茅盾记错了，事实的真相是"慕之"就是郑振铎（此处考证从略，该篇被误收入《茅盾全集》，由笔者指出），潘垂统一篇也是郑振铎组稿，今存1921年3月3日郑振铎致周作人信提到"潘垂统兄的稿费"，可知该稿由他经手。也就是说，"创作"栏全部为郑振铎所组稿。"译丛"栏八篇，除了"冬芬"（即茅盾）与沈泽民（茅盾之弟）的两篇外，其他六篇也均是郑寄来的，其中包括他自己的译作。"书报介绍"是郑所作。"文艺丛谈"五则中有三则是郑撰写。最后"附录"两篇，当然也是他寄来的。也就是说，该期改革号的重要文章，大多是由郑振铎组稿或自撰的。从题目上看，占70%以上；从篇幅和字数上算，约占60%。甚至这一期的封面及扉页插图，也都是郑振铎请许敦谷创作。因此，《小说月报》的全面革新不能像现在的现代文学史和一些辞典上写的那样，全部算作茅盾一个人的功绩，而郑振铎其实是更重要的幕后英雄。

《改革宣言》主要包括郑振铎的主张

该刊的《改革宣言》，人皆认为是茅盾写的，现已被收入《茅盾全集》。但笔者认为可能是郑振铎写的，或至少是他参与起草的。理由如下：郑振铎是新文学运动史上第一个提出"整理旧文学"口号的人。《文学研究会简章》由他起草，该会章开宗明义地定位："本会以研究介绍世界文学，整理中国旧文学，创造新文学为宗旨。"将"整理中国旧文学"与"研究介绍世界文学""创造新文学"并列，作为新文学工作者的任务，这在新文学史上绝对是首次；而且在整个新文学社团史上，将这三者同时作为宗旨的，亦世无其二。而《小说月报》在全面改革的前一年，已由茅盾进行了局部的革新，但茅盾在当年的文章（如第11卷第10期《本社启事》、第12期《特别启事》等）中，都只提到要"介绍西洋文学"，从未提及整理中国文学。《改革宣言》中却明确地提出"同人认西洋文学变迁之过程有急须介绍与国人之必要，而中国文学变迁之过程则有急待整理之必要"，并认为"中国旧有文学不仅在过去时代有相当之地位而已，即对于将来亦有几分之贡献，此则同人所敢确信者，故甚愿发表治旧文学者研究所得之见，俾得与国人相讨论"。这个非常明显的变化，应该是郑振铎参与了刊物改革所致。而且，《改革宣言》后紧接着刊载"文艺丛谈"，其中由郑撰写的第一则的第一句话就是："现在中国的文学家有两重的重大的责任：一是整理中国的文学；二是介绍世界的文学。"这里甚至将整理中国文学的任务置于介绍外国文学之前，更令人注意。然而，茅盾以"郎损"的笔名在《小说月报》第12卷第2期发表《新文学研究者的责任与努力》一文，其中仍旧说"我觉得这文题内所有的意义总不出（一）新文学运动的目的何在，（二）怎样介绍西洋的文学，（三）怎样创作这三者"，还是将整理中国文学遗忘在新文学研究者"所有的"责任与努力之外。第13卷第6期（1922年6月）《小说月报》"通信"栏发表读者来信，批评茅盾主编该刊"於中国底文学，绝不想整理之而发扬之"，认为这是"一件不无遗憾的事"。茅盾答复，接受批评，并坦率地承认自己在此事上有"偏见"，即他更重视创作，而"不大爱"整理古典文学。第13卷第8期（1922年8月）又载读者来信，质疑《改革宣言》中既说"中国文学变迁之过程有急待整理之必要"，"何以年来没有这种文字发表？"茅盾在回答中也坦率承认"未能尽什么力"。这种状况在郑振铎继任主编以后才有明显的改变。因此，笔者有理由认为，《改革宣言》中有关整理中国旧有文学的内容，基本上是郑振铎的想法而不是茅盾的。

《小说月报》改革后的第二期，"通讯"一栏发表了茅盾的《讨论创作致郑振铎先生信中的一段》，认为今后采用稿件不能由自己一人决定，而要请郑振铎在京会商鲁迅、周作人、许地山等人，"决定后寄申，弟看后

952

如有意见，亦即专函与兄，供诸同志兄审量，决定后再寄与弟"。这也表明郑在文学研究会同人中的核心地位，以及在该刊编辑方面的重要作用，表明了茅盾对他的尊重。在这以后，该刊的重要稿件仍有不少是郑振铎组织和审定的。最有意思的是，第12卷第5期发表落华生（即许地山）小说《换巢鸾凤》时，文末有"慕之"的附注，称赞了这篇小说，并高度赞扬鲁迅小说"'真'气扑鼻"。今人不察，都以为这必是主编茅盾所加，于是纷纷大加赞许，说这是茅盾早期对鲁迅小说的精彩评价。精彩确实是精彩，但其实却是郑振铎写的。茅盾晚年回忆录中说："郑振铎之进商务编译所减轻了我的负担。他那时虽然不是《小说月报》的编辑，却在拉稿方面出了最大的力。我因为担任中共联络员，跑路的时间多，就没有时间写信拉稿了。"因此，在郑振铎正式担任该刊主编的前两年，如果说他是该刊的不挂名的副主编，笔者看也是一点不夸张的。

到1927年5月大革命失败，由于郑振铎参加过一些革命活动，被迫出国避难，该刊才由叶圣陶代为主编。叶圣陶晚年在《我和商务印书馆》《重印〈小说月报〉序》等文中说，郑是1929年2月回国的，恢复主编《小说月报》大概在5月间。此说大误，当是叶老老年记忆失实，也可能文章乃他人代笔，而这一时间是他人推算出来的。据《王伯祥日记》，郑于1928年6月8日即已回到上海，9月3日王伯祥的日记更明确记载："振铎今日复任《小说月报》编辑，圣陶仍回国文部。"可知，有关文章把叶代理主编的时间推迟延长了九个月。

《新社会》编辑部的核心人物

上文已讲清楚《小说月报》的革新，其实由此，郑振铎在文学研究会中的地位也已经可以看得很清楚了。那么，在该会创办时，郑是不是最主要的发起人呢？我们仍然摆摆事实。

要说这个我国最早最大的新文学社团，笔者认为必须从郑振铎在五四时与瞿秋白等人一起结成《新社会》旬刊编辑部这一"小集团"（郑振铎语）讲起。《新社会》编辑小组虽未标明为社团，但实际确是一个宗旨鲜明、具有实力的新文化社团；而《新社会》被迫停刊后，由该小组原班人马另行编辑《人道》月刊时，即对外称人道社。该社是当时最进步的社团之一，曾与李大钊等领导的少年中国学会、周恩来等领导的觉悟社等一起组成名曰"改造联合"的社团联盟。《新社会》小组至迟于1919年10月已成立（《新社会》创刊号出版于1919年11月1日），成员最初有四人：郑振铎、瞿秋白、耿济之和瞿世英。两三个月后，许地山由瞿世英介绍加入（其后又增加了郭梦良、徐六几二人，虽然郭、徐后来也参加了文学研究会，但此二人在该小组内所起作用不大，与前五人不能相比）。后来，郑振铎在《想起和济之同在一处的日子》《回忆早年的瞿秋白》等文中回忆，他们五个人当时"成为极要好的朋友"，"几乎天天都见面"，其中瞿秋白"最为老成"，"早熟而干练"，许地山也是一位"老大哥"。但是，从《新社会》及《人道》编辑出版的实际情况来看，这个"小集团"的核心人物无疑是郑振铎。

郑振铎是《新社会》发刊词的起草者，发表的文章最多，很多文章都登在刊首。耿济之最早与郑振铎相识，《新社会》创刊后，他们二人携刊去访问并请示陈独秀。后来改出《人道》，也主要是郑决定的，瞿秋白略有不同意见，但承认自己"不足为重"。这五个人，除了瞿秋白以外，后来都是文学研究会的发起人。（瞿因为正好离京去苏俄，不然肯定亦为发起人；但瞿在回国前，至迟在1921年2月前即加入了文学研究会，会员登记为第40号；1923年瞿回国后，又曾任该会机关刊《文学旬刊》的编委。）因此，笔者一直认为，《新社会》小组就是文学研究会的胎胚或雏形，无可置疑。然而，这一点在我们以前的论文及著述中，却未曾有人说过；迟至1979年，才由日本学者松井博光在《薄明的文学》一书中提出："从组成文学研究会的过程来分析，归根结底，其中心人物肯定是郑振铎"；同时，松井还分析了该会12个发起人的概况与关系。但有些重要史料他当时尚未见到，个别论述不免粗略或带有猜测性。这里，有必要再梳理一下该会成立过程和几个发起人的作用及相互关系。

郑振铎与《小说月报》及文学研究会

郑振铎与文学研究会的初创

关于文学研究会的发动缘起，第12卷第2期《小说月报》的《文学研究会会务报告（第一次）》第一部分"本会发起之经过"有较详细的记载[1]："一九二〇年十一月间，有本会的几个发起人，相信文学的重要。想发起出版一个文学杂志：以灌输文学常识，介绍世界文学，整理中国旧文学并发表个人的创作。征求了好些人的同意。但因经济的关系，不能自己出版杂志。因想同上海各书局接洽，由我们编辑，归他们出版。当时商务印书馆的经理张菊生君和编辑主任高梦旦君适在京，我们遂同他们商议了一两次，要他们替我们出版这个杂志。他们以文学杂志与《小说月报》性质有些相似，只答应可以把《小说月报》改组，而没有允担任文学杂志的出版。我们自然不能赞成。当时就有几个人提议，不如先办一个文学会，由这个会出版这个杂志，一来可以基础更为稳固，二来同各书局也容易接洽。大家都非常的赞成。於是本会遂有发起的动机。"

这里说的"十一月间"当是"十月间"之误，有张元济日记为证。张元济10月23日日记："昨日有郑振铎、耿匡（号济之）两人来访，不知为何许人。适外出未遇。今晨郑君又来，见之。……言前日由蒋百里介绍，愿出文学杂志，集合同人，供给材料。拟援《北京大学月刊》艺学杂志例，要求本馆发行，条件总可商量。余以梦旦附入《小说月报》之意告之。谓百里已提过，彼辈不赞成。或两月一册亦可。余允候归沪商议。"由上可知，《新社会》小组成立一年后，文学研究会就开始正式酝酿了。而"几个发起人"中，最主要的当然就是《新社会》小组的核心人物郑振铎。

从张元济这则日记中可知，张、高二人在22日前已经在京商议过出版文学杂志一事，并已通过蒋百里向郑振铎们转达了意见。郑这次直接与

---

[1]"本会发起之经过"显然是由郑振铎撰写的，因为在该报告的第二部分"成立会纪事"中，即说明在成立大会上"首由郑振铎君报告本会发起经过"。

955

张商谈，是想再次努力争取。张于10月30日启程回沪，而这时郑振铎等人已决定要成立文学社了。郑后来在《想起和济之同在一处的日子》中回忆说："第一次开会便借济之的万宝盖胡同的寓所。到会的有蒋百里、周作人、孙伏园、郭绍虞、地山、秋白、菊农、济之和我，还约上海的沈雁冰，一同是十二个人，共同发表了一篇宣言，这便是文学研究会的开始。"这第一次会，据周作人日记，是11月23日下午召开的；又据周氏日记，到会共七人。而参考郑振铎上述回忆，可以确定是：郑振铎、耿济之、瞿世英、许地山、周作人、蒋百里、孙伏园、郭绍虞。这几个到会者，再加上茅盾、叶圣陶、王统照、朱希祖，也就是12个发起人了。29日，他们又借北京大学李大钊工作室开会，决定积极筹备该会成立，推举郑振铎起草会章，并决定将《小说月报》作为该会的"代用"刊物。（郑振铎给茅盾写信联络，以及给在日本的郭沫若、田汉写信邀请参加发起，当均在这以后。）12月4日，又在耿宅开会并通过会章和宣言。会章与宣言以12个发起人名义于13日起在各报发表。30日，他们又在耿宅开会，讨论要求入会者的名单，并议决于翌年1月4日在中山公园来今雨轩召开正式的成立大会。

从上述筹备经过，可以看出郑振铎所起的作用；而从他同另外11个发起人的相互关系，更可以很清楚地看到他在其中的核心地位，以及该会与其他社团的关系。

这些相关社团，以及12个发起人，在文学研究会成立时各自所起的作用是并不相同的。简单说来，《新社会》小组（人道社）是最初的发起单位，并且是全员加入，是该会的核心。内中郑振铎更是中心人物，耿济之则是其主要副手，许地山后来成为该会主要创作家之一，而瞿世英则偏重于文学理论。新青年社的周作人，以及他的同事朱希祖，是作为前辈、知名学者来参加的。周主要处于顾问的地位，朱可能负责读书辅导之事[1]。新潮社诸君除周作人外，郭绍虞在当时做了一点牵线工作，孙伏

---

[1] 朱希祖参与了文学研究会《读书会简章》的起草，在1921年3月31日的大会上又提议大家应该积极参加读书会。

园掌握重要发表阵地（而且郑振铎当时与鲁迅的联系，主要通过孙与周），叶圣陶虽然筹备工作中未起作用，但不久即成为该会重要作家。曙光社的王统照也是该会重要创作家，而且曙光社的不少成员后来都参加了文学研究会；后来，他又在北方主持该会北京分会的工作。共学社的蒋百里是作为知名人士参加的，而且在该会创办初期对出版界，甚至政界起了某些引荐作用[1]；随后，蒋与朱希祖一样，实际脱离了该会。而茅盾，不仅随即掌握了当时全国最大的文学刊物阵地，而且后来起的作用越来越大，成为该会另一个核心人物。

文学研究会自始至终的中心人物

从以上分析可知，文学研究会虽然总的说来是一个散漫的文学团体，但创办时期在以郑振铎为中心的联络组织下，还是井井有条的。而从郑振铎一开始就欲邀请鲁迅、郭沫若、田汉（可能还有胡适等）参加来看，他的胸怀是非常博大的。（试想，这几位如果都参加，整部新文学史将如何改观！）从上引该会会务报告的"本会发起之经过"中可知，该会宣言等发表后只过了一两个星期，就有不少人报名参加，其中最早的就有两位女作家庐隐和冰心。出席成立大会的，就有21人（不包括因病未出席的周作人，以及不在北京的茅盾、叶圣陶、郭绍虞等人）。从此以后，该会在郑振铎挂帅下不断发展，1921年初已有48名会员（参见1921年3月3日郑振铎致周作人信）；1924年，该会曾印有131人的会员名录；再后来，赵景深在郑家看到正式登记的会员已有172人。

叶圣陶多次说过："郑振铎是最初的发起人，各方面联络接洽，他费

---

[1] 如因为蒋百里的关系，文学研究会有时能在欧美同学会礼堂召开会议；另外，该会在"研究系"控制的上海《时事新报》和北京《晨报》都有副刊阵地，也当与蒋百里的推荐和支持有关。也正因为如此，创造社后来攻击文学研究会"好和政治团体相接近"。

力最多,成立会上,他当选为书记干事,以后一直由他经管会务。"[1]郭绍虞说:"文学研究会的组织振铎是核心人物之一。正因为如此,所以后来振铎到上海,文学研究会也就跟着移到上海来了"[2]。孙伏园在《怀耿济之》中说:"那时郑振铎先生奔走文学研究会最热心。"这些发起人说的都是事实。郭绍虞后来又说:"文学研究会之成立以振铎为骨干;至此以后文学研究会之发展,则又以雁冰为主体。"因为"雁冰的思想相当进步,在当时可能已是共产党员,所以我说此后的发展,则又是雁冰的力量"[3]。现在人所周知,早在1921年茅盾就是党员。总的说来,茅盾的政治理论与文学理论水平在该会会员中居最高,后来他的创作成就也最高,他在该会所起的作用越来越大,成为另一位代表人物,这是事实。但笔者认为,郭绍虞"至此以后文学研究会之发展,则又以雁冰为主体"的说法并不甚确切,因为郭后来逐渐疏离该会核心,走上古典文学研究之路,关于该会后来的情况,有些不一定了解。事实上,郑振铎自始至终是该会的中心人物,茅盾在会中的作用与地位一直没有替代郑振铎。胡愈之说,"后来郑振铎同志因工作分配到上海,和雁冰同志紧密结合起来"[4],从而更促进了该会的发展。这样说更符合实际些。

笔者认为,不能因为茅盾后来在文坛以及政治上地位的提高,而夸大他在文学研究会组织与领导上的实际作用。必须看到,第一,郑振铎的政治思想也可说是"相当进步"的;1920年代初,郑与茅的文学思想基本一致又各有千秋。他们互相配合,共同战斗。从当时的影响及发表文章的数量来看,郑绝不亚于茅。茅在文学思想上超过郑,并开始拉大距离,当以1925年5月发表的《论无产阶级艺术》为标志;但对该会大多数会员来说,郑的文学思想更易于接受,因而也就更有影响。再说,思想进步不一

---

[1] 叶圣陶:《略叙文学研究会》,《文学评论》1959年第2期。
[2] 郭绍虞:《"文学研究会"成立时的点滴回忆——悼念振铎先生》,上海鲁迅纪念馆编:《郑振铎纪念集》,上海社会科学院出版社2008年版。
[3] 郭绍虞:《关于文学研究会的成立》,《新文学史料》1980年第3期。
[4] 胡愈之:《早年同茅盾在一起的日子里》,《人民日报》1981年4月25日。

定直接体现在社团的组织作用上。1926年以后，该会的组织也并没有大的发展。第二，大型的《文学研究会丛书》，会刊《文学旬刊》（包括后来的《文学》周刊、《文学周报》）、《星海》，以及从1923年起该会的"代用刊物"《小说月报》，主要都是由郑振铎总负责。这些刊物、丛书无疑是维系该会的纽带。第三，茅盾有不少时间须从事地下党务工作和政治活动，也不可能将很大精力花在该会的具体组织工作上，而郑振铎在团结、联系会员方面有着天生的、特殊的魅力。

早在该会的正式成立大会上，就决定以郑的住处"为接洽一切会务之处"，但他在1921年3月就去上海工作。这以后，该会总会名义上虽然仍一度设在北京，但实际却因他的南下及大部分重要成员聚集在上海而重心转移。此后的六七年，为该会最兴旺的黄金时期。郑振铎此时在会务方面作出的贡献，主要有这样几端：一、与茅盾、胡愈之、叶圣陶等人结成新的有力的核心，团结了大批作家，发展了百余名会员，还成立了广州分会等；二、以商务印书馆（后期则又有开明书店）为大本营，主编出版了许多该会的（以及以该会会员为主要作者的）丛书与报刊；三、发起和带头批判"礼拜六派"及其他错误文艺思潮；四、以该会名义积极参加"五卅"运动以及大革命运动。在该会最盛时期，郑振铎无疑仍是最主要的挂帅人物。这只要看看那些报刊、丛书的发刊词、序文、按语等大多是由他署名或执笔的，以及他撰写文章的分量和刊载时的突出位置，即可明白。用国民党官僚王平陵后来在台湾讲的话来说："这时，郑氏在中国文坛的声望，几乎有压倒前辈、领导后生的气派！"（《北伐前后的文派》）

大革命失败后，郑振铎与茅盾、胡愈之等人，或被迫逃亡国外，或转移躲藏，该会虽不曾解散，但基本停止发展和活动，只是有关刊物和丛书由叶圣陶、徐调孚、赵景深等人维持着。郑振铎回国后，曾想重整旗鼓，恢复该会以前的声势，《小说月报》与《文学周报》在他的主持下，确实也有新的起色。但由于经过大革命的失败，中国社会状况有很大变化，该会成员也有分化，终究未能恢复1927年前那样的气势。1928年底，《文学周报》停刊；1932年初，《小说月报》因日本侵略军轰炸而终刊。该会因失去刊物阵地而无形中消亡。但其核心人员在精神联系上则始终没有离散过，一直在文坛上起着重大的作用。

最后，笔者想引用舒乙在纪念文学研究会成立70周年时所写的《文学研究会和他的会员》一文中的两组重要统计数据。一组是1921年初至1925年底文学研究会主要作家在该会所办刊物上发表作品的数量排名表，另一组是1921年初至1931年底文学研究会主要作家在该会所办刊物上发表作品的数量排名表。前一个表，第一名郑振铎，创作作品210篇，翻译作品65篇；第二名茅盾，创作作品196篇，翻译作品62篇；第三名王统照，创作作品134篇，翻译作品18篇；第四名徐玉诺，创作作品78篇，翻译作品0篇；后面不再引述。后一个表，第一名仍是郑振铎，创作作品395篇，翻译作品92篇；第二名也仍是茅盾，创作作品227篇，翻译作品76篇；第三名赵景深，创作作品147篇，翻译作品51篇；第四名王统照，创作作品143篇，翻译作品15篇；后面不再引述。笔者还想指出，舒文所统计的数字肯定还有疏误，例如本文上面提到的署名"慕之"的那篇作品，大概就算成了茅盾的作品，肯定没有算在郑振铎头上。再如，还有好几篇在文学研究会刊物上发表的未署名文章，如《文学之力》，几本《茅盾年谱》均认作茅盾作品，其实从内容即可判定为郑所作，而且在郑的遗稿中还存有此文的早年抄件。另外，舒文所统计的内容没有反映出作品发表时所占刊物的地位（是不是首篇，篇名有没有登封面要目，目录中篇名是不是排大字等）和作品字数的长短，而郑振铎在这方面都是居最前列的。

写到这里，对于郑振铎到底是不是文学研究会创办人，或者他在发起人中是不是最主要的，已经不需再多说了吧？

（作者单位：上海外国语大学）

左翼思潮冲击下文学研究会的编辑们

葛 飞

研究者多以为，与创造社相比，文学研究会成员的共性要少得多。20世纪20年代上半期，文学研究会有着鲜明的文坛中心意识，"社团性特征"反而较弱，研究它需要有方法论方面的突破。[1]文学研究会的确大而无当，真正能够建立起认同的，一个是以郑振铎为中心的人道社成员，他们是最初的发起人；再一个就是在商务印书馆任职的同人。随着郑振铎、叶圣陶等人相继入职商务，陈望道、谢六逸、胡愈之、王伯祥、樊仲云、徐调孚、章锡琛、李石岑、傅东华、何炳松、周予同、周建人、严既澄、彭家煌、贺昌群等商务职员也被发展为文学研究会成员，上海其他书局的一些编辑，如赵景深（开明书店、北新书局）、夏丏尊（开明书店）、乐嗣炳（中华书局）也加入了文学研究会。这些人惯习（habitus）[2]相近：勤于自学、爱友如命、处世圆通，依靠地缘、亲缘、学缘展开人际关系网络，长于组织策划[3]。反过来说，要想在出版业获得成功就必须具备这些条件。沈雁冰虽然不满新文坛的创作题材局限于学校生活和恋爱，但是职员生活本

---

[1] 朱寿桐：《论文学研究会的中心语态》，《福建论坛（人文社会科学版）》2003年6期。
[2] 布迪厄说："诸如惯习、场域和资本这些概念，我们都可以给它们下这样或那样的定义，但要想这样做，只能在这些概念所构成的理论系统中，而决不能孤立地界定它们"。参见〔法〕皮埃尔·布迪厄、〔美〕华康德：《实践与反思——反思社会学导引》，李猛、李康译，中央编译出版社1998年版，第132页。应用这些概念，尤其离不开对具体历史情境的分析。
[3] 叶圣陶称胡愈之有四大长处：自学精神、组织能力、博爱精神、友爱情谊，参见叶圣陶：《四大长处》，费孝通、夏衍等：《胡愈之印象记》，中国友谊出版公司1996年版，第28页。郑振铎亦是如此，参见向敏：《试论郑振铎编辑事业成功之原因》，《出版科学》2014年第5期。

就单调狭窄，他们自己也无法拓展创作题材。大革命才使得茅盾、叶圣陶等人体验了波澜壮阔的人生和"时代"，1928年以降的数年间，文学研究会的几个人进入创作高峰期，《小说月报》佳作不断。然而，在左翼思潮的冲击下，文学研究会突然没有了声音，个中缘由颇值得我们深思。

一

创造社常常嘲讽文学研究会核心人物创作乏力，只会"拉人"，到了1927年中期，文学研究会颇有扬眉吐气之感：《小说月报》"近来收到好些可观的创作，因此，下期就决定是'创作号'"[1]。写了这则编后记之后，郑振铎即赴欧游历、避难，《小说月报》由叶圣陶代编。"创作号"编后记号召作者："提起你们的笔，来写这不同寻常时代里的生活！"至于"这时代到底是个什么时代，有胡适先生同几位外国朋友各表意见，尚无定论，但总之是个不同寻常的时代"。"创作号"所刊之作品，态度情调亦"数不同趋，好在《小说月报》本来是'杂志'"[2]。沈从文说，那时文坛"几个有相当地位"的作者，老舍的《赵子曰》，叶圣陶的《在城中》《倪焕之》，茅盾的《蚀》《虹》，以及丁玲的小说集《在黑暗中》，皆反映了广阔的人生，但与同时期译介的普罗文学理论无关。[3]此外，巴金、戴望舒等人在叶圣陶代编期间的《小说月报》上发表作品，获得了广泛的关注。1927年才加入文学研究会的彭家煌，作品也取得了较高的艺术成就。可以这样说，在1920年代的最后几年，文学研究会既有具体的主张，也有体现这些主张的成熟作品。

创造社、太阳社发起普罗文学运动，创作上则如牙牙学语，极其幼稚。但是它们采取了"全部批判"策略，挑起极化争端（polarizing issues），"迫使整个艺术界就赞成还是反对'革命'来排队"；攻击者予以

---

[1]《最后半页》，《小说月报》第18卷第6期（1927年6月10日）。
[2]《最后一页》，《小说月报》第18卷第7期（1927年7月10日）。
[3] 沈从文：《现代中国文学的小感想》，《文艺月刊》1931年第5期。

回应，也还是放大了争端的影响。[1]鲁迅加入了竞赛，力图通过翻译苏俄文艺政策来占有"王牌"，压制创造社、太阳社。文学研究会这面，只有茅盾应战，编辑们能为茅盾的创作和论战文字提供充分的篇幅，自身则不愿发表意见。《文学周报》第360期"茅盾三部曲批评号"（1929年3月3日）收四篇文章：

  罗 美：《关于〈幻灭〉——茅盾收到的一封信》
  张眠月：《〈幻灭〉的时代描写》
  林 樾：《〈动摇〉和〈追求〉》
  辛 夷：《〈追求〉中的章秋柳》

此外，《文学周报》第349期还有一篇复三的《茅盾三部曲》。这些文章表彰茅盾创作的着眼点，也都是说其反映了时代。《蚀》《虹》《赵子曰》《二马》等在《小说月报》连载时，叶圣陶在编后记中均赞誉有加，但那毕竟是编后记，编辑一般都会面面俱到地点评本期所刊之创作、理论、翻译等，不可能深入地阐发。编"茅盾三部曲批评号"，编辑们组织来的或是收到的稿件都是外稿，作者也没有什么名气；"罗美"是茅盾胞弟沈泽民的笔名，信是茅盾本人拿出来的。鲁迅创作，沈泽民大多无感，唯《伤逝》一篇写晚近之事，取材仍"远不如《幻灭》。因此《伤逝》中主人公及其内容成了一些抽象的题目，读之如读一任何旧书的'别离赋'、'悼亡诗'而不能深感其时代性。大凡失了时代的烙印的文字，往往成为不真实而虚浮的"。茅盾将此信拿出来发表，是对鲁迅的失礼行为，但由此亦能看出茅盾渴望获得承认的程度。

  茅盾的《读〈倪焕之〉》纵论"五四"以来的小说创作，声称"五四"时代并未产生表现时代的作品，鲁迅小说描写的大多是"老中国"暗陬的乡村，郁达夫、张资平等虽长于描写时代青年，但也只写了表

---

[1] 关于"极化争端"的情境逻辑，参见〔英〕贡布里希：《理想与偶像》，范景中等译，上海人民美术出版社1989年版，第109—119页。

面的苦闷，缺乏浓郁的社会性。《倪焕之》第一次全面刻画了十年来的时代壮潮如何激荡知识分子，虽然没有正面描写革命者如何推进时代，仍堪称"扛鼎"之作。[1]此时的夏丏尊、叶圣陶皆在开明书店任职，前者为《倪焕之》单行本作序，称赞这部小说是当代文坛"描写力最旺"的一篇，是"划一时代"的作品，"实不愧茅盾君所称的'扛鼎'的工作"。[2]叶圣陶节录茅文直接论述《倪焕之》的部分，作为《倪焕之》单行本的附录[3]。我们可以这样认为，作家需要从批评家那里分润象征资本——批评家有权威，他的话才会被一再征引；《文学周报》刊载的那些名不见经传者的表彰文章，自然无法让茅盾满足，事实上也无人加以援引或反驳。黄子平看出了《读〈倪焕之〉》的弦外之音："用排除法为茅盾自己两年来的创作作'历史定位'，眼光和手腕都相当老到。"[4]作家不便自唱自赞，然而文学研究会的成员如此众多，茅盾仍得曲折隐晦地从反面作自我定位，那就得说，文学研究会存在着结构性问题。鲁迅说："每一个文学团体中，大抵总有一套文学的人物。至少，是一个诗人，一个小说家，还有一个尽职于宣传本团体的光荣和功绩的批评家。"[5]文学研究会则是编辑太多，翻译家、学者多，敢于做容易得罪人的、敢于捍卫团体荣誉的批评家的，实在太少。作为一个团体，文学研究会总得有一位批评家，茅盾即长期扮演这一角色。20世纪20年代前半期，文学研究会成员亦能讨论一些问题，譬如说民众文学问题、欧化语体文问题等。1927年以降，茅盾成了文学研究会乃至于整个新文坛最著名的小说家，还几乎是该会唯一的批评家，角色十分吃重。待茅盾停止与创造社、太阳社论战，文学研究会这个团体竟然就没有了声音。

---

[1] 茅盾：《读〈倪焕之〉》，《文学周报》第370期（1929年5月12日）。
[2] 夏丏尊：《关於〈倪焕之〉》，叶绍钧：《倪焕之》，开明书店1930年版。
[3] 叶绍钧：《倪焕之》，开明书店1930年版，"作者自记"。
[4] 黄子平：《"灰阑"中的叙述》，上海文艺出版社2001年版，第54—55页。
[5] 鲁迅：《我们要批评家》，《萌芽月刊》第1卷第4期（1930年4月1日）。

二

徐调孚后来强调:"《小说月报》是资本主义企业所办的刊物,办杂志的目的是推广他们出版的书籍,也就是获取最大的利润。因此它需要'八面玲珑'、'面面俱到',最忌的是得罪人,任何一个人;略带战斗性的文字便不能在刊物上发表了。如果您要从《小说月报》上去找比较尖锐的批评文章,那您准得失望。"[1]可是《文学周报》并非某书局的出版物,而是机关刊物,除茅盾而外的文学研究会成员为何也不在上面发表论战性文字呢?那就只能说是编辑的惯习使然。编辑们要拉稿,要推广自己编辑的杂志和书籍,就不得不八面玲珑、面面俱到了。他们会在编后记中衡文论人,而在编后记中,尤其得以面面俱到的表彰为主。他们不能像周氏兄弟那样"师心使气",也不能像创造社那样以狂叛的"流氓"自喜。"革命文学论战"爆发之际,《文学周报》由赵景深编辑;从第351期改由八人共同编辑,论战也还没有结束。文学研究会成员颇众,赵景深竟说:"帮助我们的朋友太少,所以踽踽独行,颇有凄凉之感!"他强烈地呼吁读者投稿,"希望《文学周报》渐渐能改为纯批评的刊物",把该刊弄成具有时效性的"报",而不是"书"。因为周刊"较长的创作是容纳不下的,只好登些短小精悍的评论","回顾过去,与礼拜六文丐交战,也有过相当的成绩"。[2]然而,当下的"革命文学论战",除茅盾应战而外,就只有两篇外稿了——李作宾的《革命文学运动的观察》(《文学周报》第331期)和姚方仁的《文学与时代》(《文学周报》第339期)。

郑振铎从欧洲归来之后,《文学周报》发布启事,"同人数年来或奔走四方,或困于衣食,无暇为本报执笔",现"多半复集于上海,聚议之下,佥欲重整旗鼓,分担责任","由耿济之、谢六逸、傅东华、李青崖、樊仲

---

[1] 徐调孚:《〈小说月报〉话旧》,贾植芳等编:《中国文学史资料全编·现代卷:文学研究会资料》下册,知识产权出版社2010年版,第762页。
[2] 赵景深:《第七卷的开始》,《文学周报》第327期(1928年7月22日)。

云、徐调孚、赵景深、郑振铎诸君同负编辑之责"。[1]前文分析的"茅盾三部曲批评号",即是八人合编的产物,但是编者皆未撰文,这里还要分析的是编译问题。

苏俄政治文化已成了中国文坛绕不过去的问题,郭沫若也注意到,"商务印书馆的《东方杂志》《小说月报》,不也零星的在登载辩正的唯物论或者是倾向无产阵营的作品吗?不管你愿不愿意,不管你顾盼不顾盼,潮流的力量总要推着你向大海奔驰,不然便把你抛撒在两岸的沙滩"[2]。左翼文学阵营把辩证唯物论、苏俄无产阶级文学乃至于官方政策看作政治正确的来源。叶圣陶则把苏联文学视作"世界文学"之一端,《小说月报》第20卷第6期是叶圣陶代编的最后一期,编后记预告将出"现代世界文学专号","盲从了本国的什么诗文派或什么作家,与盲从了外来的什么'主义',是同样的自加桎梏"。[3]

郑振铎归国后,《文学周报》出"苏俄小说专号",似乎是有意突出苏俄文学。为了增加篇幅,这个专号是第364—368期合刊(1929年4月28日出版)。它基本上就是一本"书",而非批评性的、具有时效性的"报"。这一专号刊载了:九位文学研究会成员译的九篇小说,其中有六篇重译自Joshna Kunitz编译的《蔚蓝的城》;刘穆译Joshna Kunitz的《新俄文坛最近的趋势》,也是《蔚蓝的城》序言;落款"编者甲"的《本号苏俄小说作者传略》,同样是译自《蔚蓝的城》一书的附录。此外,还有谢六逸译《苏俄的教育人民委员长——阿拉德里·鲁纳却尔斯基》,"编者乙"辑《中译苏俄小说编目》,"编者丙"作《编校后记》,简略地交代专号各篇小说是译自俄文还是从英文重译。整个专号竟然没有一句是编译者所发的议论,三位编者也没有署名。[4]郑振铎在他处说:对于想知道苏俄"真实情形

---

[1]"文学周报要紧启事二",《文学周报》第350期(1928年12月30日)。
[2]麦克昂:《文学革命之回顾》,冯乃超主编:《文艺讲座》第一册,神州国光社1930年版,第84页。麦克昂即郭沫若。
[3]《最后一页》,《小说月报》第20卷第6期(1929年6月10日)。
[4]《中译苏俄小说编目》还刊载于《现代文学》1930年第1卷第2期,署名蒲梢,即徐调孚。

的人",《蔚蓝的城》这本书确是很重要,作家们将革命的"一切的好处,一切的坏处"都真切无伪地写了出来,胜过了"一切的正面或反面的宣传"。[1]革命的好处、坏处究竟何在？郑点到为止,没有谈下去。

傅东华译了一批苏俄小说,陆续刊载于《文学周报》《东方杂志》。结集出版时,他在自序中说:"在我们自己的革命尚未完成的期间,为好奇心所动,要想知道别人家的另一性质的革命到底是怎么回事,所以译了这几篇东西。"那么,傅东华究竟看到了什么？他自相矛盾地说,集中所收的几篇苏俄小说"都表现着一种紧张和不安的空气",其共同点又皆能体现"革命只是人情的表现而已","然而退伍红军兵士所追求的'热而肥'的妲尼亚女士终究要被城里政治教育部的代表范修丁同志毫不费力地带了去。难道这是革命的注定结果吗？也不过是人情罢了！哈哈"[2]。这说的是希雪考夫《村戏》里的情节。二三十年代之交,中译苏联小说大多是同路人的作品,20世纪20年代苏俄文艺政策尚比较宽松,同路人作品也写出革命的残酷性,以及革命后苏维埃遇到的种种问题。中译者从中看到"真实",却不敢直面之,不愿直言,傅东华遂用插科打诨来摆脱自身的言说困境。

也是在二三十年代之交,苏联政治和文艺政策都发生了变化,赵景深从英文刊物上译了一篇俄国通讯,写了一句按语:"《星期六文学评论》6卷31号上载有拉莎洛夫（Alexander Nazaroff）的俄国通信,笔者颇不满意于无产阶级文学,但其中有些消息却是值得宝贵的。现在谨将这篇短文不加选择的译在下面。"作者批评斯大林抛弃了新经济政策,试图"跳到无望的共产主义上去",迫害、处决"反革命"也让人回想起"1919和1920年的黑暗时代"。以前小说家在"作品里甚至可以批评到苏维埃制度的缺点,只要他的批评是根于友谊。但现在可不能这样的随便了",作品躺在了"马克思主义普罗克鲁斯次（Procrustes）床上"。赵景深注:Procrustes"是古希腊的大盗,相传有被捕的人,强盗就把他放在铁褥上,如果他的身体比铁褥长,就切断他的腿,如果是短,就拉他长,表示必就

---

[1] 西谛:《蔚蓝的城》,《小说月报》第20卷第3期（1929年3月10日）。
[2] 赛米诺夫等:《饥饿及其他》,傅东华译,新生命书局1932年版,"序"。

其范的意思"[1]。赵景深并未表明自身的态度，鲁迅仍给了顺手一击：雅各武莱夫的《十月》虽为同路人的作品，但"在苏联先前并未禁止，现在也还在通行，所以我们的大学教授拾了侨俄的唾余，说那边在用马克斯学说据斤估两，多也不是，少也不是，是夸张的，其实倒是他们要将这作为口实，自己来据斤估两"[2]。赵景深在复旦大学等处兼课，鲁迅遂含讥带讽地称之为教授。后者以1924年初版的同路人小说《十月》在苏联仍能流通，能说明什么问题呢？说明苏联现在的文艺政策仍然宽松？鲁迅也知道，同路人不以社会主义建设为题材就很难发表作品，但是他抄了苏联教授柯冈的论断，说"这些'纯粹'的文学主义者们，是终于也不能不拉进在一切战线上，沸腾着的斗争里面去了的，于是就参加了斗争"[3]。

总体说来，文学研究会成员既不愿像左翼阵营那样一味赞颂苏联，同时也不愿冒犯"革命"而去批判苏联的问题，结果就采取了"译而不评"的策略。

三

左右之争、派性之争时时逼迫知识人站队，编辑这一角色却可以使扮演者行而不言，不发议论而又没有出局，还能占据上位（相对于青年作家而言）。知识社会学对于读者、作者和书商已有深入研究，这里不妨结合具体的历史情境，对编辑角色略作分析。

商务印书馆总是想办能够长期办下去的大型期刊。《文学周报》虽不是商务的出版物，而是文学研究会的机关志，"在性质相同的周刊，它是寿命最长的"[4]。求大，内容必然会杂——这个"杂"是相对于左翼追求意识形态纯一而言；要想长期办下去，就得追随时代主潮，但也不能太激

---

[1] 赵景深译：《最近的新俄小说》，《小说月报》第21卷第4期（1930年4月10日）。
[2] A.雅各武莱夫：《十月》，鲁迅译，神州国光社1933年版，"后记"。
[3] 同上。
[4] 赵景深：《第七卷的开始》，《文学周报》第327期。

进。大型杂志和丛书很难说是编辑个人理念的外化,茅盾即说过,初衷固然是"人办杂志",结果往往是"杂志办人"——有些话反动当局不让说,评论朋友的作品总要讲些客套话,必须顾及读者的接受能力和趣味等。[1]如果编者顾忌到已成为主潮的左翼力量,左翼也会产生无形的"压力审查"。后世学者读文集,也许会把其中的团体宣言、发刊词、编后记一类文字视为个体思想的体现;当日读者则是看期刊,在团队运作的期刊上,发刊词、编后记之类文字通常不署名,或者署"记者"二字,以示团体意见,个人只是执笔者。多人合编一刊,那就是多人合戴一个角色面具了。

文学研究会中有不少人是职业编辑,这在其他文学社团是比较少见的,他们仅仅把自身的"鉴赏、判断的结果表现在选择和编排(作品)上,并不用文字发表出来"[2],譬如说,我们很难见到徐调孚的署名文章。当其刊物由多人合编时,我们就难以根据刊物的面貌反推出各位编辑的美学趣味和价值判断。同理,如果译者不去评论自己所译的文章和作品,我们也很难说译作反映了译者的思想和立场。在团体身份和不署名的文章之外,有些成员还有个体的文化身份。郑振铎归国后,更多地是以学者身份在文化界"亮相",《小说月报》基本上都是以他的一篇古代文学研究论文打头,又以他的《元曲叙录》殿尾。他归国后在《小说月报》上发表的第一篇杂文则是《且漫谈所谓"国学"》(第20卷第1期),同期杂志上还有何炳松的《论所谓"国学"》,以及从《新月》转载的胡适作《治学的方法和材料》。三篇文章皆是奉劝青年多研究自然科学,而不要陷入故纸堆中。郑振铎说,"我们的工作,是西方科学与文化的介绍与研究",整理国故只是"最少数的最专门的工作,不必责之于一般人,于一般青年"。问题在于《小说月报》的读者不正是"一般青年"吗?它为何又要留出如此多的篇幅刊登古代文学论文?

也是在第20卷第1期的《小说月报》上,郑振铎说"随笔"栏"什么都谈,只除了政治。像政治这样热辣辣的东西,我们实在不适宜于去触

---

[1] 茅盾:《"杂志办人"》,《文学》第1卷第3、4期合刊(1933年7月31日)。
[2] 水:《编辑人的私愿》,《文学》第4卷第4期(1935年4月1日)。水即傅东华。

到它"。"我们的人类很杂,思路当然也未能一致。在这样的一个总标题之下,我们实不希望于求同。不过,我们确有一个总趋向。我们是向前走的……向光明走的";"至于这条道儿究竟是什么的道儿,我们却不必详说,大众连看了几篇几期之后,也许便可以明白的"。[1]左右两翼的政治文化身份皆须通过表达立场、加入组织来明确;两造之间的光谱,政治文化身份只能大概地得到确认或否认,中间人物也善于使用含糊其辞、关键性省略等技巧,以期获得某种利益,但又"有技巧地好像什么都没说"[2]。《文学周报》八位编辑中,樊仲云毫无保留地赞同普罗文学,声称"苍白幽暗的神秘主义,神经衰弱的浪漫主义,妄自独断的印象主义,个人独立的写实主义,以及朦胧不明的象征主义,现在都是过去了,正在到来的是新写实主义(proletaire réalisme)"[3]。樊仲云在政治上则是改组派,1929年加入了新生命书局;胡愈之在成为中共秘密党员之前,与新生命书局的关系也比较密切。也是改组派的孙福熙"要为做政治工作的人辩护",对郑振铎也有点不满:"《小说月报》的老板们也难免着急,说我不懂他们不敢亲近'热辣辣的政治'的苦衷。"[4]虽说文学研究会的成员分成了有党派的和无党派的,有党派所属的党派亦复不同,但是这无害于他们的友谊,成立社团的一个重要功能就是构筑共同的社会资本,亦即联络感情、交换友谊。即便文学研究会无疾而终,共同的社会资本仍然存在。

其实孙伏园、孙福熙兄弟也是语丝派,江绍原介绍来简又文的《我所认识的冯玉祥及西北军》,鲁迅托辞不登,文章不久便在孙伏园所办的《贡献》上登出了。[5]《语丝》却登了一篇攻击二孙是改组派的文章,[6]等于说《语丝》与中共接近。左翼还把"教授""名流"视为资产阶级文人的身份标签。柔石主编时期的《语丝》、鲁迅主编的《萌芽月刊》,以及左联

---

[1]《小说月报》第20卷第1期"随笔"栏按语,落款西谛。
[2] Erving Goffman, *The Presentation of Self in Everyday Life*, pp. 59-60.
[3] 樊仲云:《通过了十字街头》,《小说月报》第20卷第1期。
[4] 孙福熙:《热辣辣的政治》,《小说月报》第20卷第3期(1929年3月10日)。
[5] 鲁迅:《我与〈语丝〉的始终》,《萌芽月刊》第1卷第2期(1930年2月1日)。
[6] 学濂:《"热辣辣的政治"》,《语丝》第5卷第20期(1929年7月22日)。

成立之初创办的机关志《巴尔底山》都登载了不少攻击郑振铎的文章,因为他做了教授,还想当"光明大学"文学院长,成了名流,与胡适、徐志摩等人一道发起国际笔会中国分会……[1]鲁迅虽没有撰文攻郑振铎,但是在给李霁野的信中也断言郑氏组织译介苏俄文学是"投机"。[2]遭到上述几份杂志攻击的文学研究会作家还有俞平伯、丰子恺、谢六逸等,他们也皆没有回应。左翼的权威因为已成作家的隐忍吞声而得到彰显,文学研究会的声誉也因此急遽贬值,正准备入场的青年就不会去接近难以给他们带来象征资本的文学研究会了。有技巧地保持沉默,倒是为郑振铎等人日后与左翼发生这样那样的关系留下了余地。

目前我们所能见到的文学研究会名录,最末两位是彭家煌(1927年入会)、俞剑华(1928年入会)。这也许可以说明,郑氏出国期间,文学研究会就没有发展成员。归国后,他也没有把那些在《小说月报》上崭露头角的文学新人发展成会员,没有发展那些投稿《文学周报》参加"革命文学论战"的读者。个体创作上都处于巅峰状态,团体却悄无声息地涣散了。夏丏尊的一段话,也许道出了他们这一批人的软肋:知识阶级"战斗力的薄弱,实是可惊。他们上层的大概右倾,下层的大概左倾,右倾的不必说,左倾的也无实力。他们决不能与任何阶级反抗,只好献媚于别阶级,把秋波向左送或向右送,以苟延残喘而已"[3]。就社会地位而言,文学研究会的编辑们大都属于中间层,在文学场域中处于中上层,个人都是文坛的常青树,郑振铎更是在社会阶梯中拾级而上。他们并未献媚于统治阶级,但也不可能疏离于既存社会结构;他们的文学观念与左翼不同,但又"把秋波向左送",却也没有分明地表达立场。

(作者单位:南京大学)

---

[1] 参见陈福康:《郑振铎传》,北京十月文艺出版社1994年版,第215—222页。
[2]《致李霁野(291020)》,鲁迅:《鲁迅全集》第12卷,人民文学出版社2005年版,第207页。将此信和刊于《语丝》的《学术和时髦》(连柱)对照阅读,即可探知鲁迅的态度影响到了身边的青年。
[3] 夏丏尊:《知识阶级的命运》,《一般》第5卷第1期(1928年5月)。

女性文学批评视野中的《妇女杂志》[1]

陈 静

女性文学批评是指以女性所写文学批评作品为中心的批评活动。中国女性比较成气候的文学批评活动始自晚清，到20世纪二三十年代渐成规模。这一阶段在中国历史分期中一般被称作"近现代"。对此阶段女性文学批评的研究，学界尚处于起步阶段。要了解中国近现代女性文学批评，近现代期刊无疑是一座巨大的宝库。本文选取《妇女杂志》即着眼于此。

商务印书馆创办的《妇女杂志》是中国近现代最具代表性的女性刊物。该杂志1915年1月在上海创刊，月刊，1931年12月停刊，[2]连续出版17年，共17卷，204期（号），[3]是中国近现代历史上发行量最大、发行时间最久、覆盖面最广的女性期刊。它记录了近现代中国女性的生活面貌，是近现代妇女史研究的重要史料来源，也因此，《妇女杂志》一直是学界的研究热点，研究成果颇丰："在中国大陆学界，对《妇女杂志》的

---

[1] 基金项目：本文系国家社会科学基金项目"中国近代女性文学批评研究"（项目编号：16BZW106）阶段性成果。

[2] 1932年初，日军对商务印书馆进行了毁灭性轰炸，《妇女杂志》被迫停刊（其编辑部位于上海宝山路商务印书馆编译所内，据1924《妇女杂志》第10卷第12号末"本社投稿简章"所记）。关于轰炸之事："第二天上午（1932年1月29日），日本飞机……针对商务印书馆的印刷厂投下六枚燃烧弹，炸毁印刷厂、栈房、东方图书馆、商务印书馆附设的尚公小学……东方图书馆虽然中弹，尚未起火。2月1日凌晨，日本人又放火烧毁东方图书馆与编译所。"王学哲、方鹏程：《商务印书馆百年经营史（1897—2007）》，华中师范大学出版社2010年版，第58—59页。

[3]《妇女杂志》封面和内文均以卷号标示。每月出一号，一号相当于一期，一年发行一卷，每卷12号。1915—1921年，大致每月5日发行，自1921年7月起，改为每月1日发行。此据《妇女杂志》1921年第7卷第6号"本社特别启事二"："现拟自第七号起，将出版期特加提早，改于每月一日发行，并冀可于同日寄外埠各地。"

研究始于2002年，迄今，共发表相关论文77篇，2008年以后，研究热度明显升高。已有研究涉及了十个学科，以历史学和社会学的研究占比重最大……研究热点集中于办刊宗旨、妇女教育、女性职业、女性形象、婚恋观等问题上，近几年来，陋俗问题、服饰文化、女性身体、上海女性休闲空间、文学等领域亦开始进入研究视野。"[1]随着探讨的日趋深入，不少有价值的研究空间被发掘出来，本文所论女性文学批评就是其中之一。

近年来，对《妇女杂志》中文学问题的关注开始升温，研究者寻找刊登于该杂志上的小说、新诗、戏剧等文学作品，分析其中的女性形象，讨论其中的女性问题。但有关女性文学批评的分析，笔者仅见胡晓真《文苑、多罗与华鬘——王蕴章主编时期（1915—1920）〈妇女杂志〉中"女性文学"的观念与实践》[2]一文。文章分析了《妇女杂志》前六年"杂俎""余兴""文艺"三个栏目中的作品，对两位女性文学批评者——林德育和施淑仪——进行了对比与深入探讨。此文立足于女性文学批评，论述扎实，可惜只探讨了很少一部分内容。

笔者对《妇女杂志》204期内容进行了全面查考，筛选整理出46位女性撰写的53篇文学批评作品。这些作品和作者在以往的女性文学研究、文学批评史、文学史研究中大都未见提及，故本文首先提供这些资料的基本信息，在此基础上，简要分析女性作者和文学批评文本层面的基本特征。

一 《妇女杂志》中女性文学批评作品概况

以下为《妇女杂志》中46位女性作者与53篇女性文学批评作品的基本情况[3]：

---

[1] 陈静、姜彦臣：《〈妇女杂志〉研究述评》，《济南大学学报（社会科学版）》2015年第4期。

[2] 胡晓真：《文苑、多罗与华鬘——王蕴章主编时期（1915—1920）〈妇女杂志〉中"女性文学"的观念与实践》，《近代中国妇女史研究》2004年第12期。

[3] 连载的文章以一篇计算。另，在17年的历程中，《妇女杂志》一直采用某卷某号格式，有些年份会标发行年月，有些则不标，为统一起见，本表一律以卷号标示。

表1 《妇女杂志》中女性文学批评篇目一览表

年份	卷号	题目	作者[1]	栏目	语体
1915年	第1卷第1号	《发刊辞三》	平湖淑英女学教习 张芳芸	发刊辞	文言
		《论女子宜通小学》	湖南浏阳私立含章女子初等高等小学校长 李素筠	论说	文言
		《论游历有益于文学》	苏州景海女学第五次正科毕业生 华慧纬		文言
	第1卷第2号	《论女子宜通小学（续）》	浏阳含章女学校长 李素筠	论说	
	第1卷第4号	《郑康成诗婢赞并序》	广州公益女学师范三年级生 叶雪梅	文苑	文言
		《湘痕吟草序》	孙景谢	文苑	文言
	第1卷第5号	《女学生自修用书之研究》	吴县正本女学校校长 朱周国真[2]	女学商榷	文言
		《读书随笔》	善初小学教员 张朱翰芬	杂俎	文言
	第1卷第6号	《罄龄梦影》	玉俞[3]	小说	文言
	第1卷第9号	《小南强室笔记》	江宁周钟玉琴徽[4]	杂俎	文言
	第1卷第11号	《汪梦仙女史诗稿序》	苏州大同女校教员 虞山罗浮仙史 陈定文	文苑	文言
		《小南强室笔记（续）》[5]	金陵归周钟玉琴徽[6]	杂俎	文言

[1] 作者信息均据内文。有内文与目录不合处，另行注出。
[2] 本号目录中，作者为"梅梦"。疑是目录排印错误，因本号中有一篇文章《简易家庭看护》，目录与内文作者均为"梅梦"。
[3] 即易瑜，易瑜字玉俞。
[4] 本号目录中，作者为"周钟玉"。
[5] 本号目录有"（续）"字，内文无。
[6] 本号目录中，作者为"归周琴徽"

974

续表

年份	卷号	题目	作者	栏目	语体
1916年	第2卷第1号	《教授国文作法之状况》	浏阳含章女学校长 贝李素筠	国文范作	文言
	第2卷第5号	《镜台螺屑》	常熟程嘉秀髻男记	杂俎	文言
	第2卷第8号	《读前后赤壁赋书后》	河南省立女师范毕业生 汤瀛筠	国文范作	文言
	第2卷第9号	《书籍为吾人之良朋说》	苏州景海女学正科毕业生 蔡秀宝	国文范作	文言
		《书季芳树刺血诗后》	苏州景海女学正科毕业生 倪徵玽	国文范作	文言
	第2卷第12号	《论文章之体别》[1]	吴江私立丽则女子中学一年级生 殷同薇	国文范作	文言
		《论文章之体别》	吴江私立丽则女子中学一年级生 金蘅	国文范作	文言
1917年	第3卷第4号	《问古人器物必铭后之好事者或效为之而文质殊尚意者微意所寄会有不同欤试申其说》	吴江私立丽则女子中学二年级生 金蘅	国文范作	文言
		《问古人器物必铭后之好事者或效为之而文质殊尚意者微意所寄会有不同欤试申其说》	吴江私立丽则女子中学二年级生 朱启华[2]	国文范作	文言
	第3卷第8号	《中国古乐叙略》	吴江私立丽则女子中学二年级生 殷同薇	国文范作	文言
	第3卷第12号	《泰西女小说家论略》[3]	闽侯 林德育女士	纪述	文言

[1] 殷同薇、金蘅两文，在本号目录中均为"论文章之体别"。内文中，殷同薇之文无标题，金蘅文标题为"前题"，意为与前面殷同薇文同一题。
[2] 本号目录中，作者为"朱华"。
[3] 此文在本号目录中无，但内文有，在"纪述"栏目中高君珊女士译《泰西列女传》一文后。

续表

年份	卷号	题目	作者	栏目	语体
1918年	第4卷第3号	《说苏髯翁上梅直讲书之段落篇法及主旨》	吴江私立丽则女子中学一年级生 杨宝瑜	国文范作	文言
	第4卷第4号	《说苏髯翁上梅直讲书之段落篇法及主旨》	吴江私立丽则女子中学一年级生 钱瑞娑	国文范作	文言
	第4卷第7号	《读兰亭集序书后》	安徽明光 童秀华女士	国文范作	文言
		《瓶笙花影录》	易瑜	杂俎	文言
	第4卷第8号	《游历增文思说》	河南女子师范本科四年级 袁明先	国文范作	文言
	第4卷第9号	《读兰亭集序书后》	安徽明光胡氏家塾女学生年十五 胡棣华	国文范作	文言
	第4卷第10号	《读兰亭集序书后》	安徽明光女塾学生 李秋霞	国文范作	文言
		《瓶笙花影（续四卷七号）》	易瑜	杂俎	文言
	第4卷第11号	《镜台螺屑（续）》	虞山程嘉秀髻男记	杂俎	文言
	第4卷第12号	《镜台螺屑（续）》	虞山程嘉秀髻男记	杂俎	文言
1919年	第5卷第8号	《小南强室笔记（续）》	江宁归周钟玉琴徽	杂俎	文言
1920年	第6卷第1号	《新文体之一夕谈》	缪程淑仪	学术	白话
1924年	第10卷第3号	《中等以上女学生的读书问题》	警予	无	白话
	第10卷第6号	《这样的过去了》	小学教师 杨竹冰	征文当选	白话
1925年	第11卷第6号（"女学生号"）	《女学生的课外读物》	余哲贞	无	白话
		《女学生的课外读物》	音奇	无	白话
		《女学生的过去现在及将来》	王春翠女士	无	白话

女性文学批评视野中的《妇女杂志》

续表

年份	卷号	题目	作者	栏目	语体
1926年	第12卷第6号	《期望女文学家的崛起》	宋淑贞	无	白话
	第12卷第7号（"爱之专号"）	《歌谣中流露的爱》	王荷卿女士	无	白话
1927年	第13卷第7号	《希望可以实践》	邱桂英	甲种征文当选[1]	白话
	第13卷第9号	《使精神有所寄托》	逸纹	甲种征文当选	白话
		《易卜生与史德林堡之妇女观》	濮舜卿女士	无	白话
1929年	第15卷第4号	《瑶台玉韵》	潭华仙子	无	文言
	第15卷第8号	《哥德的著作及其爱人》	辉群女士	无	白话
		《瑶台玉韵（续前四月号）》	潭华仙子	无	文言
		《有备无患》	秋水女史[2]	乙种征文当选	白话
	第15卷第11号	《瑶台玉韵（续八号）》	潭花仙子[3]	无	文言
	第16卷第2号	《瑶台玉韵（续十五卷十一号）》	潭华仙子	无	文言
	第16卷第3号	《瑶台玉韵（续前号）》	潭华仙子	无	文言

[1] 甲种、乙种征文，是《妇女杂志》自己拟定的征文类别。
[2] 本号目录中，作者为"秋水女士"。
[3] 本号目录中，作者为"潭华仙子"。《瑶台玉韵》的连载中，仅此一号中内文作者为"潭花仙子"，其他内文均为"潭华仙子"。

977

续表

年份	卷号	题目	作者	栏目	语体
1931年	第17卷第2号	《自述读书经过书》	瘖痳女士	征文当选	白话
		《我的良伴》	酴醾	征文当选	白话
		《课余的伴侣》	景芳女士	征文当选	白话
	第17卷第7号（"妇女与文学专号"）	《清代女词人顾太清》	雪林女士	无	白话
		《华尔摩夫人》	白蒲	无	白话
		《中国妇女文学谭片》	王春翠	无	白话
		《朱淑真生查子词辩诬》	陈潄琴	无	白话
		《赛维宜夫人及其尺牍》	润馀	无	白话
		《乔治桑之〈我的生活史〉(节译)》	润馀	无	白话
		《罗霭伊夫人》	白蒲	无	白话
		《从爱伦凯到柯伦泰》	李君毅	无	白话
		《葛来德》	白蒲	无	白话

这46位女性作者中，目前，仅有14位作者[1]，笔者能从不同渠道获知相对多一些的生平信息。其他32位作者，有27人能获知身份（女学生、女教师）和籍贯方面的零星信息。另外5人，如音奇、逸纹等，仅能从其文章的字里行间，判断其为女性，此外再无信息。这种生平不详的状况，不仅是女性文学批评作者的常态，在从事文学写作的近现代女性中，同样是常态。这一现象，与学界对近现代女性文学的关注度低、研究不充分直接相关。今后，随着近现代文学文献的持续发掘与整理、研究的不断扩展

---

[1] 分别是：孙景谢、易瑜（玉俞）、周钟玉（归周钟玉）、程嘉秀、林德育、警予（向警予）、余哲贞、王春翠、王荷卿、濮舜卿、辉群、雪林女士（苏雪林）、陈潄琴、润馀（杨润馀）。

与深入，女性作者的生平信息当能得到补充与完善。

二 《妇女杂志》中女性文学批评的特征

讨论《妇女杂志》中的女性文学批评问题，立刻会发现一个十分特别的年份——1920年。以这一年为分界，女性文学批评的语体和内容都有较大变化。

1915—1919年之间，《妇女杂志》刊登的女性文学批评作品均为文言。1920年出现了第一篇白话女性文学批评作品《新文体之一夕谈》，[1]自此而后，《妇女杂志》刊登的文学批评作品除《瑶台玉韵》外，全部为白话文。可以说，1920年是《妇女杂志》女性文学批评作品的语体分水岭。

在中国近现代文学史上，文言与白话的对立与过渡是文章写作中最为重要的语体现象。《妇女杂志》中的女性文学批评作品恰巧呈现出这一时代的语体特征。在五四新文化运动、白话文运动的影响下，1919年后，绝大部分杂志的语体都由文言转为白话。但这一转变过程并非一蹴而就、一刀切式的。每个杂志都有自己的转变特点。学界大都认为，《妇女杂志》自1920年始就完全采用了白话，[2]这一看法是有问题的。笔者逐一考察了1920—1922年的《妇女杂志》，发现文言在这期间并没有退出。

白话在《妇女杂志》占据主体，始自1920年，此年之前，1919年的最后一期还是以文言为主，只出现了8篇白话文。但1920年第一期（第6卷第1号），白话文就占了主体，仅有6篇是文言文。自此之后，白话一直占据杂志的主要篇幅，但文言并未消失。这期间的广告，似乎也透露了这一信息。1920年第6卷第2号刊登的"妇女杂志社征文广告"，希望投稿

---

[1] 缪程淑仪:《新文体之一夕谈》,《妇女杂志》第6卷第1号。
[2] "1920年内文全部改用白话文。"刘莉:《短暂的相遇：叶圣陶与〈妇女杂志〉》,《中国编辑》2014年第6期。"1921年，随着新派知识分子章锡琛正式入主编位，《妇女杂志》开始了大刀阔斧的革新。文本表述由原来的文言文为主改变为全部白话文。"崔慎之:《章锡琛主持下〈妇女杂志〉编辑思想之研究》,硕士学位论文,陕西师范大学,2009年,第18—19页。

者"文字以用白话者为宜",直到1921年底(第7卷第11号),征稿广告还在提醒投稿者:"本志现拟自明年(指1922年——笔者按)起,大加革新……各项投稿均用白话,并加新式标点符号。"隐含1920—1921年间,文言投稿一直存在。事实究系如何?笔者将1920—1922年《妇女杂志》每期刊发的文言文章情况整理为下表,可一目了然:

表2 《妇女杂志》1920—1922年刊发的文言文章数量

年份	卷号	文言文数量
1920年	第6卷第1号	6
	第6卷第2号	5
	第6卷第3号	12
	第6卷第4号	4
	第6卷第5号	4
	第6卷第6号	3
	第6卷第7号	7
	第6卷第8号	3
	第6卷第9号	9
	第6卷第10号	4
	第6卷第11号	5
	第6卷第12号	2
1921年	第7卷第1号	8
	第7卷第2号	3
	第7卷第3号	9
	第7卷第4号	9
	第7卷第5号	12
	第7卷第6号	6
	第7卷第7号	4
	第7卷第8号	1
	第7卷第9号	6

续表

年份	卷号	文言文数量
1921年	第7卷第10号	3
	第7卷第11号	2
	第7卷第12号	5
1922年	第8卷第1号	1
	第8卷第2号	1
	第8卷第3号	1
	第8卷第4号	0

由上表可以看出，在学界以为全部已采用白话的1920—1921年的24期杂志中，每期均刊有文言文章，少至1篇，多至12篇。直到1922年4月（第8卷第4号），《妇女杂志》才完全采用白话。当然，此后仍有文言作品零星存在，如《瑶台玉韵》，但已纯属特例。应该说，《妇女杂志》由文言到白话的转变是在1920—1921年间完成的。这种语体变革与五四新文化运动的影响以及杂志主编的更换均有关系。1919年五四运动期间，学生领袖罗家伦对商务印书馆所办杂志进行了激烈批评，[1]再加各杂志本身经济效益下滑，引发商务领导层对馆办杂志的总体改革。在此背景下，《妇女杂志》更换了主编，章锡琛自1920年起开始参与杂志事务，到1921年完全接替王蕴章任主编，随即进行了大幅度的改革，白话代替文言自是水到渠成。在此背景下看《妇女杂志》中的女性文学批评，从语体来看，显然在1920年已完成了由文言到白话的转变，走在了整个杂志语体转型的前列。

除十分明显的语体变化外，以1920年为界，《妇女杂志》女性文学批评的对象、旨向等也各具特点。笔者以为，以下几点最为明显。

---

[1] "1919年4月商务印书馆的大部分期刊（包括《妇女杂志》）被当时北京大学的学生领袖罗家伦点名攻击。商务当局开始恐慌，对各个杂志的编辑进行了撤换。"刘慧英：《从〈新青年〉到〈妇女杂志〉——五四时期男性知识分子所关注的妇女问题》，《中国文化研究》2008年"春之卷"。

（一）批评形式与对象：由单一到丰富

1915—1919年间，《妇女杂志》的女性文学批评以诗话[1]与学生范文为主要组成部分，批评形式大致不出诗话、品评等传统诗文评模式。诗话主要以明清女诗人为批评对象。其他批评文本的批评对象集中于中国古代文学作品与文体。如铭文、乐府、词等文体和苏轼《前后赤壁赋》《上梅直讲书》，王羲之《兰亭集序》，季芳树《刺血诗》等作品。仅有两篇例外：林德育《泰西女小说家论略》、朱周国真《女学生自修用书之研究》。《泰西女小说家论略》介绍西方女小说家；《女学生自修用书之研究》推介林纾译作《孝女耐儿传》《块肉余生述》《不如归》《拊掌录》等，表明当时已有少数女性将批评的目光扩展到西方文学。

1920年以后，女性文学批评在批评形式与对象方面均有较大变化。首先，批评形式上，传统诗文评模式减少，出现了篇幅较长，系统性、理论色彩较强的论文，以1931年第17卷第7号"妇女与文学专号"中的系列文章为代表。其次，批评对象上，1920年之后，文学批评的涉及内容明显丰富，古今中外均有论及。中国古代文学层面，周秦诸子、陶渊明、王维、李白、杜甫、白居易、李商隐、苏轼、袁枚、《水浒》《桃花扇》《红楼梦》等均有评析，古代知名女性如鱼玄机、朱淑真、李清照、贺双卿、顾太清等，女性批评者更是多有论及；同时代的文学也进入女性批评者的视野，冰心、郭沫若、苏曼殊、鲁迅、许钦文、王统照、张资平、庐隐、沈雁冰、丁玲等作者及其作品均被论及；对外国文学作家作品的研究和介绍明显增多，易卜生、史德林堡、歌德、柯伦泰、赛维宜夫人、陀思妥耶夫斯基、莫泊桑、柴霍甫、华尔摩夫人、罗霭伊夫人、葛莱德等均有专文或大段文字的讨论。此外，还有文章研究民间歌谣、比较新旧文体、总结文学创作方法等。总之，1920年以后的批评文章在批评形式与对象上较之1920

---

[1] 1920年以前，《妇女杂志》连载过三部女性诗话：归周钟玉《小南强室笔记》、程嘉秀《镜台螺屑》、易瑜《瓶笙花影录》。《小南强室笔记》连载于第1卷第9号、第1卷第11号、第5卷第8号。《镜台螺屑》连载于第2卷第5号、第4卷第11号、第4卷第12号。《瓶笙花影录》连载于第4卷第7号、第4卷第10号。

年以前要丰富得多。

（二）批评话语：由传统到现代

文学批评在其发展过程中形成了一系列专用术语，这些术语古今中外均有不同，也因此形成了特征显著的批评话语体系，如中国始自《毛诗序》《典论·论文》等的批评话语体系，西方始自柏拉图、亚里士多德的批评话语体系等。近代以来，随着外来文化的强势传入，文学批评领域中，中国传统批评话语体系也受到了很大冲击，西方文学批评传统中的一些术语逐渐渗透进中国传统批评话语体系中，这在女性文学批评领域也有明显体现。大致也以1920年为界，呈现出传统与现代的区分。

1920年之前，《妇女杂志》中女性文学批评的常用语为：怨而不怒、温柔敦厚、逸趣、清机、远势等，不脱传统诗文评口吻。1920年之后，女性文学批评中出现了很多新鲜的、时代感很强的用语，如："文艺、美的、美感、阶级、宗法、精神、原理、思想、剧本、沙龙、现实、模型、典型、制度、具象、矛盾、平等、科学、女权、时代、自由、竞争、独立、性欲、人生观、天演论、自然主义、写实主义、浪漫主义、象征主义、神秘主义、享乐主义、新理想主义、未来派、表现主义、个人主义、经济基础"等等。

（三）女性批评主体意识日益增强

所谓女性批评主体意识，指女性批评者对女性写作的自觉体认。笔者认为，这一意识出现于晚清至民初。这一时期的女性批评者充满对女性写作毫不掩饰的赞赏与同情，沈善宝《名媛诗话》（1846年）首次深入剖析女性写作的艰难处境[1]；叶女士对王妙如小说《女狱花》赞赏有加，认

---

[1] "窃思闺秀之学与文士不同，而闺秀之传又较文士不易。盖文士自幼即肄习经史，旁及诗赋。有父兄教诲，师友讨论。闺秀则既无文士之师承，又不能专习诗文，故非聪慧绝伦者，万不能诗。生于名门巨族，遇父兄诗友知诗者，传扬尚易；倘生于蓬荜，嫁于村俗，则湮没无闻者，不知凡几。余有深感焉，故不辞撷拾搜辑而为是编。"沈善宝：《名媛诗话》卷一，王英志主编：《清代闺秀诗话丛刊》，凤凰出版社2010年版，第349页。

为其作品可以不朽（1904年）[1]；施淑仪高调宣示女性写作"与夫家无关"（1916年）[2]；等等。此类观念在19世纪40年代之前未见出现。而如刘韵琴、秋瑾、王妙如[3]等强调文学创作要唤醒女性、反抗黑暗社会的思想，更非晚清之前的女性所敢想。

在此背景下看《妇女杂志》中的女性文学批评会发现：1915—1920年间，女性批评主体意识的构建与沈善宝、施淑仪、王妙如等相比尚不明晰；但1920年以后，中国女性文学批评的主体意识有了明显增强。试举例说明。

1920年以后，《妇女杂志》中有不少文章涉及文学写作与女性的关系。有女性批评者明确提出，女性富于情感，天然地符合文学特质，故在文学上易于成功：

> 文学是以情感为主的，而女子心思幽静，富于感情，自然与文学最为相宜。况且就文学而论，女子与男子比较，男子束发受书，稍有所得，便充满了一肚子升官发财的思想，一入社会之后，奔走于权势门下，驰骤于名利场中，讲什么拍马吹牛，在学问上可有成就的，千不得一二，女子是多数赋性纯洁，不易沾染社会的恶习，发露其天赋之灵思美感，研究文学，比较很易成功。[4]

另有女性批评者指出，女性是文学的主要描写对象，也是诗人创作的有力助推者：

> 女性能离开诗人，诗人是离不开女性的。就是从古至今的世

---

[1] 叶女士《女狱花》序："无一事不惊心怵目，无一语不可泣可歌……是书其不朽矣，女士其不死矣。"思绮斋、问渔女史、王妙如：《中国近代小说大系·女子权 侠义佳人 女狱花》，百花洲文艺出版社1993年版，第704页。

[2] 施淑仪：《清代闺阁诗人征略·凡例》，王英志主编：《清代闺秀诗话丛刊》，凤凰出版社2010年版，第1698—1699页。《清代闺阁诗人征略》完稿于1916年，1922年出版。

[3] 刘韵琴《韵琴杂著·大公子篇前小引》(1916年)；王妙如《女狱花》(1904年)。

[4] 宋淑贞：《期望女文学家的崛起》，《妇女杂志》第12卷第6号。

上的文学，若把描写女性的一部割去，恐怕就会变得枯燥无味，只剩得一些渣滓。诗人往往在恋爱的狂热中，能唱出世人共赏的诗歌来。假使没有女性来使诗人颠倒，使世人狂热的时候，诗人的情感，永远是静止的，是冷淡的。他就勉强执笔，也一定写不出什么动人的作品来。[1]

这种明确彰示女性宜于文学、有助于文学的观点，较之晚清以来女性批评者单纯赞赏女性、同情女性创作的观点，显然迈进了一大步，体现出女性从事文学写作的充分自信。

结语

基于女性文学批评的立场，《妇女杂志》可视作中国女性文学批评历程的一个样本，46位女性作者写作的53篇批评文章，比较完整地展现了20世纪上半叶中国女性对文学的态度和观点。这些观点既属于当时的中国女性，也代表着《妇女杂志》的立场。如对女性写小说的看法，郭延礼研究认为，近代，特别是1900—1919年，出现了女性小说家群、女性文学翻译家群、女性政论文学家三个群体。[2]而据沈燕统计，20世纪初叶，明确为女性小说作者的有37位，另有31位或存疑。其作品多刊登于上海的报纸杂志，并以《礼拜六》《眉语》为中心形成了一个女性作家群。[3]女性创作并在刊物上发表小说在1900年以来已不是什么新鲜事。对小说创作的批评也有深刻的体认，如叶女士认为，王妙如描写社会黑暗的小说《女狱花》已可以不朽。但反观《妇女杂志》，1919年以前仅刊登过一篇与小说

---

[1] 辉群女士：《哥德的著作及其爱人》，《妇女杂志》第15卷第8号。
[2] 参见郭延礼：《20世纪女性文学研究中的一个盲点——评盛英、乔以钢〈20世纪中国女性文学史〉》，《文艺研究》2007年第12期；《中国近代文学的历史地位——兼论中国文学的近代化》，《文史哲》2011年第3期。
[3] 参见沈燕：《20世纪初中国女性小说作家研究》，硕士学位论文，上海师范大学，2004年，第3—4页。

有关的文章，即林德育《泰西女小说家论略》(1917年)，文章认为中国的女性不写小说："吾国文人，昔多鄙薄小说，近时吾家耆儒琴南先生，卓然为海内小说第一家，而女子小说家，尚无人焉。"[1]这与当时的女性小说创作实际显然是不相符的。尽管林德育赞赏欧洲女小说家，也表示自己要以林纾为榜样创作小说，但放到当时女性文学创作的情境中看，林德育的表述显然是不那么客观的，其对小说的热爱也并非什么新鲜观点。《妇女杂志》刊发林德育之文，也体现了其1919年以前偏于保守的办刊立场。举此例意在说明，《妇女杂志》中女性文学批评中隐含着相当多的时代信息。

近代以来，中国女性比较频繁地从事文学创作活动，并且开始在创作的基础上日益频繁地谈诗论文。清末，专制文化的禁锢日益松懈，不缠足、兴女学逐渐成为社会共识，报纸、期刊等大众媒介的发展也开始为女性写作提供空间。1898年，第一份妇女报刊《女学报》在上海创办，此后，各类妇女报刊纷纷涌现。据笔者统计，仅1898—1919年，妇女报刊就有100余种。《妇女杂志》正是这一背景下产生的一份十分成功的妇女刊物。研究者公认，它是近现代影响最大的一份妇女刊物，正因此，它也成为近现代女性写作的重镇。举凡探讨中国近现代女性问题，学界无一例外会将《妇女杂志》列为研究重点。但可惜的是，唯在文学批评领域，关注《妇女杂志》者极少。本文对《妇女杂志》中女性文学批评作者与作品的整理，以及对其中体现出的女性批评观念的初步探索，在学界尚属首次。本文对《妇女杂志》中46位女性作者和53篇女性文学批评文章所蕴含的时代信息与理论价值仅作了初期的粗浅解读，但仅以此论，文学批评视野中的《妇女杂志》就已呈现出了新的研究面貌，相信今后更深入的探究会为我们带来更多惊喜。

（作者单位：济南大学）

---

[1] 林德育：《泰西女小说家论略》，《妇女杂志》第3卷第12号。

被唤醒后的歧路

——周氏兄弟与《妇女杂志》(1921—1925)

田　露

鲁迅在《〈呐喊〉自序》中写下那个著名的"铁屋子"的意象时,字里行间充满了启蒙者对被启蒙者的负罪与内疚:"从昏睡入死灭,并不感到就死的悲哀。现在你大嚷起来,惊起了较为清醒的几个人,使这不幸的少数者来受无可挽救的临终的苦楚,你倒以为对得起他们么?"鲁迅之所以会对被启蒙者觉醒之后无路可走的痛苦有如此深刻的体认,当然是源于自己早年觉醒后的真实处境与感受,如今当身份由被唤醒的人转为唤醒者,才会"不愿将自以为苦的寂寞,再来传染给也如我那年青时候似的正做着好梦的青年"。这段文字呈现出鲁迅身份转换过程中的心态变化,迥异于其时振臂高呼的主将们的自信与正义,虽然是用来交代参与新文化运动的原因,但其中也反映出鲁迅对启蒙工作的独特思考。文章虽然写于1922年12月,但讲述的是五四新文化运动之前的心路历程,经过了整个五四的潮涨潮落之后,启蒙者的犹疑与负疚心态被实际的启蒙工作加以验证和修正,也把对启蒙者与被启蒙者关系问题的思考引向深入。

1922年2月,鲁迅在《妇女杂志》上发表了一篇译文《一篇很短的传奇》,作者是19世纪俄国的作家迦尔洵,小说讲述一个少年和一个叫玛莎的少女相识相恋,玛莎鼓动少年参军打仗,并承诺他从战场回来之后与他结婚,少年为了顺从玛莎的意志以及尽到对国家的义务奔赴战场,结果在战场上负伤截肢、带着一条木腿回来,却发现姑娘已经移情别恋,少年悲伤却平静地去参加了玛莎的婚礼,只因少年出于道德和正义选择了与其三人不幸,不如一人不幸的结局。小说篇幅很短,文笔也不算多动人,但鲁迅很欣赏小说蕴含的"酸辛的谐笑","非战与自己牺牲的思想,也写得非常之分明",更让鲁迅震动的是:"英雄装了木脚,而劝人出站者却一无所损,也还只是人世的常情,至于'与其三人不幸,不如一人——自己——不幸'这精神,却往往只见于斯拉夫文人的著作,则实在令人不能不惊异于这民族的伟大了。"[1]这篇译作在鲁迅的作品中并不算突出,历来也未引起过多的关注,但鲁迅对这个故事一直念念不忘,1929年把这篇小说收入上海朝花社出版的《近代世界短篇小说集》,并在重写的附记中评价作者迦尔洵"是在俄皇亚历山大三世政府的压迫之下,首先绝叫,以一身来担人间苦的小说家","《一篇很短的传奇》虽然并无显名,但颇可见作者的博爱和人道底彩色,和南欧的但农契阿(D'Annunzio)所作《死之胜利》,以杀死可疑的爱人为永久的占有,思想是截然两路的"。[2]鲁迅虽然在附记中讲明了自己对这篇小说推介的理由,但这篇小说发表在1922年的《妇女杂志》上,则又显示出另一层深意。

商务印书馆的《妇女杂志》与陈独秀的《青年杂志》同年创刊,在1921年章锡琛接手之前主要由王蕴章主编,"以'微物新知'实现开蒙启智,并确立'新贤妻良母'的理想女性形象"[3],但在五四新文化运动中,王蕴章的编辑理念被批评过于保守,脱不了旧文人的底子,虽然也尝试改革,如邀请沈雁冰为杂志撰写社论,但销量还是下滑,最后,商务印书馆决定聘请章锡琛担任《妇女杂志》的主编,对杂志进行改革,紧跟时代潮流。章锡琛之前在商务印书馆一直担任《东方杂志》的编辑,对于女性问题并无特殊的关注和见解,接手《妇女杂志》之后,更多的是利用商务印书馆附设的东方图书馆译介一些日文、英文的书籍和资料,但与王蕴章相比,章锡琛对于女性解放、男女平等、自由恋爱婚姻等观念的介绍和翻

---

[1] 〔俄〕迦尔洵:《一篇很短的传奇》,鲁迅译,《妇女杂志》第8卷第2号(1922年2月),"译者附记"。
[2] 鲁迅:《〈一篇很短的传奇〉译者附记二》,《鲁迅全集》第10卷,人民文学出版社1981年版,第458页。
[3] 王鑫:《商务印书馆与中国现代女性启蒙》,商务印书馆2016年版,第4页。

译，显然更符合五四新文化运动除旧布新的精神。改革后的《妇女杂志》，大量译介爱伦凯、勃拉克女士、山川菊荣、与谢野晶子等学者的理论，同时章锡琛和商务的同事也会撰写一些社论文章讨论女性解放的途径、女性研究的目的、女性的教育、女性的职业等议题，其时在商务工作的周建人也积极地参与到了女性问题的讨论中。就在鲁迅译文发表的当期，章锡琛就在"编辑余录"栏中宣布"素来承读者欢迎的周建人先生，已经聘请来社，担任社务"。在这样一片热火朝天的改革启蒙声中，鲁迅的这篇译文显得格外的特殊。首先，这篇小说的情节反转了中国古代"痴情女子负心汉"的常见桥段，变成了一个"痴情男子负心女"的故事，这在一直宣扬提高女性地位，盛赞女性各种优良品质的女性杂志中，显得格外扎眼。另外，《妇女杂志》自改革之后一直努力承担观念革新、思想输入的任务，在这样的背景声中，一个"英雄装了木脚，而劝人出站者却一无所损"并且进一步背叛了悲情英雄的故事隐晦地表达了对启蒙行为的一种质疑和启蒙者——被启蒙者关系的新发展。当鲁迅决心参与到《新青年》阵营的时候，只预想到了自己对于被唤醒的民众的负疚，却没有想到当启蒙深入下去之后，启蒙者也会背叛他的信徒。

新的情况出现在新一代启蒙者身上。1923年2月，《妇女杂志》发表了署名"旷夫"的文章《我自己的婚姻史》，文章以自述的方式全面介绍了自己与妻子订婚、结婚的经过以及婚后的矛盾纠葛，并详细剖析了自己决定离婚的各方面考虑。作者旷夫，原名郑振埙，字岳平，早年就读于北京大学物理系，毕业后先是回到家乡浙江温岭在中学任教，其后因科学发明申请专利回京后一度在北京大学任助教，1921年曾与在京的同乡发起旅京温岭学会，创办《新横湖》杂志，向故乡人民宣扬新思想、新文化。写这篇文章的时候，郑振埙已是国立东南大学的教授，从他的个人经历来看算是典型的受五四新文化运动启蒙感召的一代新人，并有自觉传承启蒙精神、担当新一代启蒙者的自期。但在婚姻家庭方面，按照郑教授的自述，他在16岁被家里说定旧式婚姻的时候才开始研究自己的终身大事，研究的结果是向女方家提出两个要求——放足和读书，这两个要求被双方的旧式父母视为不识时务，一笑了之。郑君一度很受打击，但其后他表示："我的思想渐渐的变了。我以为足之大小不过是一种形式，她究竟可否做我的伴侣，当以她的性情品格为标准，至于相貌服装以及足之大小，都是无关紧要的。"[1]但这种旧式婚姻在结婚前男女都无法见面，了解性情品格比放足更难实现，这种订婚实似抽签，于是郑君"这时候受性欲的压迫只愿早日开签"，估计"女子性情柔顺，总有改良的可能性"。考入北京大学后，郑君于寒假回家完婚，"同一个没见过面的女子双双入洞房。虽没见面过，然一见成知己。……所以成知己的原因：则一半属于生理的；一半则因希望她改良，不得不以知己待她，以期得到她的信仰心；因她既有改良的希望，不妨认她为知己"。有趣的是，郑君虽然在婚前表示足之大小相对于性情品格已无关紧要，但新婚后首要的问题仍然是嫌自己的妻子放足放得不够彻底，此后脚的大小问题成为郑君对妻子不满的一个重要原因，"在她心里以为已经遵行了丈夫的意思，而我觉得不痛快，不透彻，因之愈不满意。夜里脚腿上撞着尖头的东西，什么叫作精神之爱，立刻冰消云散"。其后，郑君不管是以命令的口吻还是恳求的态度要她改良，都得不到满意的答复，于是问题渐渐变成了妻子的"不听话"。郑君开始同妻子谈起离婚的问题，得到的回答就是"眼泪水，以及'没有不听你的话'一句话"，"听话"问题上升为两人婚姻能否继续的唯一条件。事情的转机发生在郑君回北大任职，他在同事的劝说下决定将妻子从家乡接到北京，"教她读书"，但教授的过程也并不顺利，郑君强迫妻子独自上街、与商贩交涉，练习认路，学说官话，妻子都不情愿，两个人从大家庭中脱离出来，有很多生活琐事需要亲自动手，"她无论什么事都要我帮她做，于是我偏偏什么事都不肯做"，因为"听话"问题始终没有解决。其后两人四岁的儿子因病早夭，女儿出生。因为郑君的诸事不管，逼得妻子只得事事亲力亲为，也开始提出出去求学的要求，但郑君仍然认为妻子的觉悟不够彻底，"听话"问题没有解决，妻子也没有在他心情沉痛的时候积极帮助自己做

---

[1] 旷夫：《我自己的婚姻史》，《妇女杂志》第9卷第2号（1923年2月）。下同。

发明工作。此时，郑君的研究日高表的工作也被他放弃了，"第一个原因是我的老婆没有奖励我，并且不帮助我。第二个原因是国家没有奖励我"，在这种事业、家庭均不顺意的情况下，离婚仍然是郑君最后的决定。至于妻子如果坚决不同意离婚的话，郑君也做了周密的计划，打算采用"逃婚"的方式，共同抚养儿女，但永远断绝精神、肉体的爱情，用父母的遗产来维持妻子的生活开销，而自己则"可以完完全全的经营独立的新式的生活"。

《妇女杂志》的编辑显然非常重视这篇洋洋洒洒几万言的自述文章，不仅给这篇文章配了导语，认为"能够像郑先生一般把他们经过的事实和感情很忠实的描写出来的，实在可说没有"，所以"寻常的夫妇可以当作前车之鉴"，"研究离婚问题或社会问题者可以作参考"，而且还在文末专门刊登了一个征求读者批评的启事，希望读者来讨论郑君夫妇对待彼此的方式、郑君的离婚安排对双方的利害、两人重圆的可能等问题，并计划在两个月后的第9卷第4号上发表。其时接受新式教育的青年学生因不满于旧式包办婚姻和旧式妻子而离婚、逃婚、私奔甚至杀妻的社会新闻屡见于报端，旷夫的文章见刊前后，社会上正热议阮真、陈粹明的离婚事件，因此在接下来一期的《妇女杂志》上，周建人有感于近期频发的离婚事件，发表了自己的观点。当时社会上对于此类事件有一种普遍的观点，认为这类离婚事件中一般女性的牺牲更大，所以对男性一方常常不免有批评或责难的态度，但周建人认为："夫妻之间，如感情已伤，离婚是正当的办法，如一造爱情已经消灭，再叫他（或她）热烈的去爱她（或他），这是不可能的事。""所以如感情已经破裂，结果只好分离。"至于牺牲较大的"女子如能独立则不必说，如不能独立，男子自然不能不量力帮助"。但即使有男性来帮助解决女性的经济问题，离婚后女性的处境仍然不容乐观，"第一层因为女子的经济活动力不及男子，纵得男子的帮助，比较的还是丧失许多权利。第二层因为男子在社会的地位优越，离婚在男子不算什么，在女子则如添一个瑕疵，要再组织良好家庭便有点为难"。面对这样的客观情况，周建人将之归结于"旧日留传下来的观念与经济制度有以使然,那么为救护女子离婚的不幸,便有两种办法:如果认为那种旧观念与旧制度是应当保存的,那么,就不能不设法来救济离婚,如有人要提议离婚便当劝他们,或竟用法律来制限他们。如果将两者平衡一下,伸长个性更比保存旧制度重要,那么要救济女子关于这类的不幸,必须打破旧观念建造男女平等的道德观念,改造经济制度,培养女子的活动力,总括一句,使女子的生活范围与力量逐渐增大才是呢"。[1]

周建人对于社会舆论的判断客观而准确,在《妇女杂志》上集中登载的读者对郑君婚姻问题的讨论文章中,有相当一部分青年读者表达了对于郑妻的同情,不仅剖析了旧式女子离婚后面临的舆论压力与经济压力,更设身处地地对郑妻身处过渡时代所面临的双重困境表达了同情:"一个旧式女子,'被一群乞丐们抬去交把一个在那里都不知道的男子',忽的这男子问她的脚何以不放,她一壁受了社会上讥诮和指摘的压迫,一壁又受了这不认识的男子的压迫,一壁使她终究不敢大放而特放,一壁却只好战战兢兢的回答一句'放了,大得多了'。"[2]这种表述不仅体贴到了旧式女子面对保守环境和新式丈夫的复杂心态,更重要的是指出在社会观念没有实现整体变革的背景下,用强制生硬的方式迫使一个没有受过新式教育的女性去遵从丈夫的各种革新主张,其实是构成了对女性的双重压迫,不仅不能实现新人的目的,反而让女性陷入比旧时代更悲惨的境地。至于对郑君的痛苦婚姻表示同情、对离婚决定表示支持的读者,其提供的理由基本上也与周建人的观点一致,认为"这件事,在以恋爱为婚姻的根本的原素上看,那男子的离婚,当然是极正当极有理由"[3],"他们根本的错误,就是在和不曾相爱的人结婚这一点上",所以逃婚是"最简单,最爽快,最合理,最幸福,并且也是鼓励真正做'人'的路"[4]。

这样一种以恋爱为婚姻的根本要素,认为没有爱情足以构成离婚的

---

[1] 高山:《对于两起离婚事件的感想》,《妇女杂志》第9卷第3号(1923年3月)。
[2] 陈待秋:《新旧的冲突》,《妇女杂志》第9卷第4号(1923年4月)。
[3] 陈德征:《女性观和恋爱观》,《妇女杂志》第9卷第4号。
[4] 元启:《对于"逃婚"的同情》,《妇女杂志》第9卷第4号。

充足理由的观念,是章锡琛、周建人在《妇女杂志》中一直致力于传播和建构的现代新式婚恋观,以改良中国传统的父母包办为途径、以传宗接代为婚姻最重要的目的与功能的婚姻制度。而这种观念最主要的思想资源是以瑞典女性主义理论家爱伦凯为代表的欧洲新性道德理论中的自由主义流派。自章锡琛接手《妇女杂志》,先后刊登了多篇译介爱伦凯思想的文章,如章锡琛以笔名"庐瑟"撰写的《爱伦凯女士与其思想》《爱伦凯的儿童两亲选择观》,吴觉农译述的《爱伦凯的自由离婚论》《爱伦凯的世界改造与新妇女责任论》《爱伦凯的母权运动论》,董香白翻译的《妇人道德》,丰子恺翻译的《妇女运动概论》,周建人以"克士"的笔名译述的《近代妇女运动的先导——几个重要的妇女主义者的意见》等。这些文章反复阐述的爱伦凯的核心思想就是把自由恋爱作为婚姻缔结的唯一准则与标准:"爱伦凯是近代最高唱恋爱底人:是把恋爱当作宗教底人;是把恋爱做一切性的道德底根柢底人。……她说:不论如何的结婚,一定要有恋爱才算得道德。如果没有恋爱,纵使经过法律上底手续,这结婚仍是不道德的"[1],"而且那种中途缺乏了彼此相互恋爱的婚姻,要是仍旧继续下去,也是不道德的"[2]。这种观念成为新文化人批判中国传统的虽经过法律承认却缺乏恋爱过程的包办婚姻的有力武器,建立了经由自由恋爱走向婚姻的新的婚姻建构途径。同时,按照爱伦凯的理论,既然恋爱是婚姻存在和延续的唯一理由,那么当恋爱缺席或消逝以后,婚姻也就没有了继续下去的理由,离婚就是这种情况的不二选择,因此爱伦凯的理论对于中国传统家族制婚姻的另一个巨大的反驳就是离婚自由的观念。《妇女杂志》早在1922年专门出了一期"离婚问题专号",对此进行了深入的探讨。按照周建人的阐释:"古代的离婚,只有男子可以出妻,只有家族可以出媳妇,女子却不便自绝于夫,不便向家族自行求去;只有法律上认为义绝的须强制离婚;只有两愿离异之后,男子可以再娶,女子只能归宗守节,不能再

---

[1]〔日〕本间久雄:《性的道德底新倾向》,庐瑟译,《妇女杂志》第6卷第11号(1920年11月)。

[2]〔瑞典〕爱伦凯:《妇人道德》,董香白译,《妇女杂志》第8卷第7号(1922年7月)。

嫁！现在的离婚观念是说不但男子可以提出离婚，女子也一样可以提出离婚；男子离婚之后可以再娶，女子离婚之后也一样可以再嫁；只要两造没有恋爱，或恋爱失亡，也可以离婚，更何必待谋害，通奸等事实之后，始成为离婚的理由呢？这就是古今离婚不同的地方，然这一个不同点却非同小可；这实是由家族主义而转为个人主义的一个大运动。"[1]将自由恋爱结婚上升到道德与否的层面，其实是在建构一种新的现代的婚恋道德观，并在这一话语建构中赋予了自由离婚的道德合法性与正义性。这也是五四前后大量新式青年学生选择与旧式妻子离婚的重要理论支撑，问题是在实际的操作中，这种理论的贯彻常常不如理论的阐释本身那样清晰简单。按照爱伦凯的主张，没有恋爱的婚姻是不道德的，没有存在的理由，应该立即离婚，但很多新式青年面对旧式妻子都没有断然解决的勇气与决心，因为婚姻的既成事实，因为受了"性的压迫"，因为迫于家庭和舆论的压力，许多人选择了像郑教授一样试图改良自己的旧妻，以图走上恋爱的正途。按照爱伦凯的主张，恋爱是包括爱人人格在内的感觉与心灵的一致，是灵肉一致的生命的高尚体验[2]，可是这样的表述毕竟有些抽象，也缺乏准确明晰的实现路径，所以到了新式青年那里，灵与肉的要求就落实为具体的"放足"和"读书"[3]。可是便览郑君几万字的长文，他对旧妻的改造从一开始就集中在"放足"这一点上，除了在最初提出过让妻子上学的主张外，在几年的婚姻生活中都没有尝试实现这一主张，甚至在妻子主动提出出外上学的要求时，还故意给妻子设置难题。如果说"放足"对应于"肉"，"上学"对应于"灵"的话，郑君对于灵与肉的要求明显有所偏重，本来，"灵"的提升与评判标准也要比"肉"模糊得多。对于"放足"问题，郑君的态度也显得自相矛盾，明明在婚前就已经表示"我以为足之大小不过

---

[1] 周建人：《离婚问题释疑》，《妇女杂志》第8卷第4号（1922年4月）。
[2] 〔瑞典〕爱伦凯：《恋爱与结婚》，朱舜琴译，社会改进社1923年版，第16—17页。
[3] 向旧式妻子提出"放足"和"读书"两个要求，并不是郑君的个例，而是当时新式青年的普遍选择，具体情况可参见余华林：《民初知识青年离弃旧式妻子现象之论争——以郑振埙事件为中心》，《社会科学辑刊》2012年第6期。

是一种形式，她究竟可否做我的伴侣，当以她的性情品格为标准，至于相貌服装以及足之大小都是无关紧要的"，但在婚后却一直对"放足"问题纠缠不止，最后因改造的失败而做出了离婚的选择。其实，根据郑君的自述，矛盾的核心并不在足之大小，而在于妻子的听话与否，郑君屡次因妻子的不能听话、不能彻底地听话而痛苦懊恼，从"放足"问题变为"听话"问题，背后的指导思想已经悄悄地从女性解放、改造新人变成夫权至上、三从四德，当旧式妻子无法满足半新不旧的丈夫的要求时，丈夫又以新式话语的恋爱神圣、离婚自由来为自己的离婚决定背书，虽然郑君也承认自己的妻子"实在是一个难得的女子。由旧的方面看起来，她毫没有错处。她待我的父母都很好，真能尽妇道。对于我家里人，不论尊卑，从来没有冲突过一次，尤为旧式女子所难能的。由新的一方面看起来，她没有宗教的迷信；相信微生虫……不奢侈；亦懂得经济与俭省的区别，能记新式日用簿记；教养儿女能用新的法则"，但都无法影响郑君决定背弃那个从新旧两方面来说都没有错处的妻子。

值得注意的是，从郑君和其他有相同经历的青年自述中来看，当新式青年面对旧式妻子的时候，很多人都有意无意地担当了一个启蒙者的角色，当他们把他们从五四新文化人的著述演讲、报刊编译文章中得来的新观念、新思想贯彻在旧式婚姻中，实行在旧式妻子身上时，客观上完成了一个从被启蒙者到新一代启蒙者的身份转换。问题在于，新一代的启蒙者相对于上一代的启蒙者来说，很多人对于理论新知的理解程度不一，缺乏必要的知识结构和辨析能力，常常把复杂、体系性的理论简化为口号性的概念名词，又没有完成对自身思想层面的旧传统的批判和清理，在对自我尚未具备清醒的认知和判断的情况下，在不具备真正的启蒙者的资格的时候，盲目莽撞地把他们的旧式妻子变成一个没有选择余地的被动的启蒙对象，其结果是与女性解放运动的目标相去甚远的。因此，一个读者激愤地表示："在初醒悟的时候，总有些似醒悟而未醒悟的，他们依旧用着先前压迫我们的手段，做他们酣睡中的甜蜜的梦，自以为得意。这种假充醒悟却仍夹有许多偏见的男性，比那仍在酣睡中一无所知的男性，压迫我们的能力,要大得多;诱惑我们的本事,要高得多;我们恨他们,自然要比恨那些仍在酣睡中一无所知的男性更甚;我们看这些男性,是我们最大的仇敌,我们防他们,自然要比防蛇蝎,还要谨慎一些了。"[1]这个过程中,当然也有西方思潮传入过程本身的混乱与无序、理论译介者本身的资质能力不一等原因,但相对于上一代启蒙者来说,新一代的由新式青年学生转变成的启蒙者也呈现出一些新的特征。个人幸福和旧式妻子的两难选择在上一代启蒙者那里也是一个现实的困境,对此很多人做出的是牺牲自我以保全已然身处社会最底层的旧式女性的决定。罗家伦早在1919年在《是爱情还是苦痛?》中就对这一选择背后的心路历程做过细致的阐述。夏丏尊也曾有过类似的表述:"女子在自然状态中,在现制度中,都是弱者。欺侮惯女子的男子,要牺牲一个女子来逞他的所谓'自由',原算不得什么,不过,人该不该牺牲了他人去主张自己底自由,实是一个疑问。"[2]诚然,新式青年学生中也不乏有人选择救助旧式妻子,但像郑君这样最后选择离异的也不在少数。追求个人幸福本也无可厚非,周建人所主张的由家族主义向个人主义的转变本是时势所趋,但个人主义不等于利己主义,如何权衡个人与他人的利益以及社会的责任,在这个特殊的过渡时期仍是每个人要做出的艰难选择。郑君在总结自己婚姻不幸的原因时说:"(一)同居不到一个月,我就觉得她的性情与我不合,假使在社交公开的社会里,决不至于结婚。我们不幸未见面结婚。(二)我与她失和之后,不幸在漠视恋爱的社会里,没有人出来调停,没有人赞成我,亦没有人劝谕她,把失恋的时期延长到两年有余。(三)到北京后,她不幸没有遇到好朋友,可以做她的模范,使她自己解放,使她觉到前日的差误,特别的对我表示好意。"如果说将责任全部推到社会和他人,还只是有缺乏自省之嫌,那么在谈及离异的妻子的未来时表示"现在家乡半新旧的绅士最盛,他们既不满意于旧式女子,又怕新式女子的平等自由。启如是半新旧的女子,只要她肯嫁,羡慕她的一定很多",则不得不显示出新式青年追求个人利益时

---

[1] 徐呵梅:《偏见的男性之偏见——责旷夫先生》,《妇女杂志》第9卷第4号。
[2] 夏丏尊:《男子對於女子的自由离婚》,《妇女评论》第57期(1922年9月6日)。

对女性处境的无知与冷漠。

由郑君引发的离婚问题讨论持续在《妇女杂志》上发酵，很多读者在讨论理论话题的同时，也把自己的真实遭遇仿照郑君的自述方式发表在杂志上，尤其是女性读者的发声提供了重要的女性视角，能够在杂志上撰文发表的多是与郑君一样接受了新式教育的女性青年学生，所以内容更多侧重在觉醒了之后的新式青年男女在实行自由恋爱结婚道路上的各种情况。一个女学生把在校读书时收到的六封求爱信匿名公布在杂志上，信笺的内容大同小异，态度则都迫切热烈，这让作者颇为不解，因为"我在校里，从没同人讲过话，从来也不知道他们是什么人，怎样可以同我通信呢？即使他们所说的是一片的真诚，也不过是由于我的外貌所感动罢，至于我心怎样，我决其必不知道的"，所以作者认为这些追求者都是"轻率的，无慎重研究过，而谬然倾其爱慕心的"，是"以'自由恋爱''社交公开'等名词为标榜，而任性妄为"，是"滥用的自由恋爱者"[1]。如果说这一情况还属于男女社交公开尚未实现、自由恋爱实行初期幼稚莽撞的有趣案例，那么接下来的文章则没有这么轻松。《M君的婚姻史》中的男主角也是和郑君一样不满旧式包办婚姻的新式男青年，不同的是M君在完婚前就用逃婚的方式向家庭示威，最后虽然获得了家庭的谅解，但被退婚的F女士最后则选择了矢志不嫁，出家修行。M君因此也表示矢志不娶，但又禁不住"自由恋爱"的诱惑，与读书的Y女士谈起了恋爱。当论及婚嫁时，Y女士才发现自己受了"矢志不娶"的M君的"不诚意的周旋"[2]欺骗，痛苦不已。虽然M君也表示忏悔，但在这一事件中的新、旧女性，却都没有享受到女性解放运动所应有的成果。在另一篇《黄女士的自述》中，黄女士为了逃婚与王君实行自由恋爱，不惜与家庭决裂，等到与王君结婚的时候才知道王君本是有妇之夫，与她的结合实属骗婚，而且骗取了自己所有的钱财，绝望之下选择自杀。在报刊上离婚自由是否合情合理的讨论还没

---

[1] 荷荷：《六个男同学给我的信》，《妇女杂志》第9卷第7号（1923年7月）。
[2] 憨甫：《M君的婚姻史》，《妇女杂志》第9卷第8号（1923年8月）。

有取得共识的时候，现实中这种"拿神圣的名词，来行诈骗的事情"[1]已经屡见不鲜，并成为众多婚恋小说的材料来源。这其实也成为1925年章锡琛、周建人主张"新性道德"时遭到广泛质疑的一个现实原因。

1925年1月，《妇女杂志》出版"新性道德号"。章锡琛开宗明义，在《新性道德是什么》一文中，把"道德"定义为"在乎增进个人及社会的幸福，而以爱他而又不妨于利己为最要"，所以性道德的准则也应该是"不可依了你的性的冲动及性的行为而故意伤害自己及任何人"，而应该尽力增高二者的幸福及价值。由此，章锡琛批判旧式的包办婚姻虽然被世俗看作是道德的，但从侵害旧式女性权利的角度来看，则完全不符合新的性道德的标准。"新性的道德的极则，便在满足社会各人自由平等的要求。"[2]周建人也在将道德定义为利己而又不伤害他人的前提下，批判传统的节烈贞操观念是不道德的，"因节烈不是女子的自然的欲求，只是男子要永久占有女子而设的牢笼"[3]。章锡琛、周建人此处对新性道德的界定其实仍然与爱伦凯"恋爱的婚姻是道德的婚姻"的观念一脉相承，是对自由主义婚恋观的进一步延伸，但因为涉及敏感的性话题而遭到许多的曲解。尤其是在利己而又不伤害他人的前提下，"新性道德"提出，"一夫一妻的道德也可以不必严限，同时'恋爱两人以上'，只要他们自己没有什么问题，旁人也用不着干涉"[4]，"如果经过两配偶者的许可，有了一种带着一夫二妻或二夫一妻性质的不贞操形式，只要不损害于社会及其他个人，也不能认为不道德的"[5]。这样挑战社会习俗、挑战刚刚普及建立的一夫一妻的现代婚姻制度的观念，当然会引来社会各界的强烈反应。反驳的意见主要集中在"新性道德"容易成为守旧派复古纳妾制度、提倡"一夫多妻"的理论武器，这成为新文化人反对"新性道德"的重要原因，也即对破坏新

---

[1] 刘维坤女士：《黄女士的自述》，《妇女杂志》第10卷第2号（1924年2月）。
[2] 章锡琛：《新性道德是什么》，《妇女杂志》第11卷第1号（1925年1月）。
[3] 建人：《性道德之科学的标准》，《妇女杂志》第11卷第1号。
[4] 同上。
[5] 章锡琛：《新性道德是什么》，《妇女杂志》第11卷第1号。

文化运动成果的隐忧。但事实上，如果全面考察章、周二人的观点，可以看到所谓的"新性道德"在批判旧式婚姻制度、批判贞操观念等方面，在追求人格的自由平等方面，跟新文化运动中的女性解放、伦理改良的思路是一致的。如果承认从"利己而又不伤害他人"的道德定义前提下，对旧道德、旧伦理的批判是合理、有效的话，那么由此所推导出的多样化的夫妻关系模式在逻辑上也应该是成立的。一边赞成他所反对的，一边反对他所赞成的，未免有双重标准之嫌。但这样的结论毕竟是有些惊世骇俗的，因此鲁迅说"章、周两先生在中国将这些议论发的太早，——虽然外国已经说旧了，但外国是外国"[1]。另外，这一观念之所以超前于时代，还与现实中新式青年在实行自由恋爱、自由离婚时所出现的乱象有关。如果说郑君在对自己的旧式妻子启蒙无效后选择离婚的过程中，对于"没有爱情的婚姻是不道德的"等一整套新的婚恋观还是真诚信奉并尝试身体力行的话，那么之后出现的各种打着"自由恋爱"旗号的玩弄感情、朝三暮四、瞒婚骗婚等行为则已经属于利用启蒙话术不顾伤害他人的后果而满足私欲的"不道德行为"，如果章、周二人的理论被广泛认可的话，不仅有可能被守旧派当作复古的借口，也有成为新式青年新式"话术"的危险。不管哪种情况，受害的仍然是或新、或旧的女性群体。

"新性道德号"出版两个月后，鲁迅在《妇女杂志》上发表短篇小说《幸福的家庭——拟许钦文》。此前，许钦文在《晨报副刊》上发表了小说《理想的伴侣》，讽刺一些新式青年似新实旧、似文明实利己的择偶标准，有研究者认为，这是对《妇女杂志》"理想的配偶"征文活动的讥刺。其实，许钦文的小说发表时，《妇女杂志》上的征文结果尚未发布，所以许钦文可能只是以这一征文活动为由头来做社会怪现状的针砭。鲁迅小说的"拟"，基本上着眼于短篇小说的写作技法，因为许钦文的小说通篇是与朋友的对话，其中还有大段朋友的独白，展现人物的心理过程，显得真实、生动，所以鲁迅的《幸福的家庭》也以一个青年写作的心理过程为表

---

[1] 鲁迅：《编完写起》，《莽原》第4期（1925年5月15日）。

现对象，断续、反复、抽离、空白，也是一副自然、白描的手法。但从小说主题来看，鲁迅的写作显然更有深意。许钦文对人物的讽刺是清晰、直接的，而鲁迅小说中的双套叠结构（文章写的是一个作家在写文章），反复出现的"A字""白菜""龙虎斗"等隐喻性的意象，不仅展示了鲁迅的写作技巧，也显示了鲁迅对青年婚恋状况的思考。尤其值得注意的是，小说的主人公是一个践行自由恋爱的新式青年，小说中特意点出主人公看到自己女儿的脸庞"正像五年前的她的母亲……那时也是晴朗的冬天，她听得他说决计反抗一切阻碍，为她牺牲的时候，也就这样笑迷迷的挂着眼泪对他看"。如今，曾经自由恋爱的一对新人陷入了琐碎、庸常的家庭生活，并无一技之长的书生为了"捞几文稿费维持生活"[1]选定了润笔颇丰的幸福月报社，来作一篇名为《幸福的家庭》的文章。主人公明明是被自由恋爱话语启蒙却又因践行自由恋爱而陷入困顿的悲剧人物，却仍打算写一篇自己也明知不现实的启蒙话语来换取生存的资料，被启蒙欺骗再去拿启蒙骗人，鲁迅的指问不可谓不深。结合半年后鲁迅创作的小说《伤逝》来看，涓生与子君的结合也是接受了启蒙的新青年涓生有意识地唤醒子君的结果，则《幸福的家庭》里的夫妻也可看作涓生与子君的另一种结局，或者由启蒙走向死亡（女性的死亡），惨淡收场，或者迫不得已做起启蒙的"生意"，无论哪一种结果，可能都是当年的"新青年"同人所未曾预料的。

考察章锡琛主编时期的《妇女杂志》以及同时期重要的妇女杂志、报纸副刊的女性问题专栏，会发现一个有趣的现象，即来自男性群体的普遍关注、积极响应和广泛参与，这一点显然有别于其他国家早期妇女运动中由女性群体主导并首先获得女性群体的支持响应的特点。这一现象一方面与特殊的国情有关，其时有机会接受教育的女性数量远远少于男性群体，因此被启蒙的新青年中男性所占的比例显然更大；但另一方面，与西方国家女性解放运动首先争取女性的经济、政治权利进而深入婚姻家庭问题讨

---

[1] 鲁迅：《幸福的家庭——拟许钦文》，《妇女杂志》第十卷第三期，1925年3月。

论的路径不同的是，新文化运动到20世纪20年代对恋爱、婚姻、家庭问题的讨论几乎是和女子参政权、女子职业化道路选择的讨论同时展开的，而且受关注的程度、讨论的深入度甚至在很长的一段时间里超过了后两个议题。除了男女受教育比例悬殊的原因之外，男性群体关注恋爱婚姻问题显然也因为这个问题牵涉到了两个性别群体，受封建礼教之害、受旧式婚姻压迫的绝不仅限于女性群体，也是觉醒后的男青年们感受到的切身痛楚。或许正是由于恋爱婚姻问题获得了广泛的关注和讨论，章锡琛曾提出将自由恋爱问题当作整个中国女性解放运动的突破口。1922年，王平陵有感于《妇女杂志》上频繁宣传爱伦凯的恋爱观而致信章锡琛，指出单单看重恋爱问题对于中国的女性解放运动是一种避重就轻，"我以为要从实际上援救中国的妇女，一方面是扩充佢们底智慧，发展佢们底本能；在又一方面呢，就是推广佢们执业的范围，图谋经济的独立。前者应当从教育公开入手，后者当先从调查各地妇女生活的现状入手"，进而"设法打破旧伦理，旧法律；根据男女平等的原则，重新制定适当的伦理和法律"。但章锡琛并不同意王平陵所设计的女性解放的路径，而把自由恋爱看作解决以上所有问题的根本方法，"中国人为什么说，女子不必受教育，不必经济独立，男女不应该平等，家庭可以束缚个人，支配个人？我们可以很简单的回答说：就因为中国人把女子作为男子的所有物，把女子作为家长的所有物，不承认她们有个人的人格，有自由的意志"，要让女子主张个人的人格，意志的自由，"要办到这一层，就只有主张恋爱自由。如果男子承认女子有恋爱的自由，他们便不会把女子当作可以掠夺，可以买卖，可以满淫欲，可以供役使的东西，那么，男女不是就平等了吗？如果人人都认恋爱是重要的事情，便必须使人人对于恋爱都受充分的训练，充分的培养，不该加以任何物质的压迫，那么，不是把经济不独立，教育不普及，家庭对于个人的束缚支配都消除了吗？"[1]章锡琛还特意在文章中强调，他的这一观点是深得周建人的同意的。以自由恋爱入手，伸张男女平

---

[1] 王平陵、章锡琛：《通信：恋爱问题的讨论》，《妇女杂志》第8卷第9号（1922年9月）。

等的观念,进而实现女性的经济、教育等一系列问题,是章锡琛在特殊的国情背景下为中国的女性解放设计的一条实现途径,虽然这个想法有一厢情愿之嫌,但对自由恋爱、自由离婚的提倡,确实使得妇女问题得到了社会的普遍关注和讨论,对于推进社会的现代化进程,不能说没有益处。事实上,1920年代,男性群体对于自由恋爱问题的集中关注和讨论,也从一个侧面印证了女性主义理论先驱们一再强调的观点,即女性问题从来都不是女性群体自身的问题,对女性权利的伸张并不是对男性权利的剥夺和抑制,在对女性群体进行压迫和歧视的同时,男性一样也会受到性别固化和选择受限的困扰,解放女性也一定会在相同的程度上解放男性,最后受益的是整个人类群体。问题在于具体的达成途径,政治、经济、教育、伦理,是否有一个固定的先后顺序?

对于这个问题,周作人其实在《妇女杂志》上给出过不同的思路。1923年,《妇女杂志》出版"妇女运动号",其中刊发了周作人的文章《妇女运动与常识》。周作人认为,"妇女运动在中国总算萌芽了,但在这样胡里胡涂,没有常识的人们中间,我觉得这个运动是不容易开花,更不必说结实了,至少在中坚的男女智识阶级没有养成常识以前,这总是很少成功的希望的"。周作人把"正当的人生的常识"分为五组:关于个人的生理和心理的常识,关于人类及生物的进化史和文化历史,关于自然现象的天文、地理、物化等知识,这三组都属于"具体的科学",第四组数学和哲学则属于"抽象的科学",最后一组跟艺术相关的理论、历史和具体门类则都属于"创造的艺术"。周作人说这样一种类似百科知识的罗列并不等同于中学教育,不为应试,而重在知其大要而活用,这种知识体系的设计和目标、要求,以今天的眼光来看,其实颇类似于通识教育或素质教育的理念。在周作人看来,这种常识的养成,其实是为了养成"全的个人",只有"个人对自己有了一种了解,才能立定主意去追求正当的人的生活","现在主持妇女运动的女子和反对妇女运动的男子都先去努力获得常识,知道自己是什么,人与自然是什么,然后依了独立的判断实做下去,这才会有功效"[1]。跟章锡琛先解放恋爱婚姻这一个具体问题进而解放女性群体的思路相反,周作人的思路更倾向于先从更广大的整体来解放全人类,再来解放女性,只有全体人类(或至少中坚的智识阶级)先具备科学、理性、全面的对于人的理解和认识,才有可能解决人类社会的一系列具体的问题,当然也就包括其中的女性解放的问题。按照周作人的思路,不难解释章锡琛、周建人所致力于的以自由恋爱为突破口进而推动女性解放的努力所遭遇的困难重重,尤其是在大多数女性仍未得到平等教育的机会,而先觉醒的男女青年们也没有完成"常识的养成"的情况下。

周作人在这篇文章中还提到另一个重要的问题,也即"妇女运动的发生",周作人认为"女子有'为人或为女的两重的自觉',所以才有这个解放的运动","自觉"对于"运动"的产生,在周作人那里是一个先决的要素,他在另一篇文章中也曾说及,"中国近来女界也很有新的气象,但是据我看来,那似乎只是国民的自觉,还没有到个人的自觉的地步"[2]。这也是考察中国早期女性运动的另一个重要的与世界女性运动潮流不太一样的地方,也就是女性自觉的缺乏。从晚清维新派提倡"国家大事,匹妇有责",到五四新文化人破贞操、说娜拉,再到1920年代章锡琛、周建人提倡自由恋爱、新性道德,以及众多被启蒙的新青年的响应、讨论,整个过程从运动的发生到运动的推进都以男性为主导,虽然也有不同时期的先觉女性的跟进和参与,但女性的自觉似乎确实滞后于运动的发生与进行。这也体现了中国女性解放运动的另一个特征,也即中国的女性解放从一开始就不是一个肇始于女性意识觉醒、女性群体伸张权利的独立运动,而是从属于更大范围的清末民初思想启蒙运动的一部分。而这场由几代人接力的启蒙运动又不是局限于理论层面的思想运动,其背后有强烈的体制变革、民族复兴的现实政治诉求,所以一旦政治的方向有所变动,启蒙的进程必然随之调整,而作为其中的一个分支的女性启蒙运动,也随时面临着为了大局有所牺牲的危险。刘慧英曾在文章中讲到1919年《新青年》曾经试

---

[1] 周作人:《妇女运动与常识》,《妇女杂志》第9卷第1号(1923年1月)。
[2] 周作人:《女子与文学》,《妇女杂志》第8卷第8号(1922年8月)。

图邀请"女同胞诸君"来讨论"女子问题",因为男子"越俎代言,虑不切当",并开列了女子教育、女子职业、结婚、离婚、独身生活、女子参政等诸多话题,但因为五四运动高潮的快速到来和《新青年》编辑部的分裂与政治转向,这一提议被迅速搁置了,"在'排山倒海'的社会革命来临之际,妇女问题随时有可能被'覆盖'或被放弃,因为它不是居于首要地位的问题"。[1]这样的现象,在章、周时期的《妇女杂志》也有所表现,"新性道德"观念的进一步展开、深入讨论的机会也因为要维护新文化运动成果的大局而被迫中断,同时另外一个新的情况是,除了政治资本的影响之外,商业资本也开始对启蒙产生影响。当初章锡琛接替王蕴章主编《妇女杂志》的时候,背后已经有商务印书馆打开销路的考虑。章锡琛主编时期,《妇女杂志》销售量大增,"离婚问题号""妇女运动号"等期几次加印仍然脱销,然而当1925年"新性道德号"引来广泛的社会关注和质疑的时候,商务印书馆违反先前约定,对章的编辑工作进行干涉,要求审查《妇女杂志》的清样,最后导致了章锡琛的辞职。不仅"新性道德"的讨论被中断,之后的《妇女杂志》也重回保守立场,不再处于女性解放运动的理论尖端。中国早期的女性解放运动在运动方向上与女性现实处境的偏离,运动进程被政治、商业因素的打断与影响,运动的阶段成果被男性群体的误读和利用,多多少少都与女性自觉的缺席和让位有着难以割舍的联系。

由此,再反观中国早期女性解放运动所从属的启蒙运动,其从一开始与政治诉求千丝万缕的联系,也使得中国这场清末民初的启蒙运动与欧洲以追求新知、学术独立为核心的启蒙运动产生了诸多的差异,女性运动中遇到的种种问题也一一呈现在启蒙运动的进程中,再加上西学植入的水土不服,也就预示了启蒙的艰辛与曲折。

(作者单位:天津工业大学)

---

[1] 刘慧英:《从〈新青年〉到〈妇女杂志〉——五四时期男性知识分子所关注的妇女问题》,《中国文化研究》2008年春之卷。

从中国漫画史看《儿童画报》《儿童世界》的价值

〔日〕佐佐木睦

1922年,中华民国时期具有代表性的儿童杂志相继创刊。上海商务印书馆于1月和8月,分别创刊了《儿童世界》和《儿童画报》。同年4月,上海的中华书局发行了《小朋友》的创刊号。这三本杂志在民国时期给当时的儿童们提供了大量丰富的故事和漂亮的插图。

这三本杂志的创刊和民国时期教育制度的改革息息相关。1922年公布的新学制(壬戌学制)中规定,国语课必须使用白话文的教科书。上述三本杂志被作为当时国语课和社会课的课外读本。

不管是从教育的层面,还是从丰富儿童内在涵养的层面,这三本杂志至今为止都受到高度评价。而且,这些杂志里面还包含了许多相当于现在我们所说的"漫画""连环画"的内容。但是,这一点目前几乎没有被关注过。[1]

本文试图将民国时期的儿童杂志,特别是《儿童画报》和《儿童世界》,与中华书局出版的《小朋友》和同一个时期的日本儿童杂志进行比较的探讨,并强调这些儿童杂志在中国漫画史研究上的价值。

一 《儿童画报》《儿童世界》的漫画/连环画

同时创刊于1922年的《儿童画报》和《儿童世界》所面向的读者群也有所不同:《儿童画报》是"七八岁儿童用",大都以简单明了的文章配以

---

[1] 由曲阜师范大学张梅老师所著的《晚清五四时期儿童读物上的图像故事》(中国社会科学出版社2016年版)是目前唯一一本研究这一时期儿童杂志、儿童读物中所附图像的专著。

插图为主；而《儿童世界》是"十岁上下儿童用"，以儿童读物为主[1]。

《儿童画报》《儿童世界》里刊登了许多精彩的故事，赋予了当时的孩子们梦想，并培育了他们的想象力。根据编辑部的方针，这些作品都附有精美的插图，为孩子们拥有更加丰富的内心世界起到了巨大的作用。

《儿童画报》《儿童世界》里含有很多相当于现在的"漫画"或者"连环画"的内容。这里所说的"漫画"和"连环画"定义起来非常困难，特别是"漫画"这个词，在当时和现在所指的对象有些许不同，汉语和日语的意思本身也有差别。本文中所使用的"漫画"一词可理解为现在我们所说的一般意思。

《儿童世界》中刊登有如图1、图2所示的作品，它们有着"图画故事""滑稽画""滑稽图画""插图""彩色插图"等多种名称。这些名称

图1　郑振铎　滑稽画《河马幼稚园》，《儿童世界》第4卷第3期（1922年10月21日）

图2　继程　图画故事《园丁与两个孩子》，《儿童世界》第3卷第13期（1922年9月30日）

---

[1] 参见《儿童画报》第8期（1922年11月16日）的广告。

从中国漫画史看《儿童画报》《儿童世界》的价值

的使用区分并不十分严格。例如，图1郑振铎的《河马幼稚园》(《儿童世界》第4卷第3期，1922年10月21日)，其中连载的第1回用的是"滑稽画"，从第2回开始变成"图画故事"，第4回的目录中又变成"滑稽图画"。可以看出，这个时期在表述上是很分散、随意的，并且"图画故事"这个名称还没有固定下来。[1]

  这幅画很明显是欧美风格，虽说作者署名是郑振铎，但完全看不出是他所画。做过《儿童世界》编辑的赵景深先生曾表示，在绘制《儿童世界》的插图时，他会用薄纸临摹英文原版书的插图。张梅确定了赵景深所说的作品是《儿童世界》第2卷第3期的《好小鼠》。[2]

图3 《活动影戏》，《儿童画报》第44期（1925年3月15日）

图4 《送鱼》，《儿童画报》第11期（1923年1月1日）

---

[1] 参见〔日〕成实朋子：《二十世纪中国における「图画故事」について》，《中国儿童文学》2010年第20号。

[2] 赵景深：《郑振铎与童话》，北京师范大学中文系儿童文学教研组编：《儿童文学教学研究资料（三）》，1979年版；张梅：《郑振铎主编〈儿童世界〉期间的绘者考辨》，《编辑之友》2012年第5期。

可以看出，初期的《儿童画报》有意将电影的形式融入其中，因此曾有"活动影片"或"活动影戏"的称呼。具有代表性的是第44期（1925年3月15日）的《活动影戏》中，在第一个分镜中画有由放映机投影出"甲乙两鼠"的标题。（见图3，图4的形式相同）。"活动影戏"的题目只出现过几回，《儿童画报》中的漫画作品基本上是没有标题的。

这两本杂志最初的很多概念都是沿用欧美或日本的儿童杂志或儿童读物，对于他们具体引用的原文，尤其是针对《儿童世界》的研究已经有很多。但是关于漫画/连环画的内容，在进行资料比较的时候很困难，只能指出其中一部分的可能性，无法明确指出其参考来源。这几年来，笔者发现了一些打破这一现状的资料。

图5是《儿童画报》第52期上刊登的漫画，讲的是被青蛙欺负的萤火虫成群结队组成蛇的形状来报复青蛙的故事。这一作品的原型是刊载在日本儿童杂志《コドモ》[1]大正六年（1917年）8月号中的《萤火虫的胜利》

图5　无题，《儿童画报》第52期
（1925年7月15日）

图6　《萤火虫的胜利》，《コドモ》
（1917年8月）

---

[1] コドモ是小孩子的意思，读如KODOMO。

（图6）。《儿童画报》将八格漫画修改成四格，多出来的部分将青蛙和萤火虫绘制得比较大。这足以证明《儿童画报》主要是为低年级儿童而编写的。

耐人寻味的是，《小朋友》第29期（1922年10月29日）悬赏故事画也转载了《萤火虫的胜利》（图7），题为《萤火与青蛙》。和日本的原稿相比，《小朋友》是按照左右对称的方式对原本进行重新描画，《コドモ》从右边翻看，而《小朋友》则是从左边翻看；并且《小朋友》删除了原有的对白，通过悬赏故事画的方式向读者征集故事。[1]

图7 《萤火与青蛙》，《小朋友》第29期（1922年10月29日）

以上的例子可以作为佐证在中国漫画史上的日本漫画接受的重要资料。关于中国对日本漫画引进时间的问题有许多说法，一般认为是从1960年代开始的，但实际上从1920年代就已经开始了。

---

[1]《晚清五四时期儿童读物上的图像故事》中以这一作品为对象，认为《萤火与青蛙》"是一则很完整的图画故事，文字表述时既要注意每幅画的意义和画面中的细节，又要注意画面之间的连贯性"，高度赞扬了让读者也投入到创作中的"悬赏故事画"。

1009

二 《儿童画报》《儿童世界》的画师们

接下来，笔者想从人才方面来谈一谈其与漫画/连环画的关系。《儿童画报》的封面和插画的负责人（绘图者）经常会使用多种署名。比如金少梅就曾使用过"少梅""少槑""槑""楳""少某""某"等署名，看起来像多位不同的画师，实际上是同一个人。（图8—图11）

图8　金少梅署名"少梅"的画作，《儿童画报》第16期（1923年3月16日）

图9　金少梅署名"少槑"的画作，《儿童画报》第8期（1922年11月16日）

图10　金少梅署名"少某"的画作，《儿童画报》第4期（1922年9月16日）

图11　金少梅署名"某"的画作，《儿童画报》第2期（1922年8月16日）

从中国漫画史看《儿童画报》《儿童世界》的价值

从创刊到1931年为止，《儿童画报》的主要画师有金少梅、季小波、张令涛、韩佑之、万籁鸣等（图12—图15）；1932年之后，《儿童画报》的画师则以胡若佛（即胡也佛）为代表。

图12 《儿童画报》第60期（1925年11月15日）版权页

图13 韩佑之绘《小鸟受欺》，《儿童画报》第52期（1925年7月15日）

图14 季小波绘《小鼠的恶作剧》，《儿童画报》第39期（1924年10月25日）

图15 张令涛画，《儿童画报》第38期（1924年10月15日）

从《儿童画报》创刊到1925年，金少梅一直担当绘图的工作。此后他所做的工作也与中国连环画的历史有着莫大的关系。1925年到1929年间，

1011

以中国古典小说为蓝本创作、由世界书局出版的五本"连环图画"系列中，他担任了《西游记》的绘图工作。并且在这个系列中首次使用了"连环"一词。

万籁鸣（1900—1997）不仅曾作为漫画家非常活跃，他的"动画大师"的称号也广为人知。1941年，他与三个兄弟共同制作了中国第一部长篇动画《铁扇公主》。这部电影曾在日本上映，并给予日本"漫画大师"手冢治虫很大的影响。（图16、图17）

图16　万籁鸣绘封面，《儿童画报》第70期（1926年4月15日）

图17　万籁鸣绘《小仙人的印刷所》，《儿童画报》第62期（1925年12月15日）

季小波（1901—2000年）是中国漫画史上第一个漫画家团体"漫画会"的首批成员之一。

提及胡若佛（1903—1988），他的另一个名字"胡也佛"更为著名。他在战后和张令涛合作创作了大量的连环画作品。另外，他还擅长国画，尤其是对女性的描绘，代表作有《仕女图》。在《儿童画报》中，胡若佛所绘制的少女也体现出近代美感的特殊魅力。笔者认为他可以说是近代中国史上"发现'少女'之美第一人"。（图18、图19）

从中国漫画史看《儿童画报》《儿童世界》的价值

图18 胡若佛绘封面,《儿童画报》新13号（1933年4月16日）

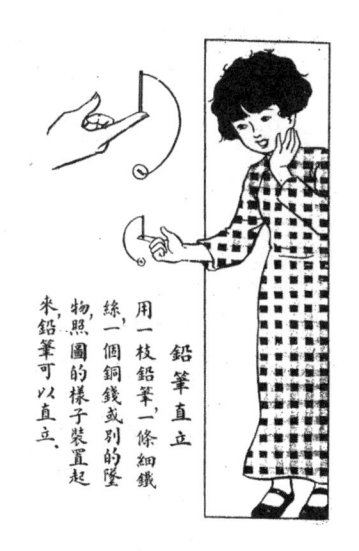

图19 胡若佛绘《铅笔直立》,《儿童画报》新55号（1935年1月16日）

此外，很多画家都参与了创作，这一点可以从署名体现出来。比如说，"窜"字放在四角方框里，是有名的讽刺漫画家钱病鹤（1879—1944）的署名。当时，钱病鹤经常在《申报》的"自由谈"专栏发表自己的讽刺画。从这个例子我们可以看出，绘制插图的人应该并非一定是商务印书馆的正式员工。（图20、图21）

图20 钱病鹤画,《儿童画报》第47期（1925年5月1日）

图21 钱病鹤绘《蠢蠢欲动》,《申报》1922年2月9日"自由谈"专栏

1013

《儿童世界》方面，初期由许敦国担任封面和插图的绘制工作，从1927年开始换成林履彬负责。林履彬作为连环画画家也创作了大量作品。另外，之前提及的胡若佛也为《儿童世界》提供了不少漫画作品。

商务印书馆于1939年将出版中心转移到香港。自此之后，图画故事里出现了糜文焕的名字。糜文焕也是一位有名的讽刺漫画家。（图22）

图22　糜文焕绘《小黑兔》，《儿童世界》新178号（1940年3月20日）

从这些例子我们可以看到，《儿童画报》《儿童世界》的画师们和中国漫画、连环画的发展史有着深刻的关联。但是，迄今为止的漫画史、连环画史在谈论他们的贡献时，他们在儿童杂志中的活跃事迹几乎没有被提及过。笔者认为，通过对他们在儿童杂志中活跃程度的调查，能为重新书写中国漫画史/连环画史带来可能性。

三 和《小朋友》的比较

接下来，笔者想谈谈与《儿童画报》《儿童世界》同样具有代表性的中华书局的《小朋友》中所刊登的漫画/连环画的特征。

首先，关于名称，初期出现了"滑稽画""故事画""图画故事"等多种叫法，后来逐渐统一成"故事画"。形式上，《小朋友》上刊登的图画故事多种多样，但是最多的还是一张图下面加一段文字的形式。

内容方面，《小朋友》上刊登的故事画大都是国外漫画的转载。相当古老的转载例子上文已经进行了介绍，1920年代以欧美为主，1930年代之后对日本漫画的转载逐渐增多。根据笔者之前的调查，在由大日本雄辩会讲谈社出版发行的《少年俱乐部》和《幼年俱乐部》中，找到了许多转载漫画的出处。从1930年初开始，这两本杂志开始大量刊登漫画。同时，《小朋友》关于日本漫画的转载有所增加，从而说明它们之间是互相联动的。

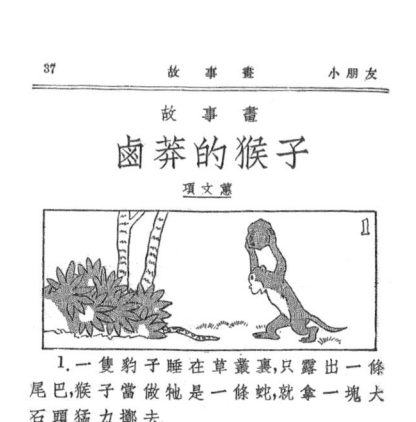

图23 《鲁莽的猴子》，《小朋友》第583期（1933年12月28日）

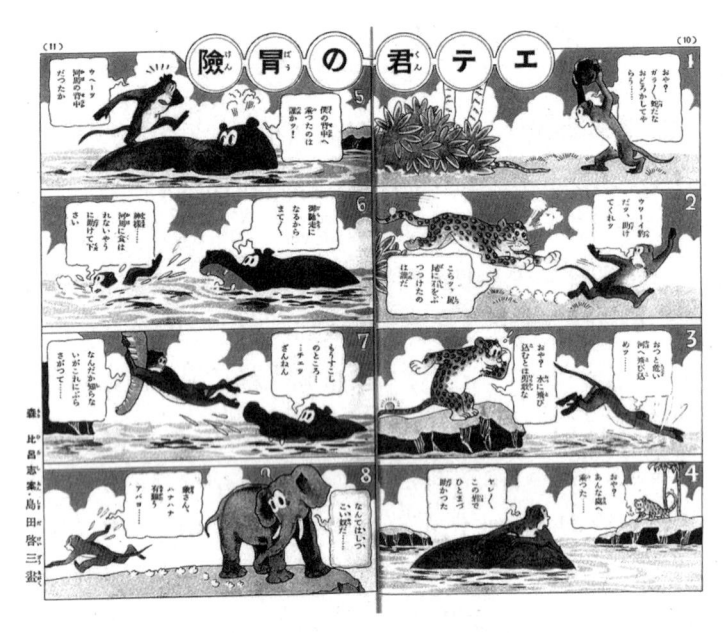

图24 《小猴子的冒险》,《少年俱乐部》1933年11月号

　　有趣的是，在转载的时候，《小朋友》对原漫画进行了各种改写。大致具备两大特征。一是将漫画形式改成连环画的形式，如《小朋友》第583期（1933年12月28日）上刊登的《鲁莽的猴子》，其实是对《少年俱乐部》里漫画（1933年11月号，森比吕志文·岛田启三绘《小猴子的冒险》）的转载（图23、图24）。本来登场人物是使用对话框来讲述台词的，但在《小朋友》改写成"故事画"的形式时删掉了台词，变成一张图下面配一段文字的形式。二是会将原图中日本式的事物变成有中国特色的样子。比如对服饰的改写（图25、图26）。[1]

---

[1] 笔者在此之前曾写过几篇关于民国时期儿童杂志和漫画/连环画关系的论文，拙稿参考如下：
《〈儿童画报〉与近代中国的想象力》,《人文学报》2014年第493号（首都大学东京人文科学研究科）;《民国时期儿童杂志和注音字母——以〈小朋友〉为中心》,《人文学报》2015第508号;《远渡重洋的"小黑"民国时期儿童杂志中日本漫画的受容》,《人文学报》2016年第512号第12分册。

1016

从中国漫画史看《儿童画报》《儿童世界》的价值

图25 《ピーチクバウシ》，《幼年俱乐部》1932年12月号

图26 《一顶会叫的帽子》，《小朋友》第543期（1933年3月23日）

图27 《儿童画报》新101号（1936年12月20日）

当时，《少年俱乐部》上连载的具有极高人气的漫画《野犬小黑》也曾被《小朋友》转载。"野犬小黑"的形象也曾在《儿童画报》上出现过

（图27）。另外，《儿童世界》新70—76号还转载了《少年俱乐部》的冒险小说《怒吼的丛林》。关于讲谈社的《幼年俱乐部》《少年俱乐部》与民国时期儿童杂志的关系，还需要今后做更加具体的调查研究。

我们再从关系者的角度来分析。《小朋友》的首任主编黎锦晖作为儿童歌舞剧、流行歌曲的作者驰名已久。在《小朋友》中担当插图和故事画创作的人员，目前能明确姓名的有王人路、吴启瑞、陈醉云、项文蕙等。但是，和《儿童画报》《儿童世界》的画师们不同的是，《小朋友》的画师们离开编辑部之后，都没有再从事和漫画、连环画相关的工作。这可能是由于《小朋友》的编者们在性格方面更倾向于教育者、革命者。

结语

由上文我们可以得出结论，民国时期的儿童杂志上刊登了许多漫画和连环画。在商务印书馆《儿童画报》《儿童世界》中负责绘图的画师们，也同时作为漫画家、连环画作家以及动画作家活跃着。总而言之，不管是从内容方面还是从人物方面，我们都可以看出，这些儿童漫画、连环画与中国漫画、连环画的发展史，乃至海外漫画的接受史都有着密切的关系。笔者认为，今后研究者应该将以《儿童画报》《儿童世界》为代表的儿童杂志，以及此次研讨会未能提及的一些少年、少女杂志等作为中国漫画史/连环画史上重要的一章来对待。

朱沁雪、周舒静翻译
（作者单位：日本东京都立大学）

周建人与现代科学观念的传播

——以《自然界》杂志为中心的研究

廖太燕

周建人,现代科学知识、理论的重要传播者之一,但学术界关于这方面的研究极少。早在1929年,柔石就将他与鲁迅做过比较:"三先生的一种科学家的态度和头脑,很可以使我的神经质的无名的忧怨感到惭愧,他底坚毅的精神,清晰的思想,博学的知识,有理智的讲话,都使我感到惭愧。而鲁迅先生底仁慈的感情,滑稽的对社会的笑骂,深刻的批评,更使我快乐而增长知识。"[1]《自然界》杂志是商务印书馆的名牌出版物,因隶属自然科学,向来不为研究者重视,[2]而周建人任过该杂志主编,并借此广泛地传播现代科学理念。无疑,对此作深入探讨对拓展周建人研究、现代出版研究以及现代科学文化传播的研究大有裨益。

一 鲁迅、周建人、商务印书馆以及《自然界》

1919年12月,周氏兄弟变卖家产迁往北京,放弃故乡教职的周建人无事可做,只能到北大学习哲学课程,因无收入而心生焦虑,两位兄长时常为其留意工作,如鲁迅1920年8月两次致信蔡元培希望为弟弟在中法大学谋得职位,但请托并无结果,遂让周建人一边参与翻译外国小说,一边

---

[1] 赵帝江、姚锡佩编:《柔石日记》,山西教育出版社1998年版,第122页。
[2] 查阅中国知网,仅见陈江:《〈自然界〉:为"科学的中国化"努力》(《编辑学刊》1995年第3期)一篇。

等待机会。期间，周建人苦闷不已，据俞芳回忆："三先生由于没有足够的学历证明，一时找不到工作，平时虽也写些文章，但没有固定收入。数月后，逐渐为当时八道湾的当家人、势利的二嫂——羽太信子——所看不起，信子经常板着脸孔，指着自己的孩子骂人。所以，三先生在八道湾之日，正是他精神上受折磨之时。"[1]1921年夏，周作人函请在商务印书馆考察的胡适相助，胡于8月18日复函谈及此事："你的兄弟建人的事，商务已答应请他来帮忙，但月薪只有六十元，不太少否？如他愿就此事，请他即来。"[2]8月30日，胡适再次函告，工作事已定。9月2日，周建人前往上海，正式入职商务印书馆。起初，他协助章锡琛编《妇女杂志》，1925年因所撰关于性道德问题的文章遭到攻击，引发论战而被调离。次年，他到新创刊物《自然界》担任主编，持续六年之久。1932年初，商务印书馆被日军炸毁，陷入困境，宣布停业，职工一律解雇。周建人居所亦被炸，财物多损，又失去工作，生活艰难。鲁迅乃请许寿裳、蔡元培作保，他1932年3月2日致信许寿裳："今所恳望者，惟舍弟乔峰在商务印书馆作馆员十年，虽无赫赫之勋，而治事甚勤，始终如一，商务馆被燹后，与一切人员，俱被停职，素无储积，生活为难，商务馆虽云人员全部解约，但现在当必尚有蝉联，而将来且必仍有续聘，可否乞兄转蕲蔡先生代为设法，俾有一栖身之处，即他处他事，亦甚愿服务也。"[3]3月22日、5月14日，他又先后致函许寿裳，谈论此事。5月间，周建人赴安徽大学任教，但因"城中居人，民兵约参半，颇无趣"[4]，6月即返沪。鲁迅在在致信许寿裳请蔡元培说情，8月1日信中还批评了周建人，"此君虽颇经艰辛，而仍不更事，例如与同事谈，时作愤慨之语，而听者遂掩其本身不平之语，但掇彼语以上闻，借作取媚之资矣。顷已施以忠告，冀其一心于馁，三缄厥口，

---

[1] 俞芳：《周建人是怎样离开八道湾的？》，《鲁迅研究动态》1987年第8期。
[2] 耿云志、欧阳哲生编：《胡适书信集（1907—1933）》上册，北京大学出版社1996年版，第294页。
[3] 鲁迅：《鲁迅全集》第12卷，人民文学出版社2005年版，第288页。
[4] 同上书，第309页。

此后庶免于咎戾也"。"近日刊物上，常见有署名'建人'之文字，不知所说云何，而且称此名者，似不只一人，此皆非乔峰所作，顾亦不能一一登报更正，反致自扰也。但于便中，希向蔡先生一提，或乞转告云五，以免误会为幸。"[1]8月12日，鲁迅因周建人获得聘约向许寿裳致谢，并透露了新约内容："乔峰已于上星期六往办公，其所得聘约，有效期间为明年一月止，盖商务馆已改用新法（殆即王云五之所谓合理化），聘馆员均以年终为限，则每于年底，馆中可以任意去留，不复如先前之动多掣肘也。"[2]如此，周建人得以继续任职商务印书馆。

《自然界》杂志每年出十期，现有61期存世。根据征文启事，它主要针对三类稿件："关于自然物及自然现象的，如各地生物、地质、矿物等种类、形态、性质、效用，及气候、雨量等等的调查或研究"；"关于农业、工业的，如各地农产物、渔猎及工业上各项固有的制作法的调查及研究"；"此外如各地的风俗、传说、方术及技艺等和科学有关系的记述"。[3]杂志有着宏大的办刊宗旨：追求和实现"科学的中国化"，编者在《发刊旨趣》中梳理了西洋科学的引入历程，指出这种习得的科学仍是西洋的，非中国的，必须将科学应用于日常生活而不是沉迷于科学的迷梦，要把西洋的科学变成中国的科学。具体怎么做呢？"第一，科学上的理论和事实须用本国的文字语言为适切的说明；第二，须用我国民所习见的现象和固有的经验来说明他；第三，还须回转来用科学的理论和事实，来说明我国民所习见的现象和固有的经验。"这就要求在文字语言上记述适当；在普及科学时结合本国现实，置换成国人能够理解的场景或实例；把非科学的环境纳入科学之中，发掘传统的制造，研究古人的发明观念及其蕴含的学理。最终如同"佛教的中国化"一般，完成"科学的中国化"。[4]

鲁迅化名"洛文"在《自然界》刊载了译文《药用植物》，据周建人

---

[1] 鲁迅：《鲁迅全集》第12卷，人民文学出版社2005年版，第318—319页。
[2] 同上书，第326页。
[3] 《〈自然界〉征文告白》，《自然界》第1卷第1号。
[4] 《发刊旨趣》，《自然界》第1卷第1号。

回忆："鲁迅先生从学医的时候起，及以后，对于生物科学及生物哲学都很有兴趣。他在去世不远的几年前还翻译过《药用植物》，又想译法布尔的《昆虫记》，没有成功。"[1]此乃日本植物学家刈米达夫所著，1930年2月出版，10月18日即被译讫，刊于杂志第5卷第9号至第6卷第2号，分总说（药用植物的沿革、药用植物的种类），主要药用植物（分管精有胚植物部、无管有胚植物部、真菌植物部、红藻植物部）二部分，又凡例五条，涉及语言的使用等问题，如"凡生药之名，皆力举英、德两国语，但化学底身份的名称，则因英、德两语，并无大差，所以大抵只举德国语，那读法也照德语的发音"[2]。鲁迅为某些专家、学者，或重要的学术论文出处及刊出时间作了注释，又列举了山下顺一郎、近藤平一郎、Tschirch等日、德学者著作，以便读者详作参考。这是他唯一一种自然科学类译作，曾收入王云五、周建人编《中学生自然研究丛书》的《药用植物及其他》（署名乐文）上编，1938年版《鲁迅全集》亦有此篇，但1958年版《鲁迅译文集》失收，认为这是自然科学方面的专书，从而无视鲁迅的多维面向，他的科学史造诣颇深，也有不少与自然科学研究、传播相关的活动，翻译《药用植物》乃顺理成章之举。北京鲁迅博物馆编、2008年版《鲁迅译文集》重新将其收录。某些科学著作，如严铸云等编《药用植物学》（2015年）等也给予了译文较高的评价。

二 周建人与现代科学观念的传播

周建人为《自然界》倾注了无数心血，编辑稿件之外，每期杂志基本都有其著译文章，多时达五六种。据笔者统计，他以乔峰、慨士、克士等笔名在杂志上刊文160余次，其中既有理论的引入或阐释、数据的总结和分析，也有名物的解释与考证，新近出版物的介绍和品读，涉及领域十分

---

[1] 乔峰：《略讲关于鲁迅的事情》，人民文学出版社1954年版，第31页。乔峰即周作人。
[2]《自然界》第6卷第2号。

广泛，论述内容极其丰富。

（一）进化或退化

进化论是19世纪以来中国最重要的外来思想资源之一，深刻影响了中国文化的现代转型，鲁迅有过评价："进化学说之于中国，输入是颇早的，远在严复的译述赫胥黎《天演论》。但终于也不过留下一个空泛的名词，欧洲大战时代，又大为论客所误解，到了现在，连名目也奄奄一息了。其间学说几经迁流，兑佛黎斯的突变说兴而又衰，兰麻克的环境说废而复振，我们生息于自然中，而于此等自然大法的研究，大抵未尝加意。"[1]其实，晚清以降关于进化论的讨论甚夥，也很深入，傅兰雅、丁韪良在19世纪七八十年代对其进行了介绍和评价。[2]真正令此学说轰动华夏的是1898年出版的《天演论》，严复借翻译赋予著作鲜明的时代精神和民族特性，提炼出"物竞天择，适者生存"的口号以警醒世人，实现救亡图存的目的。它传播迅疾，产生了明显的社会效应，甚至成为维新运动的指导思想之一，如梁启超承认此书与谭嗣同《仁学》令其犁然有当，康有为据此增写了《孔子改制考》，孙中山也以此为基础构建革命理论。之后，陈独秀、李大钊、胡适及早期马克思主义者均肯定了该学说，而现代知识分子亦无不受其熏染，"现在的进化论，已经有了左右思想的能力，无论什么哲学、伦理、教育，以及社会之组成，宗教之精神，政治之设施，没有一种不受它的影响"[3]。

周建人是进化论的热忱传播者，他1919年在《新青年》发表了《生物之起源》，详述了生物起源的种种学说，对西方已然进入依赖科学"渐近真确，渐近光明"的时代而中国仍囿于天地幻化之说极为不满。他在《自然界》刊出了与进化论相关的文章近20篇，其中有翻译和译述，如《物种

---

[1] 鲁迅：《小引》，周建人辑译：《进化与退化》，光华书局1930年版，第1页。
[2] 更早提及的是同治十二年（1873年）闰六月二十九日《申报》所刊《西博士新著〈人本〉一书》，编者将《物种起源》译成《人本》，将"达尔文"译成"大蕴"，未提及进化论。
[3] 陈兼善：《进化论发达略史》，《民铎》1922年第3期。

起源问题在达尔文一八五九年时代与在今日》《达尔文的人种由来的学说在今日的地位》《关于人的起源及古人的近代发现》《生理学者的进化观》《人种的进化》《人种起源的两种意见》等，以普罗米修斯之法传播外来科学之光；也有自作，如《遗传与人种改良》《关于五种造成的学说》《关于人的由来及其产地》《进化是什么》《怎样进化》《进化说的批评》等，介绍异域科学观念以及由此引发的思考。无疑，周建人是认可进化论的，屡屡称许达尔文、赫胥黎的认知和观点，但作为杂志主编，他又能理性地看待学术论争，并展示出来："对于人的起源至今流传着二派意见。一派是说人和猿猴虽同出于一个祖先，但这祖先极远，极早便各途头演进，故二者极不相同。前回本志上登过一篇阿斯朋的文章，便是这派意见的代表。又一派是主张人从猿猴类分出来的，这原是达尔文、赫胥黎的主张，今日持这种意见的也有的，本文的作者便是其中的一个。本志将二派的代表的文章各译一篇，登在这里，以供喜欢知道他们争点所在的读者的阅读。"[1] 1930年，他在上海光华书局出版著作《进化和退化》，内含《进化的生理学上的证据》《一生的经过》《结群性与奴隶性》等八篇译文，泰半在《自然界》刊载过。鲁迅肯定过其价值，"一，以见最近的进化学说的情形，二，以见中国人将来的运命"，他尤其重视《沙漠的起源，长大，及其侵入华北》《中国营养和代谢作用的情形》两篇，因其涉及"中国人极重要，极切身的问题，倘不解决，所得的将是一个灭亡的结局"，但自然科学注重的治水、造林等仅能解决部分问题，其余的尚需社会科学助力。[2]

随着思考的深入，周建人对进化学说的认知更加全面和理性，他连续三期刊出系列文章《进化是什么》（1931年10月）、《怎样进化》（1931年11月）、《进化说的批评》（1932年1月），这是一篇总结性论文。在《进化是什么》中，他定义了进化，"指宇宙或生物从混沌状态进于有组织有系

---

[1] "译者启"，《自然界》第3卷第10号。
[2] 鲁迅：《小引》，周建人辑译：《进化与退化》，光华书局1930年版，第1页。

统,或从简单的物体进步为繁复的物体"[1],讨论了"进化"一词的由来,罗列了古生物学、形态学、胚胎学、生理学的详实证据证明进化确实是事实。在《怎样进化》中,他提出"进化的原因何在"的问题,谈到几种不同学说:一、达尔文"自然选择说",主张生物的变化遵循"适于状况的得生存,不适的被淘汰"的原则,物种延续经历了优胜劣汰的过程;二、拉马克"用和不用说"或"欲望说",主张变种源于机能的用或不用,各种器官用则增进,不用则退化,多用或少用又取决于生活状况的改变,生物形态在满足生理必要时随机能的活动而变化;三、特佛里司"突变说",主张新物种的形成是突然的、不连续的,变化的起因并非外界的影响,而是胚种形质自身的变动;四、洛希"杂种说",主张杂交产生新物种,单位性质虽是固定的,性质的混合和分离却足于造就新质;五、河司朋"直系说",主张生机论,相信有神秘的生命力作向导,生物自有向某一方面进化的倾向,和环境的影响无关;六、开洛格"隔离说",主张在新物种的形成上彼此隔离很重要,否则即便有新质产生也将被混淆或消灭;七、哥德"环境说",认为生物的性质极柔软,直接受外界的刺激和影响而变形。[2]哪种学说更可信呢?周建人一一做了评骘,如关于"自然选择说",指出物种生存是自然选择结果的观点已广为人接受,但它仍无法解释某些生物在某个时代极盛而后渐渐衰亡的现象,如果遵从选优汰劣的原则,为何某些拥有无助于生活或避敌的器官的动物却能存续下来;关于"用和不用说",指出经常性的器官使用可以促使生物变得发达,即习得性遗传是存在的,但由外界影响引发的变化却无法遗传;关于"突变说",指出有些变种是畸形的、非健全的,原因也来自外界,如中国金鱼形质衰弱即源于特别的养殖习惯,处在压迫式的生存环境,兰花、梅等植物也说明突变属于病态;关于"杂种说",指出性质不同的个体相交杂可以增加物种的变化,但未提到物种原有的性质是如何形成的,只解释了部分变化现象;关于"孤立说",指出物种的起源来自地方的隔离,也只部分说明

---

[1] Ch. Ch. J:《进化是什么》,《自然界》第6卷第9号。
[2] Ch. Ch. J:《怎样进化》,《自然界》第6卷第10号。

了隔离与性质的保留不无关系,却未说明新性质是怎样发生的。在周建人看来,没有哪种学说是完美的,它们既有合理之处,也有缺失,均无法解释所有的生命现象,无法统一,只可并存。[1]

周建人对进化说的研究并未遽然结束,1940年代后期,他以白话翻译了《物种起源》(取名《种的起源》),在序言中他总结了达尔文撰书的缘起、背景,及其革命性作用——说明了生物之间联系密切,生物是有历史的,种是历史的产物,而种又只是一种过程,"今日我们认为种的,将来会变去或灭亡","这一种说明是有政治上的重要性的",统治者倚重的正统论和世袭论被推翻了,"旧的思想系统就被打破了",从而起到革命的作用。但他又批评达尔文是资产阶级的学者,不是深思熟虑的革命者,其学说可能导致不良效应,假如生存斗争学说转接到人类社会就会造成"酷烈斗争"的人生观,引导出"战争为生物学的必要","战争为一切进步的手段",以及超人说、种族论、优生论等,法西斯思想的产生也可能与之有关,他将此归结为——达尔文学说是资本主义社会的产物。[2]

(二)科学与道德、人生、自由、公民教育及其他

中国自古即欠缺自觉的科学意识,导致现代"科学"进入时遭遇了强力挑战,也就有了陈独秀同举"德先生"和"赛先生"的吁求。1923年,现代知识分子还就"科学"有过大规模的讨论,许多学者卷入其中,事情源于张君劢在清华大学所做《人生观》讲演,指出科学无法解决人生观的问题,无论科学如何发达,人生观问题的解决只有依赖人类自身。此说遭到以丁文江为首,尊崇科学的学者反对。梁启超、吴稚晖、张东荪、任鸿隽、孙伏园、朱经农、范寿康等纷纷参与辩论,早期马克思主义者邓中夏、瞿秋白等也发表了看法。论战涉及的问题很广,如科学、玄学和人生观的概念以及各自的范畴;科学、玄学与人生观的关系;物质文明与精神文明的关系;东西方文化哲学的异同;科学发展的后果等。周建人虽未直接参与讨论,却十分关注,并于三年后撰写了《科学与道德》一文。他惊

---

[1] Ch. Ch. J:《进化说的批评》,《自然界》第7卷第1号。
[2] 达尔文:《种的起源》,周建人译,生活书店1947年版,"译者序言"。

诧于20世纪已过了20多年仍有不少人反对科学，他们认为"科学进步则道德退步"，科学是道德的敌人，科学进步会破坏纯厚的风气，制造杀人利器是科学的过失。要辨析这些观点是否合理必须说明何为科学，他指出科学是为了给人一个关于"我们所住的世界一个的常识的见解"，"科学无他，不过训练及构成常识而已"。常识能让人类谋求生活，保护自我，野蛮人的常识从尝试中得来，现代人的常识从科学证明中得来，常识和科学的差别是细微的，人们在现实生活中不会去反对丰富的常识。那什么是道德呢？他认为"道德发源于习惯"，它由人的欲望和环境相交涉而造成，正如人不谋而合地在草地上同一轨迹行走，踏出人人循行之路。道德不一定让人人往来便利，有些道德不过是迷信或禁忌，或者说某些道德本身就是不道德的。科学与道德是否真的存在冲突呢？当然，这里的道德是指人道的，关于生活幸福方面的行为。有人认为科学的罪状之一是破坏淳厚之风，教人狡诈，但淳厚与狡诈的意义所指广泛，它们的程度或变化与科学本身并无多大关系，个人的淳厚与狡诈可以兼有，即便文明社会也有蛮性的遗留。罪状之二是借以造杀人利器，鼓励杀人，但"科学并不嗾使打仗和杀戮"，火器出现之前，战争和残杀就屡见不鲜，不能将责任推到科学上，本能和人性乃是首要因素，即便无现代武器，人类也会操原始器械互相攻击。知识的增进、科学的赠赐让人类的生活更加安定、丰富，减少了危险，科学给人明白的世界观念，教人明白人与人之间的关系，以及人类与其他物种之间的异同，而这正好使人之所以成为人。人是理性的动物，理性的发展有赖于科学真理的发现。作者对英国学者怀特所言深表认同："理性和道德实在只是一件事，一个人如能推究事理，他迟早点终必会发现德性的"，指出"科学并不妨害道德，而且反是道德的"[1]。周建人否认科技进步致使道德退化，以为两者是两面一体、并行不悖的，科学发展能够扩大道德的领域，也会引发新的道德问题，道德营造的舆论环境会对科学产生正面或负面的影响。

---

[1] 周建人:《科学和道德》,《自然界》第1卷第3号。

周建人论述过自然研究与人生的关系，他认为植物和生物组成了一张生命的网，作为自然一分子的人是网里的一支线，依赖自然存在。人类与其他生物互相影响，形成生存竞争，锻炼了体力、技巧和智慧。人类要谋求生活的进步，锐利的观察力远比固定、实用的知识关键。自然研究的一大功能就是培养敏锐的观察力。自然界存在许多美的事物，生物界也有明显的保护幼子与同伴的行为，让人惊觉伦理的根柢，这造就了自然研究的另一个重要功能：培养美感和明了伦理观念。为何我国从事这类工作的人不多呢？因为科学的发达需要经济和闲暇做基础，而"哲学的民族"中国乐于读书、玄想，不善观察，常用古人的思想建设自我，且文化始终高于周边民族，缺乏前进、改变的动力。随着西洋现代工业的进入，人与农业社会被迫分离，旧的教育方法和模式被打破，青年人面对的知识从《尔雅》转向了自然物，不得不接触新质。作者认为，文学是民族的呼声，科学是民族的视觉，如果一个国家乏人从事科学，这个民族就如同瞎子，平顺时尚能静静地活着，一旦受到外力挤压就无所适从了。因此，我们要摒除空想，观察事实，实施社会、政治改革，去除沉积的阻碍，将自我和民族锻造成理想者。[1]

又如科学研究和自由的关系，周建人认为，纵观自然界和人类的发展史，它们是在无意的，自然的进化，方向是朝着自由和独立的。人类努力地与自然界竞争，力求减少束缚与压迫，而在人类记忆、知识已经启发，程度却不高时，因为恐怖、欲望和妒忌等因素影响就产生了迷信和禁忌，并活在其中，饱受束缚和压制。打破禁忌需要科学知识，以及由此产生的现代科技产物。科学知识首先促成了人类解放的第一阶段：身体的解放，而这远远不够，"心的解放"就成为人类生活和扩大自由的第二个进步。这样，人们不需要出门算日子，不须为每日所见是否吉利而忧心。但这种解放并非绝对的，完全的自由是不存在的。[2]

再如科学与公民教育的关系，周建人译了英国教授F. Graham Kerr 1926

---

[1] 周建人：《自然研究和人生》，《自然界》第3卷第1号。
[2] 周建人：《自然和自由》，《自然界》第3卷第3号。

年8月在牛津大学所做演讲《生物学与公民教育》，他认为此文"很有可采取的地方"。它主要讲述两个观点：一、科学教育的重要。它有助于促成接受者科学的发育，培养正确而迅速的观察力，以及从中正确而迅速地得出结论的能力，因此设置科学教育课程是必要的。二、生物学教育有特殊作用。单从文学的、主义的或学问的领域出发，无法使青年回到生物的实在性和实际性，回到原始时代的常在习性，恢复面对生活的敏锐感。生物性可以唤醒因文明的进步、社会制度的规训而被遮盖的人的本性，洞穿隔着阶级、晦暗的面目，确知原真的价值。

周建人认为文明可以增强生存竞争力，科学研究是提升文明的基础。文明本身就是竞争的武器，一个民族要在世界上谋求生存必须文明起来，道德起来，更要研究科学和工业，有更多的发现和发明，既包括有用的产品，如极快的车、船，也包括精密的语言、文字和思想，它们均是富有竞争力的武器。但科技促成的文明也有疾病，如物质的富余导致人口膨胀，影响社会理性运行，如产生反优生的选择作用，原本缺乏竞争力的不健全者生存下来，并繁殖子孙，知识程度高的人群反而不要子嗣等。作者提醒，近世以降，国家日颓，民生日蹙，科学意识和科学规划的缺乏是一大成因，救济的方法就是各领域、行业的从事人员齐努力，参与改良和竞争。[1]

三 "科学小品"

从内容上看，除了形而上的科学理念，周建人谈论更多的还是具体而微的科学知识。而从形式上看，除了一般意义上的论文体，又多为科学小品。科学小品又称文艺性说明文，是一种以小品形式承载科学内容的文体，是科学文艺中的轻骑兵。虽然从古代科学著述或笔记中可以找到其雏形，但真正意义上的科学小品是随新文学的发展而逐渐成型的。现代写作

---

[1] 周建人：《文明与生存竞争》，《自然界》第3卷第2号。

史上首倡科学小品的是《太白》杂志，它设有"科学小品"专栏，第一期就刊登了周建人、贾祖璋等人的作品。周建人对科学小品的兴起起到了关键的推促作用，据贾祖璋言："周建人在商务印书馆主编《自然界》杂志时，就开辟'趣科学'栏，专载内容比较生动的生物方面的文章。'趣味科学'可以说是'科学小品'或'科普创作'的原始名称。"[1]大体而言，周建人的科学小品有以下特征：

题材的广泛性。它们以绚烂多彩的自然、纷繁复杂的生物为对象，涉及面极广，举凡竹子、杨柳、松柏、麻黄、番薯、马铃薯、蜘蛛、金鱼、青蛙、蜜蜂等无不呈现于笔端，也正合某学者所言，"观古今之须臾，抚四海于一瞬，旁征博引，广采杂收，这正是科学小品的长处，也是科学小品创作上的一个难点"[2]。

观念的科学性。科学性是科学小品的基石，是其区别于其他写作形态的根本，规定了这种文体的首要目的是向读者传授科学知识。周建人曾言，撰写自然科学文章自有其目的，除了取得版税补贴家用，"更重要的是能启发群众的智慧，有利于改造国民素质，推动中国进步"[3]。他本着倡导科学方法、传播科学思想、弘扬科学精神的理念，在调查、观察或考证的基础上，用科学的态度纠正前人在知识上的不确切或错讹之处，确证知识传授的准确性和科学性，如在《性的决定及中国的性率》中，他从西方圣经、中国传说谈到《本草纲目》《圣济经》，指出这些记载均未解决男女是如何形成的问题，随后从现代遗传学、现代细胞学等角度予以追问，认定最终起决定作用的乃是染色体；如《龙和龙骨》，从古代神话和民间祭祀习惯说起，提出龙究竟是什么东西的诘问，然后借助气象学、动物学知识加以解释；如《关于几种化石人类的话》，引论了西方上帝造人、中国

---

[1] 贾祖璋：《丏尊师和开明书店的科学读物》，《贾祖璋科普文选》，科学普及出版社1988年版，第103页。

[2] 孙述庆：《尺幅千里驰"轻骑"——科学小品创作管见》，贾顺等编著：《科技写作概论》，河南科学技术出版社1986年版，第286页。

[3] 谢德铣：《周建人评传》，重庆出版社1991年版，第108页。

古代神话"人类产生于女娲抟土造人"和李时珍关于"人是由气生成的"的观点,然后介绍达尔文、赫胥黎关于人与猿同源、由猿进化而来的科学观念。

阐释的学术性。在叙述中,周建人采取考证或考释的方式推进,如《番薯和马铃薯》细致地考证了番薯、马铃薯的起源地,以及何时何地、通过什么途径进入中国的问题。他经常引经据典,以典籍记载佐证、烘托自己的观点,征引的古代著述有《本草纲目》(李时珍)、《植物名实图考》(吴其濬)、《神农本草》等,如《说竹》引《植物名实图考》,"竹花湖南圃中细竹,秋时矮笋不能成竹,梢头叶卷成长苞,层层密抱,从叶隙出一长须,端有黄点,大如粟米而长,累累下垂,每岁为常。乃知开花之竹,自有一种,非尽老瘁。昔人议竹华实所见皆殊,别为竹实考杂缉各说焉"[1]。如关于龙骨,引用了苏颂、寇宗奭、李时珍等人的言说。他对外国专家著述的引用亦是不胜枚举。如此,强化了论述的学术含量。

叙述的文学性。文学性是科学小品的灵魂,如高士其所言:"它是科学与文学结婚的产儿,它短小精炼,丰富多彩,生动活泼,读了有轻松愉悦的感觉,很容易引起读者的兴趣。"[2]周建人的科学小品大量采用散文化的描写、形象化的说明和故事化的叙述,增强了作品的可读性。他善于使用民谚、俗语和历史典故,铺敷时旁征博引,比附象形,往往从一个具体可感的质点出发,结束于含义隽永的尾声。他运用文学的语言把略显枯燥的科学原理讲得津津有味,或运用文学的技巧把抽象的科学知识表述得生趣盎然,《自然研究与人生》开篇即是几段抒情化的散文式叙写,而《冬季的自然史》《金鸡纳的罗曼史》则取用了拟人化手法。《幼年感兴味的几种植物》类的作品更是富有兴味,如:

  人人对于植物皆有感情的,无论是好感或者恶感。当刺藤刺伤

---

[1] 周乔峰:《说竹》,《自然界》第1卷第1号。
[2] 高士其:《怎样写科学小品》,黄伊主编:《作家论科学文艺》第一辑,江苏科学技术出版社1980版,第13页。

他的手,或钩破他的旧布裤子时,他会恼怒它;但淡红或雪白的桃李花开在竹林或篱笆边,谁不爱好它们呢?小孩们也是这样,常常爱好它,有时虽然也憎恶他。植物中许多种类是好吃或好玩的,幼年时代大部分的时间费在和它们做朋友,或找寻它们。

在小孩们看起来,有多种植物是可食的;入冬以后,许多植物皆枯萎了,但绿色差淡的茅草却鲜活着。除却浓霜袭来,它才被征服。小孩把它的根掘来,不,按实说不是根,却是茎。它横行土中,有节的,也有短衣包着,去衣,色白,呈竹鞭的样子,啖之有甘味。小孩称它为"地甘蔗",有时也称茅草根,旧医药中也用作药引。到春初,它的花芽将抽出来了,这已形成,但未绽露的花条,小孩把它剥出来,也可食的,味微微带酸,这称为"茅针";如果不拔除它,随后抽长,开花,有毛甚多,白色毛绒绒的如猫尾巴。书上常常称它为白茅,学名 Imperata arundineca Cyr. var. Kaenigii Hack。

作者以同样的方式介绍了野芝麻、乌米饭、糖罐头、芦粟等可食植物,以及可能让孩童喜欢或憎恶的蛇莓、哑馒头、臭菊、牛藤等。有学者说过:"小品文如果与科学结婚,不仅小品文吸取了有生命的内容,同时科学也取得了艺术的表达手段,艺术的大众科学作品于是才能诞生。"[1]科学小品要让人接受必须浅切可懂而形象可感,周建人以良好的科学思维和形象思维达成了目标。

综上所述,周建人通过对科学杂志的编辑、科学论文的撰写和翻译、科学理念的评价和科学知识的介绍等完成了对现代科学观念的传播,而这些长期被遮蔽或无视。无疑,对此重新做深入的思考与研究有着重要的价值和意义。

(作者单位:中共江西省委党校)

---

[1] 柳湜:《论科学小品》,《太白》1934年第1卷第1期。

商务之所以成为最具竞争力的出版品牌

——读《商务印书馆110年大事记》札记

刘运峰

《商务印书馆110年大事记》（本文简称《大事记》）2007年出版，采用编年纪事体裁，每年排成两页，左页为大事记录，右页刊相关资料，编排合理，眉目清晰，文字虽然不多，但其中隐含着重要的信息。通过《大事记》所记载的馆事条目，再结合所刊录的相关资料，可以看出商务印书馆110年的历程，以及商务人的出版理念、道德操守、眼光胸襟和责任担当。

一　出版的目的

张元济晚年写过一组七言绝句，其中一首是赠给商务印书馆同人的："昌明教育平生愿，故向书林努力来。此是良田好耕植，有秋收获仗群才。"前两句是张元济的自况。他本是清朝的翰林，胸罗万有、学富五车，他有许多做官、赚钱的机会，也可以运用自己的学识专心著作，成为学界泰斗，但是，他却选择了默默无闻、甘于奉献的出版事业，将开启民智、传承文明作为自己的人生追求，综其一生，可谓矢志出版、鞠躬尽瘁。正如茅盾所说："在中国的新式出版事业中，张菊生确实是开辟草莱的人，他不但是个有远见、有魄力的企业家，同时又是一个学贯中西、博古通今的人。他没有留下专门著作，但《百衲本二十四史》每史有他写的跋，以及所辑《涉园丛刊》各书的跋，可以概见他于史学、文学都有高深的修养。"（茅盾《商务印书馆编译所》）[1]也正如顾廷龙所说，张元济"辛亥革命前后数十年致力出版事业，以嘉惠后学为己任"。（顾廷龙《张元济书札·跋》）

张元济是商务印书馆的灵魂，他的眼界、胸襟影响了一代又一代商务人。在他的带领下，商务人逐渐将开启民智、传承文明作为自觉的职业追求。恰如在编印教科书方面立下汗马功劳的庄俞所言："本馆深知出版物之性质，关系中国文化前途，故慎重思考，确定统一之出版方针，即一方面发扬固有文化，保存国粹；一方面介绍西洋文化，谋中西之沟通，以促进整个中国文化之光大。"（庄俞《三十五年来之商务印书馆》）

出版首在文化普及，而文化普及必须从小学教科书入手。本着这个理念，商务人一开始就从如何提高儿童学习兴趣的角度开动脑筋。1904年，也就是张元济加盟商务印书馆的第三个年头，他和高梦旦、蒋维乔、庄俞等在编辑《最新国文教科书》时商定了如下编辑原则："（一）第一册教科书中，采用之字，限定笔画，规定五课以前，限定六画；十课以前，限定九画；以后渐加至十五画为止。（二）教科书采用之字，限于通常日用者，不取生僻字。五课以前，每课不得过十字。前课之生字，必于以后各课中再见两次以上。（三）规定字数，第一册每课从八字至四十字，第二册从四十字至六十字，三册以下不为严格限制。（四）材料方面，选用事项涉于多方面，不偏于一隅。杂采各种材料，以有兴味之文字记述之。（五）各课皆附精美之图画，图画布置须生动而不呆板，处处与文字融合。"（蒋维乔《编辑小学教科书之回忆》）应该说，这种由浅入深、由近及远、寓教于乐、图文并茂的编辑思路至今也没有过时，对于当下中小学教材和低幼读物的出版仍具有重要的借鉴意义。

作为文化界的精英人物，教科书的编纂者们首先想到的是如何让儿童循序渐进地学习国文，达到最佳的效果，可以说，这部《最新国文教科书》起到了范本的作用，是后来中华书局、开明书店、世界书局等出版机

---

[1] 本文中此类引文及其后括注均为《商务印书馆110年大事记》中的相应内容，下文不再注释。

构编印教科书的滥觞。出版界从商务印书馆得到的不仅是编辑教科书的方法，更重要的是开启民智的理念。

近现代中国封建意识浓厚、法治观念淡薄，奉行"民可使由之，不可使知之"的愚民政策，而文明社会所尊奉的是民主、法制、自由和平等，出版正是传播、普及这些文明观念的最重要手段。正如美国独立战争时期，托马斯·潘恩《常识》的出版发行，法国启蒙运动时期相关出版物的编印，对于这两个国家的文明进程发挥了关键作用，对于近现代中国而言，如果没有谢洪赉译注的《华英初阶》《华英进阶》等晚清英语启蒙教科书，没有严复翻译的《天演论》《国富论》《法意》《社会通诠》《群己权界论》等西方社会科学著作，没有杜亚泉编《文学初阶》、陈独秀编《小学万国地理新编》这样的蒙学教科书，没有蔡元培译《哲学要领》等普及读物，中国的现代化进程无疑会推迟和延缓。

商务人深知，当时中国最大的问题是由于制度的落后所导致的经济、文化的落后，广大民众亟需各个门类的现代科学知识，因此除了引进西方社科读物、编印教科书外，还创办了一系列杂志。正如叶圣陶所说："从出版的书籍和杂志来说，古今中外，文史政哲，理工农医，音体艺美，无所不包，有极其专门的，也有非常通俗的，不管男女老幼，不管哪行哪业，都可以从商务找到自己需要的喜爱的书刊。"[1]1904年创办《东方杂志》，1909年创办《教育杂志》，1910年创办《小说月报》，1911年创办《少年杂志》《法政杂志》。《法政杂志》由陶保霖主编，沈钧儒、林长民等参与。1910年12月28日，张元济亲自写信向梁启超约稿："再敝馆明正拟发行《政法杂志》，月出一册，冀以普通政法知识灌输国民。拟乞大文一二首，冠以简端，以增光彩。倘蒙俯允，酬报之数惟命是从。"

由于"得风气之先"，商务印书馆在很短的时间内就成为出版界翘楚，在获得很高的社会声誉的同时，也取得了很好的经济收益。但是，商务人并没有固步自封，而是顺应时代潮流，不断创新出版物的内容和形

---

[1] 叶圣陶：《我和商务印书馆》，商务印书馆编：《商务印书馆九十年》，商务印书馆1987年版，第301页。

式。1912年，中华民国成立，延绵两千多年的封建帝制被推翻。从这一年起，商务印书馆开始编印《共和国教科书》，该书的出版说明中说道："同人学识浅陋，窃不自揣；爰于壬癸之际，纠合同志，从事教科书之编辑，迄今已逾十年，为社会所共知。今者民国成立，数千年专制政体，一跃而成世界最高尚最完美之共和国。政体既已革新，而为教育根本之教科书，亦不能不随之转移，以应时势之需要。……现小学各书，大致粗具，陆续发行，其编辑之要点有四：（甲）各科互相联络，期教授之统一；（乙）力求浅显活泼，期合儿童心理……（丙）初等小学之教材，男女并重，以便男女同校之用；（丁）关于节候之事物，依阳历编次……"这些编辑理念和方法，在当时是非常先进的。1924年，商务印书馆又编印了《新撰小学教科书》和九卷20册的《少年百科全书》。自1925年起，开始出版由王云五、朱经农主编的《学生国学丛书》，共90余种，其意在以新的知识、新的观念在少年儿童的心目中播撒科学的种子。

特别值得一提的是商务印书馆于1912年出版的《新字典》。自清康熙年间《康熙字典》出版以来，这部字典就成为独一无二、最具权威的字典，在此后的二百多年里，一直居于至高无上的地位，但是它毕竟与时代离得太远，已经不适应社会发展和知识更新的需要。有鉴于此，陆尔奎、蔡文森、傅运森、张元济、方毅、沈秉钧和高凤谦等编纂了《新字典》。所谓"新"，一是针对《康熙字典》的"旧"而改造为"新"；二是适应时代的"新"。正如蔡元培在序言中所说："近世我国所习用者，有《康熙字典》……其书行世已二百余年，未加增改，不特科学界新出之字，概未收入，即市井通用者，亦间或不具。其释义则直录古代字书，而不必适周乎世用，诉合乎学理。且往昔文字之用，每喜沿袭成语，而正名百物，初不及其解，故全书不附一图。是皆其缺点之最大者。""商务印书馆诸君有鉴于此，爰有《新字典》之编辑，五年而书成，适为中华民国成立之岁。于是重加订正，以求适用于民国……吾虽未暇卒读其全书，然以所翻阅之数卷核之，于吾前举《康熙字典》诸缺点，既皆矫正。"可谓"凡字典（按，《康熙字典》）所有之字无一不备；其通俗之字（如炸、礁等），新制之

字（如钙、镍等），日本所制之字（如腺等）为字典所无者，无不补入"。（《新字典》预约广告）

根据时代发展的变化，及时对以前的出版物，尤其是工具书进行修订、增订，成为商务印书馆出版工作的常态。1958年，商务印书馆出齐了刘泽荣主编的《俄汉新辞典》上、下两卷，但是由于中苏关系的变化，这部辞典的编纂体例以及收词规模已经不能满足当时的使用需求，为此，商务在《俄汉新辞典》上市之后，就立即启动了对全书的修订工作，增入了新的注释、例句和成语，共增加新词34000多条，使得所收词条超过十万，并附有八种附录。

商务人的出版作为向人们昭示了一个浅显而又深刻的道理，那就是出版不是一般意义上的编书、印书，而是一种关乎民族命脉、利在千秋万代的事业，是不能掉以轻心、敷衍了事的。

二　善待读者、培养人才

1934年5月6日，鲁迅在给《集外集》的编者杨霁云的信中说："现在都说我的第一篇小说是《狂人日记》，其实我的最初排了活字的东西，是一篇文言的短篇小说，登在《小说林》（？）上。那时恐怕还是革命之前，题目和笔名，都忘记了，内容是讲私塾里的事情的，后有恽铁樵的批语，还得了几本小说，算是奖品。"[1]这段话有误记之处。鲁迅的第一篇短篇小说题为《怀旧》，1913年1月以"周逴"的笔名发表在商务印书馆《小说月报》第四卷第一期，当时的主编是恽铁樵。那时，鲁迅还是名不见经传的教育部科员，之前也没有发表过什么文艺作品，但恽铁樵并没有轻视这个新作者，而是认真审稿，并写下了这样的批语："实处可致力，空处不能致力。然初步不误，机灵人所固有，非难事也。曾见青年才解握管，便讲词章，率致满纸饾饤，无有是处。亟宜以此等文字药之。"恽铁樵概括

---

[1] 鲁迅：《鲁迅全集》第13卷，人民文学出版社2005年版，第93页。

了当时青年作者的通病，但也看到了鲁迅文字的老到和沉实，可见慧眼独具。

商务人深知，作者和读者都是出版者的衣食父母，善待作者、尊重读者是出版机构得以生存、发展的关键。林纾是商务的老作者，商务通过编辑出版林译小说赚了不少钱。但随着时代的发展，林译小说逐渐被读者冷落，林纾的翻译水准也大大降低，有一味追求稿费、粗制滥造的趋势，但商务并没有因此疏远林纾，而是按照约定照收译稿、照付稿酬，只是减少印量或干脆压下不发排，宁愿自己承担损失，也不失信于作者。这种胸襟不是随便哪一家出版社能够做到的。

1913年8月25日，蔡元培决定赴欧洲研究学术，为了解决游学费用的问题，商务印书馆与蔡元培商定，他到欧洲后，可用一半的时间著作或翻译，由商务印书馆每月致送稿费200元。这个约定对蔡元培并没有严格的约束，实际上带有资助的性质。

蔡元培和张元济为同科进士，又是社会名流，商务对其提供优厚待遇顺理成章。但是，对于初出茅庐的年轻学者，商务也同样施以援手。后来成为著名语言学家的王力曾经提到，他26岁时写的第一本书《老子研究》，经李石岑介绍到商务印书馆，很快就出版了。1927年，王力去法国留学，由于经济困难，想靠译书维持生活，仍然是经由李石岑介绍，商务接受了他的译稿，而且及时支付稿费。王力事后得知，他的译稿都是由叶圣陶审阅的。1981年，年过八旬、名满天下的王力在《我和商务印书馆》一文中说："想起我和商务的这些历史因缘，心里很是激动，不光是对我个人的成长，更主要的是在发展中华民族的科学文化上，商务印书馆有过重要的贡献。"[1]

即使是尚在大学读书的学生，商务也一视同仁。于卓在《我和商务印书馆》一文中提到，他在"九一八"事变后流浪到北平，由于生活所迫，怀着碰碰运气的心理，于1934年3月下旬，将一篇篇幅较长的译稿——

---

[1] 王力：《我和商务印书馆》，商务印书馆编：《商务印书馆九十年》，商务印书馆1987年版，第358—361页。

《苏联的儿童之家及婚姻登记所》寄给了《东方杂志》。"大约不到两个月的时间,突然接到商务寄来的一封挂号信,拆开一看,原来是我投寄的稿件已被采用的通知,里面还附有一张汇款单。这使我感到极大的宽慰!而更使我出乎意料的是,商务对稿件处理的迅速和稿酬的优厚,而且在文章还没有发表,就提前预付了稿费。"[1]

1935年的《东方杂志》和《教育杂志》"新年特大号"分别刊出了新年征文的题目,前者的是《全国专家对于学制改革的意见》,后者的是《全国专家对于教育救国的意见》。当时于卓还是北京大学的学生,他应征的文章在两本刊物上均得以发表,还因此引起了个别老师和同学的非议,以为他一定是得到什么有特殊关系的名流学者、权威人物的推荐,不然商务印书馆怎么会把一个普普通通的大学生作为专家来看待呢?不以作者的身份而是以稿件本身的质量作为取舍的标准,这正体现了商务的出版家品格。

在选拔延揽人才方面,商务则体现出海纳百川的气魄。1926年4月26日,张元济在致商务印书馆董事会的信中说:"商店工场规模较大如本公司者,元济愚见尤必须用科学的管理,诚心的结合,勿以喜怒为赏罚,勿以恩怨为进退。……不能不破除旧习,不能不进用人才。人才何限?其已在公司成效昭著者,固宜急为拔擢,勿以其匪我亲故而减其信任之诚;其有宜于公司而尚未为吾所得者,更宜善为网罗,勿以其素未习狎而参一嫉忌之见。此为公司存亡成败所关。"

曾经在商务工作过近13年的张明养在《怀念与感激》一文中说:"在我的一生经历中,商务是我进入的第二个大学校,对我的影响极大。""商务印书馆不仅是我国历史悠久的重要出版机构,对发展文化事业作出了巨大的贡献,而且还是一个培养人才的大学校。商务编译所拥有一支很强的编辑队伍,许多老编辑多是各门学科中学有专长的著名学者,在他们的传、帮、带下,不少年轻人得到了锻炼和提高,成长为国家有用的人才,

---

[1] 于卓:《我和商务印书馆》,商务印书馆编:《商务印书馆九十年》,商务印书馆1987年版,第451—452页。

在政治、社会、文教和科技方面，作出了有益的贡献。"[1]

正是由于对人才的充分尊重和信任，商务的人才队伍不断扩大，使得其事业保持平稳向上、充满正能量的势头。叶圣陶曾说："商务在当时成了各方面知识分子汇集的中心，编译所人员最多的时候有三百多位。早期留美回来的任鸿隽、竺可桢、朱经农、吴致觉诸先生，留日回来的郑贞文、周昌寿、李石岑、何公敢诸先生，都在商务的编译所工作过。""商务为我国的出版企业也作出了楷模，引进了国外的先进印刷技术，培养了一大批编辑、出版、发行的从业人员。商务创立后十四年，辛亥革命爆发，第二年，中华书局成立。中华书局是我国近代第二家大出版企业，它的规模跟商务差不多，编辑、印刷、发行的骨干，大都是从商务出来的；后来成立的世界书局、大东书局、开明书店，情形也大体如此。解放以后，在新中国的出版事业中，经过商务培养的人仍旧是重要的力量。"[2]

三　出版人的"义"和"利"

出版是一种文化传播活动，也是没有硝烟的战争，其中充满新与旧、真与假、善与恶、美与丑、先进与落后、进步与保守的斗争；同外国人打交道，还存在文化的渗透与反渗透、侵略与反侵略、亡国灭种与保国强种的斗争。商务人以强烈的爱国主义情感，为了民族的独立，为了国家的尊严，为了文化的命脉，在出版这场文化战争中激流勇进、孤军奋战，取得了令人钦敬的战绩。

1918年，有感于外国电影对国人的不良影响，商务印书馆成立了活动影戏部，在此后不到十年的时间里，就拍摄了梅兰芳的戏剧片《天女散花》和《春香闹学》，教育片《儿童教育》《养真幼儿院》和《养蚕》，风

---

[1] 张明养：《怀念与感激》，商务印书馆编：《商务印书馆九十五年》，商务印书馆1992年版，第292页。

[2] 叶圣陶：《我和商务印书馆》，商务印书馆编：《商务印书馆九十年》，商务印书馆1987年版，第300—302页。

景片《南京名胜》，新闻片等数十部电影。其目的在于"分运各省城商埠，择地开演，借以抵制外来有伤风化之品，冀为通俗教育之助，一面运销外国，表彰我国文化，稍减外人轻视之心，兼动华侨内向之情"。（张元济为自制活动影片请准免税给北洋政府的呈文）

"一·二八"事变中，商务印书馆遭到日本帝国主义重炮和轰炸机的摧毁，商务人却并没有被吓倒，而是愈挫愈奋，勇于面对。1932年2月13日，张元济在致胡适的信中说："商务印书馆诚如来书，未必不可恢复。平地尚可为山，况所覆者犹不止于一篑？设竟从此澌灭，未免太为日本人所轻。"这种自信，来自一种文化自觉，也来自一种爱国情怀。

一个人的成长与环境有着直接的关系，尤其是在青年时期，世界观、人生观、价值观的形成，待人接物的习惯，为人处世的风格，很大程度上取决于他所处的环境。1923年，叶圣陶进入商务印书馆，在商务做了八年的编辑。他后来回忆说："作为一个编辑工作者，我自审并不高明，可是有关编辑工作的责任感以及若干必不可少的知识和技能，却确切地自知是在商务的那八年间逐渐学来的。"[1]后来，叶圣陶离开商务，加盟开明书店。1986年，在开明书店成立60周年的纪念会上，叶圣陶这样写道："开明是一个私营的书店，当然要赚钱的，现在叫做讲求经济效益，不赚钱而蚀了本，书店就办不下去，就要关门，还谈得上什么有发展，但是开明不光为赚钱。我们有所为有所不为：有所为，就是出书出刊物，一定要考虑如何有益于读者；有所不为，明知对读者没有好处甚至有害的东西，我们一定不出。这样做，现在叫做考虑到社会效益。我们决不为了追求经济效益而不顾社会效益，我们决不肯辜负读者。"[2]叶圣陶的这一出版理念很大程度上来自于商务的熏染，也可以说是对商务精神的传承。

出版社固然不是政府机关，也不是慈善机构，它要生存发展，要自负盈亏，因此不能做赔本的买卖。但是，出版又是一个特殊的行业，那就是

---

[1] 叶圣陶：《我和商务印书馆》，商务印书馆编：《商务印书馆九十年》，商务印书馆1987年版，第300页。

[2] 叶圣陶：《叶圣陶出版文集》，中国书籍出版社1996年版，第57页。

除了经济效益之外，还要承担一份社会责任，不能唯利是图，不能急功近利，而应该站在读者的角度，为读者提供优质的精神文化产品。用现在的话说，就是要把社会效益放在首位，而不是不择手段地追求经济效益，靠哗众取宠，靠坑蒙拐骗，靠粗制滥造去欺骗读者。侵害读者的利益，最终会被读者所抛弃。早在1919年，张元济在编印《四部丛刊》时，就将售价低廉、让利读者作为基本的考虑："夫书贵流通，流通之机，在于廉价。此书搜罗宏富，计卷逾万，而议价不特视今时旧笈廉至倍蓰，即较市上新版亦减至再三。"（张元济《印行〈四部丛刊〉启》）1929年，商务印书馆开始编印《万有文库》第一集，其中的一个考虑就是减轻读者的负担，正如主编王云五所言："本文库之目的，一方在以整个的普通图书馆用书供献于社会，一方则采用最经济与适用之排印方法，俾前此一二千元所不能致图书，今可三四百元致。"（王云五《印行〈万有文库〉第一集缘起》）

商务印书馆是以编印教科书起家的，同时又靠编印各种工具书树立了品牌。大凡从事出版的人都知道，编印工具书是最为繁难的工作，投入大，周期长，见效慢，而且容易遭人诟病。但是，工具书对于知识普及、学术研究具有不可替代的作用。为此，商务印书馆从创办之初就将编印工具书作为一项主要的出版业务。正如陆尔奎在《辞源说略》中所言："友人有久居欧美，周知四国者，尝与言教育事，因纵论及辞书。谓一国之文化常与其辞书成比例。吾国博物院、图书馆未能遍设，所以补充知识者，莫急于此。且言人之智力因蓄疑而不得其解，则必疲钝萎缩，甚至穿凿附会，养成似是而非之学术。……国无辞书，无文化之可言也。"

1908年，商务印书馆出版了《英华大辞典》。对于这部工具书，严复在序言中说："乃近者，以吾国西学之日进，旧有不足以餍学者之术，以与时皆进也，则益展宏观，广延名硕，而译科颜进士惠庆实总其成，凡再易寒暑而《英华大辞典》出焉。"也就是在这一年，商务印书馆启动了《辞源》的编纂。

1909年，商务出版《汉译日本法律经济辞典》，这是我国最早翻译出版的百科辞典。1912年，商务出版《新字典》，结束了《康熙字典》一统天下的局面。1915年，历经八年之后，由陆尔奎、高凤谦、方毅等主编的《辞源》出版。《辞源》的出版，结束了中国没有现代意义上的百科辞典的历史。就连英国学者也不得不承认："上海商务印书馆一九一五年出版的《辞源》是一部一流出版物。这是一部百科辞典，分二百一十四个部首排列，资料甚为丰富。定义和解说可称简明扼要。在这之前，中国从未出版过这样的一种辞书。"（〔英〕顾令《中国百科全书》）这一筚路蓝缕、以启山林的工作，"其初同志五六人，旋增至数十人，罗书十余万卷，历八年而始竣事"。（陆尔奎《辞源说略》）那个时期，没有政府出版基金的资助，没有大款巨贾的捐赠，没有商业贷款的投入，商务人所依靠的，是一种文化担当、一种社会责任、一种"知其不可而为之"的勇气。

在商务的工具书出版史上，曾经有过许多的"第一"。比如，1917年出版的《植物学大辞典》是我国第一部专科词典；1919年出版的《日用百科全书》是我国第一部以"百科全书"冠名的工具书。

商务这一不计工本、嘉惠学林的传统一直延续了下来。1994年10月24日，《光明日报》在一篇报道中写道："在一些出版单位和个人热衷于追求出版利润的时候，商务印书馆和它邀集的300多名学者，却在默默无闻地做着一件功在国家、民族、子孙的事业：出版小语种词典，为中国走向世界、世界了解中国架起桥梁。""虽然已出的小语种词典，出版印刷印数少的只有700，多的不过3000，但确为改革开放、全方位外交和社会主义建设提供了及时的服务，受到中外学者的喜爱。"只要有利于文化的传承，有利于知识的普及，即使薄利甚至亏损，也在所不辞，这就是商务人的胸怀与担当。

反观当下，一套书动辄十几万、几十万甚至成百上千万元，恨不得把图书馆的经费全部收入囊中，恨不得把读者的腰包掏得一干二净，恨不得个人一夜暴富，跻身全球大亨的行列；为了圈钱，或大搞集团，将房地产作为主业，美其名曰多种经营，以副养主；或弄虚作假，借壳上市，美其名曰扩大规模，打造"某某航母"，而出版人的操守、出版人的情怀，则抛至九天云外……这些乱象值得我们深思和反思。如果出版沾染了太多的

1043

铜臭气、世俗气、官僚气，我们该如何向出版界的前辈交代？我们又该如何面对未来读者的目光？

　　古语云："荣辱之来，必象其德。"而今，商务印书馆迎来了120华诞。120年，在历史的长河中不过一瞬间，但对于商务印书馆、对于多灾多难的中华民族，120年的确非同一般。商务印书馆之所以在时代的浪潮中站稳了脚跟，在历史的风雨中不断发展壮大，靠的是商务人的爱国情怀、使命担当和文化自觉；靠的是不在困难面前低头的韧性，靠的是不在诱惑面前动心的定力；靠的是愈挫愈奋、百折不挠、坚忍不拔的非凡勇气。而今，这些精神品格丝毫没有过时，尤其是针对存在于出版界的不同程度的道德滑坡、文化断层、物欲横流、斯文扫地的种种现象，更应该发扬商务的精神，将出版人的文化自信、使命担当提高到一个新的境界。

（作者单位：南开大学）

附录：

会议议程

120
1897—2017

2017年8月13日

上午：开幕式、主题演讲09：00—12：30
地点：商务印书馆礼堂（王府井大街36号）

开幕式9：00—10：00（每人8分钟）
主持人：周洪波（商务印书馆总编辑）
一、商务印书馆总经理于殿利先生致辞
二、中国人民大学副校长洪大用先生致辞
三、北京大学教授陈平原先生致辞
四、中国近现代新闻出版博物馆（筹）常务副馆长上官消波先生致辞
五、商务印书馆创始人哲后张人凤先生发言
六、商务印书馆领导人哲后袁明先生发言
七、中国出版传媒股份有限公司副总经理李岩先生讲话

茶歇、合影10：00—10：30

主题演讲10：30—12：30（每人15分钟）
主持人：王风（北京大学20世纪中国文化研究中心副主任）
一、陈万雄　企业文化与精神的现代意义
　　　　　　——由商务印书馆馆歌的创作及内涵说起
二、周振鹤　风起于青蘋之末——商务印书馆早期的印刷出版活动
三、季家珍　寻找中国的普通读者：
　　　　　　商务印书馆的《日用百科全书》与民国时期的知识文化
四、沈国威　《辞源》（1915）与汉语的近代化
五、许纪霖　"旧派中的新派"在五四前后的命运：杜亚泉与《东方杂志》
六、张　稷　我们为什么研究商务印书馆
　　　　　　——商务印书馆在现代化进程中的多重范本意义

七、黄兴涛　文化启蒙、教育自觉与学术担当
　　　　——作为中国现代文化引擎的商务印书馆

互动提问（15分钟）

午餐 12：30—13：30（商务印书馆食堂）

下午：分组研讨 13：30—17：30
地点：商务印书馆礼堂（王府井大街 36 号）

第一组 13：30—14：45（每人 10 分钟）
主持人：周武

一、张人凤　商务印书馆版教科书和张元济的教育理念

二、毕　苑　商务印书馆版教科书与中国现代教育的兴起

三、李彦东　商务印书馆与晚清"实业意识形态"

四、马克锋　商务印书馆与近代思想启蒙散论

五、殷亚迪　新文化运动期间杜亚泉与胡适的间接思想战

六、魏玉山　中国近现代出版史的"双子星"——商务印书馆与中华书局

互动提问（15分钟）

茶歇 14：45—15：00（15 分钟）

第二组 15：00—16：15（每人 10 分钟）
主持人：吴永贵

七、范　军、沈东山　试述 20 世纪 30 年代商务印书馆的福利制度

八、欧阳敏　晚清民国时期商务印书馆管理制度变迁述论

九、王京芳　图书与时代——1917 年商务印书馆新书广告底稿研究

十、肖伊绯　民国"名人荐书"商业模式初探
　　　　——以商务印书馆"星期标准书"为中心

十一、黄佑志　学术中国化运动中的生意
　　　　　　　——以商务版《大学丛书》为中心
十二、刘运峰　商务印书馆的竞争力
　　　　　　　——从《商务印书馆110年大事记》谈起

互动提问（15分钟）

茶歇 16：15—16：30（15分钟）

第三组 16：30—17：45（每人10分钟）
主持人：张越
十三、石　鸥　为中华儿女提供精神食粮
　　　　　　　——商务印书馆与中国教科书的早期现代化
十四、杨　早　新闻进入教科书
　　　　　　　——《共和国教科书》的承启意义与《铁达尼号邮船遇险记》的叙事旅行
十五、栾伟平　夏曾佑《中国历史教科书》编写出版考实
　　　　　　　——以张元济致夏曾佑信札为中心
十六、张兢兢　新史观的塑造：顾颉刚《现代初中教科书本国史》新探
十七、吴小鸥、姚　艳　民族脊梁：1933年商务印书馆《复兴教科书》的启蒙坚守
十八、田建平、赵瑞交　近代化视域中中国蒙古议题的历史记录——《东方杂志》（1904—1948）蒙古问题报道分析

互动提问（15分钟）

参观商务印书馆创业120年纪念展 17：45—18：30（商务印书馆涵芬楼艺术馆）

晚餐 18：40—20：00（天伦松鹤大酒店）

2017 年 8 月 14 日

上午：分组研讨 08：15—12：30
地点：友谊宾馆嘉宾楼 5 号会议室（中关村南大街 1 号）

第一组 08：15—09：30（每人 10 分钟）
主持人：范军
一、周　武　天意宁忍丧斯文——论张元济日本访书及其意义
二、卢仁龙　薪火相传 涵芬永芳——张元济与北京图书馆
三、叶　新、潘　玥　张元济《环游谈荟》研究
四、朱　琳　向外输出：民国时期的《四库全书》出版研究
五、林　英　叶景葵与商务印书馆
互动提问（15 分钟）

茶歇 09：30—09：45（15 分钟）

第二组 09：45—11：00（每人 10 分钟）
主持人：张志强
六、佐佐木睦　从中国漫画史看《儿童画报》《儿童世界》的价值
七、后宗瑶、叶　新　邝富灼——商务印书馆英文部的开创者
八、刘善涛　王云五辞书编纂与辞书学思想
九、周　荐　从"巍峨天半铸男儿"之志到"人老珠黄不值钱"之叹
　　　　　　——王云五诗词所见其两岸数十载之心路历程
十、洪九来　1949 年前后一个商务代理人的日常生活变迁
　　　　　　——基于《史久芸日记》的考察
互动提问（15 分钟）

茶歇 11：00—11：15（15 分钟）

第三组 11：15—12：30（每人 10 分钟）
主持人：洪九来
十一、濑户宏　商务印书馆版《吟边燕语》的文化意义——再论林纾的莎士比亚观
十二、张　治　《说部丛书》对于西方文学译介史的贡献
十三、张志强、黄　芳　1949 年以前商务印书馆的英文出版活动探析
十四、黄相辅　期刊中的通俗科学与知识传播：研究回顾与西方科学史观点
十五、廖太燕　周建人与现代科学观念的传播：以《自然界》杂志为中心的研究
十六、王　立　王佐良先生与商务印书馆

互动提问（15 分钟）

午餐 12：30—13：30（友谊宾馆友谊宫）

下午：分组研讨 13：30—18：00
地点：友谊宾馆嘉宾楼 5 号会议室（中关村南大街 1 号）

第一组 13：30—14：45（每人 10 分钟）
主持人：王风
一、吴永贵　建构现代新常识：《东方杂志》长寿基因的社会文化考察
二、侯　杰　《东方杂志》的科学翻译话语在政治和文化重构中的作用（1904—1911）
三、王　燕　从《绣像小说》到《小说月报》——论商务印书馆的救世情怀

四、鲍国华　《小说月报》语境中的《怀旧》——兼论《怀旧》阐释史上的几个问题

五、陈福康　郑振铎与商务印书馆《小说月报》及文学研究会

六、葛　飞　左翼思潮冲击下的文学研究会的编辑们

互动提问（15分钟）

茶歇 14：45—15：00（15分钟）

第二组 15：00—16：15（每人10分钟）

主持人：佐佐木睦

七、胡晓进　商务印书馆与美国宪法在中国（大陆）之翻译与传播

八、王　申　转型时期的"妇女"与《妇女杂志》（1920—1921）——从章锡琛的策略谈起

九、田　露　被唤醒后的歧路——周氏兄弟与《妇女杂志》（1921—1925）

十、杨剑利　《妇女杂志》与新性道德问题

十一、陈　静、姜彦臣　女性文学批评视野中的《妇女杂志》

互动提问（15分钟）

茶歇 16：15—16：30（15分钟）

第三组 16：30—17：45（每人10分钟）

主持人：马克锋

十二、张　越　商务印书馆与中国近代历史学（1897—1949）

十三、张国功　思想的疏离——商务印书馆与学衡派

十四、钱仁平　商务印书馆与国立音专

十五、张　稷　商务印书馆与新中国初年的教科书供应——以联合出版社为对象的研究

十六、黄鸿森　陈翰伯与北京编译社

十七、于淑敏 《现代汉语词典》"大批判"始末

互动提问（15 分钟）

闭幕结语 17：45—18：00
黄兴涛、王　凤、张　稷

晚餐：18：00—20：00（友谊宾馆友谊宫）

论文参会学者名单（按姓氏笔画排列）
苏基朗、苏寿富美　早期的商务印书馆与香港——香港档案札记二则
李　永、王　之　民国时期商务印书馆办学活动研究——以尚公小学为例
杨　扬　《小说月报》与1920年代中国文学
邹振环　商务印书馆英文部的"人"和"事"
赵黎明　《东方杂志》（1920—1932）对"文化调和论"的态度变化
柳和城　商务印书馆早期童书述略
钟桂松　张元济与刘承幹交往摭拾
黄鸿森　陈翰伯与北京编译社

附录：会议议程

与会学者嘉宾名单

张人凤　商务印书馆创始人哲后，上海市文史研究馆
袁　明　商务印书馆领导人哲后，北京大学燕京学堂
陈万雄　香港联合出版集团
周振鹤　复旦大学中国历史地理研究所
季家珍　加拿大约克大学

王　立　美国布朗大学东亚图书馆
李小加　美国布朗大学图书馆流通与资源分享部
沈国威　日本关西大学
濑户宏　日本摄南大学外国语学部
佐佐木睦　日本首都大学东京大学院人文科学研究科
苏基朗　香港科技大学人文学部
周　荐　澳门理工学院澳门语言文化研究中心
黄相辅　台北"中央研究院"近代史研究所

杨　早　中国社会科学院文学研究所
毕　苑　中国社会科学院近代史研究所
魏玉山　中国新闻出版研究院
夏晓虹　北京大学中文系
栾伟平　北京大学图书馆
马克锋　中国人民大学历史学院
杨剑利　中国人民大学历史学院
颜　军　中国人民大学历史学院
王　燕　中国人民大学文学院
胡晓进　中国政法大学

张　越	北京师范大学历史学院
石　鸥	首都师范大学教育学院
叶　新	北京印刷学院新闻出版学院
李彦东	北京联合大学应用文理学院
黄鸿森	中国大百科全书出版社
于淑敏	中国大百科全书出版社
卢仁龙	《四库全书》出版工作委员会
王　玮	中华读书报社
王贵彬	《中国出版史研究》杂志社
刘运峰	南开大学文学院
鲍国华	天津师范大学文学院
田　露	天津工业大学人文与法学院
田建平	河北大学新闻传播学院
陈　静	济南大学文学院
刘善涛	曲阜师范大学文学院

柳和城	上海浦东文史学会
周　武	上海社会科学院历史研究所
邹振环	复旦大学历史系
许纪霖	华东师范大学历史系
杨　扬	华东师范大学中文系
洪九来	华东师范大学传播学院
孔令琴	《华东师范大学学报》杂志社
陈福康	上海外国语大学文学研究院
钱仁平	上海音乐学院作曲系
王京芳	中国近现代新闻出版博物馆（筹）
王草倩	中国近现代新闻出版博物馆（筹）
张志强	南京大学信息管理学院

葛　飞　南京大学文学院
张兢兢　南京大学历史学院
黄　芳　南通大学文学院
侯　杰　淮北师范大学外国语学院
张国功　南昌大学中文系
廖太燕　江西省委党校文化与科技教研部
钟桂松　浙江省政协
殷亚迪　浙江大学公共管理学院
朱　琳　杭州电子科技大学
吴小鸥　宁波大学教师教育学院

吴永贵　武汉大学信息管理学院
欧阳敏　武汉大学信息管理学院
林　英　武汉大学信息管理学院
范　军　华中师范大学新闻传播学院
李　永　中南民族大学教育学院
沈东山　华中师范大学出版社
黄佑志　湖北教育出版社

潘　玥　成都杜甫草堂博物馆
肖伊绯　自由学者
赵黎明　佛山科学技术学院人文与教育学院
王　申　福建师范大学文学院
张　治　厦门大学人文学院

洪大用　中国人民大学
黄兴涛　中国人民大学历史学院
陈平原　北京大学中文系

王　风　北京大学中文系
上官消波　中国近现代新闻出版博物馆（筹）
李　岩　中国出版传媒股份有限公司
刘祚臣　中国出版传媒股份有限公司出版部
于殿利　商务印书馆
周洪波　商务印书馆
张　稷　商务印书馆百年资源部